1900-1901   Général VOYRON

RAPPORT
sur
l'Expédition de Chine

Orné
de nombreuses
gravures
dans le texte

(Extrait de la *Revue des Troupes coloniales*.)

PARIS
Henri CHARLES-LAVAUZELLE
Imprimeur-Libraire, Éditeur Militaire

RAPPORT

SUR

L'Expédition de Chine

1900-1901

DROITS DE REPRODUCTION ET DE TRADUCTION RÉSERVÉS

Général VOYRON

RAPPORT

SUR

L'EXPÉDITION DE CHINE

1900-1901

(Extrait de la *Revue des Troupes coloniales*.)

PARIS
Henri CHARLES-LAVAUZELLE
Éditeur militaire
10, Rue Danton, Boulevard Saint-Germain, 118
(MÊME MAISON A LIMOGES)

Général VOYRON.

DISCOURS

Prononcé par Monsieur le Président de la République à Marseille, en remettant au Général Commandant en Chef les drapeaux du Corps expéditionnaire.

Général,

Au nom de la République, je vous remets les drapeaux du corps expéditionnaire. Ils sont confiés à votre loyauté et à votre patriotisme, dont je me porte garant.

« Honneur et Patrie », telle est leur devise.

Bientôt vous inscrirez sur leurs plis le nom d'une campagne rendue nécessaire par la violation de nos droits, la méconnaissance de nos intérêts légitimes et le brutal assaut donné à tout ce qui représente, en Chine, la civilisation et le progrès.

Officiers, sous-officiers et soldats,

Ces drapeaux vous seront dès à présent sacrés. Ils vous rappelleront la haute mission que la France a confiée à votre courage : exiger d'un pays où les lois essentielles des États civilisés ont été odieusement violées le châtiment des coupables; lui imposer des réparations éclatantes pour le passé, des garanties nécessaires pour l'avenir. Ils vous diront aussi que l'héritage d'honneur dont vos aînés vous ont confié le dépôt ne peut être amoindri entre vos mains et que, dans cette armée internationale formée pour la défense de la civilisation, ceux qui portent l'uniforme français ne doivent le céder à personne pour la discipline, l'endurance et le courage. Ils vous rappelleront enfin vos familles, vos enfants, vos amis, vos foyers, toutes les affections qu'un soldat quitte sans hésiter quand le service de la Patrie le réclame.

Ils seront le symbole même de la Patrie, présente au milieu de vous, attentive à vos peines, à vos dangers et à laquelle je souhaite que vous soyez bientôt rendus. Nous attendrons avec impatience, mais sans inquiétude, le jour du triomphe et celui du retour, qui nous permettra de partager, entre vous et vos camarades de l'escadre commandée par l'amiral Pottier, notre satisfaction et notre reconnaissance.

RAPPORT

SUR

L'Expédition de Chine

1900-1901

CHAPITRE Ier

Incidents ayant motivé l'intervention des puissances en Extrême-Orient. — Colonne Seymour. — Attaque des légations de Pékin et des concessions de Tien-Tsin.

I. — **Premiers troubles dans le nord de la Chine. — Attitude équivoque du gouvernement chinois. — Mesures de précaution prises par le corps diplomatique.**

Dès le courant de l'année 1899, les esprits clairvoyants avaient prévu l'explosion prochaine, dans le nord de la Chine, d'un mouvement plus ou moins général contre les étrangers.

Il ne saurait entrer dans le cadre de ce rapport d'ordre purement militaire d'étudier en détail les causes directes ou indirectes de ce mouvement, et il suffit d'indiquer, parmi les principales, l'ingérence dans les affaires chinoises d'un nombre toujours croissant d'Européens, ingénieurs, agents financiers ou commerciaux, missionnaires, etc..., et l'occupation de diverses parties du Céleste-Empire par les puissances orientales.

Le sourd mécontentement que ces empiétements répétés de l'élément étranger faisaient naître dans l'esprit déjà prévenu de la grande majorité des Chinois avait été très habilement entretenu par le parti rétrograde qu'alarmaient les idées réformistes de l'empereur Kouang-Su et qui cherchait à exploiter à son profit la passion de l'impératrice douairière pour le pouvoir absolu.

Tandis que celle-ci accaparait de plus en plus la direction des affaires de l'Etat et rendait à la politique impériale des allures moins progressistes, les sociétés secrètes, encouragées ouvertement par plusieurs princes du sang ou hauts dignitaires de la cour, prenaient une extension chaque jour plus menaçante, surtout dans le nord de l'empire, où les Boxers s'excitaient publiquement par des cérémonies mystiques à la haine contre l'étranger.

Dans les premières semaines de 1900, l'agitation commença à se manifester au Chan-Toung, par des attaques contre les missions, et même par des assassinats de chrétiens indigènes; puis les troubles gagnèrent le sud du Tchéli et le Chan-Si, et, dès le 8 avril, la France, l'Angleterre, l'Allemagne et les Etats-Unis se virent obligés d'adresser au Tsong-Li-Yamen une note collective comminatoire, sommant le gouvernement chinois de prendre des mesures pour réprimer cette insurrection des Boxers qui faisait courir les plus graves dangers aux Européens, missionnaires ou autres, malgré toutes les assurances officielles de bon vouloir des autorités locales.

Mais les promesses faites par le Tsong-Li-Yamen, en réponse à cette communication, restèrent lettre morte et les désordres allèrent chaque jour en s'aggravant dans toutes les provinces voisines de la capitale. Au commencement de mai, les émeutiers incendièrent une chrétienté

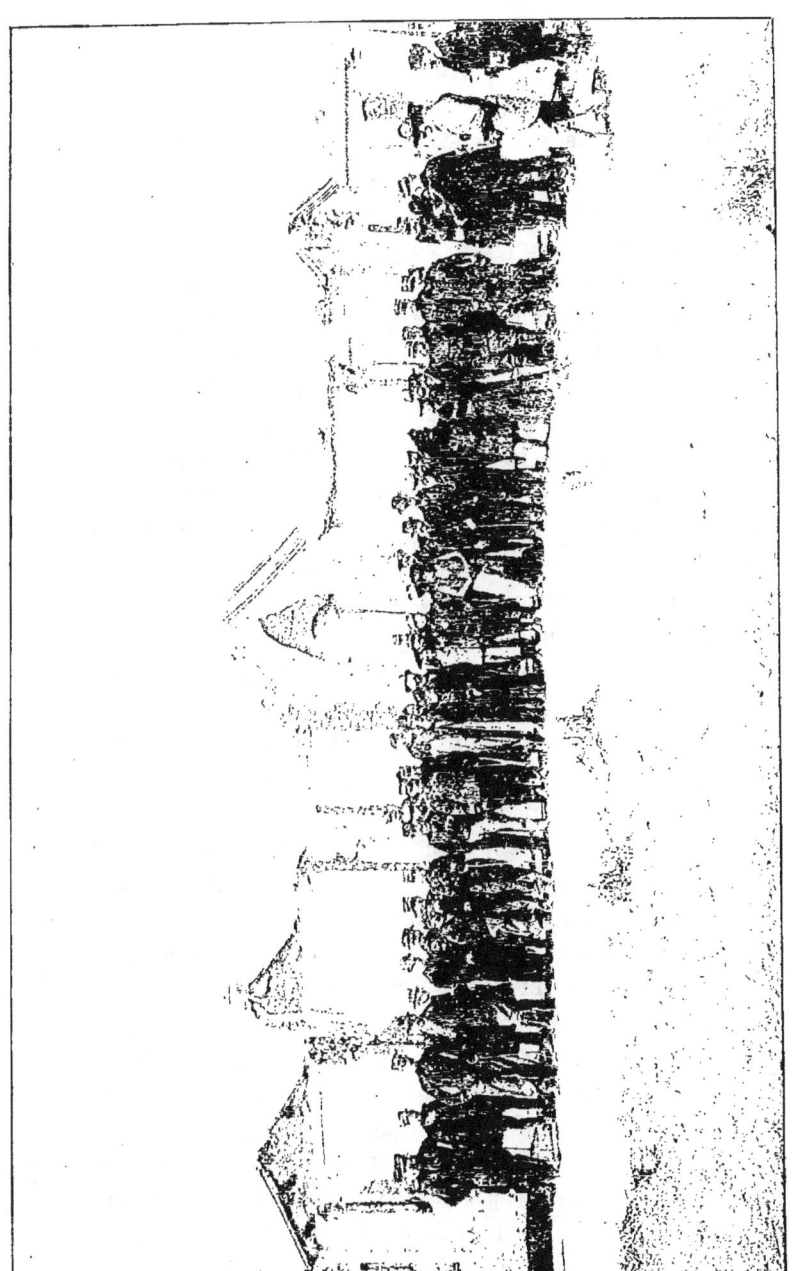

Personnel des Légations.

au sud de Pao-Ting-Fou, puis ils détruisirent trois villages au sud de Pékin, et massacrèrent un certain nombre de catholiques indigènes aux environs de Lai-Choui-Shien. La chasse aux chrétiens devint peu à peu générale dans le Tchéli, et des bandes de forcenés se mirent en même temps à saccager les gares du chemin de fer et les lignes télégraphiques, multipliant les insultes et les menaces contre les ingénieurs européens, aussi bien que contre les missionnaires. Les légations elles-mêmes ne parurent bientôt plus en sécurité à Pékin, et, le 26 mai, les ministres étrangers se décidèrent à demander des gardes à leurs gouvernements respectifs; 400 hommes prélevés sur les équipages des bâtiments que les diverses puissances avaient successivement envoyés dans le golfe du Pé-Tchéli à la nouvelle de tous ces incidents furent, en conséquence, débarqués le 31 mai à Tong-Kou, et dirigés par train spécial sur Pékin.

Mais cette première mesure collective, qui devait assurer le salut des légations, ne pouvait arrêter le développement du mouvement insurrectionnel, que le gouvernement chinois, complice ou impuissant, ne faisait aucun effort pour enrayer. Le 28 mai, les premiers coups de fusil contre les Européens étaient tirés sur la ligne de Pao-Ting-Fou. Les jours suivants, plusieurs stations étaient incendiées sur cette ligne et sur celle de Tien-Tsin; les travaux des deux lignes étaient bouleversés sur un grand nombre de points; les ingénieurs et les missionnaires étaient traqués de tous côtés. Ce n'est qu'à grand'peine et non sans que quelques agents aient été massacrés par les Boxers que la plus grande partie du personnel européen de la Compagnie franco-belge parvint à se réfugier à Pékin ou à Tien-Tsin, pendant que d'autres ingénieurs s'enfermaient avec les pères Lazaristes dans la mission de Tcheng-Ting-Fou (1).

(1) C'est à l'occasion de cette retraite de Pao-Ting-Fou sur

A Tien-Tsin même, l'attitude de la population indigène devint si menaçante qu'il fallut prendre d'urgence des mesures pour la protection des concessions européennes; sur la demande du corps consulaire, et malgré les protestations du Tsong-Li-Yamen, une série de détachements débarqués des escadres ou appelés de Port-Arthur ou du Japon vinrent successivement, dans les premiers jours de juin, renforcer les piquets qui gardaient déjà les consulats.

II. — Attitude équivoque du gouvernement chinois. Formation de la colonne Seymour.

A Pékin, le gouvernement chinois avait une attitude de plus en plus équivoque; non seulement il ne prenait aucune mesure pour rétablir l'ordre, mais on ne tarda pas à apprendre un véritable coup d'Etat : le prince Ching, qui appartenait au parti modéré, était remplacé comme président du Tsong-Li-Yamen par le prince Tuan, père de l'héritier présomptif, protecteur avéré des Boxers; tous les hauts fonctionnaires connus par leurs tendances progressistes étaient successivement disgraciés et les nombreuses troupes qui avaient été appelées dans la capitale, celles de Tong-Fou-Sian notamment, faisaient ouvertement cause commune avec les émeutiers, dont les démonstrations hostiles devenaient incessantes autour des légations.

En même temps, le mouvement s'étendait à toutes

Tien-Tsin, retraite dirigée avec beaucoup de sang-froid et d'énergie par l'ingénieur du Pontès, qu'eut lieu le premier engagement entre une troupe européenne et les Boxers. Un détachement de cosaques, envoyé de Tien-Tsin, au-devant du petit groupe qui essayait de se frayer un chemin vers la côte, au milieu des bandes de fanatiques, se heurta à un rassemblement assez important, à une soixantaine de kilomètres sud-ouest de Tien-Tsin, et le dispersa en lui infligeant des pertes sensibles.

les parties de la Chine, et, tandis qu'au Yun-Nan le vice-roi faisait connaître au consul de France qu'il ne se chargeait plus de le protéger contre la surexcitation de la populace, des troubles éclataient en Mandchourie et dans plusieurs provinces du centre de l'empire.

En présence de cette situation, dont la gravité augmentait d'heure en heure, le corps diplomatique décida, le 9 juin au soir (1), de demander aux amiraux l'envoi immédiat de nouveaux détachements à Pékin, et c'est ainsi que fut brusquement décidée la formation d'une colonne de secours internationale, tandis que tous les gouvernements intéressés prenaient des mesures pour diriger d'urgence des troupes sur le Pé-Tchéli.

L'amiral anglais Seymour prit lui-même le commandement de la colonne internationale destinée à aller renforcer les gardes des légations et pour la constitution de laquelle tout ce qu'il était possible de prélever sur les équipages des escadres fut mis à terre à Takou, dans la nuit du 9 au 10 juin. L'effectif put atteindre ainsi 2.000 hommes, dont une partie devait être employée à la garde de la ligne de communications; mais cette colonne, composée de marins, n'était malheureusement munie d'aucun matériel de transport pour porter ses vivres et ses munitions de réserve et ne devait, par suite, pas être en état de se mouvoir en dehors du voisinage de la voie ferrée.

L'escadre française y était représentée par un détachement de 180 hommes, commandé par le capitaine de vaisseau de Marolles.

On quitta Tien-Tsin le 10 et le 11 juin en plusieurs trains successifs qui parvinrent sans difficulté jusqu'à Yang-Tsoun, mais qui ne purent ensuite avancer que

---

(1) Les communications télégraphiques entre Pékin et Tien-Tsin furent définitivement interrompues le 10 juin.

très lentement, parce qu'il fallait à chaque pas réparer la ligne. On atteignit ainsi péniblement Lo-Fa, où une première escarmouche eut lieu avec les Boxers, puis Lang-Fang, où il fallut leur livrer de nouveaux combats. Mais il ne fut possible d'avancer que de quatre milles au delà de cette station, et, le 15 juin, on se trouva définitivement arrêté par l'état de la voie ferrée. Celle-ci était d'ailleurs de nouveau détruite derrière la colonne sous les yeux des troupes régulières chinoises du général Nieh, campées près du port de Yang-Tsoun, de sorte que les trains amenant des vivres de Tien-Tsin durent rebrousser chemin, et que l'amiral resta coupé de toute communication aussi bien avec la côte qu'avec Pékin.

III. — Troubles à Tien-Tsin. — Occupation des forts du Peï-Ho par les flottes alliées. — Entrée en ligne de l'armée chinoise. — Attaque des légations de Pékin et des concessions de Tien-Tsin.

Pendant que la colonne Seymour cherchait à atteindre la capitale, des troubles éclataient à Tien-Tsin même, où le vice-roi du Tchéli, qu'on croyait relativement favorable aux Européens, se laissait peu à peu déborder par le mouvement des Boxers. Deux bataillons russes arrivèrent heureusement à temps pour renforcer les faibles détachements de marins de tous pays laissés à la garde des concessions, mais, le 14 juin, celles-ci étaient abandonnées par la plupart des Chinois employés des maisons européennes, et, dès la nuit du 15 au 16, plusieurs établissements des missions protestantes étaient incendiés dans la ville indigène, où les scènes de meurtre et de pillage étaient continuelles; le 16 au soir, le feu était mis à d'autres édifices religieux et même à la cathédrale catholique, que le vice-roi avait promis au consul de France de faire protéger (1), pendant que les bandes de forcenés venaient faire des démonstrations contre les postes établis par les alliés à la gare et à l'extrémité nord du quartier européen.

On apprenait en même temps que les incendies et les massacres continuaient à Pékin (2) et dans tout le nord du Tchéli, et que, d'autre part, des forces chinoises importantes se portaient sur Chung-Liang-Cheng, entre Tonkou et Tien-Tsin ; la circulation des trains entre ces deux gares était interrompue et on voyait affluer d'autres troupes chinoises dans les forts de Takou, devant lesquels on préparait des matériaux pour obstruer le cours du Peï-Ho et en interdire la navigation aux canonnières.

Il devenait indispensable de recourir à des mesures extrêmes si on ne voulait pas laisser le temps aux Chinois de couper définitivement les communications entre la mer et Tsien-Tsin, et de compromettre ainsi de la manière la plus grave le sort de la nombreuse colonie européenne de cette ville. Les amiraux, réunis en rade de Takou, ne virent plus d'autre remède à la situation que de tenter un coup de force et de s'emparer des forts de l'embouchure du Peï-Ho.

Vu l'urgence, ils crurent devoir prendre cette décision sans consulter leur gouvernement, et ils envoyèrent, en conséquence, le 16 juin, au commandant des forts une sommation d'avoir à les leur remettre le soir même avant minuit, « attendu que l'arrivée continuelle de nouvelles troupes et la pose de mines dans le Peï-Ho constituaient une menace pour les flottes alliées ». Ils informaient ce mandarin que si la reddition n'était pas ac-

---

(1) La cathédrale était voisine du Yamen du vice-roi.
(2) Le chancelier de la légation du Japon avait été assassiné le 11 juin par des soldats de Tong-Fou-Sian.

ceptée, le bombardement des ouvrages commencerait le 17, à 2 heures du matin.

Les Chinois n'attendirent même pas ce délai, et à une heure du matin ils ouvrirent eux-mêmes le feu sur les canonnières stationnées à proximité des forts, en dedans de la barre du Peï-Ho. Ces canonnières, qui supportèrent à peu près seules tout l'effort de la lutte à laquelle les gros bâtiments mouillés à une grande distance ne pouvaient guère concourir, étaient peu protégées et insuffisamment armées. Elles réussirent cependant à éteindre peu à peu le feu des forts chinois, et, vers 7 heures du matin, leurs compagnies de débarquement enlevèrent par la gorge, mais non sans des pertes assez sensibles, ces

Canonnière *Le Lion*.

ouvrages bouleversés par le bombardement et que de nombreux réguliers chinois jonchaient de leurs cadavres. La canonnière française *Lion* avait pris une part brillante à cette action, au cours de laquelle plusieurs bâtiments des flottes alliées avaient subi de fortes avaries.

A cette occupation de vive force des forts de Takou, le

gouvernement chinois répondit en signifiant, le 19 juin, aux membres des légations d'avoir à quitter Pékin dans les vingt-quatre heures, ce qui était matériellement inexécutable et eût conduit à un massacre certain, et en lançant un édit prescrivant de mettre à mort les étrangers dans tout l'empire.

Cet édit donna le signal officiel des massacres d'Européens au Chan-Si, au Hou-Nan, au Hou-Pé, etc..., ainsi que des troubles qui ensanglantèrent la Mandchourie et compromirent un instant l'œuvre de pénétration pacifique que poursuivaient les Russes dans cette province.

On sait comment le ministre d'Allemagne, le baron de Ketteler, se rendant le 21 juin au matin au Tsong-Li-Yamen pour s'efforcer d'arriver à une explication nette avec le gouvernement chinois, qui laissait sans réponse les communications répétées du corps diplomatique, fut assassiné dans la rue par des soldats tartares, et, comment quelques heures après, commença le siège des légations et de la mission française du Pé-Tang. Le rapport de M. Pichon, ministre de France à Pékin, a fait connaître en détail les tragiques incidents de ce siège mémorable, soutenu par une garnison de 400 combattants de toutes nations auxquels s'étaient joints un certain nombre de volontaires des colonies européennes. Le général en chef tient cependant à rendre hommage à l'héroïsme déployé au cours de cette longue lutte par les petits détachements de marins français qui gardaient la légation et la mission et qui, sur un effectif total de 59 hommes, eurent 16 tués et 31 blessés (1).

---

(1) Le détachement de marins français était commandé par le lieutenant de vaisseau Darcy, qui fut légèrement blessé. Les autres officiers étaient : l'enseigne de vaisseau Henry, tué le 30 juillet, à la défense du Pé-Tang, et l'aspirant Herbert, tué le

À Tien-Tsin, la prise des ouvrages du Peï-Ho avait eu pour contre-coup l'entrée en ligne de l'armée régulière chinoise qui, faisant décidément cause commune avec les Boxers, avait commencé le 17, à 3 heures du soir, à bombarder les concessions européennes en même temps qu'elle attaquait un train de secours qu'on avait cherché à envoyer vers la colonne Seymour, et qu'elle interceptait toute communication entre la ville et la côte.

Bien que la prise des forts de Takou permît de débarquer désormais à volonté les renforts amenés par les vapeurs de toutes les puissances, ce n'est que le 23 juin, après quatre jours de combat, qu'une colonne de près de 4.000 hommes, sous les ordres du général russe Stessel, parvint à forcer les lignes successives de retranchements dont les Boxers et les réguliers avaient hérissé la route de la mer à Tien-Tsin, et à rétablir les communications avec cette ville.

Les concessions, dont le colonel russe de Vogack, attaché militaire, dirigeait la défense, avaient heureusement pu tenir, malgré les dégâts considérables produits par le bombardement et les attaques continuelles des Chinois sur les retranchements improvisés aux diverses issues du quartier européen et sur le poste de la gare, qui le couvrait du côté le plus exposé (1).

Mais on avait de graves inquiétudes sur le sort de la colonne de l'amiral Seymour.

---

29 juin, à la légation de France. Le capitaine d'infanterie de marine Labrousse, qui, étant de passage à Pékin, s'était mis comme volontaire à la disposition du ministre de France, fut tué le 12 août, aux légations.

(1) Le détachement de 135 marins français qui prit part à la défense des concessions pendant cette période était commandé par le lieutenant de vaisseau Daoulas ; jusqu'au 25 juin, jour où le capitaine de vaisseau de Marolles rentra à Tien-Tsin, avec la colonne Seymour, ce détachement avait eu 2 hommes tués et 6 blessés, dont l'enseigne de vaisseau Douguet.

IV. — Retraite de la colonne Seymour.

Malgré des appels pressants que des émissaires lui avaient apportés du corps diplomatique, l'amiral Seymour avait dû songer, dès le 15 juin, à se replier sur Tien-Tsin, l'absence de moyens de transport pour les blessés et la pénurie de vivres ne lui permettant pas de tenter une marche par voie de terre sur la capitale. On avait réussi, le 16, à réparer la ligne de Lang-Fang à Lo-Fa, et, pendant deux jours encore, la colonne se maintint échelonnée entre Lang-Fang et Yang-Tsoun, harcelée fréquemment par des bandes de Boxers et faisant de vains efforts pour gagner quelques kilomètres vers Pékin. Mais, dans la journée du 18, l'armée régulière chinoise entrait en ligne et obligeait, après un sérieux combat, les trains les plus avancés à se replier sur Yang-Tsoun. Le grand pont du chemin de fer y étant coupé et la retraite par voie ferrée étant par conséquent impossible, on ne pouvait plus que se hâter de regagner Tien-Tsin en longeant le Peï-Ho et en profitant du fleuve pour évacuer les blessés en jonques, et le 19 on commença le mouvement en descendant d'abord la rive gauche, puis en marchant sur les deux rives pour mieux protéger le convoi. Ce n'est qu'au prix de fatigues extrêmes et après une série de combats dans lesquels le détachement de marins français se distingua tout particulièrement qu'on atteignit Peï-Tsang le 21, puis le 22 l'arsenal de Si-Kou.

La colonne parvint à s'y barricader après avoir eu un violent engagement avec l'armée du général Nieh, mais, alourdie par ses nombreux blessés, elle ne pouvait essayer de forcer le passage sous le feu des forts qui entouraient la ville chinoise de Tien-Tsin, pour rejoindre les défenseurs des concessions.

Sa situation critique put heureusement être connue à Tien-T'sin et, dans la nuit du 24 au 25 juin, une colonne de 2.000 hommes commandée par le colonel Anésimoff, et comprenant une partie des renforts qui venaient d'arriver de la côte, fut lancée par la rive gauche du Peï-Ho dans la direction de Si-Kou. Après un court engagement, le contact put être pris avec les défenseurs de l'arsenal, et, le 25, ceux-ci purent être transportés avec tous les blessés sur la rive gauche, pour gagner la gare de Tien-Tsin dans la matinée du 26 (1).

Les pertes de la colonne Seymour étaient considérables; plus de 300 hommes étaient hors de combat (60 tués, 250 blessés); les marins du capitaine de vaisseau de Marolles avaient eu 1 tué et 12 blessés.

Tous les contingents qui avaient pris part à cette opération avaient fait vaillamment leur devoir, mais l'échec définitif de cette tentative faite avec un assez sérieux effectif, pour secourir les légations, augmenta considérablement le fanatisme et les illusions des Chinois, et les attaques contre les légations de Pékin et contre les concessions de Tien-Tsin n'en continuèrent que plus furieuses. Ces dernières étaient enserrées par des troupes chinoises de plus en plus nombreuses, et le bombardement y causait chaque jour de nouvelles ruines, en particulier dans la concession française, que gardaient nos marins avec l'appui des détachements russes.

Pour se donner un peu d'air, on enleva, le 27 juin, l'arsenal de l'Est et les Russes s'établirent entre cet

---

(1) C'est pendant cette journée que le capitaine d'infanterie Guillaumat, qui, étant en mission en Extrême-Orient, s'était mis à la disposition de l'amiral Courrejolles, et avait été envoyé par lui à Tien-Tsin, avec la colonne Stessel, fut blessé, au cours d'une reconnaissance exécutée sur la rive du Peï-Ho, au nord de la concession française.

arsenal et l'Ecole militaire dont on s'était emparé dès le début du siège; les concessions étrangères furent ainsi mieux couvertes, et l'arrivée de nouveaux contingents permit, d'autre part, de maintenir dans de meilleures conditions les communications avec Tong-Kou et d'éviter un investissement complet; mais au moment où les premières troupes françaises venues d'Indo-Chine arrivèrent au Pé-Tchéli, le 1er juillet, aucune opération offensive n'avait pu être tentée encore en vue de la délivrance des légations, dont la situation critique venait d'être révélée par un bref message de sir Robert Hart, parvenu le 29 juin à Tien-Tsin.

CHAPITRE II

Opérations exécutées autour de Tien-Tsin par les troupes françaises venues d'Indo-Chine. Prise de la ville chinoise et des forts de Tien-Tsin.

I. — Premier envoi de troupes de l'Indo-Chine au Pé-Tchéli.

Aux premières nouvelles des troubles survenus au Pé-Tchéli, le gouverneur général de l'Indo-Chine s'était entendu avec le général commandant en chef les troupes de cette colonie pour tenir prêts à Saïgon un bataillon et une batterie destinés à protéger la concession française de Tien-Tsin et la légation de France ; mais le gouvernement ayant prescrit de ne faire partir ces troupes qu'après avoir pris l'avis du ministre de France en Chine, M. Doumer avait dû chercher d'abord à se mettre en relations télégraphiques avec ce dernier, et il en était résulté un retard de quelques jours pendant lesquels les événements s'étaient précipités. On dut finalement faire embarquer les premières troupes sans avoir pu obtenir de réponse de M. Pichon, et diriger ensuite en toute hâte sur Tien-Tsin tout ce que l'Indo-Chine pouvait fournir.

Le premier détachement, comprenant un bataillon de marche fourni par le 11ᵉ régiment d'infanterie de marine et la 12ᵉ batterie du régiment d'Indo-Chine, quitta Saïgon sur le *Tanaïs*, le 19 juin. Ce détachement, placé sous les ordres du colonel Ytasse, devait être suivi à bref délai d'un autre bataillon du 11ᵉ régiment d'in-

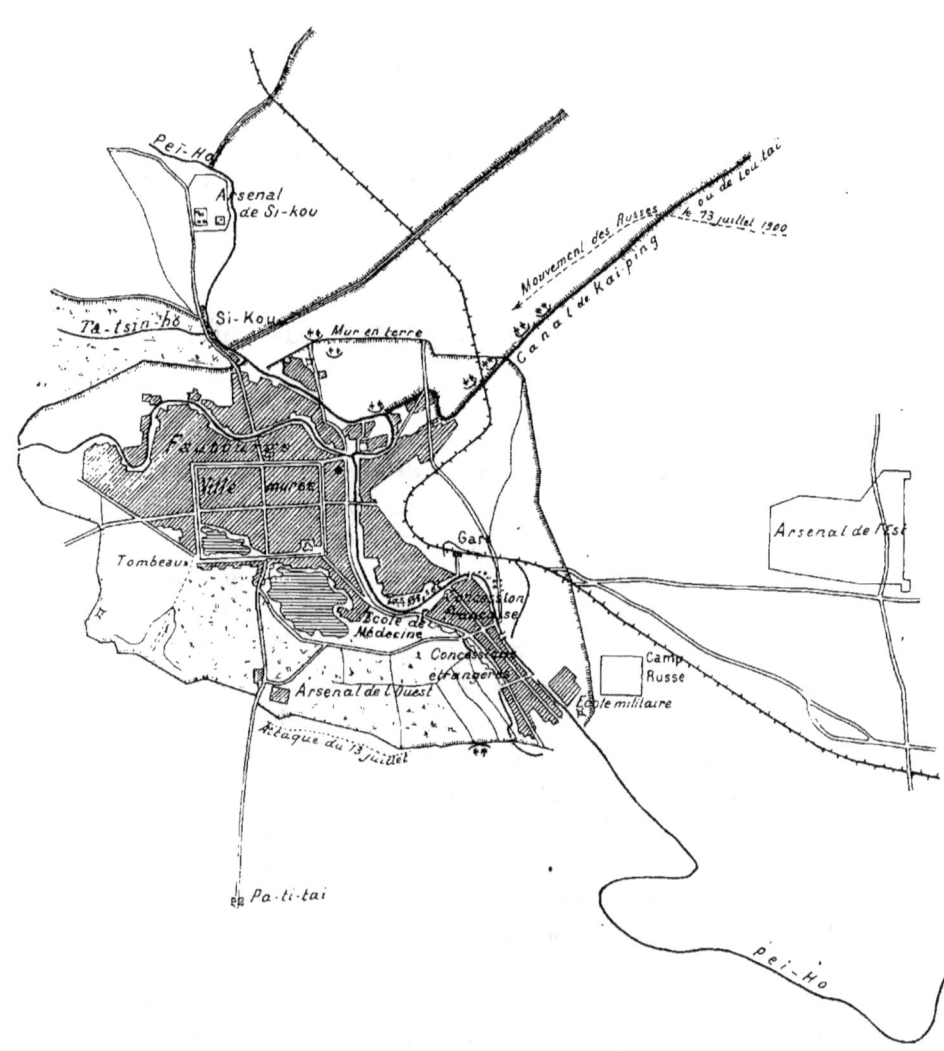

Siège de Tien-Tsin.

fanterie de marine et de la 13ᵉ batterie du régiment de l'Indo-Chine (venant également de Saïgon) et d'un bataillon (1ᵉʳ du 9ᵉ régiment d'infanterie de marine), emprunté aux troupes du Tonkin.

La crainte de complications sur les frontières chinoises de cette colonie, complications que les incidents survenus au Yun-Nan rendaient assez vraisemblables, ne permettait guère de faire de plus larges emprunts aux troupes qui y étaient stationnées. Des mesures furent prises cependant pour la formation, à Sontay, d'une batterie de 80 de campagne, qui fut dirigée en juillet sur le Pé-Tchéli.

Le colonel de Pélacot avait été désigné par le général commandant en chef les troupes de l'Indo-Chine pour prendre le commandement du corps expéditionnaire ainsi formé. Il s'embarqua le 27 juin à Haïphong sur l'*Eridan* en même temps que le 1ᵉʳ bataillon du 9ᵉ de marine.

II. — Part prise par le détachement du lieutenant-colonel Ytasse à la défense des concessions de Tien-Tsin.

Le *Tanaïs* arriva en rade de Takou le 30 juin. Le lieutenant-colonel Ytasse reçut de l'amiral Courrejolles l'ordre de monter immédiatement à Tien-Tsin et de s'y placer sous les ordres du capitaine de vaisseau de Marolles, commandant les compagnies de débarquement de l'escadre française. Les troupes purent être mises à terre le jour même à Tonkou et, le 1ᵉʳ juillet, 3 compagnies et la 12ᵉ batterie furent transportées par le chemin de fer jusqu'au point où celui-ci était interrompu, à environ 16 kilomètres de Tien-Tsin. La 1ʳᵉ compagnie du bataillon était désignée pour escorter les approvisionnements qui devaient monter par voie d'eau les jours suivants. Après un débarquement laborieux en pleine voie et une marche rendue très pénible par la pluie qui détrempait la route, le détachement du lieutenant-colonel Ytasse arriva à la tombée de la nuit à Tien-Tsin; le bataillon fut installé au collège chinois en face de l'Ecole de médecine, c'est-à-dire à l'extrémité des concessions européennes la plus voisine des quartiers occupés par les Boxers, et la batterie fut cantonnée sur la rive du Peï-Ho dans les bâtiments voisins du consulat de France.

La situation à Tien-Tsin était encore des plus critiques; les approvisionnements en tout genre faisaient presque totalement défaut, la concession française placée en flèche au nord des autres concessions, du côté de la ville chinoise, était déjà en partie ruinée par le bombardement plus ou moins continu que dirigeait sur elle l'artillerie des fort situés au nord de Tien-Tsin. Les tirailleurs ennemis embusqués dans les ruines des masures chinoises voisines de l'Ecole de médecine et dans les tas de sel de la rive gauche du Peï-Ho criblaient de balles les rues des concessions et y rendaient la circulation très dangereuse. Enfin les Chinois, enhardis par l'attitude passive des troupes alliées, se livraient à des démonstrations répétées contre leurs avant-postes et dessinaient, en particulier, fréquemment de très vigoureuses attaques contre la gare où les Russes avaient subi des pertes sensibles, et ne se maintenaient qu'à grand'peine.

Cette fâcheuse situation persista pendant les premiers jours de juillet malgré l'arrivée de renforts de diverses puissances, et l'opération projetée contre la ville murée et les forts du nord de Tien-Tsin fut encore ajournée après qu'il en eut été délibéré dans plusieurs conférences tenues entre les commandants des troupes alliées, et auxquelles le lieutenant-colonel

Ytasse prit part avec le capitaine de vaisseau de Marolles.

Les troupes restèrent en somme sur la défensive jusqu'au 12 juillet, perdant chaque jour quelques hommes par le feu de l'ennemi, et s'épuisant dans des combats et des alertes continuelles, particulièrement pénibles pour le détachement français. Celui-ci était de fait tout entier aux avant-postes, soit du côté du collège chinois, soit à la gare où il fournit chaque jour un détachement de 100 hommes à partir du 4 juillet. C'est sur ce dernier poste que continuèrent à se produire, avec l'appui des batteries de position organisées par les Chinois au nord-est de la ville, les plus violentes attaques des Boxers et des Réguliers.

Les plus sérieuses eurent lieu les 4, 8 et 11 juillet, mais chaque jour le bombardement ou la fusillade y faisaient quelques victimes.

Un adjudant d'infanterie de marine, 2 canonniers européens et 3 annamites de la 12ᵉ batterie avaient été blessés le 3 juillet pendant le bombardement de la concession française.

Dans le combat très vif qui eut lieu dans l'après-midi du 4 autour de la gare, le capitaine Hilaire, commandant la 3ᵉ compagnie, fut mortellement atteint au moment où il indiquait la position à occuper au chef d'une section de la 2ᵉ compagnie que le lieutenant-colonel avait dû lui envoyer comme renfort; 2 matelots furent tués; l'aspirant de Pontevès, 2 autres matelots et 4 soldats d'infanterie de marine furent blessés dans le même engagement.

Le 5, 3 autres soldats des 2ᵉ et 3ᵉ compagnies furent blessés à ce même poste de la gare.

Le 6, des combats répétés eurent lieu tant à la gare que du côté de l'Ecole de médecine. La 12ᵉ batterie, pour laquelle une position favorable avait pu être organisée sur la rive droite du Peï-Ho, au saillant de la concession française, eut un artilleur tué et un autre grièvement blessé dans la lutte qu'elle soutint contre l'artillerie chinoise.

Le lieutenant Rousseau, de la 1re compagnie du 11e de marine, fut blessé; les 2e et 4e compagnies eurent 2 hommes tués et 3 blessés.

Le 7, 5 hommes furent blessés au poste de la gare et un autre mortellement atteint dans la concession.

Le 8, tandis que la 12e batterie concourait avec l'artillerie anglaise au bombardement de l'arsenal de l'Ouest, le combat fut un instant très acharné autour de la gare et la 1re compagnie perdit 2 tués et 2 blessés, tandis que la 4e compagnie avait 4 blessés dans le quartier du collège chinois.

Le 9, pendant que des détachements anglais et japonais s'emparaient de l'arsenal de l'Ouest après un assez vif combat livré près de Ba-Li-Taï aux troupes du général Nieh, le bombardement blessa encore 3 hommes dans la concession française. La 12e batterie, installée comme la veille à l'extrémité sud-ouest de cette concession, avait contribué très efficacement à faire évacuer l'arsenal par les Chinois, mais l'occupation de cette importante position ne fut malheureusement pas maintenue.

III. — Arrivée du colonel de Pélacot avec le 2e échelon des troupes de l'Indo-Chine.

La situation n'avait donc fait aucun progrès appréciable quand parvint à Tien-Tsin le 2e échelon des troupes envoyées d'Indo-Chine. Ce 2e échelon, embarqué sur l'*Eridan* (1er bataillon du 9e de marine), sur le *Vauban* (2e bataillon de marche du 11e de marine) et sur la *Caravane* (13e batterie de montagne), et arrivé en rade de Takou dans la journée du 7, avait commencé son débarquement le 8. Il fut transporté à Tien-Tsin partie par la voie ferrée et par la route de terre, partie par la voie fluviale, dans les journées qui suivirent, non sans de sérieuses difficultés dues aussi bien à la chaleur qu'à la pénurie des moyens de transport. Plusieurs hommes succombèrent à des insolations pendant le trajet.

Le colonel de Pélacot, arrivé de sa personne le 9 juil-

Etablissement d'une batterie anglaise près de la gare de Tien-Tsin.

let à Tien-Tsin, y prit, à la date du 11, le commandement des troupes françaises du Pé-Tchéli. Le chef d'escadron d'artillerie Vidal, attaché militaire à la légation de France en Chine, se mit à sa disposition en qualité de chef d'état-major, et le capitaine de vaisseau de Marolles rejoignit l'escadre avec les marins qui avaient fait partie de la colonne Seymour.

La journée du 10 avait été à peu près tranquille, mais dans la matinée du 11 les Chinois firent un effort très sérieux pour enlever le poste de la gare, dont la prise eût rendu les concessions européennes à peu près intenables.

Ce jour-là, comme les jours précédents, ce poste était occupé par 100 Anglais, 100 Japonais et 100 Français (1re compagnie du 9e de marine).

L'attaque des tirailleurs ennemis, Boxers et réguliers, commença à 3 heures et demie du matin, tandis que l'artillerie chinoise reprenait sur la concession française le bombardement interrompu la veille et qu'une démonstration était faite par d'autres groupes chinois du côté de l'Ecole de médecine.

Le colonel de Pélacot fut bientôt prévenu par le capitaine Genty que les Anglais commençaient à se retirer et qu'il allait être difficile de se maintenir à la gare si on n'était pas soutenu; il fit alors franchir le Peï-Ho en aval, au pont construit quelques jours auparavant par les Japonais, par deux compagnies du 9e sous les ordres du commandant Brenot, avec ordre de progresser en remontant la rive orientale entre le fleuve et la voie ferrée, de manière à dégager l'aile droite de la position menacée.

Le mouvement put s'exécuter comme il avait été prescrit, tandis que deux compagnies japonaises franchissaient le pont le plus voisin de la gare et allaient renforcer la gauche de la position. Cette vigoureuse intervention des Japonais et du demi-bataillon amené par le commandant Brenot détermina un mouvement de recul chez les Chinois qui n'étaient plus qu'à 100 mètres des tranchées, mais la lutte continua assez longtemps encore avec acharnement, et ce n'est que vers 8 heures et demie du matin que la violence de l'attaque des Chinois diminua peu à peu et que leurs tirailleurs commencèrent à se retirer, sans qu'il fût, du reste, possible de les poursuivre sur un terrain découvert, balayé par le tir des batteries ennemies.

Ce combat, dans lequel les Anglais, et surtout les Japonais, avaient éprouvé des pertes sensibles, avait coûté au 1er bataillon du 9e de marine 10 tués et 34 blessés, non compris le commandant Brenot et le capitaine Laurand, contusionnés légèrement. Le 11e de marine avait eu pendant ce temps 2 blessés du côté de l'Ecole de médecine.

IV. — Offensive des troupes alliées. — Prise de Tien-Tsin.

De plus, il devenait évident que l'attitude défensive imposée au début aux troupes alliées par la faiblesse de leurs effectifs, ne pouvait qu'amener peu à peu la fonte de ces effectifs et conduire à des désastres. Le colonel de Pélacot prit donc l'initiative, après ce combat meurtrier de la gare, de provoquer une réunion de tous les commandants supérieurs des troupes alliées pour traiter la question d'une attaque immédiate des positions ennemies.

Celles-ci comprenaient, indépendamment des villages de la banlieue sud et sud-ouest qu'occupaient de petits groupes de Boxers ou de réguliers :

1° La ville murée de Tien-Tsin, en avant de laquelle s'étendaient, au sud et au sud-est, des faubourgs assez importants organisés défensivement ;

2° Une série d'ouvrages et de batteries établis sur les

deux rives du canal de Lou-Taï, au nord de la gare du chemin de fer ;

3° Dans la boucle du Peï-Ho, située entre la ville murée et le confluent du canal de Lou-Taï, un fort considérable, armé d'artillerie, formant en quelque sorte réduit et tenant sous son feu les deux rives du fleuve.

La muraille de Tien-Tsin.

L'amiral Alexeieff, commandant en chef les troupes russes, répondit au colonel de Pélacot que les Russes se chargeaient des opérations à l'est du Peï-Ho et que le général Stessel agirait de ce côté le 13 juillet au matin, avec environ 3.000 hommes, pour faire tomber, en les tournant, les défenses du canal de Lou-Taï, et tenter d'enlever ensuite le fort placé dans la boucle du fleuve et les ouvrages situés au nord de la ville. Il ne demandait, pour coopérer à cette opération, qu'une batterie française, dont le concours lui fut aussitôt promis.

Dans ces conditions, il fut convenu, entre le commandant des forces françaises, anglaises, américaines et japonaises, qu'ils exécuteraient en même temps, le 13 au matin, avec toutes les troupes disponibles, sur la rive droite du Peï-Ho, une attaque contre la ville murée qui paraissait très fortement occupée par l'ennemi.

Les Japonais fournirent deux bataillons et deux batteries; les Américains, six compagnies; les Anglais, divers détachements, dont le total représentait environ un bataillon et une batterie ; enfin, les Français devaient coopérer avec un bataillon et une batterie à l'attaque principale partant de l'arsenal de l'Ouest, tandis qu'un autre bataillon occuperait la concession française et la gare et ferait une diversion de ce côté pour attirer l'attention de l'ennemi du côté des rives du Peï-Ho. Le bataillon Roux (2e du 11e de marine) commençait seulement à arriver par fractions successives et ne pouvait encore être considéré comme disponible.

Le 13 à 5 heures du matin, les Japonais et les Français occupaient l'arsenal de l'Ouest et le hameau voisin et déployaient en avant, face au faubourg sud de la ville, quelques détachements destinés à couvrir la mise en batterie de l'artillerie.

Les Anglais s'étendaient vers la gauche en suivant le mur en terre derrière lequel les Américains se mettaient en réserve.

L'artillerie envoya d'abord quelques obus d'une première position au sud du mur en terre, contre une troupe chinoise assez nombreuse qui s'était montrée dans la plaine des Tombeaux, mais qui disparut bientôt vers l'Ouest, puis la batterie Julien reçut l'ordre de venir s'installer près de l'arsenal, à côté de l'artillerie japonaise, pour préparer l'attaque du faubourg. Celui-ci ne pouvait être abordé que par une chaussée d'une quinzaine de mètres de largeur bordée de grandes mares, mais sur laquelle plusieurs groupes de masures pouvaient servir d'abris successifs pendant la marche en avant.

Vers 8 heures du matin, la préparation d'artillerie paraissant suffisante et la diversion exécutée vers les bords du Peï-Ho par le lieutenant-colonel Ytasse devant avoir attiré de ce côté une partie des troupes chinoises, les compagnies Martin et Saillens, du 11e de marine, et la compagnie Verdant, du 9e, furent lancées sur cette chaussée, peloton par peloton, baïonnette au canon, sous la direction du commandant Feldmann. Elles arrivèrent à occuper les premiers groupes de maisons, malgré une grêle de balles. La compagnie Poch (3e compagnie du 9e de marine) formant la réserve, s'installa solidement dans le village situé en arrière, près de l'arsenal.

Les Japonais, ne voulant pas se laisser distancer, se portèrent en avant en même temps, partie sur la chaussée, partie dans l'eau à droite et à gauche, et peu à peu les deux infanteries, qui rivalisaient de courage et d'entrain, parvinrent à gagner du terrain dans le faubourg jusqu'à environ 500 mètres des murs de la ville.

Les Américains se déployèrent en même temps à l'est de la chaussée dans un terrain découvert où ils essuyèrent bientôt de grosses pertes, tandis que les Anglais, couvrant la gauche des troupes alliées ainsi directement engagées dans le faubourg sud de la ville, cherchaient à progresser en s'abritant derrière les tombes qui émaillaient la plaine.

Mais à partir de 9 h. 40 il devint impossible de gagner du terrain. La 13e batterie fut amenée mulet par mulet sur la chaussée jusqu'au premier groupe de masures pour essayer de faire brèche au mur d'enceinte de la cité chinoise, mais les obus à mitraille du 80 de montagne, les seuls qu'on eût alors dans les caisses, ne purent produire que des résultats insignifiants, et le colonel de Pélacot fut obligé de prescrire au capitaine Julien de mettre son personnel et son matériel à l'abri. Une batterie japonaise qui avait tenté de se maintenir à découvert en avant de l'arsenal avait été presque anéantie par le feu de plus en plus intense que les Chinois retranchés solidement dans les maisons du faubourg et couronnant les murs de la ville dirigeaient sur tout ce qui s'exposait à leurs coups et la situation commençait à devenir très critique.

Le colonel de Pélacot ordonna néanmoins de se cramponner jusqu'à la nuit sur les positions conquises. Il estimait qu'il fallait maintenir les Chinois sous la menace de la baïonnette jusqu'au moment où on serait renseigné sur les résultats du mouvement des Russes à l'est du Peï-Ho et les décourager en se montrant plus tenaces qu'eux. Le lendemain au petit jour il ferait partir la batterie de montagne à petite distance pour faire brèche avec les obus à mélinite si les pionniers japonais ne réussissaient pas à pétarder la porte comme voulait le faire faire le général Fukushima et on donnerait l'assaut.

Le général Fukushima, partageant l'avis du colonel de Pélacot, prescrivit de maintenir ses troupes au contact, et cette décision des commandants des troupes françaises et japonaises entraîna le général anglais Derward, qui paraissait hésitant, à suivre le même exemple. Le commandant Feldmann fit en conséquence mettre en état de défense les positions qu'occupaient ses divers détachements et prit toutes ses dispositions pour y tenir coûte que coûte.

La diversion prescrite par le commandant des troupes françaises avait été exécutée le matin du côté de l'Ecole de médecine par les compagnies Pernot et Legrand, sous les ordres du lieutenant-colonel Ytasse. Profitant des ruines et des tombeaux, elles avaient réussi à progresser jusqu'à la limite d'une série de mares au delà desquelles les Chinois étaient fortement retranchés dans un solide pâté de maisons d'où partait un feu intense, tandis que les balles des tirailleurs embusqués dans les tas de sel de l'autre rive du Peï-Ho et bientôt les shrapnels de l'artillerie chinoise en balayaient les abords.

N'ayant pas d'artillerie pour pousser l'attaque plus à fond dans ces conditions délicates, le lieutenant-colonel Ytasse s'était cramponné au terrain jusqu'au moment où il avait appris que la colonne franco-japonaise avait pu déboucher de l'arsenal de l'Ouest, puis il avait ramené son détachement lentement en arrière jusqu'aux retranchements de l'Ecole de médecine, rapportant ses morts et ses blessés, malgré le feu parfaitement ajusté des Chinois, et maintenant ceux-ci en respect par l'attitude calme et énergique de ses soldats.

Ces deux compagnies, auxquelles ce combat avait coûté 4 hommes tués et 19 blessés, dont le capitaine Pernot et le lieutenant Fabre, restèrent ensuite jusqu'au soir sur leurs positions, toujours prêtes à reprendre l'offensive si cela devenait nécessaire pour dégager le bataillon Feldmann. La compagnie Bonnabosc (2ᵉ du 9ᵉ de marine), qui occupait la gare, avait subi un feu très violent de l'artillerie ennemie et avait eu 2 tués et 7 blessés.

Toute la journée, devant la ville murée, les troupes alliées demeurèrent au contact de l'ennemi, ménageant leurs munitions et se tenant prêtes à repousser à la baïonnette tout retour offensif des Chinois. Le feu de ces derniers était si intense et si bien ajusté qu'il n'était même pas possible de relever les morts ou de faire des ravitaillements.

Néanmoins, les soldats du 9ᵉ et du 11ᵉ de marine restèrent parfaits de calme et de sang-froid dans cette position périlleuse jusqu'à ce que la nuit permît de leur envoyer de l'eau et des munitions et de faire donner des soins aux blessés.

Le soir de cette rude journée, les quatre compagnies du commandant Feldmann avaient perdu 16 tués, dont le lieutenant Piquerez, et 55 blessés, dont le lieutenant Saillens et le sous-lieutenant Garrig. La 12ᵉ batterie avait 2 officiers blessés (capitaine Julien et lieutenant de Battisti) (1), 4 canonniers européens et 2 indigènes blessés; enfin, le chef d'escadron Vidal, chef d'état-major du colonel de Pélacot, venait d'être grièvement blessé aux côtés de ce dernier, et le capitaine de Lardemelle, de l'état-major, avait reçu une contusion par coup de feu. A la nuit close, le colonel de Pélacot prescrivit au bataillon Roux, dont les dernières fractions étaient arrivées à Tien-Tsin, de venir, en suivant la digue en terre, s'établir vers l'arsenal de l'Ouest, pour soutenir au besoin le bataillon Feldmann et couvrir les derrières des troupes alliées qui étaient absolument dégarnis et à la merci d'un mouvement tournant.

Il profita d'un moment où le feu des Chinois s'était sensiblement ralenti pour faire ramasser les morts et les blessés par la compagnie Marty (3ᵉ du bataillon Roux), aidée de 60 marins, et pour ravitailler le commandant Feldmann. Enfin, il ordonna à l'artillerie, qui était allée prendre à la concession tous les obus à mélinite qu'elle pouvait porter, de se trouver à l'arsenal de

---

(1) Le lieutenant de Battisti est mort des suites de ses blessures, à l'hôpital de Tien-Tsin.

l'Ouest à 3 heures et demie du matin, prête à se porter en batterie pour battre en brèche les murs de la ville.

Mais, sur ces entrefaites, la compagnie de pionniers japonais avait pu se glisser de maison en maison dans la nuit et atteindre le pied des remparts; à 3 heures du

L'infanterie japonaise sur les murs de Tien-Tsin.

matin, elle parvenait à faire sauter la porte Sud, et aussitôt, les Japonais et le bataillon Feldmann s'élançaient en avant à la baïonnette pour pénétrer dans la ville.

Les réguliers chinois l'avaient évacuée précipitamment dans la nuit et on n'y trouva plus que quelques groupes de Boxers qui n'opposèrent plus grande résistance. Conformément à une entente préalable, les Japonais suivirent les remparts à droite, les Français à gauche, et on s'empara ainsi successivement de toutes les portes.

La ville murée de Tien-Tsin était définitivement conquise. Bientôt, les autres défenses accumulées par les

Prise de la ville murée de Tien-Tsin.

Chinois au nord de la ville tombaient également au pouvoir des alliés. Ce succès décisif était dû pour une large part à l'entrain et à la ténacité des soldats français et japonais, auxquels avait incombé la tâche la plus rude et la plus périlleuse. Il était dû aussi, en partie, au mouvement exécuté le 13, à l'est du Peï-Ho, par les troupes russes du général Stessel, renforcées de deux compagnies allemandes et de la 12ᵉ batterie d'artillerie de marine (batterie Joseph).

Après une préparation d'artillerie au cours de laquelle cette dernière batterie, marchant à côté des batteries russes, avait réussi par un coup heureux à faire sauter le dépôt de munitions d'un des forts ennemis (1), le général Stessel, exécutant un grand mouvement tournant par sa droite, avait réussi à enlever successivement toutes les défenses du canal de Lou-Taï, balayant les deux rives de ce canal, enlevant une série de camps retranchés et de batteries, prenant huit canons, etc. Il était arrivé ainsi près de la rive du Peï-Ho, en face du groupe de forts qui tenait solidement le nœud nord-est de la ville. Là, arrêté par un feu meurtrier, il s'était cramponné au sol jusqu'à la nuit, comptant reprendre l'attaque le lendemain matin. Mais ces positions furent évacuées presque sans combat, dans la matinée du 14, par les Chinois démoralisés.

Les troupes internationales avaient plus de 800 hommes hors de combat, mais ce succès chèrement acheté qui les rendait maîtres de Tien-Tsin et du matériel de guerre considérable que renfermaient ses forts et ses arsenaux eut un incontestable retentissement dans le nord de la Chine, et on peut dire qu'il y a marqué, au moins pour le monde officiel chinois, le premier temps d'arrêt dans le développement du mouvement antieuropéen.

Ces événements eurent d'ailleurs une répercussion immédiate à Pékin, où les légations bénéficièrent, à partir du 17 juillet, d'une sorte d'armistice intermittent dont le corps diplomatique avait peine à démêler les vraies

---

(1) La batterie Joseph a eu dans cette affaire 4 blessés, dont le capitaine commandant.

causes et qui permit aux légations de tenir jusqu'au milieu d'août.

Il n'était pas encore possible, malheureusement, de poursuivre les troupes chinoises battues et de marcher sur Pékin avec les faibles effectifs dont disposaient les alliés; de l'avis unanime, il fallait attendre le débarquement de nouveaux contingents qui étaient en route pour le Pé-Tchéli et la réunion d'approvisionnements et de moyens de transport assez importants pour entreprendre cette opération, dont l'urgence n'était pas à démontrer, étant donnée la situation critique des légations, mais dont l'échec de la colonne Seymour avait permis d'apprécier toutes les difficultés.

On se préoccupa donc tout d'abord d'organiser une base solide à Tien-Tsin.

A la suite d'une entente établie dès le 15 juillet entre les commandants des divers détachements alliés, un gouvernement provisoire, composé tout d'abord de trois membres seulement (un Russe, un Japonais et un Anglais), mais où les autres puissances devaient être ultérieurement représentées, fut installé dans la ville chinoise pour assurer l'administration de cette grande cité en l'absence des autorités indigènes.

La garde de la ville murée et la police des faubourgs voisins furent confiées aux quatre contingents qui avaient pris part aux opérations des 13 et 14 juillet sur la rive droite du Peï-Ho, américains, anglais, français et japonais. Un tour fut établi entre les compagnies d'infanterie de marine pour assurer le service dans le secteur assigné aux Français (secteur Nord-Ouest).

D'autre part, les communications avec Takou étant devenues moins précaires, il fut possible au colonel de Pélacot d'organiser l'évacuation d'une partie des malades et des blessés transportables et de commencer à faire monter de la côte quelques approvisionnements envoyés par l'escadre.

V. — Arrivée du général Frey.

Le 24 juillet, le général Frey, désigné pour prendre le commandement de la brigade des troupes de la marine dans le corps expéditionnaire dont le gouvernement français avait décidé la formation, débarquait à Takou venant d'Indo-Chine, et le colonel de Pélacot lui remettait le commandement des troupes françaises qui allaient être renforcées le 28 juillet par la batterie de 80 de campagne formée au Tonkin et transportée en Chine par la *Manche* (batterie Duboys). A la date du 1er août, le corps expéditionnaire du Pé-Tchéli avait ainsi la composition suivante :

Commandant : général de brigade Frey.
Major de brigade : capitaine Sicre, de l'infanterie de marine.

Troupes.

1º Un régiment d'infanterie de marine : colonel de Pélacot; lieutenant-colonel Ytasse.
   1er bataillon, commandant Brenot (9e de marine).
   2e bataillon, commandant Feldmann (11e de marine).
   3e bataillon, commandant Roux (11e de marine).
2º Un groupe de batteries d'artillerie de marine : chef d'escadron Faniard.
   Batterie de campagne, capitaine Duboys.
   12e batterie de montagne, capitaine Joseph.
   13e batterie de montagne, capitaine Julien.

Services.

Services administratifs : aide-commissaire colonial Lecomte.
Service de santé : médecin principal de la marine Fortoul.

CHAPITRE III

I. — Marche sur Pékin et délivrance des légations.

Les troupes chinoises et les Boxers avaient profité, pour se réorganiser, de l'inaction forcée des troupes alliées après la prise de Tien-Tsin. D'après les renseignements fournis par les émissaires chrétiens et les reconnaissances de la cavalerie russe, on savait que les généraux chinois avaient concentré leurs forces autour de Peï-Tsang, à 12 kilomètres au nord de Tien-Tsin, qu'ils y appelaient les contingents des autres provinces et qu'ils y organisaient une solide position retranchée pour s'opposer à une marche en avant des alliés. Ceux-ci ne disposaient encore dans le Pé-Tchéli que de 18 à 20.000 hommes, dont 14.000 au plus pouvaient être affectés à cette marche en avant que la saison des pluies devait rendre particulièrement laborieuse et difficile.

Bien qu'au commencement de juillet, dans une réunion des amiraux, on eût estimé à 40.000 ou 50.000 hommes l'effectif nécessaire pour une marche sur Pékin, il y avait urgence cependant à tenter quelque chose pour dégager les légations qui, d'après une lettre apportée par des Chinois à Tien-Tsin, tenaient encore à la date du 22 juillet, mais n'avaient plus de vivres que pour quelques jours et presque plus de munitions. Une conférence fut donc tenue le 3 août chez le général Liniévitch, commandant le corps expéditionnaire russe et doyen des généraux présents à Tien-Tsin, pour examiner les conditions dans lesquelles on pouvait reprendre l'offensive. Il fut décidé que l'attaque des positions de Peï-Tsang serait entreprise immédiatement et qu'une fois ces positions enlevées, on chercherait à pousser au moins jusqu'à Yang-Tscun.

Les troupes reçurent l'ordre d'aller bivouaquer, le 4 au soir, à l'est et à l'ouest du fort de Si-kou, sur les rives du Peï-Ho. Les contingents japonais, anglais et américains (environ 9.000 hommes) se rassemblèrent à l'ouest de Sikou, tandis que les troupes russes et françaises, avec les détachements allemands, autrichiens et italiens, franchissaient le canal de Lou-Taï et s'établissaient en bivouac au nord de ce canal sous le commandement du général-major Stessel, de l'armée russe. Le général Frey n'avait pu faire concourir à l'opération que deux bataillons d'infanterie de marine ne comptant ensemble que 600 hommes, par suite de nombreuses indisponibilités (bataillons Feldmann et Brenot, sous les ordres du colonel de Pélacot), et trois batteries à quatre pièces chacune. La batterie de campagne devait opérer sous les ordres directs du lieutenant-général Liniévitch avec les batteries de campagne russes; elle s'installa avec celles-ci sur la rive gauche du Peï-Ho, à l'ouest du groupe du général Stessel.

II. — Combat de Peï-Tsang (5 août).

Dans la soirée, les officiers russes qui avaient été chargés de la reconnaissance du terrain à l'est du Peï-Ho rendirent compte au général Stessel que l'inondation tendue par les Chinois, en rompant sur plusieurs points les digues du fleuve, avait sensiblement monté, qu'elle rendait tout le pays impraticable aux troupes nombreuses et que tout au plus de petits détachements pourraient utiliser le chemin qui, par Hi-Fou, You-

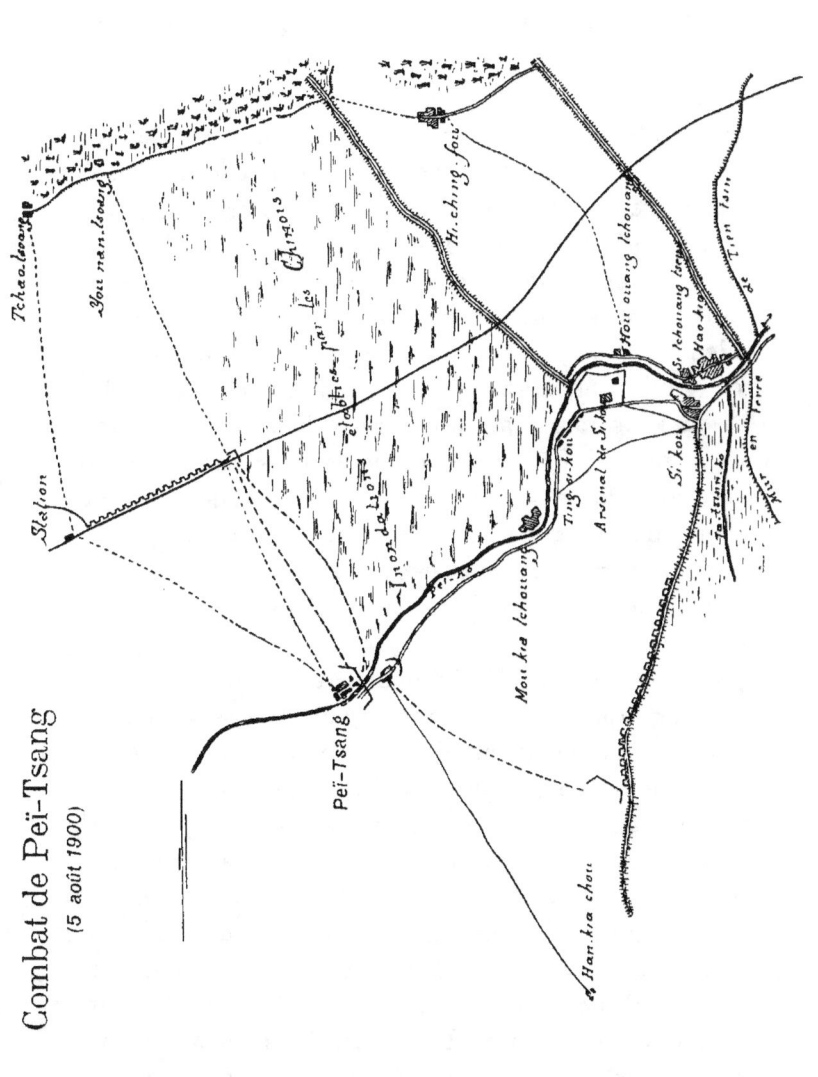

Combat de Peï-Tsang
(5 août 1900)

Nan-Tsoan et Tchao-Toang, contournait à l'est les positions ennemies (ces retranchements chinois barraient la plaine entre le Ta-Tsin-Ho et le Peï-Ho, puis entre Peï-Tsang et la voie ferrée, et se retournaient le long de celle-ci, dont le remblai, organisé défensivement sur une grande longueur, formait crochet défensif battant au loin vers l'ouest un pays entièrement découvert).

En présence de cette situation, et conformément aux instructions du général Liniévitch, qui avait envisagé cette éventualité des inondations, le général Stessel se décida, après entente avec le général Frey, à reporter le lendemain matin le gros des forces placées sous ses ordres (environ 4.000 hommes) sur la rive droite du Peï-Ho, où le terrain était plus praticable. Il fut convenu que le général Frey resterait de sa personne à l'est du fleuve avec la 2ᵉ compagnie du 9ᵉ de marine et la 12ᵉ batterie de montagne, pour tenter, de concert avec les éclaireurs russes déjà lancés en avant, une diversion sur le flanc de l'ennemi dans la direction de You-Nan-Tsoan.

Le 5 avant le jour, les Japonais, qui formaient l'avant-garde des troupes alliées, enlevèrent successivement les diverses positions avancées des Chinois entre le Peï-Ho et le canal Impérial, puis l'artillerie anglaise et l'artillerie japonaise, placées en avant de Si-Kou, d'une part, les batteries de campagne russes et françaises établies entre le fleuve et la voie ferrée, d'autre part, ouvrirent le feu contre les ouvrages situés à hauteur de Peï-Tsang sur les deux rives du Peï-Ho et contre les batteries chinoises. Celles-ci, qui avaient riposté d'abord avec une certaine vivacité, ne tardèrent pas à ralentir leur tir ; les Japonais, soutenus par l'infanterie anglaise et l'infanterie américaine, furent alors lancés à l'attaque des retranchements de Peï-Tsang, tandis que le général Stessel amenait en réserve générale, derrière les premières lignes ainsi formées, les troupes qui avaient bivouaqué à l'est du Peï-Ho.

Pendant ce temps, le général Frey rejoignait avec son détachement les avant-postes russes qui tenaient depuis la veille le village de Hi-Fou, à l'est de la voie ferrée, et réussissait à gagner, à travers la plaine inondée, le village de You-Nan-Tsoan, situé au nord-est de Peï-Tsang et déjà occupé par les éclaireurs russes. Il y fit prendre aussitôt position à la 12e batterie de montagne, qui ouvrit un feu rapide contre le flanc gauche des positions ennemies de Peï-Tsang. Les troupes chinoises qui, abritées derrière leurs retranchements, avaient tenu jusqu'alors sous le feu de l'artillerie du général Liniévitch, se voyant ainsi prises d'écharpe, en même temps que menacées de front par l'attaque des Japonais, commencèrent à se désorganiser et à se préparer à la retraite. Le général Frey fit ensuite diriger le tir sur Tchao-Toang et sur les masses de cavalerie et d'infanterie chinoises qu'on apercevait entre Peï-Tsang et ce village, que les éclaireurs russes cherchaient à tourner par l'Est.

Cette diversion, qui menaçait la ligne de retraite de l'ennemi vers le nord-est, précipita le mouvement d'évacuation de Peï-Tsang, et toutes les positions des Chinois furent successivement occupées sans grande résistance par les alliés. Ceux-ci bivouaquèrent à portée du Peï-Ho, tandis que le général Frey cantonnait son petit détachement à You-Nan-Tsoan et dans un hameau voisin, et prenait des mesures pour se ravitailler sur Tien-Tsin en vivres et en munitions.

III. — Occupation de Yang-Tsoun.

Le général Liniévitch avait décidé de profiter le plus tôt possible du succès obtenu et de pousser, dès le 6, jusqu'à Yang-Tsoun.

Le mouvement fut exécuté par la rive gauche du Peï-Ho, que le gros des troupes étrangères franchit en amont de Peï-Tsang. Le colonel de Pélacot suivit le mouvement et le général Frey le rejoignit avec son détachement vers 11 heures du matin, après une marche des plus laborieuses à travers la plaine inondée.

Toutes les troupes étaient exténuées par les marches et contre-marches exécutées la veille et dans la matinée par une chaleur torride, et il avait fallu laisser le matin à Peï-Tsang un assez grand nombre d'hommes malingres et incapables de prendre part à de nouvelles opérations.

Néanmoins, l'artillerie russe venant d'ouvrir le feu contre les retranchements occupés par les Chinois à Yang-Tsoun, la batterie de campagne reçut l'ordre de se porter en avant le plus rapidement possible pour prendre part à la lutte d'artillerie que dirigeait le général Liniévitch. Les batteries de montagne et l'infanterie de marine suivirent après un court repos et s'avancèrent vers Yang-Tsoun, en manœuvrant à travers champs et en cherchant à déborder la gauche de l'ennemi.

La batterie Duboys rejoignit les batteries russes en position au nord de la gare de Yang-Tsoun, assez à temps pour coopérer au bombardement des positions de l'ennemi, mais celui-ci ayant évacué Yang-Tsoun et les lignes de retranchements voisins de la ville sans attendre l'attaque de l'infanterie des alliés, le gros des troupes françaises ne fut pas engagé. On bivouaqua autour de Yang-Tsoun, où tout dénotait la fuite précipitée des troupes chinoises.

IV. — Marche des contingents alliés de Yang-Tsoun sur Pékin.

Le 7, une nouvelle conférence des généraux alliés eut lieu sous la présidence du général Liniévitch. Il fut décidé qu'en raison de la démoralisation de l'ennemi et de la nécessité de porter le plus tôt possible secours aux légations assiégées, la marche sur Pékin serait continuée sans délai. Des renseignements secrets, reçus par certains généraux étrangers, leur donnaient l'assurance que l'ennemi ne ferait aucune résistance sérieuse jusqu'à Pékin et que même on trouverait peut-être certaines portes de la capitale ouvertes à l'arrivée des troupes alliées. Le départ fut donc fixé au lendemain 8 août.

Le général Frey ne pouvait malheureusement songer à faire participer de suite les détachements placés sous ses ordres à cette marche en avant. Le service de ravitaillement des troupes pendant cette marche était en effet à organiser d'une manière presque complète; les moyens de transport par voie de terre faisaient à peu près totalement défaut et on ne pouvait guère compter que sur la voie fluviale pour faire monter quelques approvisionnements complétant les vivres de réserve portés par les hommes. De plus, l'état sanitaire de ces derniers, très éprouvés par les fatigues du siège de Tien-Tsin et de la marche sur Yang-Tsoun, et ayant pour la plupart accompli déjà près de deux ans de séjour en Indo-Chine, ne laissait pas que d'être très précaire, et un triage sérieux était à faire parmi eux pour constituer un groupe assez valide pour aller à marches forcées jusqu'à Pékin.

Pour porter le plus vite possible remède à toutes ces difficultés, le général Frey descendit à Tien-Tsin dans la nuit du 7 au 8. Le lieutenant de vaisseau Petit, aidé par un certain nombre d'enseignes, d'aspirants et de marins, avait déjà réuni quelques jonques ou chalands, sans compter deux canots à vapeur prêtés par l'escadre; ces embarcations furent groupées en un certain nombre d'échelons qui devaient successivement quitter Tien-Tsin aussitôt qu'ils seraient chargés et aller constituer des dépôts de vivres dans les gîtes d'étapes que le général Frey comptait organiser à Ho-Siou, Ma-Tou et à la tête d'étapes de route de Tong-Tchéou. Mais les ressources pour organiser avec des voitures ou des coolies un train régimentaire suffisant faisant défaut, le général Frey dut décider que les hommes porteraient simplement sur eux trois jours de vivres de réserve, leurs effets de drap, leur tente et leurs cartouches, et qu'on vivrait autant que possible sur le pays, en attendant que les ressources poussées par eau sur Tong-Tchéou pussent rejoindre la colonne volante formée de tout ce qui était en état de marcher.

Les hommes d'infanterie de marine jugés assez valides à Tien-Tsin furent versés dans les compagnies Legrand (1re du bataillon Roux) et Janiatowski (1re du bataillon Brenot); la 1re de ces compagnies partit dès le 8 au soir pour Yang-Tsoun, sous les ordres du chef d'escadron Faniard, avec les caissons de la batterie de campagne; l'autre suivit le lendemain. Le commandant Roux restait chargé de la garde de Tien-Tsin avec quatre compagnies comprenant les hommes fatigués des 9e et 11e de marine, une section de campagne et une section de montagne.

A Yang-Tsoun, le colonel de Pélacot avait constitué, conformément aux instructions du commandant des troupes françaises, deux groupes de marche qui devaient se suivre à douze heures d'intervalle et se prêter appui en cas de nécessité. Tous ces groupes avaient ordre de marcher jour et nuit, de se reposer et de préparer leurs repas pendant la grande chaleur du jour et d'arriver coûte que coûte à rejoindre les troupes alliées à Tong-Tchéou.

Le 1ᵉʳ groupe, comprenant les compagnies Verdant et Martin et une batterie de montagne, partit de Yang-Tsoun le 9 au matin, sous les ordres du chef de bataillon Feldmann. Le 2ᵉ groupe, formé des compagnies Marty et Bonnabosc, de la batterie de campagne et de l'autre batterie de montagne, fut mis en route, le 9 au soir, sous le commandement du chef d'escadron Faniard. Enfin, le commandant Brenot, avec les deux compagnies Janiatowski et Legrand, venues de Tien-Tsin, suivit en 3ᵉ échelon et quitta Yang-Tsoun le 10 au soir, en même temps que le général Frey. Celui-ci, doublant les étapes avec son état-major, rejoignit les têtes de colonne françaises à Ma-Tou dans la journée du 11 et bivouaqua avec elles le même soir à Tchan-Kia-Ouan, à côté des troupes étrangères, qui avaient mis quatre jours à atteindre cette localité.

Il avait laissé à Yang-Tsoun le colonel de Pélacot avec ordre d'organiser la défense de ce gîte important, dont la garde avait été attribuée aux troupes françaises dans la conférence tenue le 7 août par les généraux alliés, et où restait la compagnie Poch, encadrant les hommes fatigués qui n'avaient pas paru en état de prendre part aux marches forcées qu'exécutaient les groupes mobiles formés par le général Frey. Le colonel de Pélacot devait ensuite se porter sur Pékin avec un quatrième groupe dont le noyau devait être formé par la compagnie Vincent (3ᵉ du 11ᵉ de marine), qui venait d'arriver de Saïgon pour combler les vides du premier contingent fourni par l'Indo-Chine.

Dans la matinée du 12, l'avant-garde des troupes françaises et le général Frey entraient à Tong-Tchéou en même temps que les premières troupes étrangères et sans que les Chinois eussent opposé même un simulacre de résistance.

Pagode de Tong-Tchéou.

Le 13, les six compagnies et les trois batteries parties successivement de Yang-Tsoun étaient réunies à Tong-

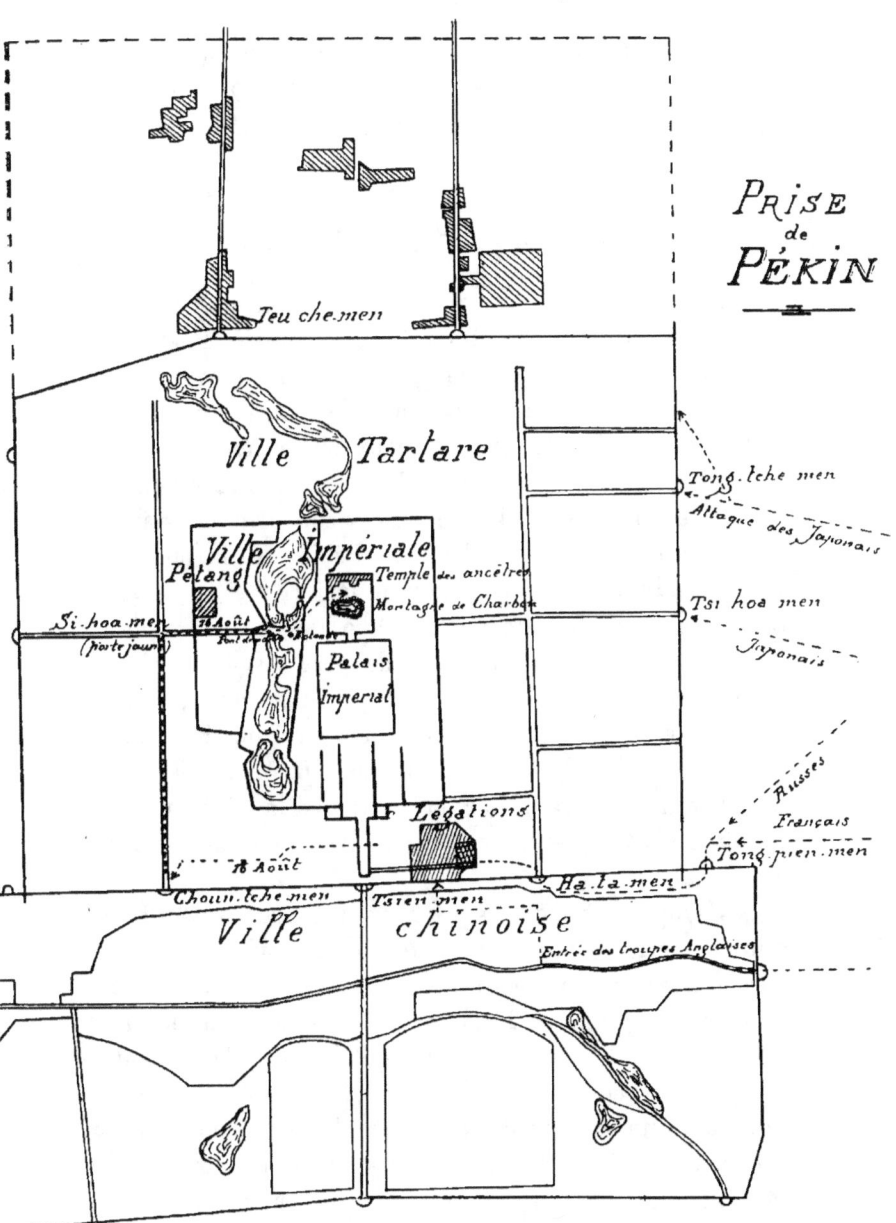

Tchéou, ayant, malgré leurs fatigues antérieures, rivalisé d'énergie et d'endurance pour avoir l'honneur d'entrer à Pékin en même temps que les autres troupes alliées.

V. — Entrée des troupes alliées à Pékin.

Les généraux se réunirent en conférence dans cette journée du 13 et décidèrent de marcher sur Pékin dès la nuit suivante, de manière à aller bivouaquer sous les murs de la capitale. Une nouvelle conférence devait avoir lieu, le 14, à ce bivouac, pour déterminer les conditions dans lesquelles se ferait l'entrée dans la ville.

Dès le 13 au soir, les Japonais se portèrent par la route dallée de Tong-Tchéou à Pékin sur la porte de Tsi-Hoa-Men, située au milieu de la face Est de la ville tartare et par laquelle ils se proposaient d'entrer dans la ville. Les Russes suivirent de près les Japonais et bivouaquèrent entre la route dallée et le canal, comptant entrer dans Pékin par la porte de Tong-Pien-Men (angle Nord-Est de la ville chinoise). Les Anglais et les Américains partirent par la route de la rive sud du canal et bivouaquèrent sur cette rive à 4 kilomètres de la capitale.

Les troupes françaises se mirent successivement en route dans la même nuit, la tête de colonne étant formée par les compagnies Martin et Verdant, sous les ordres du commandant Feldmann. Elles suivirent la rive Nord du canal jusqu'au pont de Palikao, qu'elles franchirent pour continuer leur marche vers Pékin, en suivant la route voisine de la rive Sud. Vers 5 heures du matin, on traversa le bivouac des troupes américaines, et le général Frey, apprenant que les Russes, avec lesquels il comptait combiner son mouvement pour entrer dans Pékin, devaient être campés à peu de distance au nord du canal, se décida à profiter du pont d'une écluse qui venait d'être reconnue à courte distance, pour reporter son détachement sur la rive nord et l'y établir en bivouac.

On était à 3 ou 4 kilomètres au plus de Pékin, dont on entrevoyait les murs par une échappée entre les hauts champs de sorgho. On entendait le bruit d'un assez violent engagement dans la direction du Nord, mais il parut évident au général Frey qu'il s'agissait seulement d'une démonstration exécutée par les Japonais contre une des portes Nord-Est de la ville tartare pour attirer les troupes chinoises de ce côté et faciliter l'entrée des troupes alliées par les portes situées plus au Sud. Il maintint donc sa colonne au bivouac de l'écluse, tout en cherchant à se mettre en relations par ses officiers d'état-major avec les quartiers généraux étrangers.

Il ne fut malheureusement pas possible d'être renseigné assez tôt sur le mouvement des Anglais et des Américains, qui, dans la journée même, parvinrent à s'introduire sans coup férir dans la ville chinoise et à gagner le canal qui pénètre dans le quartier européen en passant sur la muraille tartare au sud de la légation d'Angleterre. C'est par cette voie que des soldats indiens arrivèrent les premiers, vers les 3 heures du soir, aux légations.

Dans la soirée, le général Frey put enfin rencontrer, de sa personne, le général Yamagachi, commandant le corps expéditionnaire japonais, qui lui confirma la tentative infructueuse faite par ses troupes contre la porte Tsi-Hoa-Men et le succès de la tentative faite par les Russes pour entrer dans la ville par la porte de la ville chinoise voisine du canal.

Des ordres furent aussitôt donnés pour que la colonne française suivît par cet itinéraire les troupes russes et japonaises qui avaient déjà commencé leur mouvement.

Un convoi de chameaux d

La batterie de campagne et une compagnie d'infanterie de marine furent laissées provisoirement près de l'écluse, et les autres unités gagnèrent dans la nuit la porte de Ha-Ta-Men, dans la muraille sud de la ville tartare, d'où, à 4 heures du matin, elles allèrent s'établir en bivouac au milieu des ruines de la légation de France.

VI. — Prise de la ville de Pékin par les troupes alliées. — Délivrance de la mission catholique du Pé-Tang.

Le général Frey s'entendit aussitôt avec le ministre de France, M. Pichon, sur les mesures à prendre pour achever de s'emparer de la capitale chinoise et surtout pour délivrer la mission catholique du Pé-Tang, où Mgr Favier, avec une poignée de marins, des missionnaires et des centaines de chrétiens, était assiégé depuis deux mois.

Le ministre de France demanda d'abord que l'artillerie bombardât à titre de représailles la ville impériale, que l'on savait encore occupée par les réguliers chinois; les 12e et 13e batteries de montagne furent hissées à cet effet sur la muraille au sud des légations et envoyèrent un certain nombre d'obus à la mélinite sur les édifices de la ville interdite qui leur furent spécialement désignés, mais ce tir dut bientôt être interrompu sur la demande du général américain, qui craignait qu'il ne devînt dangereux pour ses troupes déjà en train de s'installer dans les quartiers voisins du palais.

L'état de fatigue et le faible effectif des détachements d'infanterie de marine arrivés à Pékin avec le général Frey ne permettaient pas de tenter la délivrance du Pé-Tang, le jour même, et sans faire appel au concours des troupes étrangères. Il fallut donc remettre cette opération au lendemain et il fut convenu entre les généraux alliés qu'un peloton de cosaques, un bataillon russe et un bataillon anglais seraient mis à cet effet, le 16 au matin, à la disposition du général Frey.

Dans la journée du 15, les troupes internationales prirent progressivement possession de la plus grande partie de la capitale, les Russes et les Japonais occupant toute la partie est et nord-est de la ville tartare, les Anglais et les Américains la ville chinoise, et les troupes françaises restant cantonnées provisoirement près de la porte sud de la ville interdite.

Les Boxers et les réguliers se retirèrent dans la ville impériale, où ils continuaient à serrer de près la mission catholique, et dans la partie ouest de la ville tartare, dont ils tenaient toutes les portes de Ten-Chen-Men à Choun-Tché-Men inclusivement.

Cette dernière était assez solidement occupée par des troupes régulières chinoises disposant d'une nombreuse artillerie et tenant ainsi sous leur feu la grande voie nord-sud par laquelle on pouvait gagner la porte ouest de la ville impériale, Si-Hoa-Men, voisine du Pé-Tang. Il parut donc nécessaire de prendre cette porte de Choun-Tché-Men pour premier objectif, et il fut entendu que les Anglais établiraient leur artillerie près de la porte de Tsien-Men sur la muraille tartare, pour coopérer à cette attaque avec l'artillerie de montagne française.

La colonne du général Frey, auquel vint se joindre M. Pichon, avec une partie du personnel de la légation de France, se réunit, le 16 au matin, entre la porte sud de la ville interdite et la porte de Tsien-Men. L'infanterie de marine avait pu fournir un bataillon d'environ 400 hommes, avec lequel marchaient les 12ᵉ et 13ᵉ batteries de montagne et quelques-uns des marins qui avaient pris part à la défense des légations; la batterie de campagne, restée, le 15, à l'écluse du canal, devait rejoindre pendant la marche.

On se porta contre Choun-Tché-Men, à travers les quartiers tartares, par un itinéraire défilé reconnu par les Cosaques, que guidaient MM. Matignon et Berteaux, médecin et interprète de la légation française.

A 8 heures du matin, le feu fut brusquement ouvert sur la position ennemie par une section de la 13e batterie, portée à bras, à moins de 400 mètres de la porte, et par l'infanterie de marine, qui s'était glissée, à courte portée, à travers les maisons. L'artillerie anglaise, postée à Tsien-Men, ne tarda pas à appuyer cette action, et, après une courte résistance, les Chinois évacuèrent précipitamment la position, laissant entre nos mains une quarantaine de bouches à feu de tout calibre.

Un poste fut laissé à Choun-Tché-Men, et la colonne se porta, le plus rapidement possible, vers le nord, par la grande avenue qui traverse toute la ville tartare. On parvint sans incidents jusqu'aux abords de la porte Si-Hoa-Men, devant laquelle un détachement japonais arrivait en même temps par un autre itinéraire. Cette porte était fermée et de fortes barricades barraient en arrière la large rue conduisant au pont de Marbre et à la ville interdite.

Tandis que les Japonais s'efforçaient d'escalader le mur de la ville impériale, au sud de Si-Hoa-Men, et réussissaient même à ouvrir un battant de la porte, mais sans pouvoir en déboucher, les missionnaires du Pé-Tang parvinrent à se mettre en relations, au nord de cette porte, avec des fractions d'infanterie de marine, et à faire prévenir le général Frey que l'ennemi, se portant en masse vers Si-Hoa-Men, avait à peu près dégarni le nord du Pé-Tang.

Le général Frey dirigea aussitôt de ce côté les deux compagnies d'avant-garde commandées par le chef de bataillon Feldmann, et, grâce aux échelles placées par les chrétiens sur les murs de la ville impériale, le capitaine Marty, du 11ᵉ de marine, put bientôt pénétrer dans l'enceinte de la mission avec un certain nombre d'hommes et prendre ainsi à revers les positions des Chinois, en face de Si-Hoa-Men. On s'empara ainsi de la première barricade, et on put mettre en batterie une des pièces de campagne françaises, sous la porte même, pour balayer l'avenue menant à la ville interdite. Peu à peu, l'infanterie de marine et les pionniers russes parvinrent, en poursuivant les Chinois de maison en maison, à dégager tous les abords de la mission et à faire abandonner par les Chinois la 2ᵉ barricade, tandis que les Japonais progressaient du côté du sud, dans la direction du vieux Pé-Tang.

Le général Frey et M. Pichon s'empressèrent de porter leurs félicitations à Mgr Favier et à la poignée de marins français et italiens qui avaient soutenu héroïquement, à ses côtés, un siège de deux mois (1). Mais il fallait encore achever la défaite des derniers contingents chinois, qui se battaient en désespérés pour empêcher les troupes alliées de pénétrer dans la ville impériale. Ce ne fut qu'après une lutte très vive, qui se prolongea pendant près de deux heures, et au cours de laquelle un grand nombre de soldats chinois de l'armée de Tong-Fou-Sian se firent tuer sur place, que toutes les positions dans lesquelles ces derniers s'étaient barricadés tombèrent entre les mains des alliés, et qu'on atteignit le pont de Marbre, au delà duquel on occupa successivement, et à peu près sans résistance, la Rotonde et le Pé-Ta. La colonne pénétra enfin dans le parc du

---

(1) Après la mort de l'enseigne de vaisseau Henry, la défense avait été dirigée par l'aspirant de marine italien Olivieri, mais celui-ci avait été à son tour grièvement contusionné, le 12 août, par l'explosion d'une mine.

palais des Ancêtres, et les drapeaux des contingents qui avaient pris part à l'opération furent hissés sur la montagne de Charbon, qui domine le palais impérial et toute la ville.

La résistance des Chinois était définitivement vaincue; il ne restait plus qu'à purger progressivement la capitale des groupes de Boxers et de réguliers débandés qui s'y cachaient encore dans divers quartiers; ce devait être la tâche des jours suivants. Cette journée du 16 août avait coûté, à l'infanterie de marine, la mort du sergent Reynier et de 3 soldats; le capitaine Marty et 3 hommes étaient grièvement blessés, et le commandant Feldmann avait été légèrement atteint. Les détachements russes et japonais, qui avaient coopéré à l'opération, avaient eu 7 blessés.

VII. — Installation des troupes françaises à Pékin. Organisation du ravitaillement.

La ville de Pékin fut partagée entre les contingents alliés, qui furent chargés chacun de la police du secteur dans lequel ils étaient cantonnés. Il fut convenu entre les généraux, sur la demande du corps diplomatique, que le palais impérial serait respecté et qu'on se bornerait à en surveiller les portes en attendant le jour où des délégations des différents corps expéditionnaires y feraient une entrée solennelle (1).

Le secteur français comprenait la partie nord de la ville impériale (montagne de Charbon, temple des Ancêtres, lac du Nord, quartier du Pé-Tang, etc.) et la partie de la ville tartare s'étendant entre la porte de

---

(1) Cette cérémonie eut lieu le 28 août.

Si-Hoa-Men et la porte de Pin-Tse-Men (porte située au milieu de la face ouest des murailles de la ville).

Des reconnaissances répétées durent y être faites pen-

Palais impérial.

dant les premiers jours pour achever d'en éliminer les quelques Boxers qui y rôdaient encore et menaçaient la sécurité des indigènes paisibles et des militaires isolés (3 soldats d'infanterie de marine furent assassinés le 19 août aux environs de leurs cantonnements). La principale de ces battues fut exécutée le 21 août, au nord du Pé-Tang, par quatre compagnies, sous les ordres du colonel de Pélacot, arrivé la veille à Pékin, avec la compagnie Vincent.

Une police rigoureuse fut organisée, sous la direction du chef de bataillon Brenot, pour empêcher le pillage, aussi bien par les militaires que par les Chinois (1), et

(1) La plus grande partie de la ville avait été mise à sac avant

pour permettre la reprise du commerce et l'afflux en ville des provisions nécessaires aux troupes et à la population.

Le général Frey se hâta, d'autre part, de prendre des mesures pour assurer, dans des conditions normales, l'alimentation des hommes, pour laquelle, au début du séjour à Pékin, il avait fallu recourir à des réquisitions et à divers moyens de fortune (M. Chamot, propriétaire de l'hôtel de Pékin, avait, heureusement, pu fournir à la troupe un certain nombre de repas improvisés, à l'aide des rares ressources du pays, comme il avait fait pendant le siège des légations pour le personnel qui y était enfermé).

Un service de convoi, constitué à l'aide de voitures et de mulets du pays, put être assez rapidement organisé entre Yang-Tsoun, Tong-Tchéou et Pékin, de manière à pousser jusqu'à la capitale, les approvisionnements que le lieutenant-colonel d'artillerie de marine Gosselin, directeur des étapes à Tsien-Tsin, acheminait par voie d'eau jusqu'à Tong-Tchéou. Les vivres, ainsi laborieusement amenés à Pékin, purent heureusement être complétés en faisant appel aux ressources locales, que la rentrée progressive dans la ville de Pékin d'un certain nombre de commerçants indigènes permit bientôt d'exploiter sur une assez vaste échelle, notamment pour la farine et les légumes. La situation s'améliora d'ailleurs, également bientôt, au point de vue des moyens de transport, cette rentrée des Chinois à Pékin ayant permis de recruter, dès le commencement de septembre, d'assez nombreux coolies.

---

l'entrée des troupes alliées, par les Boxers et les soldats de Tong-Fou-Sian, qui s'y étaient livrés à tous les excès pendant deux mois, et avaient brûlé des quartiers entiers.

VIII. — Arrivée successive des diverses unités de la 1ʳᵉ brigade du corps expéditionnaire.

Sur ces entrefaites, les premières troupes mobilisées en France, à la nouvelle des événements de Chine, avaient commencé à arriver au Pé-Tchéli. Le 1ᵉʳ bataillon du 17ᵉ régiment d'infanterie de marine était débarqué, dès le 14 août, à Tong-Kou, avec une batterie de montagne qui prit ultérieurement le n° 1; les 2ᵉ et 3ᵉ bataillons du même régiment parvinrent à Tien-Tsin le 25 août, avec une deuxième batterie de montagne de France et furent suivis le lendemain par le 1ᵉʳ bataillon du 18ᵉ régiment d'infanterie de marine. Les 2ᵉ et 3ᵉ bataillons de ce dernier régiment arrivèrent le 1ᵉʳ septembre, et enfin, le 6 septembre, deux bataillons de marche venus d'Indo-Chine et une batterie venant de Quang-Tchéou-Van débarquaient à leur tour à Tong-Kou. Le général Frey avait donné des ordres pour que les premiers renforts arrivant d'Europe fussent mis en route le plus tôt possible sur Pékin, où il ne disposait que d'un effectif valide très restreint, après les fatigues de la marche forcée qui venait d'être exécutée. Les bataillons du 17ᵉ, la 1ʳᵉ batterie de montagne et le 1ᵉʳ bataillon du 18ᵉ furent ainsi acheminés successivement sur la capitale, où toutes ces unités se trouvèrent réunies le 6 septembre. La deuxième batterie de montagne et le 2ᵉ bataillon du 18ᵉ furent dirigés à leur tour sur Tong-Tchéou, après l'arrivée à Tien-Tsin des bataillons de marche venus d'Indo-Chine.

L'arrivée de ces nouvelles unités, dans la région de Pékin, permettait de songer à faire redescendre, peu à peu, dans les postes de la ligne d'étapes et à Tien-Tsin, les éléments les plus fatigués du 16ᵉ de marine, qui ne pouvaient plus guère prendre part à des opérations actives. Le bataillon Brenot fut donc désigné pour être échelonné dans les gîtes d'étapes; quant au bataillon Feldmann, il fut d'abord envoyé à Tong-Tchéou pour coopérer, sous les ordres du colonel de Pélacot, à une démonstration que le ministre de France, sur les instances de Mgr Favier, crut nécessaire de faire opérer de ce côté pour contribuer à dégager les missions catholiques qui y étaient encore menacées par des Boxers. Le général Frey, tenant à ne pas engager inutilement la fraction du corps expéditionnaire dont il avait le commandement, dans des actions de guerre qui n'auraient peut-être pas cadré avec les instructions qu'allait apporter de France le général en chef, avait prescrit au colonel de Pélacot d'agir avec prudence et plutôt par sa seule présence dans le pays que par des opérations offensives.

Conformément à ces instructions, le colonel de Pélacot, arrivé le 12 septembre au soir à Tong-Tchéou avec le bataillon Feldmann, fit reconnaître, le lendemain, les points de passage des cours d'eau aux environs, et alla s'installer, le 14, avec ce bataillon et deux sections de la 2ᵉ batterie de montagne, en position d'expectative, à Ing-Ko-Tchang, à une dizaine de kilomètres au nord de la ville. Une série de reconnaissances furent poussées, de là, les jours suivants, dans toute la région à l'est du Peï-Ho, en même temps que des émissaires étaient envoyés vers les chrétientés menacées pour se renseigner exactement sur les dangers qu'elles pouvaient courir, et que le 2ᵉ bataillon du 18ᵉ, arrivé à Tong-Tchéou le 16, rayonnait au sud-est de cette place.

La question de l'évacuation de Pékin, soulevée à ce moment par les Russes, d'une part (1), les nouvelles moins mauvaises qu'on eût, d'autre part, des missions

---

(1) Voir 3ᵉ partie.

bloquées dans le nord-est du Tchéli, firent renoncer, au bout de quelques jours, à donner une plus grande envergure à ces opérations, et le colonel de Pélacot reçut, le 24 septembre, à Ing-Ko-Tchang, l'ordre de rallier Tien-Tsin avec le bataillon Feldmann. Le général Frey avait lui-même quitté Pékin le 16 septembre, pour aller attendre le général commandant en chef à Tien-Tsin et le mettre au courant de la situation (1).

IX. — Affaire de Pé-Tang.

C'est à son arrivée dans cette ville que le général Frey fut invité par l'amiral Alexeieff à faire concourir une partie des troupes françaises, déjà débarquées au Pé-Tchéli, à l'attaque qu'il paraissait indispensable de diriger contre les ouvrages du Pé-Tang où la présence d'une nombreuse garnison chinoise constituait une menace continuelle pour les communications des troupes alliées.

Le général Frey désigna pour prendre part à cette opération, dont la conduite était confiée au lieutenant-général baron de Stakelberg, 3 compagnies du 2ᵉ bataillon de marche (commandant Rilba), 2 compagnies du 3ᵉ bataillon de marche (commandant Collinet), 1 peloton du 16ᵉ régiment d'infanterie de marine (capitaine Lyonnet), la batterie de 80 de montagne récemment arrivée de Quang-Tchéou-Van (capitaine Vuillard), et une section de 80 de campagne.

Ces diverses unités, placées sous les ordres du lieute-

---

(1) Le général Frey ne remonta pas à Pékin. Sa santé, très éprouvée, l'obligea, peu après l'arrivée du général commandant en chef, à demander son rapatriement, et il quitta Tien-Tsin par le deuxième courrier d'octobre, pour aller se reposer quelque temps au Japon, et rentrer de là en France.

nant-colonel Leblois, furent dirigées, le 19 au soir, par voie ferrée, sur Sin-Ho, d'où elles gagnèrent, dans la nuit, le bivouac des autres troupes alliées, à 10 kilomètres à l'ouest de Pé-Tang. Le 20 au matin, conformément aux instructions du lieutenant-général baron de Stakelberg, elles prirent place dans une colonne que commandait le général-major Tserpitzki, et qui devait former la réserve générale. Après une marche assez pénible, dans des terrains marécageux, sur les bas côtés d'une chaussée en partie minée par les Chinois, on arriva en vue de la ville de Pé-Tang que bombardait déjà l'artillerie de position, installée par les Russes derrière des épaulements construits pendant la nuit; le lieutenant-colonel Leblois reçut l'ordre de laisser la batterie de montagne en réserve derrière le centre de la ligne alliée dont le front se développait parallèlement à la voie ferrée Tong-Kou-Lou-Taï, et de prolonger la gauche de cette ligne avec une partie de son détachement. La section de campagne du capitaine Thomeuf fut mise en batterie contre le fort n° 2, qui semblait le réduit des positions ennemies; mais, avant même qu'elle eût le temps d'ouvrir le feu, l'assaut était donné à cet ouvrage par les Russes de l'avant-garde, sans attendre les compagnies du commandant Collinet, chargées de les soutenir avec un détachement allemand.

Pendant ce temps, les compagnies du commandant Rilba et une compagnie russe se déployaient dans les marais, en face de la ville même de Pé-Tang; après une marche très pénible dans l'eau et la boue jusqu'au ventre, elles réussirent à atteindre la ville assez à temps pour poursuivre de leurs feux les fuyards chinois qui l'avaient précipitamment évacuée. On bivouaqua sur les positions conquises et, le lendemain, le détachement français rentra à Tong-Kou, tandis qu'une partie des troupes, sous le commandement du général-major Tserpitzki, poursuivait les Chinois débandais et allait s'emparer des camps de Lou-Taï.

Les explosions de fougasses avaient, sous les pas des colonnes alliées pendant la matinée du 20 septembre, infligé des pertes assez sensibles aux Russes, engagés en première ligne et auxquels revenait d'ailleurs tout l'honneur de la journée. Un seul homme de la 2ᵉ compagnie du 2ᵉ bataillon de marche avait été blessé par une de ces explosions.

X. — Occupation de Shanghaï.

Les événements du Tchéli avaient eu leur répercussion sur un grand nombre de points de l'empire chinois, et en particulier sur la vallée du Yang-Tsé; en présence des manifestations hostiles d'une partie de la population, les nombreux ingénieurs, commerçants et missionnaires européens de cette région avaient dû se replier vers les localités situées sur les bords mêmes du fleuve; mais les vice-rois de Nankin et de Wu-Tchang, soucieux avant tout d'éviter une intervention étrangère dans leurs circonscriptions, avaient déclaré aux consuls qu'ils répondaient de la sécurité des colonies européennes et prirent effectivement un certain nombre de mesures témoignant de leur réelle intention de maintenir l'ordre.

Une assez grande inquiétude régnait cependant encore au commencement d'août, parmi les nombreux résidents de Shanghaï, malgré la présence devant la ville, de nombreux bâtiments de guerre de toutes les puissances, et, tout en négociant avec le vice-roi de Nankin, les représentants du gouvernement anglais en avaient pris texte pour faire venir au mouillage de Woossung deux transports portant des détachements de troupes indiennes prêtes à occuper la concession internationale.

Informé de ce projet et estimant à juste titre qu'il était essentiel de ne pas laisser une puissance étrangère assumer ainsi, à elle seule, la protection des Européens dans une ville où la France possédait une concession indépendante, prospère, et où nos nationaux avaient de gros intérêts, le consul général de France, M. de Bezaure, s'empressa de faire admettre, dans une réunion du corps consulaire, la nécessité de faire conserver à l'occupation militaire, si elle se produisait, un caractère international, et câbla au gouverneur général de l'Indo-Chine pour lui demander des troupes.

M. Doumer prit immédiatement des mesures pour mettre à sa disposition un bataillon et une batterie qui s'embarquèrent, le 18 août, à Haïphong; mais dès le 17 au soir, les transports anglais étaient venus accoster les appontements de Shanghaï, et le 18 ils avaient mis à terre environ 500 hommes de troupes indiennes (1) avec une assez grande quantité de chevaux et de matériel de guerre. Sur la demande du consul général qui avait reçu des instructions du Ministre des affaires étrangères, en prévision de cette éventualité, le capitaine de vaisseau Baëhme, commandant l'*Amiral-Charner*, avait aussitôt débarqué un détachement de 50 marins sur la concession française, « dans le but, télégraphia M. de Bezaure au vice-roi de Nankin, de maintenir l'intégralité du territoire chinois, et de coopérer avec les autorités indigènes à la garde de nos intérêts ». Les amiraux allemands et japonais prirent bientôt des dispositions du même genre en attendant l'arrivée des troupes demandées à leurs gouvernements respectifs, achevant de donner ainsi à cette occupation le cachet de mesures de précaution collective, qui était une ga-

---

(1) Cet effectif a été très notablement augmenté dans les semaines suivantes.

rantie pour les autorités chinoises; celles-ci renoncèrent d'ailleurs à faire des objections au fait accompli et le vice-roi de Nankin fit même répondre le 19 août à la communication de M. de Bezaure par M. Fergusson, sujet américain, délégué des colonies étrangères de Nankin, qu'il était très satisfait du débarquement de nos marins et de l'arrivée prochaine des troupes françaises.

De fait, lorsque le 3ᵉ bataillon du 9ᵉ régiment d'infanterie de marine et une batterie de montagne du régiment d'artillerie d'Indo-Chine arrivèrent à Shanghaï, le 30 août, le caractère pacifique de l'occupation de la ville européenne était si bien établi, qu'aucune difficulté ne fut soulevée par les Chinois, au sujet de leur débarquement; la musique d'un régiment britannique les accompagna de la manière la plus courtoise, de leur point de débarquement, sur la concession internationale, jusqu'à l'entrée de la concession française où cette nouvelle garnison ne tarda pas à s'installer dans des baraquements organisés au « camp de Cou-Ka-Za », et les marins de l'*Amiral-Charner* et du *Pascal*, rejoignirent leur bord.

Cette occupation des concessions de Shanghaï ne donna lieu, dans la suite, à aucun incident; le général commandant en chef passa, le 17 septembre, pendant l'escale de son paquebot, la revue du détachement français (1), et en constata l'excellente tenue, à laquelle rendit hommage également le feld-maréchal comte de Waldersée, qui fut reçu solennellement à Shanghaï quelques jours plus tard.

Conformément à une entente intervenue avec le vice-amiral Pottier et le gouverneur général de l'Indo-

---

(1) La compagnie de volontaires de la concession française s'était jointe, à cette occasion, aux troupes du lieutenant-colonel Adam de Villiers, pour rendre les honneurs au général commandant en chef.

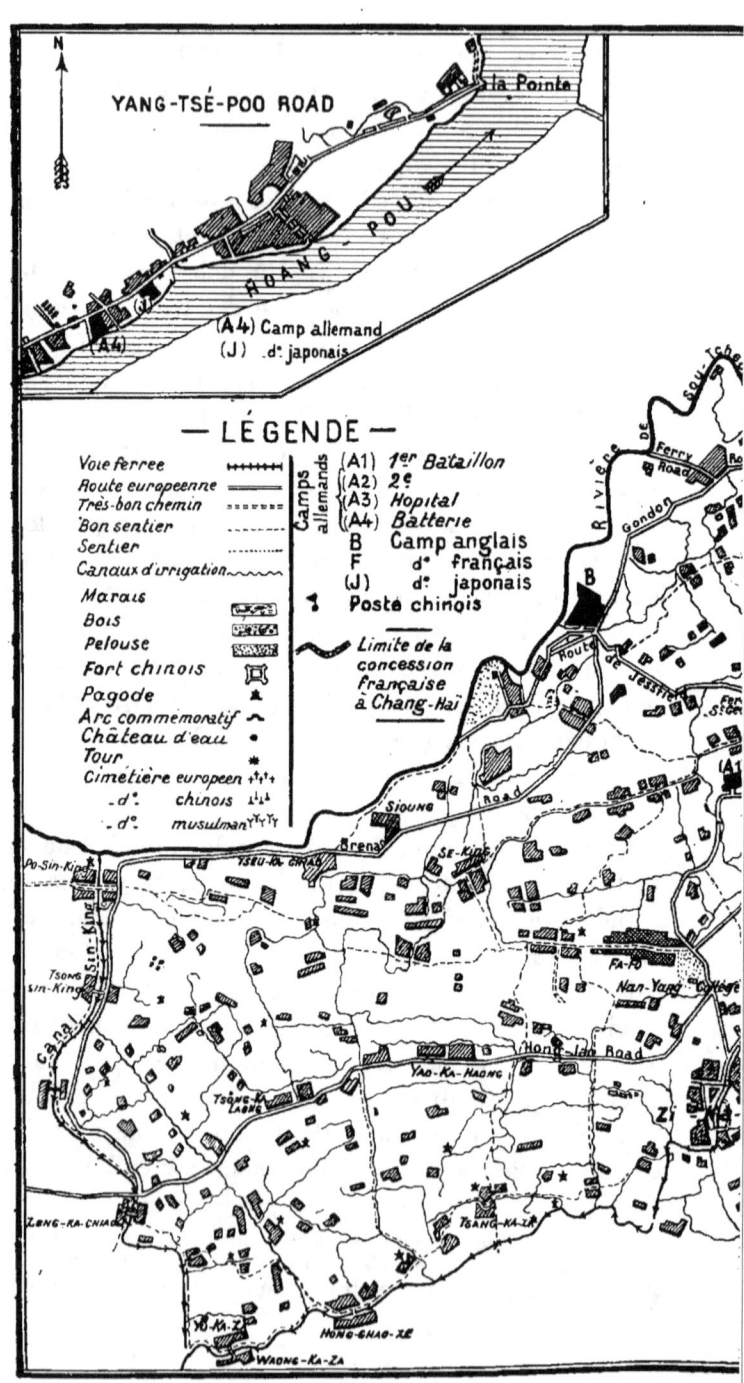

Chine, ce détachement, placé sous le commandement du lieutenant-colonel Adam de Villers, fut considéré comme rattaché au corps expéditionnaire de Chine pour tout ce qui concernait l'administration et la discipline militaires, le capitaine de vaisseau commandant le croiseur ordinairement stationné à Shanghaï devant exercer toutefois, suivant les instructions du Ministre de la marine, le commandement supérieur des forces françaises, au cas où il eût été nécessaire de recourir à leur action.

NOTA. — Il n'a pas été possible de se procurer des renseignements absolument précis sur les effectifs envoyés au Pé-Tchéli par les différentes puissances. D'après les renseignements recueillis par les amiraux en rade de Ta-Kou, les effectifs mis à terre sur ce point, au moment de l'arrivée du général commandant en chef, c'est-à-dire au 21 septembre, étaient approximativement les suivants :

Effectifs débarqués au 21 septembre 1900.

	OFFICIERS.	HOMMES.	COOLIES.	CANONS.	MITRAILLEUSES.	CHEVAUX OU mulets.
Allemagne	391	7.787	223	22	»	410
Angleterre	295	8.058	2.300	10	5	3.672
Autriche-Hongrie	25	374	30	4	1	80
États-Unis	181	5.427	»	11	10	1.239
France	228	6.347	505	37	»	596
Italie	96	2.445	»	5	6	186
Japon	644	20.290	700	58	»	5.584
Russie	370	15.200	»	28	14	3.000
TOTAL	2.230	65.928	3.758	175	36	14.767

Mais, à cette date du 21 septembre, une notable fraction du corps expéditionnaire japonais avait déjà été réembarquée pour le Japon et la plus grande partie des troupes russes et des troupes américaines se préparaient à quitter le Pé-Tchéli; d'autre part, la plus grande partie des corps expéditionnaires français et allemand et quelques détachements des troupes anglaises étaient encore en route pour l'Extrême-Orient.

Batterie d'artillerie russe. (Extrait de la *Revue des Troupes coloniales*. Excursion dans le Sud de la Mandchourie.)

L'annexe II du présent rapport donne la situation d'effectif du corps expéditionnaire français au 1er janvier 1901.

L'effectif officiellement annoncé pour l'ensemble des troupes allemandes en Extrême-Orient, au commencement de 1901 (Shanghaï et Kiao-Tchéou inclus), atteignait 925 officiers, fonctionnaires ou employés militaires, et 18.733 hommes de troupe, mais cet effectif a dû s'abaisser assez rapidement, de nombreux cas de rapatriements individuels pour diverses causes s'étant produits par Takou, dès le printemps de 1901.

DEUXIÈME PARTIE

ORGANISATION DU CORPS EXPÉDITIONNAIRE FRANÇAIS, SON TRANSPORT AU PÉ-TCHÉLI

CHAPITRE PREMIER

ORGANISATION DU CORPS EXPEDITIONNAIRE

I. — Premiers envois de renforts en Extrême-Orient. — Formation d'une brigade de troupes de la marine.

Dès qu'il avait été renseigné sur l'importance du mouvement anti-européen qui se produisait dans le nord de la Chine, le gouvernement français avait donné son approbation à l'envoi de Cochinchine et du Tonkin au Pé-Tchéli de trois bataillons d'infanterie de marine et de trois batteries et pris des mesures pour la formation en France de trois autres bataillons d'infanterie de marine et de deux autres batteries de montagne (décisions ministérielles des 19 et 22 juin 1900). Ces premiers renforts devaient être embarqués sur la *Nive* et le *Cachar* le 1er juillet, sur le *Colombo* le 3 juillet. Le ministre de la marine avait décidé de plus, à la date du 27 juin, que tous ces bataillons seraient groupés en deux régiments, le 16e organisé avec les bataillons tirés de l'Indo-Chine, et le 17e formé par les trois bataillons envoyés de France, et qu'un général de brigade serait envoyé d'Indo-Chine à Tien-Tsin pour prendre le commandement du petit corps expéditionnaire ainsi constitué. Une réserve d'armes et de munitions devait être embarquée sur la *Nive*, désignée pour rester en rade de Takou comme bâtiment-hôpital. Le service de santé serait assuré à terre par le personnel médical des corps de troupes, renforcé en médecins et en infirmiers de manière à permettre la création des formations sanitaires qui paraîtraient répondre aux besoins du moment. Le personnel nécessaire à l'organisation du service administratif de la brigade, une section d'artilleurs de marine appelée à faire le service du génie et une section de télégraphistes, devaient, de plus, être embarqués dans les premiers jours de juillet sur le *Vinh-Long*.

Enfin, à cette même date du 27 juin, le ministre de la marine avait prescrit la formation de trois nouveaux bataillons de marche d'infanterie de marine et de deux nouvelles batteries de montagne, destinés, en principe, à remplacer en Indo-Chine les éléments qui avaient dû être empruntés à cette colonie (1). Ces unités furent en effet dirigées d'abord sur Saïgon, mais deux de ces bataillons, les bataillons Rilba et Collinet, et une des deux batteries de montagne, ainsi qu'une batterie de montagne déjà stationnée à Quang-Tchéou-Van, furent successivement expédiés par M. Doumer à Takou au commencement de septembre. C'est ainsi que le général en chef trouva au Pé-Tchéli, à son débarquement, plus d'unités qu'il n'était prévu et qu'il put en profiter pour procéder à la réorganisation du 16ᵉ régiment d'infanterie de marine et des batteries d'artillerie de marine quand

---

(1) Indépendamment de ces troupes, fournies par le département de la marine, des renforts tirés de la légion étrangère, puis ensuite un régiment de marche, formé de tirailleurs algériens et d'infanterie légère d'Afrique, et un groupe de batteries montées, furent successivement envoyés en Indo-Chine pour parer à toute éventualité.

les déchets survenus dans les unités venues de Saïgon obligèrent à procéder à cette réorganisation.

Il devint presque aussitôt évident que le premier contingent ainsi constitué par les troupes de la marine ne saurait suffire et la formation d'un nouveau régiment (18e), avec toutes les ressources encore disponibles dans les ports, fut prescrite par décision ministérielle du 3 juillet 1900, en même temps que celle d'une section d'ouvriers d'artillerie. Le 1er bataillon du 18e et cette section d'ouvriers devaient partir par le *Vinh-Long* le 12 juin, avec les sections du génie et de télégraphistes déjà créées. Les 2e et 3e bataillons du 18e devraient partir sur le *Tigre* et le *Sinaï* vers le milieu de juillet, avec le personnel du parc d'artillerie et de la remonte.

Le ministre de la marine envoya, en même temps, des instructions au général commandant la brigade expéditionnaire et au contre-amiral commandant la division navale de l'Extrême-Orient pour l'organisation des divers services, la constitution d'une base d'opérations maritime sérieuse, et pour la liaison de cette base avec les troupes en colonne au moyen de la création d'un système de convois par eau et par terre, en même temps que pour la préparation d'un hivernage qui s'annonçait déjà comme inévitable, au moins pour une partie des troupes envoyées au Pé-Tchéli.

II. — Décisions de principe prises par le Gouvernement en vue de l'organisation d'un corps expéditionnaire complet de toutes armes.

Mais dès les premiers jours de juillet, la gravité des événements qui se précipitaient dans le nord de la Chine décidait toutes les puissances intéressées à renforcer considérablement les troupes dont elles avaient déjà prévu l'envoi en Chine et déterminait le gouvernement de la

République à donner au corps expéditionnaire français une importance en rapport avec le rang de la France parmi les grandes puissances et avec son rôle traditionnel en Extrême-Orient.

Les bases de l'organisation de ce corps expéditionnaire, pour la formation duquel il devenait dès lors in-

Général Voyron et son escorte.

dispensable de faire appel aux ressources de l'armée métropolitaine, furent arrêtées le 11 juillet en conseil des ministres, et le général de division Voyron, inspecteur général adjoint de l'infanterie de marine, fut désigné pour en exercer le commandement en chef.

Il fut admis, en principe, que le corps expéditionnaire comprendrait :

1° Une première brigade formée de troupes de la marine et comprenant les trois régiments de marche d'infanterie de marine déjà organisés, les quatre batteries de 80 de montagne alors en route pour l'Indo-Chine et deux batteries de 80 de campagne dont une déjà fournie par l'Indo-Chine (1) ;

2° Une deuxième brigade fournie par l'armée de terre et composée de sept ou huit bataillons, avec un groupe de trois batteries de 75 et tous les services accessoires ;

3° Deux escadrons de cavalerie ; deux compagnies du génie et tout le personnel nécessaire à la constitution des services d'une division isolée.

Pour la constitution de la deuxième brigade et des éléments non embrigadés empruntés à l'armée de terre, il fut décidé qu'on prendrait, autant que possible, des unités constituées, en complétant leurs cadres avec des volontaires, officiers et gradés, provenant du même corps, ou, à défaut, des autres unités du même corps d'armée, ou enfin des autres corps d'armée. Les effectifs troupe devaient être formés en défalquant du personnel faisant normalement partie des unités désignées les malingres, les hommes libérables en 1900, les jeunes soldats n'ayant pas 6 mois de service ou 21 ans d'âge, puis en complétant à l'aide de volontaires pris sur les autres corps de l'armée active, d'hommes de la classe 1896 ayant demandé à prolonger leurs services jusqu'à la fin de la campagne et d'hommes des différentes classes de la réserve rengagés pour la durée de l'expédition (2).

---

(1) Deux autres batteries de 80 de montagne devaient être formées en France pour aller remplacer, en Indo-Chine, celles qui avaient été envoyées de cette colonie au Pé-Tchéli.

(2) Les hommes de la classe 1896 présents sous les drapeaux et s'engageant à prolonger leurs services jusqu'à la fin de l'expédition reçurent une prime de 100 francs. Les réservistes rengagés pour la durée de l'expédition reçurent une prime de 200 francs.

Ces dispositions, relatives aux rengagements pour la durée de

Le ministre de la marine resta chargé de la direction générale de l'expédition ainsi que de l'organisation de tous les transports à destination du Pé-Tchéli.

III. — Composition définitive donnée au corps expéditionnaire. — Organisation de ses différents corps et services.

Le général commandant en chef choisit pour chef d'état-major le colonel d'infanterie de marine breveté Sucillon, et, dès le 13 juillet, il installa ses bureaux au ministère de la marine pour préparer dans tous ses détails l'organisation de l'expédition.

Après une série de conférences auxquelles prit part le général commandant en chef avec les représentants des ministères de la guerre et de la marine, la composition définitive du corps expéditionnaire et l'organisation de ses différents services furent arrêtées comme il suit :

A) *Chefs d'unité et de service* :

Commandant de la 1re brigade : général Frey.
Commandant de la 2e brigade : général Bailloud.
Chef d'état-major : colonel d'infanterie de marine Sucillon.
Directeur des étapes : colonel d'artillerie de marine Régis.
Commandant de l'artillerie : colonel d'artillerie de marine Lasserre.
Commandant du génie : lieutenant-colonel du génie Legrand.
Chef du service de santé : médecin en chef de la marine Jacquemin.

---

la campagne de Chine, ont été étendues aux troupes de la marine par un décret du 8 septembre 1900.

Chef des services administratifs : commissaire de la marine Sainte-Claire-Deville.

Chef du service du Trésor et des postes : payeur général Prudot.

Prévôt du corps expéditionnaire : chef d'escadron de gendarmerie Jacquillat.

Chef du service de la remonte : chef d'escadron d'artillerie Gendron.

Chef du service vétérinaire : vétérinaire principal de 2ᵉ classe Barascud.

B). *Infanterie* :

1ʳᵉ brigade (marine) : 16ᵉ, 17ᵉ et 18 régiments d'infanterie de marine.

2ᵉ brigade (guerre) : 1 régiment de marche d'infanterie à 3 bataillons, formé des 4ᵉˢ bataillons des 40ᵉ, 58ᵉ et 51ᵉ régiments; 1 régiment de marche de zouaves à 4 bataillons, de 1.000 hommes.

Le général en chef avait demandé que tous les bataillons fussent uniformément à l'effectif de 800 hommes, soit 200 hommes par compagnie, effectif déjà admis en 1895 pour l'expédition de Madagascar et qui devait permettre de disposer normalement au feu de 150 fusils et de donner au front de combat, dans les conditions habituelles des guerres coloniales, des dimensions telles que l'autorité du capitaine et de ses officiers pût s'exercer d'une manière satisfaisante. Mais, d'une part, il ne parut pas possible de trouver tout de suite dans l'infanterie de marine les éléments de ce renforcement des compagnies déjà formées, et l'on dut se borner à envoyer à Takou par les premiers affrétés, partant au commencement d'août, un détachement de 300 hommes destinés à combler les premiers vides qui avaient dû se produire dans le 16ᵉ régiment d'infanterie de marine. D'autre part, la demande du général en chef tendant à faire concourir à l'expédition deux ou trois bataillons de tirailleurs algériens d'origine kabyle n'ayant pas été accueillie, il ne parut pas possible d'augmenter le nombre de bataillons à prélever sur les formations de mobilisation de l'armée métropolitaine.

Les objections présentées par le général commandant en chef au sujet de l'effectif des bataillons ne purent donc être prises en considération; mais il fut admis que, pour diminuer les inconvénients résultant du maintien, pour les compagnies de zouaves et d'infanterie de ligne, de l'effectif de 250 hommes, ces unités seraient pourvues d'un troisième lieutenant ou sous-lieutenant de l'armée active.

C) *Cavalerie :*

2 escadrons de chasseurs d'Afrique à 150 cavaliers chacun, fournis l'un par le 5e, l'autre par le 6e régiment.

Ces escadrons emmenèrent leurs chevaux arabes qui semblaient devoir bien supporter le climat rude du Pé-Tchéli et qui, en fait, s'y montrèrent d'une résistance et d'une rusticité remarquables.

D) *Artillerie :*

En prévision de l'attaque des localités chinoises, dont la plupart étaient signalées comme entourées de murailles d'une certaine importance, le général commandant en chef avait demandé que deux batteries de 120 court fussent mises à sa disposition. Bien que cette question eût été, en principe, résolue par l'affirmative, des considérations d'ordre technique firent substituer, ultérieurement, au matériel de 120 court, du matériel de 95, et deux batteries furent mobilisées au 38e régiment d'artillerie pour emmener des bouches à feu de ce dernier modèle; mais la nouvelle de la prise de Pékin et de la délivrance des légations décidèrent le gouvernement à surseoir à l'embarquement de ces unités, qui ne rejoignirent pas le corps expéditionnaire.

Sur la demande du colonel commandant l'artillerie, le nombre de batteries de 80 de campagne avait dû tout d'abord être porté à quatre; une batterie de ce modèle était déjà en Chine; deux autres, formées par l'artillerie de marine, partirent au commencement d'août; mais les motifs qui firent suspendre les embarquements des batteries de 95 firent également renoncer à envoyer au Pé-Tchéli la dernière de ces batteries de 80 de campagne, qui ne devait être embarquée qu'à la fin du même mois, et finalement l'artillerie du corps expéditionnaire fut composée de quatre batteries de 80 de montagne (une cinquième batterie de montagne, envoyée d'Indo-Chine, fut affectée à la garnison de Shanghaï), de trois batteries de 80 de campagne et de trois batteries de 75, ces dernières seules fournies par l'artillerie de terre (1).

Le groupe désigné par le ministre de la guerre pour faire partie du corps expéditionnaire fut le groupe de batteries du cours pratique de tir (13e, 14e et 15e batteries du 20e d'artillerie), qui étaient déjà à effectif renforcé et dont le personnel était exceptionnellement entraîné à tous les détails d'emploi du nouveau matériel.

Il fut admis, en principe, que toute l'artillerie serait attelée (ou portée) par des mulets embarqués avec les batteries; les mulets paraissaient, en effet, devoir mieux supporter une longue traversée, puis les rigueurs du climat du Tchéli, que des chevaux de race européenne,

---

(1) Ces diverses batteries furent groupées ainsi qu'il suit, une fois tout le corps expéditionnaire arrivé en Chine :

1re brigade : 2 batteries de montagne et 1 batterie de 80 de campagne ;

2e brigade : 3 batteries de 75.

Artillerie non embrigadée : 2 batteries de montagne et 2 batteries de 80 de campagne.

africaine ou australienne, et le Japon, auquel on avait fait appel en 1860, avait interdit l'exportation de ses chevaux.

Comme organe mobile de ravitaillement et de réapprovisionnement, il fut constitué un parc d'artillerie, comprenant deux détachements d'ouvriers du parc d'artillerie (un de la guerre et un de la marine) et trois sections mixtes de munitions d'infanterie et d'artillerie (1). La section de munitions de l'artillerie de terre seule devait emmener du matériel réglementaire pour le transport des munitions de 75 de premier réapprovisionnement. Les munitions de 80 de campagne et de montagne et les cartouches de l'infanterie devaient être transportées dans des voitures Lefebvre.

Le service du grand parc d'artillerie, qui devait en principe relever du service des étapes (dans l'hypothèse du corps expéditionnaire exécutant une marche offensive d'une base d'opérations voisine de la mer vers un objectif situé à une certaine distance à l'intérieur des terres, comme Pékin), devait être assuré par un état-major d'officiers et de gradés fournis par les deux départements, deux détachements d'ouvriers (guerre et marine) et deux détachements de conducteurs (guerre et marine). Tout était prévu pour l'installation de magasins de rechange en tout genre et pour l'organisation d'ateliers de réparations suffisantes à la base d'opérations (2).

---

(1) Une seule des sections de munitions de l'artillerie de marine fut d'abord constituée ; la deuxième, dont le général commandant en chef avait décidé la suppression avant son débarquement en Chine, ne fut reconstituée qu'ultérieurement, pour être affectée aux batteries non embrigadées.

(2) Quand la période des expéditions à grand rayon fut définitivement close, cette organisation fut simplifiée (ordre du 13 décembre 1900) par la fusion en un seul organe, dit « direction des parcs », et relevant exclusivement du commandant de l'artillerie, du parc d'artillerie de première ligne et du grand parc d'artillerie. Les sections de munitions furent rattachées respec-

Les approvisionnements en munitions furent calculés comme il suit :

1° Batteries de 80 de montagne et de 80 de campagne : *a)* Un approvisionnement de 900 coups dans les caissons et coffres des batteries; — *b)* Une première réserve de 2.500 coups pour l'ensemble des batteries; — *c)* Un deuxième approvisionnement de réserve de 500 coups par pièce, dont 250 à la base d'opérations et 250 à Saïgon.

2° Batteries de 75 : *a)* Un premier approvisionnement mobile de 400 coups par pièce dont 312 dans les coffres des batteries et 88 dans ceux de la section de munitions; — *b)* Un deuxième échelon en caisses, également de 400 coups par pièce (un quart de l'approvisionnement était constitué en cartouches à obus explosibles).

3° Munitions d'infanterie : *a)* 120 cartouches sur l'homme; — *b)* 16.384 cartouches par compagnie dans les voitures de compagnie dont toutes les unités devaient être pourvues, ce qui correspondait approximativement à 70 cartouches par homme pour les bataillons de la guerre et 110 par homme pour les bataillons de la marine; — *c)* Une réserve de 765.000 cartouches modèle 1886 et de 297.500 cartouches de revolver sur laquelle 30 cartouches par fusil devaient être portées par des voitures Lefebvre dans les sections de munitions (1).

E) *Génie* :

Les deux compagnies du génie désignées pour faire

---

tivement à l'artillerie des deux brigades et à l'artillerie non embrigadée, puis rapatriées au printemps 1901.

(1) Ces dispositions n'ont été appliquées qu'en partie, les circonstances s'étant modifiées avant l'arrivée en Chine de la majeure partie du corps expéditionnaire et ayant amené à modifier l'organisation de ces organes de ravitaillement et à renvoyer en Cochinchine une partie de la réserve de munitions.

partie du corps expéditionnaire furent les compagnies 9/4 du 6ᵉ régiment et 19/1 du 7ᵉ régiment, constituées à l'effectif de 255 hommes; elles devaient disposer chacune d'un parc réglementaire de sapeurs-mineurs. L'une d'elles devait, en principe, être partagée entre les deux brigades, l'autre étant réservée pour les services généraux du corps expéditionnaire. En plus du matériel des compagnies, il était constitué un parc divisionnaire ayant une composition appropriée aux circonstances et comprenant notamment une réserve d'outils de terrassiers, d'outils de destruction et d'explosifs, un 1/2 équipage réglementaire de pont (sans ses voitures) avec tout le matériel nécessaire pour organiser des passages de rivière en tout genre, enfin un certain approvisionnement de voie ferrée portative pour faciliter l'organisation de la base d'opérations.

Le génie du corps expéditionnaire comprenait de plus :

a) Une 1/2 compagnie de chemin de fer avec le matériel d'un parc sur roues ;

b) Une section télégraphique de composition spéciale, mobilisée par le régiment du génie et ayant les éléments voulus pour organiser aussi bien un service optique ou téléphonique qu'un service de télégraphie normale. La section télégraphique déjà fournie par les troupes de la marine devait passer sous la direction technique du capitaine commandant la section télégraphique du génie à l'arrivée de celui-ci au Pé-Tchéli;

c) Une section d'aérostiers formés par le 1ᵉʳ régiment du génie et disposant de deux ballons captifs complets avec cinq gonflements en tubes et tous les accessoires correspondants.

De même que les batteries d'artillerie, toutes les unités du génie devaient partir de France avec les mulets indispensables à leurs premiers mouvements, pour qu'on eût la certitude que ces unités de première ligne seraient à même de rendre des services dès leur débarquement. Une compagnie du génie et le personnel du génie des étapes furent compris dans le premier chargement des bâtiments emportant des éléments du corps expéditionnaire, de manière à pouvoir procéder sans retard à l'organisation de la base de débarquement et aux premières installations nécessaires aux troupes à leur arrivée en Chine.

F). — *Train des équipages militaires :*

Les deux compagnies du train appelées à faire partie du corps expéditionnaire furent rattachées pour ordre au 15ᵉ escadron et constituées à l'effectif de 200 hommes chacune au moyen de volontaires fournis par tous les escadrons. Dans la pensée du général en chef, elles devaient non seulement fournir des conducteurs aux convois réguliers formés avec les arabas et voitures Lefebvre que le corps expéditionnaire allait recevoir de France, mais surtout constituer un personnel d'encadrement pour les convois éventuels que l'on comptait organiser au moyen de coolies ou de voitures et animaux du pays.

G). — *Prévôté.*

Le service de la prévôté fut confié à 50 gendarmes à pied, commandés par un chef d'escadron, un capitaine et un lieutenant.

H). — *Service du Trésor et des postes :*

Le service du Trésor et des postes devait être assuré par un personnel mobilisé dans les conditions habituelles des guerres européennes; il fut dirigé par un payeur général secondé par un payeur principal, deux payeurs particuliers et payeurs adjoints et commis de trésorerie (1).

---

(1) Ce personnel assura simultanément le service du Trésor et

I). — *Services administratifs :*

Le personnel de direction fut constitué par le commissariat de la marine pour la 1re brigade, par l'intendance pour la 2e brigade et les éléments non embrigadés, par les officiers empruntés à ces deux corps pour la direction des services administratifs du corps expéditionnaire et pour le service des étapes.

Les troupes de la marine n'étant pas dotées d'un personnel militairement lié au service pour assurer le fonctionnement des services administratifs dans une expédition coloniale de longue durée, il fallut recourir au personnel d'officiers d'administration et de commis et ouvriers militaires d'administration de la guerre pour constituer les divers organes nécessaires au ravitaillement en vivres et en effets de toute nature de toutes les fractions du corps expéditionnaire.

Un détachement de 70 hommes (plus 12 adjudants) fut à cet effet constitué dans la 15e section de commis et ouvriers militaires d'administration; mais ce détachement ne pouvant être embarqué qu'à une date assez tardive par suite de la nécessité de faire appel pour son organisation à toutes les sections réparties sur le territoire français, le commissaire directeur des services administratifs demanda et obtint l'envoi immédiat, par le paquebot du 29 juillet, d'un détachement de 51 gradés et soldats d'infanterie de marine destinés à compléter provisoirement le personnel restreint de maîtres et de marins que M. le commissaire principal Dubled avait

---

le service des postes, suivant les règles admises en Europe en cas de mobilisation. Un service des colis postaux à destination des militaires du corps expéditionnaire qu'il fut possible d'organiser depuis après le débarquement en Chine fut rattaché aux services administratifs et confié au personnel des officiers d'administration de l'habillement et du campement.

emmené sur le *Vinh-Long* pour parer aux premiers (1) besoins de son service.

Un approvisionnement considérable de matériel d'exploitation et de distribution (fours Godelle, tentes-baraques, etc.) fut demandé au département de la guerre pour être embarqué sur les premiers affrétés; de plus, douze baraques en bois démontables, système Maillard, furent achetées pour constituer des magasins sur les points où l'on ne pouvait utiliser les constructions du pays.

En ce qui concerne les approvisionnements en vivres, pour lesquels, vu l'urgence, on avait dû d'abord faire appel aux ressources de l'escadre de l'Extrême-Orient et à celle de l'Indo-Chine (2), l'administration de la marine avait commencé par faire embarquer 200.000 rations sur la *Nive*, puis 750.000 sur le *Vinh-Long* et les autres bâtiments qui emportèrent le complément de la 1re brigade. Sur la proposition du directeur des services administratifs et en prévision du blocus du Péi-Ho par les glaces, le général commandant en chef fit décider par le Ministre de la marine la constitution au Pé-Tchéli, avant l'hivernage, d'un approvisionnement de six mois de vivres pour 15.000 hommes et 4.000 chevaux. Il fut admis que cet approvisionnement serait calculé pour les hom-

---

(1) Un certain nombre d'Annamites, bouchers, boulangers, etc., amenés d'Indo-Chine au début des opérations par l'aide-commissaire des colonies Lecomte, ont été rapatriés à l'approche de la saison froide. Quant au personnel de l'infanterie de marine, embarqué le 29 juillet, il n'a été que partiellement attribué aux services administratifs à son débarquement, et a dû rentrer ensuite tout entier au service de son arme, après l'arrivée des commis et ouvriers d'administration.

(2) On peut évaluer à 300.000 rations les vivres fournis par la division navale en juillet et en août; en outre, des commandes avaient été faites par le commissaire de division aux fournisseurs habituels de l'escadre à Shanghaï et à Nagasaki, pour la livraison de 300.000 autres rations dans le courant des mois de septembre et d'octobre.

mes sur le taux de la ration forte de campagne, augmentée de 50 centilitres de vin, 3 centilitres de tafia et 10 grammes de thé. (Voir aux annexes l'ordre général n° 13 relatif à la composition des rations.)

Ces vivres, dont une partie fut immédiatement prélevée sur les approvisionnements de réserve de la guerre et de la marine, devaient être expédiés de France, sauf le sel, le riz, le paddy, le thé demandés à l'Indo-Chine et l'orge fournie par l'Algérie (1). Les marchés pour les besoins du corps expéditionnaire, comme chauffage et éclairage pendant l'hiver, devaient être passés en Extrême-Orient.

J). — *Service de santé* :

L'organisation du service de santé présentait quelques difficultés, en raison de l'absence du matériel approprié dans les approvisionnements de la marine, et de la nécessité d'emprunter au département de la guerre non seulement du personnel (officiers d'administration des hôpitaux et infirmiers), mais aussi des formations sanitaires de mobilisation, toutes constituées en matériel de toute nature et dont on n'avait pas le temps de remanier l'organisation, bien qu'elle ne cadrât pas absolument avec les besoins d'une expédition en Extrême-Orient.

On savait qu'il existait à Tien-Tsin un hôpital français dirigé par un médecin principal des colonies, le docteur Depasse; mais il était à prévoir que cet établissement ne présentait que des ressources très limitées, et il avait d'ailleurs dû être très encombré dès le début des hostilités par les blessés russes et français des pre-

---

(1) Avec l'autorisation du gouvernement, le ravitaillement en vivres du corps expéditionnaire, à partir du printemps de 1901, fut assuré par des marchés passés avec des maisons françaises d'Extrême-Orient, qui livrèrent les denrées dans les magasins de l'administration de Tien-Tsin.

mières affaires de Tien-Tsin. On savait aussi qu'on avait dû organiser à Nagasaki, avec des ressources envoyées d'Indo-Chine, un hôpital improvisé sur lequel l'escadre avait déjà évacué un certain nombre de blessés (1) et qu'une partie des blessés des dernières affaires venaient d'être dirigés sur l'hôpital militaire japonais d'Hiroshima, où l'empereur du Japon avait gracieusement mis un certain nombre de places à la disposition de l'armée française.

Toutefois, ce n'était là que des procédés de fortune, précieux mais insuffisants; il fallait donc se hâter de faire partir les éléments d'une organisation plus complète, la marine n'ayant encore envoyé en Chine, indépendamment des ressources en matériel et en personnel médical des corps de troupe et des deux transports hôpitaux *Nive* et *Vinh-Long*, qu'une ambulance de 50 lits constituée de toutes pièces à Toulon et dotée d'une réserve de médicaments.

En prenant dans les magasins de la guerre des lots tout faits, qu'il n'y avait qu'à emballer spécialement pour la traversée, il fut possible d'embarquer sur les premiers affrétés partant de Marseille au milieu d'août :

Vingt approvisonnements d'infirmerie-ambulance à 30 lits chacun, soit 600 lits ;

Deux ambulance n° 3 à 50 lits, soit 100 lits ;

Deux hôpitaux temporaires de 250 lits, soit 500 lits ;

Deux hôpitaux temporaires de 100 lits, soit 200 lits ;

Une réserve de 500 supports Beaumetz avec matériel de couchage correspondant, soit 500 lits.

Au total : 2.000 lits.

---

(1) Cet hôpital de 150 lits, installé dans une école de filles appartenant à des religieuses françaises (ordre du Saint Enfant-Jésus), fonctionna jusqu'au 1er novembre au compte du corps expéditionnaire, puis il fut remis à la Société de secours aux blessés, qui y installa son ambulance auxiliaire.

D'importantes réserves en médicaments, objets de pansements, vivres d'hôpital, lainages, effets chauds spéciaux pour malades, etc..., furent, de plus, constitués par prélèvement sur les approvisionnements de la marine. Enfin, il fallut acheter dans l'industrie ce qu'on ne pouvait trouver en quantité suffisante dans les approvisionnements de la guerre et de la marine, les filtres, stérilisateurs, étuves, appareils de bactériologie, etc...

Le général commandant en chef attachait une importance toute spéciale à la question de l'eau, et les nombreux cas de dysenterie et de fièvre typhoïde qui se sont produits parmi les premières troupes arrivées au Pé-Tchéli n'ont que trop prouvé la légitimité de ses appréhensions. Le corps expéditionnaire fut doté en conséquence du matériel suivant :

Six cents filtres portatifs, système Lapeyrère, pour les troupes en marche ;

Dix voitures filtrantes, système Lefebvre ;

Six stérilisateurs d'eau ;

Cinq appareils distillatoires à grand débit ;

Dix filtres Chamberland à 50 bougies (pour les petits postes isolés) et 1.500 bougies libres avec le matériel correspondant pour monter des filtres de ce modèle partout où il serait nécessaire.

Enfin, on avait prévu l'organisation d'hôpitaux temporaires en rase compagne en emportant quinze tentes Tollet et dix baraques Dœcker démontables.

Le service de santé était donc très largement pourvu en matériel de toute nature ; il fut également largement doté en personnel.

Tout d'abord, le personnel médical des corps de troupe de l'armée de terre fut renforcé comme l'avait été celui des troupes de la marine déjà parties, et à chaque bataillon furent affectés deux médecins ; de plus, il fut envoyé en Chine, pour la direction du service de santé, les hôpitaux et le service des évacuations (étapes), trente-cinq médecins de la guerre et de la marine, cinq pharmaciens, onze officiers d'administration des hôpitaux et trois cent quatre-vingt-deux infirmiers, ces derniers provenant des diverses sections d'infirmiers métropolitaines et constitués en un détachement rattaché à la 15e section d'infirmiers militaires.

L). — *Service vétérinaire*. — Un vétérinaire principal de 2e classe devait diriger le service vétérinaire, auquel furent affectés quatorze vétérinaires en 1er et en 2e (y compris ceux qui avaient déjà été envoyés au Pé-Tchéli avec des batteries d'artillerie de marine).

M). — *Remonte*. — La question de la remonte n'avait été résolue d'une manière définitive que pour la cavalerie, qui devait emmener ses chevaux arabes, et les batteries d'artillerie qui devaient être attelées ou portées par des mulets de France.

Le génie était doté de quatre-vingt-quinze mulets pour le transport du matériel le plus indispensable, mais un supplément d'animaux de bât et de trait lui était nécessaire pour la section télégraphique et la section d'aérostiers; de même que les officiers d'infanterie de la 2e brigade, ses officiers n'emmenaient pas de montures, et, en somme, bien que les officiers formant les cadres des unités envoyées d'Indo-Chine au Pé-Tchéli eussent été montés en chevaux annamites et qu'on eût décidé, pour réduire les besoins au strict minimum, que les officiers supérieurs n'auraient que deux chevaux, quel que fût leur grade, il fallait se procurer encore environ 450 chevaux de selle, dont au moins une centaine d'assez grande taille et ayant assez d'allure pour remonter les officiers des états-majors et les officiers supérieurs.

Le ministre de la marine se borna tout d'abord à faire acheter 350 chevaux en Corée, puisqu'on ne pouvait recourir au Japon comme en 1860, et la demande du général commandant en chef tendant à l'envoi de France ou d'Algérie d'un dépôt de remonte mobile de 100 chevaux de grande taille ne fut pas accueillie; il fut admis seulement qu'on augmenterait de 30 chevaux l'effectif des deux escadrons de chasseurs d'Afrique pour constituer une petite réserve de chevaux de selle pour les officiers supérieurs. Mais, heureusement, le général en chef fut renseigné en cours de route, par un câblogramme de M. Doumer, sur le peu de valeur des chevaux coréens comme montures et sur les difficultés qu'on aurait à en réunir le nombre demandé, et il prit aussitôt la décision de faire acheter à Singapore 70 chevaux australiens qui, en fait, constituèrent, avec quelques chevaux arabes et les chevaux annamites des officiers venus d'Indo-Chine, la seule véritable remonte des officiers du corps expéditionnaire jusqu'au jour où il devint possible d'acheter des chevaux chinois dans le Tchéli.

Quant aux chevaux coréens, on ne put en acheter, à grand'peine, que 195, et ils ne furent jamais utilisables pour le service de la selle (1).

N). — *Moyens de transport :*

Au moment où se préparait en France l'organisation du corps expéditionnaire, dont la principale mission paraissait devoir être une marche offensive contre Pékin, on avait à juste titre la conviction que, pour une opération de ce genre, on ne trouverait à peu près rien comme moyen de transport, ni coolies, ni voitures ou animaux de réquisition. Le général commandant en chef avait

---

(1) On employa ces chevaux soit comme animaux de bât, soit pour tirer des petites voitures du pays ; mais, la morve, dont plusieurs étaient déjà atteints à leur débarquement en Chine, s'étant beaucoup développée parmi eux, ils furent finalement tous abattus, sur la proposition du vétérinaire principal chef de service.

donc demandé qu'un lot considérable de voitures attelées et de mulets de bât lui fût fourni par la métropole ou par l'Algérie et que, de plus, des coolies fussent recrutés par les soins des autorités françaises d'Extrême-Orient pour compléter l'organisation des convois auxiliaires qui seraient ainsi organisés (1). Mais les demandes du général en chef ne purent recevoir complète satisfaction, notamment en ce qui concernait les mulets, et le corps expéditionnaire ne fut doté que de 450 voitures Lefebvre (200 à coffres et 250 à plate-forme) (2), 560 arabas (3), 300 bâts légers, avec 1.500 mulets (4) que les dépôts de remonte devaient envoyer à Marseille à la fin d'août et 2.000 coolies recrutés au Japon.

A ces ressources trop limitées ne semblèrent pouvoir s'ajouter au début que les quelques coolies amenés d'Indo-Chine par les premières fractions du corps expédition-

---

(1) Le Ministre de la marine avait décidé, de plus, afin de diminuer autant que possible les fatigues imposées aux troupes, que chaque compagnie ou batterie prendrait au passage à Saïgon, pour ses corvées intérieures, 10 coolies annamites qui devaient être ultérieurement remplacés par des Japonais ou des Chinois. Cette disposition ne put recevoir que partiellement son exécution, la plupart des affrétés n'ayant pas touché en Indo-Chine ; mais, quand le gros des troupes arriva au Tchéli, le recrutement des coolies chinois était devenu très facile, et l'on put en trouver autant qu'il fut nécessaire pour tous les services.

(2) Par suite de retard dans la livraison de la commande de la maison Lefebvre, et des conditions déplorables dans lesquelles se fit la traversée du *Marseille*, une partie de ce matériel ne parvint pas en Chine avant la fermeture du Péi-Ho par les glaces, et fut entreposée à l'arsenal de Saïgon. Il y fut suppléé au moyen des ressources locales.

(3) Parmi ces arabas, il est intéressant de signaler que ceux qui purent être prélevés sur les approvisionnements existant en Tunisie furent de beaucoup les véhicules les mieux appropriés au service qui leur fut demandé au Pé-Tchéli ; les arabas construits hâtivement en France donnèrent un peu plus de mécomptes, mais rendirent cependant de bons services.

(4) 400 de ces mulets, portés par le *Marseille*, ont dû être laissés à Saïgon. Il avait d'abord été question d'acheter 3.000 chevaux ou mulets en Corée, et l'on n'y avait renoncé qu'après réception de renseignements plus précis sur le nombre relativement faible d'animaux susceptibles d'être achetés dans ce pays.

naire et un certain nombre de bœufs porteurs achetés en Corée (ceux-ci furent bientôt décimés par la peste bovine) ; mais la situation politique devait heureusement se modifier avant le moment où le gros du corps expéditionnaire parvint au Pé-Tchéli, ce qui permit, d'une part, de suppléer à l'insuffisance du nombre de voitures et d'animaux de trait par des achats et des réquisitions dans le pays et, d'autre part, de remplacer par des coolies chinois les coolies japonais d'un rendement médiocre et d'un prix excessif. On put, aussi, utiliser dans une large mesure les voies d'eau pour les transports dans certaines directions et enfin employer dans la région de Pékin pendant la saison froide un assez grand nombre de chameaux de Mongolie.

M). — *Habillement :*

Les hommes des troupes de la marine avaient emporté la tenue coloniale, avec l'armement, l'équipement et le campement réglementaires, y compris la tente-abri. Ils avaient reçu, en outre, un pantalon de drap. Les hommes de l'armée de terre emportèrent la tenue de campagne d'Europe complète, plus la tente-abri ; à défaut d'effets de toile spéciaux, ils devaient être pourvus d'un deuxième bourgeron et d'un deuxième pantalon de treillis pour la traversée. Le général en chef avait demandé, de plus, qu'une commande de 15.000 vêtements de toile kaki fût faite immédiatement en Indo-Chine pour donner à tous les hommes du corps expéditionnaire, à leur débarquement et jusqu'au moment du changement de saison, une tenue pratique et uniforme ; mais cette demande ne reçut pas satisfaction, et ce n'est que très tardivement, au printemps 1901, que le corps expéditionnaire reçut, non les effets kaki demandés, mais des effets de toile bleue qui prirent très vite un vilain aspect sous l'influence du soleil et des lavages et qui auraient eu, en cas d'opérations en commun avec d'autres troupes alliées, l'inconvénient de donner lieu peut-être à de graves méprises, le bleu étant porté par beaucoup de Chinois.

Le général en chef avait demandé également que les hommes de l'armée de terre reçussent au départ un casque colonial, comme leurs camarades des troupes de la marine; mais, les approvisionnements existants ne permettant pas de faire droit à cette demande, on dût se borner à distribuer des chapeaux de paille pour la traversée (1).

Pour la saison d'hiver, qu'on savait devoir être très rigoureuse dans le nord de la Chine, on expédia à Takou, indépendamment de la réserve d'effets de toute nature nécessaires pour assurer les remplacements pendant six mois, les approvisionnements voulus pour distribuer à chaque homme en sus des vêtements d'hiver portés en France :

1° Une pèlerine à capuchon (2), une paire de bandes molletières et un béret de chasseur alpin;

2° Un tricot de laine, un caleçon de laine et deux paires de chaussettes de laine;

3° Une paire de gants de laine et une paire de gants fourrés (3);

---

(1) Les casques demandés de nouveau par le général en chef à son débarquement en Chine n'arrivèrent qu'au printemps de 1901, et encore en nombre inférieur aux besoins signalés, si bien qu'on dut, au moins provisoirement, renoncer à en doter les troupes d'Afrique, qui se contentèrent du couvre-nuque pendant quelques semaines, et n'eurent de casques qu'à la fin juin.
(2) Cette pèlerine ne fut pas distribuée aux hommes montés pourvus du grand manteau de cavalerie.
(3) La plus grande partie de l'approvisionnement de gants fourrés ayant été embarquée sur le *Marseille* et n'ayant pu être apportée que très tardivement de Saïgon au Tchéli par des courriers, les gants de laine seuls furent distribués à tout le corps expéditionnaire, et il ne fut donné des moufles qu'à quelques détachements spécialement exposés à souffrir du froid.

4° Un cache-nez ;

5° Une peau de mouton ;

6° Une grande et une petite couverture de laine en plus de la couverture habituelle de campement.

Il devait encore être expédié au Pé-Tchéli 18.000 toiles caoutchoutées de 2 mètres sur 1^m,20 à étendre sur le sol pour préserver de l'humidité au bivouac et 500 grandes tentes coniques à 16 hommes pour être utilisées en cas de stationnement loin des centres habités.

O). — *Solde :*

Les allocations en deniers attribuées aux militaires de tous grades du corps expéditionnaire de Chine furent fixées par un décret du 4 août 1900, pour la rédaction duquel le bureau compétent du ministère de la marine prit comme base les tarifs adoptés en 1895 pour l'expédition de Madagascar.

Le général en chef aurait désiré que la solde des officiers fût portée aux taux admis pour le Soudan, afin de leur permettre de tenir honorablement leur rang à côté des officiers étrangers, qui, dans certaines armées, touchaient des soldes très élevées ; mais cette demande n'avait pas été accueillie, et il put obtenir seulement que, par analogie avec ce qui s'était fait pour l'expédition de 1860 et en raison de la nécessité de se pourvoir à la fois d'effets d'été et d'effets spéciaux pour la saison froide, l'indemnité d'entrée en campagne serait majorée d'un tiers.

CHAPITRE II

TRANSPORT DU CORPS EXPÉDITIONNAIRE AU PÉ-TCHÉLI

I. — Transports de l'Indo-Chine au Pé-Tchéli.

Les premières troupes françaises envoyées à Tien-Tsin en juin et juillet 1900 avaient été embarquées d'urgence sur tout ce qu'il y avait de bâtiments disponibles dans les ports de l'Indo-Chine. On avait naturellement tout sacrifié à la nécessité d'agir vite, et les conditions d'installation des hommes et des animaux à bord avaient été parfois très précaires; mais, en somme, ces traversées, d'assez courte durée et effectuées pendant une période de beau temps, n'avaient pu influer d'une manière réellement fâcheuse sur l'état sanitaire du personnel embarqué. Ces transports, déjà mentionnés dans la première partie de ce rapport, sont résumés dans le tableau ci-après :

Personnel envoyé d'Indo-Chine.

UNITÉS TRANSPORTÉES.	BATIMENTS ayant FAIT LE TRANSPORT.	LIEU DE DÉPART.	DATE DE DÉPART.	DATE D'ARRIVÉE à Takou.
Infanterie de Marine.				
Bataillon Feldman du 11ᵉ.	*Tanaïs*	Saïgon.	20 juin	30 juin
Bataillon Brenot du 9ᵉ..	*Éridan*..........	Haïphong.	27 juin	7 juillet
Bataillon Roux du 11ᵉ...	*Vauban*	Saïgon.	24 juin	7 juillet
3ᵉ compagnie du 11ᵉ (capitaine Vincent).......	*Guichen*........	Saïgon.	31 juillet	9 août
2ᵉ bataillon de marche (bataillon Rilba) (1)...	*Sinaï*...........	Saïgon. Tonkin.	27 août 2 sept.	13 sept.
3ᵉ bataillon de marche (bataillon Collinet) (1).	*Vauban*	Saïgon.	25 août	9 sept.
Artillerie de marine.				
12ᵉ batterie de montagne.	*Tanaïs*	Saïgon.	20 juin	30 juin
13ᵉ batterie de montagne.	*Caravane*.......	Saïgon.	24 juin	7 juillet
Batterie de campagne (2).	*Manche*.........	Haïphong.	19 juillet	25 juillet
Batterie de Quang-Tchéou-Van (3).............	*Sinaï*...........	Quang Tchéou-Van.	3 sept.	13 sept.
Batterie de montagne (4).	*Tanaïs*	Saïgon.	27 sept.	9 octobre
1ᵉʳ détachement de complément d'artillerie de marine (5).............	*Guichen*........	Saïgon.	31 juillet	9 août
2ᵉ détachement de complément d'artillerie de marine (6).............	*Sinaï*...........	Saïgon.	27 août	13 sept.
Peloton de chasseurs annamites et dépôt de remonte.................	*Sinaï*...........	Saïgon.	27 août	13 sept.
Infirmiers européens et indigènes, auxiliaires indigènes pour le génie et service télégraphique..................	*Vinh-Long*	Saïgon.	14 août	24 août

(1) Ces deux bataillons partis de France en juillet étaient primitivement destinés à rester en Indo-Chine.
(2) Devenue 6ᵉ batterie du corps expéditionnaire.
(3) Devenue 3ᵉ batterie du corps expéditionnaire.
(4) Cette batterie primitivement destinée à l'Indo-Chine était arrivée à Saïgon le 15 septembre; elle faisait partie du groupe Fournery dont l'autre batterie est restée en Cochinchine.
(5) 40 conducteurs européens.
(6) 43 conducteurs européens et 27 annamites.

II. — Transport du complément de la 1ʳᵉ brigade du corps expéditionnaire.

Une deuxième série de transports avait été organisée en France avant la nomination du général commandant en chef. Elle correspondait à l'envoi en Chine du complément de la 1ʳᵉ brigade du corps expéditionnaire. On put y faire concourir deux transports de l'Etat, la *Nive* et le *Vinh-Long* et profiter du voyage du *Colombo*, de la Compagnie nationale, qui allait en baie d'Along ; mais le peu de temps dont on disposait, avait obligé à adopter des combinaisons assez compliquées pour éviter un trop grand encombrement à bord, au moins pendant la traversée des mers tropicales, et diverses unités furent débarquées en Indo-Chine du bâtiment qui les amenait de France pour être réembarquées, suivant d'autres groupements, sur d'autres bâtiments pour la deuxième partie de leur voyage.

Ces divers transports sont résumés ci-après :

Troupes de la 1re brigade envoyées de France en Chine.

UNITÉS TRANSPORTÉES.	BATIMENTS AYANT FAIT LE VOYAGE.	LIEU de DÉPART.	DATE DU DÉPART de France.	DATE DU DÉPART d'Indo-Chine.	DATE DE L'ARRIVÉE à Takou.
INFANTERIE DE MARINE.					
17e régiment :					
1er bataillon	*Nive*	Toulon.	1er juillet	4 août	12 août
2e bataillon. { 2 compagnies	*Cachar*	Toulon.	Id.	12 août	23 août
{ 2 compagnies	*Cachar*	Toulon.	Id.		
3e bataillon	*Tanaïs*	Saïgon.	3 juillet	5 août	17 août
	Colombo	Toulon.		12 août	23 août
	Cachar	Baie d'Along.			
18e régiment :					
1er bataillon	*Vinh-Long*	Toulon.	12 juillet	21 août	14 août
2e bataillon	*Tigre*	Toulon.	21 juillet	21 août	31 août
3e bataillon. { 1 compagnie	*Tigre*	Toulon.	21 juillet	21 août	31 août
	Sinaï	Toulon.	20 juillet		
{ 3 compagnies	*Tigre*	Saïgon.	»	21 août	31 août
ARTILLERIE DE MARINE :					
1re batterie de montagne	*Nive*	Toulon.	1er juillet	4 août	12 août
2e batterie de montagne	*Colombo*	Toulon.	3 juillet	12 août	23 août
Section du génie	*Friant*	Baie d'Along.			
Ouvriers d'artillerie et télégraphistes	*Vinh-Long*	Toulon.	12 juillet	14 août	24 août

104 EXPÉDITION DE CHINE

III. — Embarquement de la brigade, des éléments non embrigadés et des approvisionnements du corps expéditionnaire.

La troisième série de transports à destination de la Chine, de beaucoup la plus importante, fut organisée après la désignation du général commandant en chef, lorsque le gouvernement de la République eut décidé de donner à l'expédition de Chine toute l'importance que nécessitaient les circonstances. Il fallut alors embarquer, en moins d'un mois, un effectif d'une dizaine de mille hommes et un énorme tonnage de matériel et d'approvisionnements.

Cette délicate opération, préparée par le bureau compétent du ministère de la marine avec le concours de l'état-major du corps expéditionnaire, fut confiée, à Marseille, à l'amiral Besson, commandant la marine, qui centralisa, à partir du 10 août, dans ce port, toutes les expéditions à destination de l'Extrême-Orient. Un officier supérieur de l'état-major du corps expéditionnaire et des *représentants de tous les services* avaient été détachés auprès de lui par le général en chef, afin de lui fournir tous les renseignements nécessaires au triage et au lotissement du matériel de toute nature qu'il s'agissait d'embarquer dans un ordre d'urgence déterminé. Avec le concours de ce personnel, qui ne devait avoir, en principe, qu'un rôle consultatif et qui n'a eu à intervenir activement dans les embarquements qu'au moment où les grèves ont désorganisé complètement le service des entrepreneurs habituels des transports de la marine, M. l'amiral Besson réussit à faire partir, du 10 août au 8 septembre, treize affrétés, qui portèrent au Pé-Tchéli 356 officiers, 9.821 hommes de troupe (1), 1.536

---

(1) A ces effectifs, il faut ajouter les officiers des divers états-

chevaux et mulets, et près de 9.000 tonnes de matériel et d'approvisionnements, puis à terminer pour le 2 octobre le chargement des six derniers affrétés qui portaient le complément des mulets, du matériel et des vivres nécessaires pour toute la période d'hivernage (612 mulets et 4.500 tonnes d'approvisionnements, non compris le chargement du *Marseille*).

Les délais de livraison qu'il avait nécessairement fallu accorder aux titulaires des marchés passés pour la fourniture des denrées qui n'existaient pas en quantité suffisante dans les approvisionnements de l'Etat, quelques retards dans l'afflux des approvisionnements à recevoir de certains arsenaux ou magasins de la guerre ou de la marine ou de certaines usines privées, comme la maison Lefebvre, ne permirent pas de suivre d'une manière absolue, dans les embarquements, l'ordre qui eût été le plus logique. On s'en rapprocha certainement le plus possible, et l'on s'attacha, conformément aux recommandations formelles du général en chef, à répartir les approvisionnements de chaque espèce en plusieurs lots qui furent embarqués sur des affrétés différents, de manière que, même en cas d'accidents de route atteignant tel ou tel affrété, le corps expéditionnaire fût assuré de n'être entièrement dépourvu d'aucune catégorie d'approvisionnements.

Des instructions minutieuses avaient été données aux divers chefs de service pour que, sauf les quelques excep-

---

majors qui prirent passage sur les courriers du 29 juillet, du 12 et du 30 août, et du 9 septembre (106 officiers, 125 hommes); le personnel embarqué à Toulon le 10 août sur l'*Adour* (180 officiers, 350 hommes, 300 mulets), et le personnel embarqué, après le 8 septembre, comme cadre de conduite de mulets (10 officiers, 232 hommes, y compris les passagers du *Marseille*), qui n'ont rejoint qu'en décembre, par un courrier, après avoir laissé en Cochinchine les mulets que ce bâtiment n'avait pu amener en temps utile.

tions indispensables, les colis contenant les approvisionnements destinés à leur service fussent de dimensions et de poids assez restreints en vue des transports à prévoir en Chine après le débarquement et pour qu'ils portassent en évidence les inscriptions nécessaires pour faciliter leur arrimage à bord par lots et leur triage à l'arrivée ; on n'éprouva, en somme, à ce point de vue, que fort peu de mécomptes, si l'on excepte ceux qui résultèrent de quelques emballages insuffisants, et il n'est que juste de reconnaître que le service de la marine, à Marseille, a rempli sa lourde tâche de la manière la plus satisfaisante, malgré les difficultés toutes spéciales qu'il a rencontrées au moment des grèves du mois d'août 1900.

L'*Adour*, qui avait quitté Marseille le 5 août pour aller embarquer le groupe de 80 de montagne de l'artillerie de marine à Toulon, partit de ce dernier port le 10 août. Les autres affrétés quittèrent Marseille ou les ports d'Algérie dans les conditions indiquées au tableau ci-après. Ceux qui devaient embarquer des troupes en Algérie avaient reçu dans leurs cales, avant de quitter Marseille, leur chargement en matériel et y avaient été visités par la commission de recette réglementaire, chargée de s'assurer de l'exécution des dispositions stipulées dans la charte-partie relativement à l'installation des hommes et des animaux.

Transport des troupes de la 2ᵉ brigade et des troupes non embrigadées.

UNITÉS.	NOMS DES AFFRÉTÉS (1).	DÉPART de MARSEILLE.	DÉPART d'un AUTRE PORT.	ARRIVÉE en rade DE TAKOU.
Régiment de marche d'infanterie.				
Etat-major et bataillon du 61ᵉ	Melbourne	12 août.	»	24 sept.
Bataillon du 40ᵉ	Alexandre-III	14 août.	»	24 sept.
Bataillon du 58ᵉ	Massilia	21 août.	»	5 octobre.
Régiment de marche de zouaves.	»	»	»	»
Etat-major et 1ᵉʳ bataillon	Calédonien	»	Alger (19 août)	28 sept.
2ᵉ bataillon	Péi-Ho	»	Oran (6 sept.)	16 octobre.
3ᵉ bataillon	Les Andes	»	Philippeville (20 août)	27 octobre.
4ᵉ bataillon	Britannia	»	La Goulette (27 août)	10 octobre.
Cavalerie.				
Escadron du 5ᵉ chasseurs d'Afrique, état-major du 1/2 régiment	Notre-Dame-du-Salut	»	Alger (12 août)	29 sept.
Escadron du 6ᵉ chasseurs d'Afrique	Amiral-Baudin	»	Oran (6 sept.)	18 octobre.
Détachement de complément	Gallia	25 sept.	»	12 nov. (2).
Artillerie.				
Groupe du 20ᵉ régiment. Etat-major et 13ᵉ batterie	Amiral-Baudin	8 sept.	»	18 octobre.
14ᵉ et 15ᵉ batteries	Matapan	29 août.	»	14 octobre.
	Matapan (28 h.)	29 août.	»	14 octobre.

(1) Aux affrétés énumérés à ce tableau doivent être ajoutés le *Vesper*, la *Ville-du-Havre* et le *Bordeaux*, qui n'ont apporté que des approvisionnements.
(2) 30 cavaliers convoyant des chevaux pour le corps expéditionnaire.

EXPÉDITION DE CHINE

UNITÉS.	NOMS DES AFFRÉTÉS.	DÉPART de MARSEILLE.	DÉPART d'un AUTRE PORT.	ARRIVÉE en rade DE TAKOU.
Section de parc du 6ᵉ régiment d'artillerie..	Rio-Négro (80 h.)....	26 août.	»	6 oct. (1).
	Péi-Ho (30 off. 34 h.).	4 sept.	»	6 octobre.
	Macina (60 h.)........	15 sept.	»	25 oct. (2).
	Gallia (33 h.)........	25 sept.	»	12 nov. (3).
Détachement de la 9ᵉ compagnie et détachement monté du grand parc..	Bithynie............	4 sept.	»	23 octobre.
Artillerie de marine.				
7ᵉ et 8ᵉ batteries de campagne................	Adour.............	»	Toulon (10 août).	21 sept.
Détachements d'ouvriers de grand parc et section de munitions.........	Ville-de-Tamatave...	1ᵉʳ sept.	»	14 octobre.
3ᵉ détachement de complément (67 hommes) .	Bithynie............	5 sept.	»	25 octobre.
4 détachements de complément (83 hommes)..	Marseille...........	12 sept.	»	» (4).
Génie.				
Compagnie 19/1........	Notre-Dame-du-Salut	10 août.	»	29 sept.
Compagnie 9/4.........	Uruguay............	22 août.	»	1ᵉʳ octobre.
Aérostiers.............	Uruguay............	22 août.	»	1ᵉʳ octobre.
1/2 compagnie de chemin de fer...............	Matapan............	29 août.	»	14 octobre.
	Ville-de-Tamatave...	1ᵉʳ sept.	»	16 octobre.
Service de télégraphie ..	Ville-de-Tamatave...	1ᵉʳ sept.	»	16 octobre.
Train des équipages.				
État-major, 15ᵉ et 16ᵉ compagnies du 15ᵉ escadron................	Uruguay............	22 août.	»	12 octobre.
	Les Andes..........	18 août.	»	27 sept.
Gendarmerie.				
Détachement de commis et ouvriers d'administration.............	Rio-Négro (24 h.) ...	26 août.	»	6 octobre.
	Bithynie (47 h.)....	4 sept.	»	25 octobre.
Détachement d'infirmiers	Rio-Négro..........	26 août.	»	6 octobre.

(1) Appartenant normalement à la section du parc.
(2) Cadres de conduite de mulets pour le corps expéditionnaire.
(3) Versés à la section du parc à leur débarquement.
(4) Débarqués à Saïgon le 24 novembre et transportés par les courriers au Pé-Tchéli.

IV. — Voyage du Général en chef.

Le Président de la République avait bien voulu venir le 12 août à Marseille remettre solennellement au général commandant en chef les drapeaux destinés aux régiments du corps expéditionnaire de Chine et apporter aux troupes qui allaient représenter la France en Extrême-Orient les vœux du gouvernement et de la patrie tout entière.

Le soir même, le général en chef s'embarquait sur le *Polynésien* avec son état-major et les principaux chefs de service du corps expéditionnaire, en même temps que le 1er bataillon de la 2e brigade quittait Marseille sur le *Melbourne*. Il avait hâte de devancer au Pé-Tchéli la plus grande partie des troupes, de manière à veiller lui-même, de concert avec le vice-amiral Pottier, aux débarquements qui s'annonçaient comme pouvant être très difficiles et à procéder sur place à l'organisation aussi rapide que possible de tous les services en vue des opérations immédiates à prévoir (1).

L'*Indus*, sur lequel avaient été transbordés, à Colombo, les passagers amenés par le *Polynésien* (2), fit escale, le 16 septembre, à Shanghaï, où le général en chef passa l'inspection du détachement qui y avait été envoyé d'Indo-Chine pour garder la concession française et qui allait être rattaché au corps expéditionnaire.

Le 18 septembre, le général en chef quittait l'*Indus* à Nagasaki et s'embarquait sur le croiseur *le Guichen*, qui l'amenait, le 20 septembre, en rade de Takou. Le

---

(1) Le général en chef n'apprit que dans le canal de Suez la prise de Pékin par une colonne internationale, et la délivrance des légations.
(2) Courrier d'Australie.

lendemain, il débarquait à Tong-Kou et gagnait Tien-

Arrivée du général Voyron.

Tsin, où il prenait officiellement le commandement du corps expéditionnaire.

V. — Conditions dans lesquelles se sont faites les traversées.

Le lendemain du jour où le général arrivait à Takou, le premier des affrétés partis de France au commencement d'août, l'*Adour*, y mouillait à côté des bâtiments de l'escadre française, et les autres affrétés, apportant la 2e brigade et le personnel non embrigadé, se succédaient ensuite presque journellement dans cette rade, encombrée par une flotte innombrable de vaisseaux de guerre et de bâtiments de transport appartenant à toutes les nations civilisées. La durée moyenne des traversées avait été de 43 jours 1/2, du dernier port de chargement en France ou en Algérie à Takou (1).

Dans leur ensemble, ces traversées s'étaient accomplies d'une manière assez satisfaisante, au moins en ce qui concernait le personnel, bien que l'installation des hommes, à bord d'un certain nombre d'affrétés, n'eût pas été tout à fait aussi confortable que l'eût souhaité le général commandant en chef.

L'administration centrale ayant éprouvé de grandes difficultés à trouver en quelques semaines, dans les ressources de la marine nationale, un nombre de bâtiments suffisant pour transporter tout ce qu'il fallait faire parvenir d'urgence en Extrême-Orient, on avait dû serrer les hommes à bord un peu plus qu'il n'eût convenu pour une aussi longue traversée dans les mers tropicales, et le bureau des affrètements avait été obligé d'admettre seulement, comme cube d'air moyen à réserver à chaque homme ou à chaque animal, le chiffre généralement reconnu comme suffisant pour des traversées normales,

---

(1) En ne comptant pas le *Marseille* qui n'a jamais abouti en Chine.

Les pertes en personnel, subies pendant le transport en Chine de la 2ᵉ brigade et des unités non embrigadées, sont résumées dans le tableau ci-après. Plus de la moitié des décès peuvent se rattacher à des coups de chaleur pendant la traversée de la mer Rouge, alors que, dans les transports du complément de la brigade de marine sur la *Nive*, le *Vinh-Long*, le *Colombo*, le *Cachar*, le *Tigre* et le *Sinaï*, il n'y avait pas eu de cas d'insolation mortels. Peut-être ce fait doit-il être attribué à ce que les troupes de la marine avaient le casque pendant le voyage, tandis qu'on n'avait pu donner aux troupes de l'armée de terre que de simples chapeaux de paille.

Le corps expéditionnaire de 1860 avait perdu pendant les traversées de France à Woosung (Shanghaï) un total de 33 hommes sur un effectif de 7.966 embarqués, soit 4,1 p. 1.000. (Il est vrai que l'on n'avait pas eu à traverser la mer Rouge et que, d'autre part, on avait mis les hommes à terre pendant plusieurs jours au cap de Bonne-Espérance, mesure à laquelle le temps ne permettait guère de recourir dans l'expédition actuelle.)

NOMS DES AFFRÉTÉS.	DURÉE de la traversée.	PERSONNEL EMBARQUÉ.		DÉCÈS en cours de route.	Personnel laissé dans les hôpitaux.
		Officiers.	Troupe.		
Adour.................	42	18	351	2	8
Notre-Dame-du-Salut........	48	38	442	»	4
Melbourne...............	43	28	1.055	1	»
Alexandre III............	41	20	1.005	3	5
Les Andes..............	38	24	1.053	1	2
Calédonien.............	40	27	1.061	1	18
Massilia................	45	21	1.013	2	7
Uruguay................	40	48	742	»	2
Britania................	44	21	995	»	»
Rio-Négro..............	41	41	660	»	3
Matapan................	46	10	397	1	1
Ville-de-Tamatave..........	43	16	567	1	4
Péi-Ho.................	40	27	1.025	2	4
Amiral-Baudin...........	40	16	352	4	»
Bithynie...............	51	19	254	»	7
Macina................	43	3	60	»	1
Gallia.................	48	3	89	»	»
		380	10.321	18	66

alors qu'il eût fallu les augmenter notablement pour des traversées de plus de 40 jours, effectuées pendant la saison la plus chaude et dans les mers les plus chaudes du globe.

Néanmoins, grâce à la sollicitude constante de tous les officiers pour leurs hommes, l'état sanitaire général se maintint satisfaisant, et les déchets en personnel furent minimes : décès en cours de route, 18, soit 1,6 p. 1.000 ; entrées aux hôpitaux des escales, 5,9 p. 1.000. Les commandants de bâtiments s'étaient d'ailleurs conformés aussi complètement que possible aux stipulations des chartes-parties et plusieurs même y avaient mis une bonne volonté et une largeur de vues auxquelles les commandants des troupes passagères se plurent à rendre hommage.

On éprouva plus de mécomptes dans le transport des animaux. D'une part, l'*Adour*, qui transportait les deux batteries montées d'artillerie de marine du groupe Gibert, essuya, dans les parages de Hong-Kong, un typhon qui détruisit toutes les écuries improvisées sur son pont, causa l'asphyxie d'un certain nombre d'animaux, en obligeant à fermer hermétiquement toute ouverture donnant de l'air dans les entreponts et, en somme, entraîna la mort de 121 mulets en deux jours (le bâtiment en perdit 129 dans sa traversée). D'autre part, l'encombrement et la ventilation insuffisante des cales ou entreponts, aménagés en écuries sur certains autres affrétés, l'impossibilité sur la plupart, de faire prendre aux animaux un exercice indispensable pendant une aussi longue traversée et de leur donner des soins de propreté suffisants, amenèrent à bord de plusieurs bâtiments une morbidité et même une mortalité relativement considérables. Le *Notre-Dame-du-Salut*, par exemple, perdit 148 chevaux sur les 186 embarqués avec l'escadron du 5e chasseurs d'Afrique, et beaucoup des survivants furent débarqués en Chine dans un très médiocre état, tandis que, sur l'*Amiral-Baudin*, beaucoup mieux organisé pour un transport de ce genre, l'escadron du 6e chasseurs d'Afrique et la 13e batterie de 75 ne perdirent que trois chevaux et mulets et arrivèrent en Chine avec des animaux en très bon état. Somme toute, indépendamment des invalidations qui rendirent un certain nombre d'animaux inutilisables pour plus ou moins longtemps après leur débarquement, la mortalité s'éleva à 14 p. 100 sur les chevaux et à 10 p. 100 sur les mulets transportés de France ou d'Algérie au Pé-Tchéli (1).

---

(1) Les pertes subies par le *Marseille*, dont les mulets ont été laissés en Indo-Chine, n'entrent pas en ligne de compte dans ce calcul.

Elle fut heureusement beaucoup moindre sur les animaux venus d'Indo-Chine et sur les chevaux australiens achetés à Singapore, par ordre du général en chef, qui n'eurent pas à traverser la mer Rouge et restèrent beaucoup moins longtemps embarqués.

VI. — Organisation des débarquements au Pé-Tchéli.

Les débarquements, à Takou, ont été assurés par l'escadre de l'Extrême-Orient, tant avec ses moyens propres qu'avec ceux qu'on a pu se procurer par location ou affrètement sur place au Japon.

La situation à l'arrivée de l'amiral Pottier et du général commandant en chef était très précaire, les corps expéditionnaires étrangers ayant accaparé la presque totalité des remorqueurs et des jonques de mer ou de rivière aussi bien que des appontements et des emplacements utilisables à Tong-Kou, entre la voie ferrée et les berges du Péi-Ho.

Il fallait cependant se hâter pour arriver à tout prix à mettre à terre, avant la fermeture du Pé-Tchéli par les glaces, tout ce qui était indispensable au corps expéditionnaire pour l'hivernage.

L'amiral Pottier se mit résolument à l'œuvre pour donner le plus tôt possible à ce service des débarquements une organisation en rapport avec les besoins à satisfaire. Avant la fin d'octobre, il avait réussi à constituer une flottille de remorqueurs, chalands, jonques, etc., susceptibles, avec les canonnières *Alouette* et *Bengali*, plus spécialement affectées aux mouvements du personnel, de charger plus de 3.900 tonneaux. Il parvint ainsi, malgré le mauvais temps qui rendait en moyenne la rade impraticable un jour sur trois, malgré les difficultés de passage de la barre, malgré les lenteurs inévitables des déchargements en rivière, à débarquer une moyenne de plus de 300 tonnes par jour, pendant la période du 21 octobre au 21 novembre (période intensive des déchargements).

A terre, le général en chef avait fait apporter à l'installation improvisée à Tong-Kou toutes les améliorations susceptibles d'être réalisées immédiatement. Au bout de quelques semaines, on disposait, à cette base maritime, de plus de mille mètres carrés de magasins de transit bien couverts, sans compter les magasins particuliers des services de l'artillerie et du génie, ce qui permit d'entreposer dans d'aussi bonnes conditions que possible les approvisionnements débarqués, jusqu'à ce qu'il fût possible de les diriger sur Tien-Tsin, où devait être créée la véritable base d'opérations du corps expéditionnaire. En même temps, on avait amélioré les appontements provisoires où venaient s'accoster les chaloupes et chalands (1) à décharger à Tong-Kou, loué de nombreuses jonques de rivière pour faire remonter, par le Péi-Ho, jusqu'à Tien-Tsin les denrées encombrantes qui ne pouvaient trouver place sur le petit nombre de wagons mis journellement à notre disposition dans les trois seuls trains internationaux partant de la gare de Tong-Kou (2), organisé un système complet de convoyage et de surveillance, tant aux lieux d'entrepôt

---

(1) Une organisation très complète d'appontements et de moyens de débarquement et d'embarquement en tout genre a été faite pour le printemps de 1901 à Tong-Kou, après entente entre le général en chef et le vice-amiral Pottier, et tous les mouvements nécessités par le ravitaillement et par le rapatriement du corps expéditionnaire ont ainsi pu se faire dans d'excellentes conditions.

(2) Plus de 10.000 tonnes de vivres, de fourrages et de charbon ont été ainsi envoyées par voie d'eau jusqu'au magasin même de Tien-Tsin, sans compter ce qu'y ont porté directement les vapeurs japonais ou chinois chargés des denrées commandées au Japon ou à Shanghaï et remontant directement en rivière sans arrêt à Tong-Kou.

que pendant les transports par eau ou par voie ferrée, de manière à éviter, autant que possible, les déprédations des Chinois et des soldats de toute nation, transformé et déblayé les appontements de Tien-Tsin, enfin créé, à la gare même de cette ville, une installation de magasins de réception, indépendante de celle des autres puissances.

Grâce à toutes ces mesures et à l'activité déployée, tant par le service des étapes du corps expéditionnaire que par le personnel de la marine chargé des mouvements en rade et en rivière, on parvint à réduire à un chiffre relativement peu élevé le nombre de jours de surestaries, qui avait menacé un instant de s'accroître indéfiniment et, finalement, à terminer pour le 26 novembre le déchargement du *Bordeaux*, dernier des affrétés qui soit arrivé au golfe du Pé-Tchéli.

Le tableau ci-après résume les conditions dans lesquelles se sont faits le chargement, le voyage et le déchargement des affrétés qui ont apporté la 2ᵉ brigade, les éléments non embrigadés et les approvisionnements du corps expéditionnaire :

EXPÉDITION DE CHINE

NOMS DES AFFRÉTÉS 1	DATE de la mise à la disposition de la marine 2	DATE du départ de Marseille 3	Jours de planche absorbés par le chargement 4	Durée effective de la traversée 5	DATE d'arrivée en rade de Takou 6	DATE à laquelle le débarquement a été terminé 7	Jours de planche effectifs employés par le débarquement 8	Jours de surestaries 9	OBSERVATIONS 10
Adour............	5 août.	5 août.	4	43	21 sept.	1er oct.	8	»	(1) 10 août de Toulon.
Notre-Dame-du-Salut..	9 —	10 —	2 1/2	48	29 —	8 —	9	»	(2) 12 août d'Alger.
Melbourne........	10 —	12 —	2	43	24 —	4 —	10	2	(3) dont 1 à Alger.
Alexandre-III.....	12 —	14 —	3	41	24 —	2 —	8	3	(4) 19 août d'Alger.
Calédonien........	13 —	16 —	3 1/2	40	28 —	12 —	12	3	(5) dont 1 à Alger.
Les Andes.........	15 —	18 —	4	38	27 —	7 —	9	»	(6) 20 août de Philippeville.
Massilia..........	16 —	21 —	3	45	5 oct.	25 —	17	9	(7) dont 1 à Philippeville.
Uruguay..........	18 —	22 —	3	40	1er —	13 —	11	2	(8) 27 août de La Goulette.
Britannia.........	19 —	23 —	3	44	10 —	27 —	15	6	(9) dont 1 à La Goulette.
Rio-Négro.........	22 —	26 —	3	41	6 —	26 —	17	8	(10) 6 sept. d'Oran.
Matapan..........	24 —	29 —	7	46	14 —	30 —	14	3	(11) dont 1 à Oran.
Ville-de-Tamatave..	30 —	1er sept.	6	43	14 —	3 nov.	17	3	(12) 5 sept. de Toulon.
Péi-Ho............	1er sept.	4 —	6	40	16 —	3 —	15	9	(13) Pour mémoire: n'a pas dépassé Saïgon, où il n'est arrivé que le 25 sept.
Bithynie..........	1er sept.	4 —	3	51	25 —	8 —	9	11	
Amiral-Baudin.....	12 —	8 —	6	40	18 —	7 —	17	»	
Macina............	15 —	15 —	3	43	28 —	4 —	6	»	
Vesper............	17 —	20 —	3	45	4 nov.	18 —	13	»	
Ville-du-Havre.....	17 —	21 —	4	44	4 —	15 —	10	»	
Gallia............	20 —	25 —	5	48	12 —	20 —	5	»	
Bordeaux (13).....	20 —	20 oct.	2	50	21 —	24 —	4	»	
Marseille.........	20 —	12 sept.	»	»	»	»	»	»	
				431.7				60	

Pour donner une idée de l'effort qu'a représenté le déchargement dans cette rade, où les bâtiments mouillaient à 10 ou 12 milles au large, il suffit de rappeler que l'effectif total mis à terre par la France à Tong-Kou a été de 19.735 passagers (indigènes d'Indo-Chine compris) et 3.282 chevaux ou mulets, et que le poids du matériel et des approvisionnements débarqués tant à Tong-Kou qu'en rivière s'est élevé à 35.000 tonnes, dont un millier seulement avaient été débarqués avant le 1er octobre.

Grâce aux précautions prises, les avaries au matériel débarqué étaient relativement assez minimes et, en ne faisant entrer en ligne de compte ni les approvisionnements qu'apportaient le *Marseille* et qui furent en grande partie laissés à Saïgon, ni le stock de munitions de réserve renvoyées en dépôt à l'arsenal de Saïgon par le *Vinh-Long*, on n'avait guère à constater que quelques déchets sur certaines catégories d'approvisionnements dont les emballages ne s'étaient pas montrés assez solides malgré les soins apportés à leur confection ou que leur nature même avait plus particulièrement exposées aux déprédations avant qu'il eût été possible d'organiser une surveillance au milieu de l'effroyable encombrement de troupes et de marchandises de tout pays qui régnait partout, aussi bien sur le Péï-Ho qu'à Tong-Kou et sur la ligne de chemin de fer.

En somme, en dépit de quelques graves mécomptes, comme la perte de la *Caravane* (1), dans les mers du Japon et la non-arrivée du *Marseille* à destination, le transport du corps expéditionnaire français et de ses approvisionnements au Pé-Tchéli et son débarquement s'étaient achevés dans des conditions bien meilleures

---

(1) La *Caravane*, qui apportait des approvisionnements destinés au corps expéditionnaire, fut coulée dans la mer Intérieure, à la suite d'une collision avec un vapeur japonais.

qu'on ne l'avait espéré tout d'abord, malgré les difficultés de toute nature qui avaient un instant causé de légitimes inquiétudes au général commandant en chef; il est du devoir de ce dernier de rendre hommage au dévouement de tous ceux qui ont contribué à mener à bien cette tâche laborieuse et délicate, et en particulier au vice-amiral Pottier.

Général Voyron et amiral Pottier.

TROISIÈME PARTIE

OPÉRATIONS DU CORPS EXPÉDITIONNAIRE FRANÇAIS DU 21 SEPTEMBRE 1900 AU 8 AOUT 1901

CHAPITRE PREMIER

SITUATION MILITAIRE ET POLITIQUE A L'ARRIVÉE DU GÉNÉRAL COMMANDANT EN CHEF AU PÉ-TCHÉLI.

Emplacements occupés par les troupes françaises au 21 septembre 1900.

Le 21 septembre 1900, jour du débarquement du général commandant en chef à Tong-Kou, la répartition des troupes françaises déjà arrivées dans le Pé-Tchéli était la suivante :

Le 17e régiment d'infanterie de marine et le 1er bataillon du 18e occupaient Pékin, avec des fractions du 3e bataillon du 16e (bataillon Roux, provenant du 11e de marine), deux sections de la 6e batterie de campagne et trois batteries de montagne (1re, 12e et 13e batteries, ces deux dernières à 4 pièces seulement).

L'état-major de la 1re brigade avait été laissé à Pékin, où le colonel Comte, du 18e régiment d'infanterie de marine, commandait les troupes françaises, le général Frey étant descendu à Tien-Tsin pour y attendre le général en chef.

Le 1er bataillon d'infanterie de marine (bataillon Brenot, provenant du 9e régiment) et deux sections des 12^e

et 13e batteries de montagne étaient répartis entre les gîtes d'étapes de la route de Tien-Tsin à Pékin, tandis que le 2e bataillon du même régiment (bataillon Feldmann, du 11e régiment), avec la 2e batterie de montagne, opérait contre les Boxers, au nord de Tong-Tchéou, sous les ordres du colonel de Pélacot.

La garnison de Tien-Tsin et de la base maritime de Tong-Kou était constituée par les deux bataillons de marche d'infanterie de marine (bataillons Collinet et Rilba), des fractions du 3e bataillon du 16e régiment d'infanterie de marine, la batterie de montagne de Quang-Tchéou-Van (devenue 3e batterie du corps expéditionnaire) et une section de la 6e batterie de campagne (1).

Enfin, les 2e et 3e bataillons du 18e régiment d'infanterie de marine, qui avaient été mis en route sur Pékin quelques jours après leur arrivée dans le Pé-Tchéli, venaient de recevoir l'ordre du général Frey de s'arrêter, pour attendre de nouvelles instructions, le 2e aux environs de Tong-Tchéou, le 3e aux environs de Ma-Tou. La question de l'évacuation de Pékin restait en effet en suspens et allait être l'objet des premières préoccupations du général en chef, auquel le commandant de la 1re brigade rendit compte, dès son arrivée à Tien-Tsin, des instructions reçues à ce sujet du ministre de la marine et des premières mesures prises après entente avec M. Pichon.

Les troupes alliées étaient, comme les troupes françaises, réparties sur une étroite bande de terrain s'éten-

---

(1) La majeure partie de ces troupes venait de concourir, sous les ordres du lieutenant-colonel Leblois, à la prise des forts de Pei-Tang et arrivait à Tong-Kou, pour rentrer de là, par la voie ferrée, à Tien-Tsin, au moment même du débarquement du général en chef, qui put ainsi les passer en revue et les féliciter de l'énergie et de l'endurance dont elles avaient fait preuve dans cette opération.

dant de Pékin à la mer et, en dehors de la prise des forts de Pei-Tang et de quelques opérations de police dans le voisinage immédiat de Pékin ou des postes de la ligne d'étapes, aucune tentative n'avait encore été faite pour refouler vers les frontières du Pé-Tchéli les nombreux groupes de Boxers et de réguliers chinois qui tenaient la campagne dans cette province.

Les communications se faisaient partie par eau, partie par voie de terre, en empruntant, entre Tong-Kou et Yang-Tsoun, le chemin de fer dont les Russes avaient assez rapidement terminé la réfection et qu'ils exploitaient entre ces deux localités avec du personnel militarisé emprunté à leurs lignes de l'Oussouri et de la Mandchourie.

Cette ligne de communications, commune à toutes les troupes alliées, ne présentait, en somme, qu'une sécurité des plus précaires et l'on pouvait s'attendre à voir peu à peu les Chinois, terrorisés tout d'abord par les affaires de Tien-Tsin et la marche victorieuse des contingents internationaux sur Pékin, reprendre assez de confiance pour inquiéter nos postes ou nos convois.

L'anarchie la plus complète régnait, il est vrai, dans toute la province du Pé-Tchéli, et, bien que plusieurs missions catholiques ou protestantes fussent encore bloquées plus ou moins étroitement par les Boxers, personne ne paraissait pour le moment donner un mot d'ordre unique, pour ou contre les étrangers, à tous les Chinois qui occupaient le pays les armes à la main. Les troupes chinoises, plus ou moins désorganisées par leurs échecs, ne semblaient guère prendre une offensive sérieuse, et elles songeaient surtout à couvrir la cour impériale, qui s'était réfugiée à Tai-Yuen-Fou pour être mieux à l'abri des atteintes des envahisseurs. Mais cette situation pouvait se modifier d'un moment à l'autre, et ces troupes, encore assez nombreuses sur beaucoup de points, notamment dans l'Ouest du Tchéli, pouvaient en quelques jours constituer des rassemblements menaçants. On ignorait d'ailleurs si le parti de la paix avait réellement pris le dessus dans l'entourage de l'empereur sur le clan hostile aux étrangers, dont le prince Tuan et Tong-Fou-Sian étaient les chefs les plus influents.

Bien que des décrets impériaux, datés du 19 et du 24 août, eussent prescrit à Li-Hung-Chang de se mettre en relations avec les gouvernements étrangers pour chercher à conclure la paix, et que, sur l'ordre de l'empereur, le prince Tching attendît à Pékin le vieux vice-roi pour se joindre à lui comme négociateur, rien ne permettait de croire encore à la sincérité de ces dispositions pacifiques, et peut-être le gouvernement chinois cherchait-il simplement à empêcher les alliés de poursuivre leurs succès et d'envahir de nouvelles parties de l'empire, de manière à donner le temps aux nombreuses troupes qu'on avait appelées de toutes les provinces du Sud de se concentrer sur les frontières du Pé-Tchéli.

Li-Hung-Chang venait d'arriver à Tien-Tsin et y attendait que le corps diplomatique lui fît connaître où et quand pourraient s'ouvrir les négociations. Cette dernière question se trouvait d'ailleurs en suspens, la plupart des puissances intéressées n'ayant pas encore donné de réponse définitive à la proposition d'évacuation de Pékin, formulée par le gouvernement russe et, en somme, la situation politique étant encore des plus confuses.

CHAPITRE II

PREMIÈRES DISPOSITIONS PRISES PAR LE GÉNÉRAL COMMAN-
DANT EN CHEF. — LIGNE DE CONDUITE ADOPTÉE POUR LE
CORPS EXPÉDITIONNAIRE FRANÇAIS.

I. — Instructions du Gouvernement. — Desiderata exprimés par le Ministre de France à Pékin.

A son arrivée en rade de Takou, le général en chef avait reçu un cablogramme du gouvernement, en date du 16 septembre 1900, modifiant ses instructions primitives, qui ne cadraient plus avec la situation créée par la délivrance des légations, et définissant la situation des troupes françaises vis-à-vis du feld-maréchal de Waldersee, qui allait débarquer d'un jour à l'autre dans le Pé-Tchéli.

Au point de vue des opérations militaires, ces nouvelles instructions spécifiaient que l'action de nos troupes devait désormais être subordonnée à l'action diplomatique, et que le général en chef devrait toujours se concerter avec le représentant de la France en Extrême-Orient et se conformer à la ligne de conduite que celui-ci jugerait conforme aux indications du gouvernement et aux intérêts de notre politique.

A Tien-Tsin, une lettre très courtoise de M. Pichon attendait le général en chef; en lui souhaitant la bienvenue, le ministre de France lui signalait diverses questions dont la solution paraissait particulièrement urgente. Ces indications sur le rôle qui allait échoir au corps expéditionnaire furent complétées par les rapports du général Frey d'une part et par les entretiens qu'eut, d'autre part, le général en chef avec M. du Chaylard, consul général de France à Tien-Tsin, puis, quelques jours après, avec M. d'Anthouard, premier secrétaire de la légation de Pékin, ces deux diplomates étant chargés de lui faire connaître en détail les vues de M. Pichon sur la situation politique du pays.

Les points sur lesquels insistait spécialement le ministre de France et qui allaient, par conséquent, être l'objet des premières préoccupations du général en chef étaient :

1° La question de l'évacuation de Pékin et l'impossibilité de se conformer à la lettre aux instructions reçues du gouvernement à ce sujet ;

2° La nécessité de porter secours à certaines missions catholiques en péril ;

3° La nécessité d'assurer la protection du chemin de fer de Pékin à Han-Kéou ;

4° L'intérêt que présentait l'occupation des tombes des dynasties impériales.

A ces questions d'ordre politique, soulevées par le ministre de France, venaient s'ajouter naturellement les nombreuses questions d'ordre plus spécialement militaire auxquelles l'arrivée de nouvelles troupes venant de France et l'approche de la saison froide obligeaient à donner une solution immédiate, notamment la question de l'extension de notre occupation en dehors de la ligne de Pékin à la mer, pour se réserver des cantonnements suffisants et assurer, en même temps, la sécurité de nos lignes de communications et, d'autre part, la question de l'organisation d'une base maritime accessible à l'escadre pendant l'hivernage.

II. — Question de l'évacuation de Pékin. — Destination donnée aux troupes de la 2ᵉ brigade à leur débarquement.

La question de l'évacuation de Pékin s'était posée quelques jours avant le débarquement du général en chef, à la suite de l'envoi aux puissances de la note du gouvernement russe préconisant le retrait des troupes alliées de la capitale comme le meilleur moyen de favoriser le rétablissement en Chine d'un gouvernement régulier et l'ouverture des négociations pour la paix.

Peu de temps après l'envoi de cette circulaire, M. de Giers, ministre de Russie à Pékin, et le général Liniévitch, commandant les troupes russes du Pé-Tchéli, avaient reçu des instructions pour préparer le transfèrement à Tien-Tsin de la légation, des sujets russes et des troupes russes de la capitale.

Le contre-amiral commandant la division navale d'Extrême-Orient avait transmis, d'autre part, au général Frey, un cablogramme du ministre de la marine lui enjoignant de s'entendre avec le général commandant les troupes russes et avec le ministre de France à Pékin pour le retrait provisoire des troupes et de la légation sur Tien-Tsin, et M. Pichon avait reçu des instructions du même ordre de son département.

Bien que cette évacuation parût très préjudiciable aux intérêts des Européens et en particulier des chrétiens placés sous la protection de la France, et qu'il semblât peu probable que les ministres des autres puissances fussent disposés à suivre leur collègue de Russie dans cette voie au moment même où l'on parlait de la venue de Li-Hung-Chang comme plénipotentiaire à Pékin, il avait fallu se préoccuper des mesures à adopter pour se conformer aux instructions du gouvernement dans le cas où celui-ci ne prendrait pas en considération les objections que M. Pichon avait formulées par cablogramme.

Le général Frey avait donc envoyé des ordres de Tien-Tsin, le 18 septembre, pour faire descendre sur cette ville tout ce qui restait du 16º régiment d'infanterie de marine à Pékin, dans la région de Tong-Tchéou et sur la route d'étapes, ainsi que deux batteries d'artillerie de marine; ces mesures étaient d'ailleurs justifiées, à un autre point de vue, par la nécessité de réorganiser ces unités, très éprouvées par les fatigues de la marche sur Pékin, et d'en éliminer les éléments impropres à faire campagne.

La garnison de Pékin ne devait plus comprendre, jusqu'à nouvel ordre, que les bataillons du 17º régiment d'infanterie de marine avec deux batteries et l'état-major de la brigade. Le 1ᵉʳ bataillon du 18º n'y était maintenu qu'à titre tout à fait provisoire, M. Pichon jugeant impossible, pour le moment, de réduire cette garnison à moins de quatre bataillons; dans la pensée du général Frey, ce bataillon devait descendre le plus tôt possible à Yang-Tsoun.

Quant aux bataillons Famin et de Saint-James (2º et 3º du 18º), ils devaient être échelonnés sur la ligne d'étapes entre Yang-Tsoun et Pékin et y relever les compagnies du 16º régiment.

Avant que ces ordres fussent parvenus à Pékin, qui n'était pas encore lié télégraphiquement à Tien-Tsin (1), un bataillon du 17º en était parti pour Lou-Kou-Kiao, de sorte qu'il ne pouvait plus être question de faire descendre à Yang-Tsoun le 1ᵉʳ bataillon du 18º; mais les autres mouvements prescrits pour le 16º par le général

---

(1) La liaison optique qu'on achevait à ce moment d'établir entre Tien-Tsin et Pékin n'a jamais fonctionné d'une manière satisfaisante; on a dû poser, en octobre et en novembre, une ligne télégraphique française.

Frey s'exécutèrent peu à peu dans les derniers jours de septembre.

D'autre part, M. Pichon, qui n'avait pu recevoir encore la réponse du gouvernement aux objections qu'il avait formulées contre l'évacuation de la capitale chinoise (et qui, en fait, n'en reçut jamais), avait cependant été avisé par un cablogramme du ministre des affaires étrangères que Li-Hung-Chang, ayant reçu des pouvoirs pour traiter, allait monter à Pékin rejoindre le prince Tching et qu'il y avait lieu d'assurer la sécurité de son voyage, ce qui indiquait que la solution définitive de la question de l'évacuation était tout au moins ajournée.

Tel était l'état de cette question à l'arrivée du général en chef. Celui-ci, d'après ses instructions, ne pouvait que se conformer, dans un cas de ce genre, aux désirs exprimés par le ministre de France : ce dernier insistant pour le maintien au moins temporaire de quatre bataillons à Pékin, l'ordre fut donné au bataillon Famin (2e du 18e) d'aller remplacer dans cette ville le bataillon du 17e parti pour Lou-Kou-Kiao, et le bataillon de Saint-James (3e du 18e) fut seul échelonné entre Pékin et Yang-Tsoun exclusivement, cette dernière localité étant réservée à la 2e brigade.

Les premiers affrétés portant des troupes de cette dernière brigade arrivaient en effet à ce moment en rade de Takou, et, quelle que fût la décision définitive qui dût être prise pour la garnison de Pékin, il fallait assigner des cantonnements au moins provisoires aux unités qui allaient débarquer. On ne pouvait accumuler toutes les troupes et les services généraux du corps expéditionnaire à Tien-Tsin, où les ruines de la concession française offraient relativement peu de ressources comme installations immédiates. La région de Yang-Tsoun, au contraire, voisine du point où s'arrêtait alors le chemin de fer, paraissait se prêter particulièrement à une installation temporaire, sa position centrale permettant de porter ultérieurement les troupes qui y seraient cantonnées dans toutes les directions où leur action pourrait devenir nécessaire.

Le général Bailloud, arrivé à Tien-Tsin avec le général en chef, fut donc invité à procéder tout de suite à la reconnaissance détaillée des localités voisines de la gare de Yang-Tsoun en vue du cantonnement des troupes placées sous ses ordres et, dès leur débarquement, les bataillons du régiment de marche d'infanterie et ceux des 2°, 3° et 4° zouaves furent dirigés sur les localités qu'il avait choisies (état-major et deux bataillons du régiment d'infanterie à Lao-Mou-Tien, un bataillon d'infanterie à Hoang-Tchouang, état-major et deux bataillons du régiment de zouaves à Yang-Tsoun avec la demi-compagnie du génie de la brigade, un bataillon de zouaves à Ti-Pao-Djouan).

Le quartier général de la 2° brigade reçut l'ordre de s'établir à Yang-Tsoun.

III. — Question de la protection des missions catholiques.

Dans une lettre remise au général en chef par M. du Chaylard à son arrivée à Tien-Tsin, aussi bien que dans diverses communications antérieurement adressées à Pékin au général Frey, M. Pichon avait insisté sur la situation critique dans laquelle se trouvaient certaines missions du Tchéli qui avaient pu échapper au massacre et au pillage de l'été, mais qui étaient encore assiégées ou tout au moins bloquées par des bandes de Boxers.

Notre situation particulière de protecteurs attitrés des chrétiens dans le pays nous créait, aux yeux de M. Pichon, des obligations spéciales vis-à-vis de ces missions, parmi lesquelles il signalait surtout l'établissement que les jésuites possédaient à Hien-Shien, à 160 kilomètres environ au sud de Tien-Tsin; cinquante missionnaires,

Mission de Hien-Shien.

dont trente-cinq Français, y étaient réfugiés avec plusieurs milliers de chrétiens indigènes.

Plusieurs autres chrétientés de la même région étaient non moins menacées. On citait également comme résistant encore, mais comme probablement plus ou moins à bout de ressources, la mission d'Hoang-Hoa-Kiang, près de Tan-Chan, à mi-chemin de Tien-Tsin à Chan-Haï-Kouan, deux groupes de chrétiens indigènes entre Pékin et Pao-Ting-Fou, la grande résistance de Tcheng-

Ting-Fou, au sud-ouest de Pao-Ting-Fou, où Mgr Bruguière avait donné asile à plusieurs ingénieurs de la ligne de Pékin à Han-Kéou en même temps qu'à une vingtaine de religieuses et de prêtres européens, et enfin les diverses missions du nord et du nord-est du Tchéli, dont la situation, représentée un instant comme très critique, venait de motiver l'envoi du colonel de Pélacot à Yag-Ko-Tchang.

Les effectifs disponibles immédiatement à Tien-Tsin ne permettaient pas encore l'organisation d'une colonne à envoyer à grande distance dans le sud du Tchéli, où l'on pouvait d'ailleurs espérer une certaine détente du fait des ordres que Li-Hung-Tchang venait de donner de Tien-Tsin à tous les mandarins, pour la protection de tous les habitants paisibles, chrétiens ou non chrétiens, et pour la répression du mouvement boxer, qu'ils avaient pu jusqu'alors considérer à juste titre comme encouragé par le gouvernement chinois; le général en chef dut donc se borner, pour le moment, à donner des instructions pour être tenu aussi exactement que possible au courant de la situation de ce côté, mais il écrivit à M. Pichon qu'il partageait entièrement ses vues en ce qui concernait le rôle de protection à remplir par la France à l'égard des missions catholiques et qu'il aviserait à prendre les mesures nécessaires à ce sujet aussitôt qu'il pourrait disposer d'effectifs suffisants.

La question des missions du Nord devait nécessairement rester en suspens tant qu'une solution définitive n'était pas donnée à celle de l'évacuation de Pékin. Quant à la mission d'Hoang-Hoa-Kiang, la marche des troupes russes qui, après la prise des forts de Péi-Tang, avaient enlevé les camps de Lou-Taï et continuaient à progresser vers l'Est, en prenant le chemin de fer comme axe de leur mouvement, ne devait sans doute pas tarder à amener sa délivrance.

Enfin, la protection des missions de la région de Pao-Ting-Fou et de Tcheng-Ting-Fou se liait à celle du chemin de fer d'Han-Kéou à Pékin, à propos duquel le gouvernement de la République venait précisément d'envoyer ses instructions au ministre de France en Chine.

IV. — Protection des intérêts français dans la ligne ferrée Han-Kéou à Pékin. — Premières mesures prises à ce sujet par le colonel commandant les troupes françaises à Pékin. — Ordres donnés par le général en chef.

Le 22 septembre, avant que les instructions du général Frey, relatives à la préparation de l'évacuation de Pékin fussent parvenues au colonel Comte, du 18e régiment d'infanterie de marine, chargé de l'expédition des affaires dans la capitale, celui-ci avait reçu de M. Pichon communication d'un cablogramme du ministre des affaires étrangères, dont la teneur était la suivante :

Diplomatie à ministre, Pékin. — N° 67.

« Nos intérêts sont tels dans la concession Han-Kéou - Pékin, qu'il me paraît essentiel de ne pas laisser à des troupes étrangères seules la garde de cette ligne. Voyez avec nos chefs militaires si on ne pourrait pas faire occuper un point important, par exemple Kao-Pé-Tien, facilement. »

Les Anglais, qui occupaient la gare de Fengtaï, sur la ligne Pékin - Tien-Tsin, ayant poussé des détachements vers l'Ouest, il y avait urgence à prendre immédiatement possession d'au moins un point de cette ligne de Pao-Ting-Fou, qu'on signalait comme passablement endommagée par les insurgés, mais pour la reconstruction de laquelle il était essentiel de ne laisser personne se substituer aux syndicataires franco-belges.

Après examen de la situation assez troublée de la région traversée par cette voie ferrée, région où l'on signalait d'assez nombreux groupes de Boxers, avec lesquels on pouvait s'attendre à voir pactiser les réguliers chinois restés à Tcho-Tchéou, et peut-être sur d'autres points après la prise de Pékin par les alliés, le colonel Comte avait estimé qu'une force de deux bataillons, une batterie de montagne et une section de campagne serait nécessaire pour pousser avec certitude de succès jusqu'à Kao-Pé-Tien et, comme les forces restant à Pékin ne permettaient pas d'en distraire un tel effectif et de fournir de plus les escortes nécessaires au convoi de ravitaillement de cette colonne et aux convois de Tong-Tchéou à Pékin, il avait fait admettre par M. Pichon qu'on se contenterait, pour le moment, de l'occupation immédiate de la gare et du pont de Lou-Kou-Kiao.

C'était à ce pont que commençait effectivement la ligne de la Compagnie franco-belge, qui n'était que locataire de la Compagnie anglo-chinoise du chemin de fer de Pékin à la mer pour le tronçon Lou-Kou-Kiao, Feng-Tai, Ma-Kia-Pou (Pékin).

L'opération avait été confiée au lieutenant-colonel Rondony, du 17ᵉ régiment d'infanterie de marine, qui quitta Pékin le 24 septembre au matin par la porte de l'Ouest, à la tête du 2ᵉ bataillon du 17ᵉ (capitaine adjudant-major Vinot, faisant fonctions de chef de bataillon), de la première batterie de montagne (capitaine Ledoux), et de quelques canonniers d'artillerie de marine faisant le service du génie.

Cette petite colonne, suivie d'un convoi de vivres portés par des coolies, arriva le jour même sans incidents à Lou-Kou-Kiao et constata que la gare était rasée et inoccupée, mais que la citadelle chinoise et un pont de la voie ferrée voisin du grand pont du fleuve Houn-Ho étaient tenus par un détachement du 7ᵉ régiment d'infanterie du Bengale. Le lieutenant-colonel Rondony fit

Artillerie de marine de montagne.

immédiatement établir un poste et planter le drapeau français sur le grand pont du chemin de fer et cantonna le gros de sa colonne dans la partie de la ville de Lou-Kou-Kiao construite au sud de ce grand pont dans une île du Houn-Ho et reliée à la ville murée par un vieux pont en pierres connu sous le nom de pont de Marco-Polo.

Aussitôt cette occupation assurée, non sans quelques protestations, très courtoises du reste, du capitaine anglais commandant le détachement indien, le lieutenant-colonel Rondony s'occupa de faire reconnaître le pays sur la rive droite du fleuve, dans la direction de la gare de Tchang-Sing-Tien.

Cette reconnaissance fut faite le 25 au matin, par le

sous-lieutenant Bergin, de la 7ᵉ compagnie du 17ᵉ, qui trouva la gare complètement détruite, mais constata que le pays présentait d'assez nombreuses ressources et que tout y paraissait au calme.

Le colonel Comte s'était empressé de porter les premiers résultats ainsi obtenus à la connaissance de M. Pichon; celui-ci insistant sur l'intérêt qu'il y aurait à occuper d'une manière exclusive et en dehors de toute contestation possible un point de la ligne ferrée en question, de nouveaux ordres furent envoyés au lieutenant-colonel Rondony pour que, tout en continuant à tenir l'île et le pont de Lou-Kou-Kiao, il poussât un détachement au moins jusqu'à Tchang-Sing-Tien, ce qui fut fait le 27 septembre au matin. Un peloton de la 6ᵉ compagnie du 17ᵉ y fut installé dans une pagode voisine des ruines de la gare.

Sur ces entrefaites, une colonne allemande forte de deux bataillons et une batterie, qui opérait contre des bandes de Boxers au sud de Pékin, dans la région traversée par la ligne de Yang-Tsoun, vint en poursuivant une de ces bandes, enlever de vive force la ville murée de Liang-Hiang-Shien, sur la ligne Pékin - Han-Kéou, au sud-ouest de Tchang-Sing-Tien.

Cette occupation, qui, en fait, ne fut que temporaire, pouvait faire craindre que la prise de possession exclusive de la ligne franco-belge par nos troupes ne fût compromise.

Le général en chef, qui venait de recevoir le compte rendu des premières mesures prises par le colonel Comte, d'accord avec M. Pichon, et qui envisageait dès cette époque l'éventualité d'une occupation de Pao-Ting-Fou comme la consécration de notre prise de possession de cette ligne de Pékin au Yang-Tsé et comme la meilleure sauvegarde pour les missions dont la protection incombait à la France dans l'ouest du Tchéli, s'empressa d'envoyer des ordres pour faire porter à deux bataillons les troupes de protection de cette voie ferrée et pour faire pousser ces troupes plus avant dans la direction de Pao-Ting-Fou, autant du moins que la situation du pays et les nécessités de leur ravitaillement le permettaient. L'arrivée à Pékin du bataillon Famin (2e et 18e), venant de Tong-Tchéou, devait rendre possible ce premier renforcement du détachement du lieutenant-colonel Rondony.

C'est en exécution de ces instructions du général commandant en chef que les 9e, 10e et 11e compagnies du 17e régiment d'infanterie de marine quittèrent Pékin le 6 octobre (lendemain de l'arrivée du bataillon Famin dans la capitale), pour aller rejoindre le lieutenant-colonel Rondony. Celui-ci reçut l'ordre, dès leur arrivée à Lou-Kou-Kiao, de se porter en avant avec un bataillon et une batterie pour occuper la localité importante de Liou-Li-Ho, sur la rivière du même nom, entre Liang-Hiang-Shien, évacué mais brûlé par les Allemands, et Tcho-Tchéou, où l'on signalait la présence d'un assez fort détachement de réguliers chinois.

Ce mouvement en avant se fit sans incident; mais, tant en raison de l'insuffisance des moyens de ravitaillement qu'on avait pu réunir que de la présence dans la ville murée de Tcho-Tchéou de cette troupe chinoise, soi-disant chargée par Li-Hung-Chang de la répression du mouvement boxer, et avec laquelle il était préférable de ne pas provoquer un conflit tant que son attitude ne se dessinait pas d'une façon nette, le colonel Comte prescrivit de ne pas dépasser Liou-Li-Ho, et de se borner à prendre toutes les mesures nécessaires pour se renseigner sur la possibilité de pousser ultérieurement une colonne de Pékin jusqu'à Pao-Ting-Fou.

V. — Question de l'occupation des tombes impériales.

Dans la lettre que le général en chef avait reçue de M. Pichon à son arrivée à Tien-Tsin, ce dernier insistait sur l'intérêt que présentait, au point de vue politique, l'occupation des tombes impériales. Le ministre de France estimait que cette prise de possession des

Tombes impériales.

lieux où se trouvaient les sépultures des ancêtres de l'empereur pourrait nous donner une force considérable pour peser sur le gouvernement chinois au cours des négociations qui devaient s'ouvrir à bref délai. Il ne s'agissait pas, selon lui, de toucher à ces sépultures, bien que les Chinois eussent, au cours des événements de juin et juillet 1900, profané et détruit tous les cimetières européens du voisinage de Pékin; mais, une fois maîtres de ces tombeaux, nous pourrions menacer l'empereur de disperser les cendres de ses aïeux, ce qui serait, pour le peuple chinois, le symbole de la chute de la dynastie. Nous posséderions donc, selon les diplomates, un moyen d'inspirer une crainte salutaire au gouvernement chinois et d'abréger les atermoiements auxquels ils s'attendaient de la part de ses plénipotentiaires.

Le général en chef ne pouvait qu'entrer à ce sujet dans les vues du ministre de France; mais les effectifs disponibles ne permettaient pas encore de former une colonne assez forte pour pousser jusqu'aux tombeaux de l'Est (Toung-Ling), situés à 100 kilomètres de Tong-Tchéou, dans une région montagneuse occupée par des bandes assez nombreuses de Boxers et de réguliers chinois. Quant aux tombes de l'Ouest (Si-Ling), elles n'étaient pas très éloignées de Tcho-Tchéou, et leur prise de possession pourrait se lier à celle de la région traversée par le chemin de fer franco-belge. C'est dans ce sens que le général en chef s'empressa de répondre au ministre de France à Pékin.

VI. — Installation de la base d'opérations du corps expéditionnaire à Tien-Tsin. — Réorganisation des troupes venues d'Indo-Chine.

Pendant que s'esquissaient les premières lignes du programme qu'allait avoir à remplir le corps expéditionnaire français et tandis que les premières troupes de la 2ᵉ brigade débarquaient à Tong-Kou, le général en chef procédait progressivement à l'organisation définitive des divers services qui n'avaient reçu encore qu'une organisation rudimentaire, en raison des ressources très restreintes en personnel et en matériel dont avait pu disposer jusqu'alors le général Frey.

Une des questions qui nécessitaient une solution immédiate était celle de la réorganisation des premiers éléments fournis au corps expéditionnaire par les troupes de l'Indo-Chine. La majeure partie des bataillons des 9e et 11e régiments d'infanterie de marine, qui devaient former le 16e régiment, aussi bien que des batteries d'artillerie de marine débarquées en même temps que ces bataillons, était composée d'officiers et d'hommes de troupe ayant accompli un assez long séjour au Tonkin ou en Cochinchine et hors d'état de rendre encore de réels services sous un climat rude comme celui du Pé-Tchéli. Ils avaient pu, au prix de fatigues extrêmes, fournir le gros effort qui avait été demandé à leur patriotisme lors des affaires de Tien-Tsin et de la marche sur Pékin, mais leur état de santé ne permettait plus de les maintenir sans inconvénient dans le nord de la Chine, et il y avait eu parmi eux un chiffre très élevé d'entrées dans les formations sanitaires et même de décès.

D'autre part, sous la pression des événements, le gouvernement général de l'Indo-Chine avait été amené à envoyer dans le Nord, indépendamment du bataillon de Shangaï, 9 compagnies d'infanterie et 2 batteries de plus que ne l'avait prévu le gouvernement dans la fixation des effectifs du corps expéditionnaire.

Le général en chef décida en conséquence que le 16e régiment d'infanterie de marine serait constitué au moyen de 2 bataillons de marche récemment arrivés en Chine après un séjour très court en Indo-Chine (bataillons Rilba et Collinet), du détachement de renfort qu'amenait l'*Adour* et enfin des hommes encore valides dans les treize compagnies venues des 9e et 11e régiments, sous réserve qu'ils n'aient pas terminé leur séjour colonial. Tous les hommes et gradés dont la santé laissait à désirer dans ces dernières unités devaient être rapatriés et le personnel valide non employé dans cette réorganisation du 16ᵉ régiment devait être renvoyé en Indo-Chine (1). Le retour des affrétés qui débarquaient à ce moment des troupes en rade de Takou permettait de faire ces mouvements dans de bonnes conditions.

La consécration de cette réorganisation du 16ᵉ régiment d'infanterie de marine fut la remise solennelle qui lui fut faite le 6 octobre, par le général en chef, du drapeau que le Président de la République avait remis à ce dernier à Marseille pour le nouveau régiment.

Des mesures analogues furent prises pour les batteries d'artillerie de marine, dont le nombre fut ramené à 8 (dont celle de Shanghaï), par le renvoi en Indo-Chine des cadres encore valides des 12ᵉ et 13ᵉ batteries; et, par ordre du général en chef, le colonel commandant l'artillerie profita de cette réorganisation pour renvoyer également tous les auxiliaires annamites qui ne paraissaient guère susceptibles de rendre des services pendant le rigoureux hiver du Pé-Tchéli. Le peloton de chasseurs annamites, que l'arrivée des chasseurs d'Afrique rendait inutile, fut de même renvoyé en Indo-Chine.

D'autre part, dans une première réunion des chefs de service tenue au quartier général de Tien-Tsin le 26 septembre, le général en chef arrêta les bases de l'organisation du service des étapes, du service de santé, des services administratifs, etc., telles qu'elles devaient résulter du premier groupement imposé par les circonstances au corps expéditionnaire.

Il fut admis que, jusqu'à nouvel avis, on laisserait

---

(1) De fait, ce personnel renvoyé en Indo-Chine se réduisit à 18 officiers et 158 hommes de troupe.

4 bataillons à Pékin comme le demandait M. Pichon, mais que le centre de tous les services généraux du corps expéditionnaire serait maintenu à Tien-Tsin où serait organisée la véritable base d'opérations.

Il y avait urgence à abriter avant l'hiver les approvisionnements considérables qui allaient débarquer à bref délai, et à s'assurer des casernements suffisamment confortables pour l'hivernage.

Des ordres furent donnés en conséquence à tous les chefs de service. Tandis que le colonel commandant l'artillerie prenait des mesures pour l'installation des dépôts de munitions de réserve et des ateliers du parc à Tien-Tsin, que le directeur du service de santé étudiait la création des hôpitaux suffisants pour traiter dans cette ville les malades évacués des postes de l'intérieur et que le directeur des étapes et le directeur des services administratifs préparaient l'organisation d'un service de ravitaillement général au moyen des ressources des magasins qu'on allait y constituer, le commandant du génie du corps expéditionnaire se mit à l'œuvre pour préparer l'utilisation de toutes les ressources disponibles comme couverts dans la concession française et y créer les installations nécessaires aux besoins de tous les services.

L'envoi d'une partie de la 2ᵉ brigade dans la région de Yang-Tsoun permettait de réduire notablement les casernements à improviser de suite à Tien-Tsin même, mais il était nécessaire néanmoins de s'étendre un peu en largeur et de ne pas se contenter de l'occupation d'un certain nombre de postes échelonnés sur une simple ligne, d'un développement de 180 kilomètres, de Pékin à la mer.

Cette question, de même que la création d'une ligne de communication pour l'hiver, était de celles qui ne pouvaient être résolues qu'après entente avec le feld-maréchal comte de Waldersee, qui allait débarquer au Tchéli pour y prendre le commandement supérieur des contingents allemand, anglais, autrichien, italien et japonais. Elle fut donc réservée pour être traitée par le général en chef avec le feld-maréchal dès l'arrivée de ce dernier à Tien-Tsin.

V. — Arrivée du feld-maréchal comte de Waldersee. — Première entente établie avec lui au sujet des opérations et des lignes de communications. — Projet d'occupation de Chan-Haï-Kouan comme base maritime pour l'hivernage.

Cette arrivée était annoncée pour le 27 septembre. Il parut convenable au général en chef de s'inspirer en cette circonstance des principes de la courtoisie militaire internationale et de témoigner au feld-maréchal comte de Waldersee la déférence due à sa haute situation dans l'armée de son pays, en faisant participer un détachement de nos troupes à la réception solennelle qui allait lui être faite. En conséquence, une compagnie d'infanterie de marine se joignit aux compagnies d'honneur mises sous les armes à cette occasion par tous les autres contingents alliés (1); mais, en accusant réception au feld-maréchal, dans cette même journée du 27 septembre, de la lettre par laquelle il avait fait connaître sa prise de commandement des troupes alliées, le général en chef eut soin de l'assurer seulement du concours du corps expéditionnaire dont il avait le commandement en chef, pour la défense des intérêts collectifs des puissances et dans la limite des

---

(1) Les forces russes ne furent placées sous les ordres du feld-maréchal qu'au sud de la ligne de Pékin à Tong-Kou.

instructions que lui avait tracées le gouvernement de la République.

Le soir même, il reçut la visite du feld-maréchal qui,

Arrivée du maréchal de Waldersee.

après l'avoir remercié d'être venu le saluer à la gare, lui fit part de son intention de porter sur Pékin une partie des forces placées sous ses ordres et lui demanda si le corps expéditionnaire français pourrait se charger de couvrir son flanc gauche. Cette proposition ne pouvait qu'agréer au général en chef puisqu'elle cadrait avec les instructions du gouvernement, relatives à la protection de la ligne de Han-Kéou à Pékin, et il fut donc convenu que, dans le mouvement d'extension des cantonnements qui s'imposait aux contingents allemands et français par suite du débarquement de renforts importants, les troupes françaises s'étendraient plus particulièrement vers l'Ouest.

Le feld-maréchal annonça en même temps au général en chef qu'il comptait créer une base maritime d'hiver à Chan-Haï-Kouan, que les Russes voulaient occuper, et le général en chef s'empressa de répondre qu'il s'entendrait à ce sujet avec le vice-amiral Pottier, cette organisation d'une ligne de communication avec l'escadre pour la mauvaise saison étant, en effet, de première nécessité.

Le conseil des amiraux s'était d'ailleurs, en même temps, préoccupé de cette question, et dès le 28 septembre, le capitaine de vaisseau Philebert, chef d'état-major de l'escadre française, vint en entretenir le général en chef de la part de l'amiral Pottier et demander qu'un des bataillons qui arrivaient à ce moment en rade fût mis à sa disposition pour participer à la prise de possession de Chan-Haï-Kouan. Le général en chef désigna le bataillon du 1er zouaves, qui fut en conséquence transbordé du *Calédonien* sur la *Nive* pour aller débarquer à Chi-van-Tao, à l'ouest de Chan-Haï-Kouan.

CHAPITRE III

PRÉPARATION DE L'OCCUPATION DE LA PROVINCE DU TCHÉLI.
ENTENTE AVEC LE FELD-MARÉCHAL COMTE DE WALDERSEE
A CE SUJET.

I. — Reconnaissance à l'ouest de Tien-Tsin. — Envoi du lieutenant-colonel Drude à Pa-Tchéou.

Avant de prendre des mesures pour l'extension de notre occupation dans la direction de l'Ouest, il était

Porte de Sou-Kiao.

indispensable de faire reconnaître en détail la région de Pa-Tchéou, Cheng-Fang, Soukiao, que traversaient les voies fluviales et terrestres se dirigeant sur Pao-

Ting-Fou. Cette mission fut confiée au capitaine Aubé, du service des renseignements, auquel le général en chef donna comme escorte quelques chasseurs annamites et un peloton du 3ᵉ bataillon de marche d'infanterie de marine commandé par le lieutenant Porte.

Reçu partout avec la plus grande déférence par les mandarins et par les habitants, le capitaine Aubé put aisément se rendre compte du désir très net, chez la plupart de ces derniers, d'être débarrassés des Boxers qui infestaient le pays et contre lesquels les autorités locales et les réguliers chinois, assez nombreux à Cheng-Fang en particulier, paraissaient totalement impuissants. Dans ces conditions, le général en chef estima qu'il y avait tout intérêt, quelle que fût la décision définitive qui dût être prise au sujet de l'occupation même de Pao-Ting-Fou, à créer de suite à l'ouest de Tien-Tsin une zone de sécurité suffisante pour assurer l'approvisionnement de la nombreuse population indigène déjà rentrée dans la ville et le ravitaillement des troupes elles-mêmes en vivres frais, en même temps que pour être prévenu à temps de tout mouvement suspect de la part des Boxers ou même des réguliers chinois. Il décida donc d'envoyer immédiatement dans la région de Pa-Tchéou et de Pao-Ting-Shien une force susceptible de rayonner à une certaine distance et d'y ramener peu à peu la tranquillité en refoulant vers l'Ouest les bandes de Boxers qui y tenaient la campagne. Cette mission de pacification, qui devait fournir en même temps de précieux éléments en vue de la préparation éventuelle d'une marche sur Pao-Ting-Fou, fut confiée au lieutenant-colonel Drude, du régiment de zouaves de marche, sous le commandement duquel furent placés, à cet effet, le bataillon du 3ᵉ zouaves débarqué le 29 septembre et une section de montagne de la 3ᵉ batterie d'artillerie de marine. L'escadron du 5ᵉ chasseurs d'Afrique, qui était en train de débarquer à Tong-Kou, devait le rejoindre aussitôt qu'il serait en état de marcher.

Le 3 octobre, les 9ᵉ et 10ᵉ compagnies de zouaves, ayant laissé leurs impedimenta à Yang-Tsoun avec quelques malingres, quittaient Tien-Tsin avec le lieutenant-colonel Drude et la section de montagne pour aller cantonner le même jour à Ho-Kia-Pou et le lendemain à Tou-Kou-Tchouang; les 11ᵉ et 12ᵉ compagnies du même bataillon suivaient à vingt-quatre heures de distance, sous les ordres du commandant Louvet, tandis qu'un convoi de jonques, escorté par des fractions prélevées sur ces compagnies, remontait la rivière Ta-Tsin-Ho, dont la navigabilité avait été reconnue par le lieutenant de vaisseau Dyé, officier d'ordonnance du général en chef. Les renseignements recueillis en cours de route par le lieutenant-colonel Drude ayant confirmé ceux du capitaine Aubé sur les dispositions pacifiques des populations, le lieutenant-colonel poussa rapidement avec son premier échelon par Si-Ngan et Tien-Chang-Pou sur Pa-Tchéou où il arriva le 6 au matin et où il fut rejoint le 7 par l'échelon du commandant Louvet; pendant ce temps, le convoi fluvial avait atteint sans incidents le gros bourg de Sou-Kiao, où, sur les instances des habitants qui demandaient protection contre les Boxers, le capitaine Aubé avait laissé provisoirement le peloton d'infanterie de marine du lieutenant Porte.

II. — Situation dans les premiers jours d'octobre.

Cette occupation de Pa-Tchéou et Sou-Kiao, d'une part, de Liou-Li-Ho d'autre part, marquait une première étape dans la réalisation de la tâche qui incombait au corps expéditionnaire français dans l'ouest du Tchéli.

Les reconnaissances faites par la garnison de Yang-Tsoun, en particulier dans la région de An-Tsing et de Toung-Ngan, avaient montré en même temps qu'il ne subsistait pas de ce côté de rassemblements inquiétants; il allait donc devenir possible de profiter des renforts qui venaient de débarquer (1) pour faire un nouveau bond en avant et assurer d'une manière définitive la protection des intérêts français dans le chemin de fer de Pékin à Han-Kéou, en même temps que la délivrance des chrétientés signalées en péril dans la région de Pao-Ting-Fou et l'occupation des tombes impériales de l'Ouest. On venait d'apprendre que Chan-Haï-Kouan avait été occupé sans coup férir par les compagnies de débarquement des escadres alliées et que les Russes y étaient arrivés presque en même temps par voie de terre. Après avoir pris possession de toute la région Tong-Kou, Lou-Tai, Tan-Chan, Chan-Haï-Kouan, il n'y avait donc plus d'inquiétudes à avoir sur les communications avec la flotte pendant l'hivernage et il était urgent au contraire de profiter, pour agir dans d'autres directions, de la fin de la bonne saison, afin que les troupes pussent être installées avant les grands froids sur les points dont l'occupation serait reconnue nécessaire. Mais pour ces opérations de plus grande urgence, des considérations de politique internationale devaient obliger le général commandant en chef à accepter le concours des contingents des autres puissances.

---

(1) Dans les premiers jours d'octobre, le régiment d'infanterie de marche en entier, les bataillons du 3ᵉ et du 4ᵉ zouaves, un escadron de chasseurs d'Afrique et une compagnie du génie étaient débarqués à Tong-Kou.

III. — Occupation de la mission catholique de Hien-Shien.

Il parut tout d'abord qu'il y eût nécessité de ne pas différer plus longtemps l'envoi d'une colonne au secours de l'établissement des Jésuites de Hien-Shien, dans le sud du Tché-Li. De nouvelles démonstrations hostiles des Boxers venaient de se produire de ce côté et, malgré les ordres de Li-Hung-Chang, l'attitude des mandarins de cette partie de la province ne paraissait pas se dessiner nettement dans le sens du rétablissement de l'ordre. Le consul général de France, M. du Chaylard, insistait sur la situation critique de cette importante mission et de la chrétienté de Ka-Ta, située sur la route de Tien-Tsin à Hien-Shien. D'autre part, le père du Cray, procureur de la mission des Jésuites à Tien-Tsin, dans la visite qu'il avait faite au général en chef le 3 octobre, ne lui avait pas dissimulé que les Allemands, qui venaient de former une colonne pour remonter le canal impérial (1) dans la direction du Chang-Toung, lui avaient offert d'aller dégager la chrétienté de Hien-Shien et qu'il se verrait obligé d'accepter cette proposition si cette mission ne pouvait être secourue par des troupes françaises.

Le général en chef estima qu'on ne pouvait laisser une puissance étrangère se substituer ainsi à la France dans son rôle traditionnel de protectrice des missions. Il prescrivit en conséquence d'organiser une colonne de secours, dont il confia le commandement au lieutenant-colonel Arlabosse, récemment classé au 16ᵉ régiment d'infanterie de marine.

La colonne fut formée des 2ᵉ et 3ᵉ bataillons du 16ᵉ

---

(1) Le feld-maréchal de Waldersee avait avisé le général en chef de la formation de cette colonne.

régiment et d'une section de la 3ᵉ batterie de montagne d'artillerie de marine. Un convoi fluvial, sous les ordres de l'aspirant Roquebert, devait remonter le Tsou-Ya-Ho pour assurer les ravitaillements.

La marche de ce détachement, qui quitta Tien-Tsin le 8 octobre à l'effectif de 37 officiers et 848 hommes de troupe, fut un peu retardée les deux premiers jours par des pluies torrentielles qui défoncèrent les chemins (1), mais elle s'exécuta ensuite dans de très bonnes conditions jusqu'à Hien-Shien. Le lieutenant-colonel y arriva le 17 octobre sans avoir rencontré de résistance, et après avoir dégagé le 14 la mission de Ka-Ta, où, pendant plus de trois mois, 1.800 chrétiens, hommes, femmes et enfants, chassés des villages environnants, étaient restés étroitement bloqués et harcelés sans cesse par de nombreuses bandes de Boxers.

Sur le passage de la colonne, seule la population de quelques villages particulièrement compromis dans le mouvement boxer s'était enfuie à l'approche de nos troupes; partout ailleurs les habitants s'étaient montrés assez accueillants; ils mirent même bientôt un assez grand empressement à apporter des vivres frais et tout ce qui pouvait être nécessaire aux soldats, quand ils virent que tout était régulièrement payé.

La destruction de quelques villages dont les indigènes avaient pris une part particulièrement active aux massacres des chrétiens ou aux attaques contre Tien-Tsin, en même temps que la parfaite tenue des troupes partout où elles avaient été accueillies en amies, et l'apposition, sur les murs de toutes les localités traver-

---

(1) La colonne anglaise du général Lorne Campbell, qui traversa la même région quelques jours plus tard, dans sa marche sur Pao-Ting-Fou par Ouang-Tia-Ko et Ouen-Ngan, y éprouva également de très grandes difficultés par suite du terrain défoncé par les pluies.

sées, d'une proclamation du général en chef annonçant que les Français ne faisaient pas la guerre aux habitants paisibles et se bornaient à punir les fauteurs de désordres, produisirent dans toute la région un mouvement de détente presque immédiat. Les mandarins de Hien-Shien et de plusieurs autres centres secondaires, puis le préfet de Ho-Kien, vinrent se présenter au lieutenant-colonel Arlabosse et prendre ses instructions pour achever eux-mêmes la pacification en faisant indemniser à l'amiable tous ceux qui avaient souffert des troubles. Même quand, peu de jours après, une des colonnes anglaises qui prenaient part aux opérations sur Pao-Ting-Fou s'approcha de Djen-Kiou, les autorités chinoises vinrent demander à Hien-Shien la protection des Français (1).

Le lieutenant-colonel Arlabosse, en présence de la détente bien nette qui se manifestait ainsi dans la situation, estima qu'il n'était pas indispensable de prolonger son séjour dans la région de Hien-Shien et reprit le 27 octobre la route de Tien-Tsin, laissant provisoirement dans l'immense enceinte de la mission un poste de deux compagnies (10ᵉ et 11ᵉ du 16ᵉ de marine), avec la section de montagne qu'il avait amenée. Ce poste, placé sous les ordres du commandant Collinet, du 16ᵉ, avait pour mission principale de constituer une sorte de grand'garde vers le sud du Tché-Li aux corps expéditionnaires qui occupaient la région de Tien-Tsin, et devait en même temps, par sa seule présence, contribuer d'une manière efficace à maintenir les populations

---

(1) Un missionnaire, porteur d'une lettre du lieutenant-colonel Arlabosse, constatant la soumission des habitants, accepta la délicate mission d'aller au-devant des troupes étrangères pour leur demander de ne pas traiter cette région en pays conquis. Le même fait se produisit deux mois après, quand un détachement allemand, poursuivant des réguliers chinois battus près de Tcho-Tchéou par nos troupes, s'approcha de Ho-Kien.

et les autorités chinoises dans les bonnes dispositions dont elles avaient fait étalage à l'arrivée du lieutenant-colonel Arlabosse. Nos soldats, parfaitement installés dans de vastes bâtiments dépendant de la mission, abondamment pourvus d'approvisionnements de toute nature par les convois fluviaux qui furent aussitôt organisés avant les gelées, étaient du reste dans les meilleures conditions pour hiverner à Hien-Shien et en même temps pour y défier tout retour offensif des Boxers ou des réguliers chinois.

Aucun incident ne se produisit du reste de ce côté pendant toute la période d'hiver, et les autorités indigènes, aussi bien que les populations, ne cessèrent de prodiguer au commandant Collinet aussi bien qu'au général en chef les démonstrations de leur reconnaissance pour la mission pacifique accomplie par nos troupes dans cette région.

IV. — Entente avec le feld-maréchal comte de Waldersee pour la préparation de la marche sur Pao-Ting-Fou.

Pendant que s'organisait la colonne destinée à débloquer Hien-Shien, et que le général en chef faisait préparer le renforcement du détachement du lieutenant-colonel Drude pour lui permettre de faire un nouveau bond en avant vers l'ouest du Tchéli, la question de l'occupation éventuelle de Pao-Ting-Fou était entrée dans une phase nouvelle par suite de l'intervention du feld-maréchal de Waldersee.

Celui-ci avait envoyé, le 6 octobre, son chef d'état-major, le général de Schwartzhoff, entretenir le général en chef des conditions dans lesquelles s'était faite l'occupation de Chan-Haï-Kouan. Parlant de la course au clocher dont cette prise de possession avait été l'objet et qui avait d'ailleurs amené une terrible méprise entre nos zouaves et un détachement russe, le général de Schwartzhoff avait émis l'opinion que des courses de ce genre ne convenaient pas à des troupes disposant de moyens d'action aussi puissants que ceux dont les troupes internationales étaient pourvues et qu'une entente préalable paraissait s'imposer dans les opérations de cette nature. Pour l'occupation de Pao-Ting-Fou en particulier, que l'entrée du détachement du lieutenant-colonel Drude à Pa-Tchéou faisait entrevoir, le feld-maréchal tenait à appeler l'attention du général en chef sur ce fait que d'après des renseignements venus de Shanghaï, cette occupation paraissait causer de vives inquiétudes au gouvernement chinois, et pourrait même déterminer la cour à se retirer plus avant dans l'intérieur de la Chine, ce qui compromettrait le succès des négociations en cours. On disait, d'autre part, que des ordres auraient été donnés par l'impératrice aux mandarins de Pao-Ting-Fou pour se défendre jusqu'à la mort et, sans ajouter plus d'importance qu'il ne convenait à ces renseignements, le feld-maréchal croyait devoir signaler les inconvénients que pourrait présenter la marche des troupes françaises sur Pao-Ting-Fou, au point de vue de l'intérêt collectif des puissances.

Le général en chef répondit au général de Schwartzhoff qu'il tenait le plus grand compte des considérations que le feld-maréchal faisait valoir, mais que des intérêts français très importants étaient engagés dans cette région, par suite de la concession faite à la Compagnie franco-belge du chemin de fer de Pékin à Han-Kéou, et que l'occupation de Pao-Ting-Fou par les troupes françaises paraissait un moyen de les réserver.

Par égard toutefois pour les intérêts collectifs des

puissances, il se déclara disposé à maintenir provisoirement dans la région de Pa-Tchéou les détachements qu'il y avait poussés et à procéder à un examen plus approfondi des nécessités de la situation dans la région de Pao-Ting-Fou, s'il pouvait être assuré que les troupes françaises ne seraient pas devancées par d'autres dans cette ville.

Le général de Schwartzhoff répondit que, le feld-maréchal étant le généralissime accepté par les Anglais, les Autrichiens, les Italiens, les Japonais et les Russes, aucun mouvement des troupes autres que des troupes françaises vers l'ouest du Tché-Li n'aurait lieu sans que le commandement du corps expéditionnaire français en fût averti au moins deux ou trois jours à l'avance. Dans ces conditions, le général en chef fit connaître au général de Schwartzhoff qu'il ne donnerait pas l'ordre de procéder, le cas échéant, à l'occupation de Pao-Ting-Fou, avant d'en avoir informé le feld-maréchal, mais il s'empressa d'écrire au ministre de France à Pékin pour lui exposer les conditions dans lesquelles il se trouvait ainsi amené à ajourner l'ordre d'occupation de Pao-Ting-Fou et pour lui demander si, en raison de l'importance des intérêts français en cause, il y aurait lieu de passer outre aux susceptibilités éveillées par cette question chez les étrangers et de procéder néanmoins à cette occupation.

En attendant qu'une décision fût prise à ce sujet, l'ordre fut envoyé au lieutenant-colonel Drude de procéder seulement à une reconnaissance méthodique et complète du pays qui s'étend entre Pa-Tchéou et le chemin de fer.

Le capitaine Aubé, qui venait de rentrer de sa reconnaissance dans la région de Pa-Tchéou-Sou-Kiao, fut chargé de lui porter à ce sujet les instructions du général en chef et de guider en même temps l'escadron du 6ᵉ chasseurs d'Afrique, qui, ayant terminé son débarquement et laissé reposer ses chevaux pendant trois jours à Tien-Tsin, partait le 8 pour rejoindre le lieutenant-colonel Drude suivant les ordres antérieurement donnés à ce sujet. Un bataillon du régiment de marche d'infanterie était tenu d'autre part prêt, pour aller appuyer au besoin ce détachement de Pa-Tchéou.

Mais, dès le 7 octobre, le chef d'état-major du feld-maréchal de Waldersee revint entretenir le général en chef de cette question de Pao-Ting-Fou, sur laquelle un revirement complet s'était produit au grand quartier général allemand. On y estimait, d'après de nouveaux renseignements, que les bruits de Shanghaï étaient exagérés et qu'au contraire, l'occupation de Pao-Ting-Fou pouvait faire une heureuse impression sur les Chinois au point de vue de l'avancement des négociations. Le feld-maréchal proposait donc de procéder à cette occupation au moyen de deux colonnes, partant l'une de Tien-Tsin et l'autre de Pékin, et formées toutes deux de troupes de toutes les puissances. Il offrait de donner le commandement de la colonne de Tien-Tsin à un général français, celle de Pékin devant être commandée par le lieutenant-général sir Gaselee, commandant le corps britannique, à qui appartiendrait, en raison de son grade, le commandement de toutes les troupes, une fois la jonction faite devant Pao-Ting-Fou, à moins que le général Voyron ne prît lui-même le commandement de la première colonne.

Le général en chef, laissant de côté tout d'abord cette question personnelle sur laquelle il préférait réfléchir, ne pouvait qu'adhérer aux propositions du feld-maréchal dans leur ensemble, en réservant bien entendu les droits particuliers que la France pouvait avoir à revendiquer pour la garde et la remise en état de la ligne de Pékin au Yang-Tsé. Aucune objection n'ayant été faite sur ce dernier point, il s'empressa donc de répondre au général de Schwartzhoff qu'il était disposé à faire entrer dans la composition de la colonne de Tien-Tsin 2 ou 3 bataillons d'infanterie, 1 batterie, 1 escadron et 1 détachement du génie, et, dans la composition de la colonne partant de Pékin, deux bataillons d'infanterie de marine.

En ce qui concernait la question du commandement

Général Bailloud en colonne.

des colonnes, le général en chef crut devoir décliner pour lui-même la proposition du feld-maréchal, quelque flatteuse qu'elle parût, et il fit connaître, le soir même, qu'il avait désigné le général Bailloud pour diriger la colonne partant de Tien-Tsin, et que cet officier général prendrait, pour cette marche de Tien-Tsin sur Pao-Ting-Fou, les instructions du commandant en chef des troupes étrangères, les troupes françaises devant reprendre leur liberté d'action pour la protection des intérêts spéciaux qui leur étaient confiés dans la région de Pao-Ting-Fou, aussitôt que l'occupation de cette place serait un fait accompli.

Le colonel Lalubin, du 17ᵉ régiment d'infanterie de marine, devait commander le détachement français entrant dans la composition de la colonne de sir Gaselee.

L'entente étant définitivement établie sur ces bases, le feld-maréchal de Waldersee fit paraître un ordre d'armée, en date du 8 octobre, fixant au 12 du même mois la date de mise en route des deux colonnes et prescrivant aux officiers généraux appelés à les commander de chercher à entrer en relations entre eux le plus tôt possible et au plus tard lorsqu'ils atteindraient le front An-Tchéou (colonne A de Tien-Tsin), An-Sou (colonne B de Pékin) (1), de manière que la marche finale sur Pao-Ting-Fou pût avoir lieu simultanément suivant un plan d'ensemble qu'aurait à régler sir Gaselee.

Les troupes françaises désignées par le général en chef pour faire partie de la colonne A (colonne Bailloud) étaient :

1° Le détachement du lieutenant-colonel Drude avec l'escadron du 5ᵉ chasseurs d'Afrique ;

2° Le bataillon du 40ᵉ d'infanterie ; les 1ʳᵉ et 2ᵉ compagnies du 16ᵉ régiment d'infanterie de marine, commandées par le capitaine adjudant-major Valton (1 pe-

---

(1) Ngan-Tchéou, Ngan-Sou de la carte au 1/1.000.000 de l'état-major français.
Les indications du feld-maréchal étaient données d'après la carte Waerber.

loton de la 2ᵉ compagnie était affecté à l'escorte du convoi fluvial) ; deux sections de la 7ᵉ batterie de campagne de l'artillerie de marine (4 pièces de 80 de campagne et 4 caissons) ; 1 section de la compagnie du génie 19/1 (partie le 11 pour améliorer les voies de communications en avant de la colonne jusqu'à Cheng-Fang) ;

3° Les 6ᵉ et 8ᵉ compagnies du régiment de marche d'infanterie (bataillon du 58ᵉ), destinées à former les garnisons de la ligne d'étapes de Tien-Tsin à Pao-Ting-Fou et à y relever les détachements qui auraient pu y être laissés par le lieutenant-colonel Drude.

Les 5ᵉ et 7ᵉ compagnies du même régiment venaient s'installer à Tien-Tsin pour y remplacer les vides faits dans la garnison de la place par le départ des colonnes de Hien-Shien et de Pao-Ting-Fou, et le colonel Souhart était appelé à y expédier les affaires de la 2ᵉ brigade en l'absence du général Bailloud.

Le convoi fluvial spécial aux troupes françaises de la colonne A était placé sous les ordres du capitaine d'artillerie de marine Terrial, et devait porter trente jours de vivres. Cette question de ravitaillement se présentait d'une manière particulièrement délicate et le général Bailloud allait être obligé de se maintenir presque constamment à portée de la voie d'eau reconnue par le lieutenant de vaisseau Dyé, en raison des moyens de transport très restreints dont il pouvait disposer sur la voie de terre, les arabas et les voitures Lefebvre destinés au corps expéditionnaire français n'étant pas encore débarqués.

Il prit soin d'ailleurs, dans l'organisation de la marche de la colonne A, de réserver aux troupes françaises l'itinéraire le plus voisin du Ta-Tsin-Ho sur lequel nous avions déjà un poste à Sou-Kiao, et laissa comme zone de marche aux troupes anglaises, qui étaient le plus richement dotées en moyens de transport, tout le pays situé au sud de ce cours d'eau.

En définissant, dans son ordre de mouvement n° 1, qui figure aux annexes du présent rapport, les lignes de marche des différentes fractions de la colonne A (Allemands et Italiens à droite, Français au centre, Anglais à gauche), le général Bailloud prescrivit que le mouvement se ferait en trois bonds, le premier devant amener les troupes sur le front Pa-Tchéou, Sou-Kiao, Ouen-Ngan, et le second sur le front Young-Tcheng, Ngan-Tchéou, correspondant à celui qu'avait indiqué le feld-maréchal comme limite à partir de laquelle les dispositions relatives à l'attaque de la ville de Pao-Ting-Fou devaient être réglées par sir A. Gaselee.

C'est à ce dernier qu'incombait le soin d'organiser la colonne B, qui devait partir de Pékin. Conformément aux instructions reçues du général en chef, le colonel Comte décida que le détachement français entrant dans la composition de cette colonne comprendrait, à partir de Liou-Li-Ho : 6 compagnies du 17e régiment d'infanterie de marine ; la batterie de montagne à 4 pièces qui était déjà sous les ordres du lieutenant-colonel Rondony et un détachement de 12 hommes d'artillerie de marine faisant le service du génie. Il fut convenu avec sir Gaselee que le colonel Lalubin, avec ce détachement et un convoi de vivres portés sur des voitures du pays et par des coolies, entrerait dans la colonne à son passage à Liou-Li-Ho; quatre autres compagnies du 17e devaient être échelonnées de Pékin à Liou-Li-Ho comme troupes d'étapes et troupes de garde de la voie ferrée.

Il était essentiel d'autre part de se préoccuper de la remise en état de cette voie ferrée de Pékin à Pao-Ting-Fou, tant pour simplifier le ravitaillement des troupes dans les régions qu'elle traverse que pour ne pas laisser à d'autres le temps et l'occasion de faire quelques travaux qui eussent pu servir ensuite de prétexte à des revendications contraires aux intérêts français.

Il fut donc admis que la demi-compagnie de sapeurs de chemin de fer, qui était sur le point de débarquer à Tong-Kou, serait affectée aux travaux de réfection de cette ligne, et qu'en attendant qu'elle pût être envoyée de ce côté, les ingénieurs de la compagnie franco-belge commenceraient à faire exécuter quelques réparations de détail sous la protection de détachements français, partout où cela paraîtrait possible.

M. Bouillard, ingénieur en chef de la compagnie, qui était à Pékin où il avait pris part à la défense des légations, fut autorisé, à cet effet, à accompagner le colonel Lalubin tandis qu'un de ses adjoints, M. de Rotrou (1), accompagnerait le général Bailloud.

V. — Voyage du général à Pékin.

Toutes les mesures étant ainsi prises pour l'organisation de cette marche sur Pao-Ting-Fou, et d'autre part pour l'installation à Tien-Tsin des services généraux du corps expéditionnaire, le général en chef put songer à se rendre à Pékin où il avait hâte de se mettre en relations personnelles avec M. Pichon pour arriver avec lui à l'entente complète indispensable à la bonne marche des affaires, et où il avait à régler, d'autre part, sur place, les diverses questions auxquelles le maintien d'une garnison importante dans la capitale chinoise obligeait à donner d'urgence une solution au moins provisoire.

---

(1) M. de Rotrou était déjà en route pour Pa-Tchéou, avec le capitaine Aubé et les chasseurs d'Afrique.

Le général en chef tenait d'ailleurs à ne pas retarder davantage la remise solennelle, aux 17ᵉ et 18ᵉ régiments d'infanterie de marine, des drapeaux qui lui avaient été confiés à Marseille par le Président de la République (1).

Il se mit donc en route le 12 octobre, inspectant au passage les postes de la route d'étapes, et arriva le 15 à Pékin.

Il s'y installa provisoirement au Vieux Pé-Tang, dans un des pavillons que l'impératrice régente avait fait construire pour elle quelques années auparavant, à côté de l'ancienne cathédrale catholique, dont elle avait obtenu la désaffectation en 1887.

Un de ses premiers soins fut de faire remettre en état les bâtiments de l'ancienne mission et les autres pavillons impériaux disponibles à côté de cette ancienne cathédrale pour y créer un hôpital militaire français confortable et suffisamment vaste pour faire face à toutes les éventualités.

Après avoir conféré avec M. Pichon et reconnu avec lui que l'ouverture des négociations à Pékin et l'augmentation de l'effectif des troupes étrangères (allemandes en particulier) qui y étaient stationnées permettaient moins que jamais de songer à une évacuation, même partielle, de la capitale par les troupes françaises, le général en chef donna également des instructions pour l'organisation de casernements bien chauffés pour toutes les troupes qui allaient rester à Pékin et qui avaient jusqu'alors été cantonnées dans des pagodes et des palais répondant beaucoup plus aux conditions d'aération requises pendant l'été qu'aux exigences d'un hiver rigoureux.

Enfin, il prit toutes mesures nécessaires pour activer

---

(1) Cette cérémonie eut lieu à Pékin le 16 octobre.

le ravitaillement de ces troupes tant en vivres et munitions qu'en effets chauds et autres objets indispensables pour l'hivernage.

Ces ravitaillements se faisaient par convois de jonques naviguant avec de faibles escortes de Tien-Tsin à Tong-Tchéou, où un Decauville fut posé par le service du génie entre le Cha-Ho, affluent du Péi-Ho, et le canal reliant Tong-Tchéou à la capitale, afin de faciliter le transbordement entre ces deux cours d'eau.

La navigation sur le canal était protégée par des postes français établis aux écluses, mais il était à prévoir qu'elle serait interrompue par les glaces avant la fin de novembre; il y avait donc urgence à pousser tous les approvisionnements sur Pékin par cette voie d'un rendement infiniment supérieur à celui des convois de chameaux ou des voitures dont on serait réduit à se contenter si le chemin de fer n'était pas rétabli avant les gelées.

Le feld-maréchal de Waldersee était, sur ces entrefaites, arrivé à Pékin avec le grand quartier général des troupes étrangères et annonçait son intention d'y passer l'hiver.

D'autre part, M. Pichon était assez souffrant des suites des fatigues éprouvées pendant le siège des légations.

Au moment où les négociations entre les représentants des puissances et les plénipotentiaires chinois allaient s'ouvrir, il pouvait surgir des incidents pour la solution desquels une entente journalière pouvait être nécessaire entre le ministre de France et le commandant du corps expéditionnaire français aussi bien qu'entre ce dernier et le commandant des troupes étrangères.

Le général en chef prit donc la détermination de passer lui-même une partie de l'hiver à Pékin, à portée de

général Voyron et une partie de l'état-major général du corps expéditionnaire français à Pékin.

M. Pichon et du feld-maréchal de Waldersee; mais, ce séjour dans la capitale ne devant avoir qu'un caractère essentiellement provisoire, il ne jugea pas nécessaire de déplacer l'état-major et les chefs de service du corps expéditionnaire, qu'il eût d'ailleurs été très difficile d'installer à Pékin. Le rétablissement de la voie ferrée, auquel travaillaient activement les troupes de chemin de fer allemandes, anglaises et japonaises, devait du reste atténuer au bout de peu de temps les inconvénients de cette séparation (1).

Afin de régler au mieux de tous les intérêts en présence la marche du service pendant la période où il allait se trouver ainsi éloigné d'une partie de ses collaborateurs immédiats et de s'assurer en même temps par lui-même de la manière dont s'achevaient les débarquements du corps expéditionnaire, le général en chef redescendit passer quelques jours à Tien-Tsin (du 22 au 27 octobre), puis il remonta à Pékin par la voie du Péi-Ho dans les derniers jours d'octobre.

---

(1) Le premier train venant de Tien-Tsin arriva à Pékin le 14 décembre. Une gare provisoire fut installée par les Anglais dans la ville chinoise devant le temple du Ciel, en attendant qu'on put amener la ligne jusqu'au pied des murs de la ville tartare, à l'est de la porte de Tsien-Mein, des deux côtés de laquelle la gare de Tien-Tsin et la gare de Pao-Ting-Fou doivent, dans l'avenir, se faire pendant.

CHAPITRE IV

OPÉRATIONS DU CORPS EXPÉDITIONNAIRE FRANÇAIS DANS L'OUEST
DU TCHELI PENDANT LES DERNIERS MOIS DE 1900.

I. — Occupation de **Pao-Ting-Fou** par le lieutenant-colonel Drude.

Tandis que le général en chef se rendait pour la première fois à Pékin, après avoir donné les ordres nécessaires pour la participation du corps expéditionnaire français à une marche convergente des troupes alliées sur Pao-Ting-Fou, les colonnes internationales formées à cet effet à Tien-Tsin et à Pékin s'étaient mises en route dans les conditions prévues ; mais, à peine avaient-elles fait quelques étapes qu'on apprenait à Tien-Tsin, par un télégramme parvenu par les lignes chinoises au consul général de France à Shanghaï et transmis par lui au quartier général français, que la ville de Pao-Ting-Fou et la voie ferrée avaient été occupées sans coup férir dès le 13 octobre par le lieutenant-colonel Drude.

Voici ce qui s'était passé. Dans sa marche de Tien-Tsin sur Pa-Tchéou, le lieutenant-colonel Drude avait acquis la conviction que, seuls, les quelques groupes de Boxers qui tenaient la campagne à l'ouest de Sou-Kiao troublaient encore la tranquillité du pays et que l'immense majorité des populations et, à leur tête, tous les mandarins, obéissant évidemment à un mot d'ordre donné par Li-Hung-Chang, feraient leur soumission immédiate à toute troupe européenne qui arriverait dans le pays en protectrice de l'ordre. Sachant, d'autre part, quel intérêt le gouvernement attachait à la prise de possession de la ligne de Pékin-Han-Kéou et craignant, d'après les bruits qu'avait fait naître l'entrée d'une troupe allemande à Liang-Hiang-Shien, qu'une colonne étrangère ne fût en marche de Pékin sur Pao-Ting-Fou, le lieutenant-colonel avait estimé à juste titre qu'il fallait faire immédiatement un nouveau bond vers l'ouest pour disperser les bandes de Boxers qui lui étaient signalées dans cette direction et pour être à même ensuite de se porter le plus rapidement possible sur Pao-Ting-Fou, si aucun incident ne venait infirmer les renseignements recueillis sur les chances de succès de cette opération.

Dans cet ordre d'idées et d'après les indications données par les autorités indigènes, il choisit pour premier objectif les groupes de Boxers qui tenaient les rives du Ta-Tsin-Ho, à l'ouest de Pao-Ting-Shien, et pouvaient gêner la marche de son convoi de jonques; il comptait aller disperser ensuite les rassemblements de la région de Hioung-Shien, d'où il serait sans doute facile de gagner Pao-Ting-Fou. Comme il ne croyait pas nécessaire de laisser un poste à Pa-Tchéou, qui n'avait pas l'importance qu'on lui avait attribuée tout d'abord, il reporta en conséquence sa base d'opérations à Sou-Kiao, qui avait l'avantage d'être sur la route fluviale et où nous avions déjà un poste provisoire (1). Mais, pendant qu'il s'y rendait, dans la matinée du 9

---

(1) Deux incidents très regrettables s'étaient produits dans cette localité de Sou-Kiao les jours précédents; le 6 octobre, un canot à vapeur allemand, qui exécutait une reconnaissance sur le Ta-Tsin-Ho, avait envoyé un certain nombre de projectiles sur les miliciens chinois qui gardaient une porte de la ville sous la protection du drapeau français, et en avait tué et blessé plusieurs. Le feu n'avait cessé que sur l'intervention des soldats d'infanterie de marine accourus au bruit de la canonnade, et l'aspirant qui commandait le canot s'était excusé de sa méprise. Mais le même canot, repassant au même point le lendemain, avait de nouveau

octobre, par des chemins complètement défoncés par les pluies, il rencontra un courrier envoyé à sa rencontre par le lieutenant Porte pour le prévenir que des troupes chinoises, opérant en exécution d'ordres exprès de Li-Hung-Chang, venaient de battre et de disperser les rebelles près de Sia-Tsoun, à l'ouest de Pao-Ting-Shien.

La situation se dessinait ainsi plus nettement et il était évident qu'il y avait grand intérêt à gagner le plus rapidement possible du terrain vers l'ouest, pour achever la désorganisation de ces bandes et soutenir au besoin le zèle des réguliers dans ce rôle de pacificateurs qu'ils avaient si longtemps délaissé. Le lieutenant-colonel ne s'arrêta donc pas à Sou-Kiao et, laissant au lieutenant Porte l'ordre de continuer à l'occuper pour protéger sa ligne de communications, il se porta le jour même avec toute sa colonne et sa flottille sur Pao-Ting-Hsien; le lendemain, 10 octobre, une marche de 35 kilomètres à travers un pays tout fraîchement dévasté par les Chinois, l'amena sans incident à Tchao-Péi-Kou (les Douze-Ponts), au sud de Hioung-Shien, dont les mandarins accoururent au-devant de lui; ceux-ci lui confirmèrent les renseignements donnés quelques heures auparavant par des groupes de réguliers rencontrés sur le théâtre des combats des jours précédents au sujet de la dispersion, par les troupes chinoises, des groupes de Boxers qu'on avait signalés dans les environs de leur sous-préfecture.

La route de Pao-Ting-Fou était donc libre, et le lieutenant-colonel Drude ne pouvait plus hésiter. Il résolut aussitôt de se porter sur cette ville par les voies les plus

---

ouvert le feu sur les habitants, croyant que les Français étaient partis. Ces incidents avaient motivé l'ordre n° 2 de la colonne A.

Un fait du même genre se produisit encore le 14 au même point, et obligea le général Bailloud à faire de nouvelles observations dans son ordre n° 3.

rapides, de manière à profiter sans retard des bonnes dispositions que l'arrivée des troupes françaises dans le pays semblait avoir fait naître partout dans l'esprit des autorités chinoises.

Il confia au capitaine du génie Tissier, de l'état-major du corps expéditionnaire, qui était détaché auprès de lui depuis son départ de Tien-Tsin, la mission délicate d'aller se mettre en relations avec les mandarins de Pao-Ting-Fou pour leur annoncer que les Français allaient arriver avec l'intention de traiter avec bienveillance les populations paisibles, attendu qu'ils ne faisaient la guerre qu'aux fauteurs de désordre, mais qu'ils ruineraient la ville si elle fermait ses portes ou s'ils étaient attaqués pendant leur marche. Le capitaine Tissier reçut l'ordre de se mettre immédiatement en route par voie d'eau avec le convoi fluvial commandé par le lieutenant de vaisseau Dyé, et dont l'escorte fut renforcée des éclopés de la colonne ; il devait, s'il était attaqué, s'arrêter en rivière et chercher à tenir jusqu'à l'arrivée de la colonne qui allait le suivre aussi rapidement que possible par la route de terre la plus directe. Le Père lazariste Legris accompagnait, en qualité d'interprète, les officiers chargés de cette mission, qui s'annonçait comme devant être pacifique.

Le 11 octobre, le convoi passait à Si-Ngan-Shien, y laissait un dépôt de vivres pour la colonne qui devait y faire étape le soir et reprenait aussitôt sa marche vers l'Ouest.

Le 12, le capitaine Tissier, parvenu à une quinzaine de kilomètres de Pao-Ting-Fou, rencontrait toutes les autorités de la ville envoyées à sa rencontre par le fantai, qui avoua plus tard avoir reçu des ordres impératifs de Li-Hung-Chang pour bien recevoir les troupes françaises et s'efforcer seulement d'éviter leur entrée dans la ville. Après avoir écouté les protestations de soumission de tous ces fonctionnaires, dont l'un, le tao-tai-sun, spécialement chargé de la garde du chemin de fer, leur exhibait un télégramme de M. Jadot, directeur de la Compagnie franco-belge, à Shanghaï, demandant à toute

Préfet de Pao-Ting-Fou.

troupe internationale arrivant dans le pays de protéger le tronçon encore intact de la voie ferrée, le capitaine Tissier et le lieutenant de vaisseau Dyé reprirent leur route jusqu'au port fluvial de Chia-Tsao, à 4 kilomètres en aval de la ville, et y installèrent leur convoi dans les meilleures conditions de sécurité possibles pour éviter toute surprise; puis, au milieu d'un grand concours de population qui manifestait surtout de la curiosité, ils se firent conduire par les mandarins à la gare et y hissèrent le soir même le drapeau français.

Pendant ce temps, le lieutenant-colonel Drude arrivait sans incident à Ta-Sun-Tcho-Ang, après avoir fait étape le 11 à Si-Ngan-Shien, comme il était prévu. Le 13, avant le jour, laissant son convoi en arrière sous la garde d'une section par compagnie, il reprenait sa marche vers la ville et à quelques kilomètres de celle-ci, il était enfin rejoint par l'escadron du 5ᵉ chasseurs d'Afrique, qui avait quitté Tien-Tsin le 8 octobre dans la soirée avec le capitaine Aubé et M. de Rotrou et qui, ayant appris son mouvement en avant en passant à Pa-Tchéou, suivait depuis ce moment ses traces à marches forcées (1).

Etant donnés les pourparlers déja engagés pour l'occupation de Pao-Ting-Fou, il ne pouvait être question d'attendre les colonnes internationales, comme le prescrivaient les instructions qu'apportait le capitaine Aubé et qui ne cadraient plus avec la situation. Le lieutenant-colonel Drude continua donc sa marche jusqu'aux portes de la ville, déploya sa colonne en position d'attente en face des murs et se porta en avant avec une escorte pour recevoir la soumission des autorités locales qui venaient au-devant de lui, conduites par le capitaine Tissier. Son premier acte fut de faire hisser le drapeau français sur les quatre portes de la ville; mais il crut préférable de ne pas y faire cantonner ses troupes, de manière à mieux conserver tout son monde dans la main et à éviter toute panique dans la population, dont une fraction était déjà partie à l'annonce de l'arrivée des Européens et qu'il était essentiel de ne pas faire fuir davantage si l'on voulait continuer à trouver des ressources dans le pays. Il se borna donc à placer des postes aux portes et à faire occuper la gare par une compagnie; le reste de la colonne fut installé dans les camps chinois situés à l'est de la ville, dans laquelle fut affichée aussitôt la proclamation

---

(1) L'escadron avait rencontré le 11, à l'est de Pa-Tchéou, une colonne d'environ 1.500 réguliers bien armés allant, par ordre de Li-Hung-Chang, poursuivre les Boxers de la région de Ouen-Ngan, au sud du Ta-Tsin-Ho, puis avait trouvé aux environs des Douze-Ponts plusieurs autres groupes de réguliers avec des jonques de guerre en train de châtier, avec un zèle peut-être un peu trop de commande, les villages que les mandarins disaient particulièrement compromis dans le mouvement insurrectionnel.

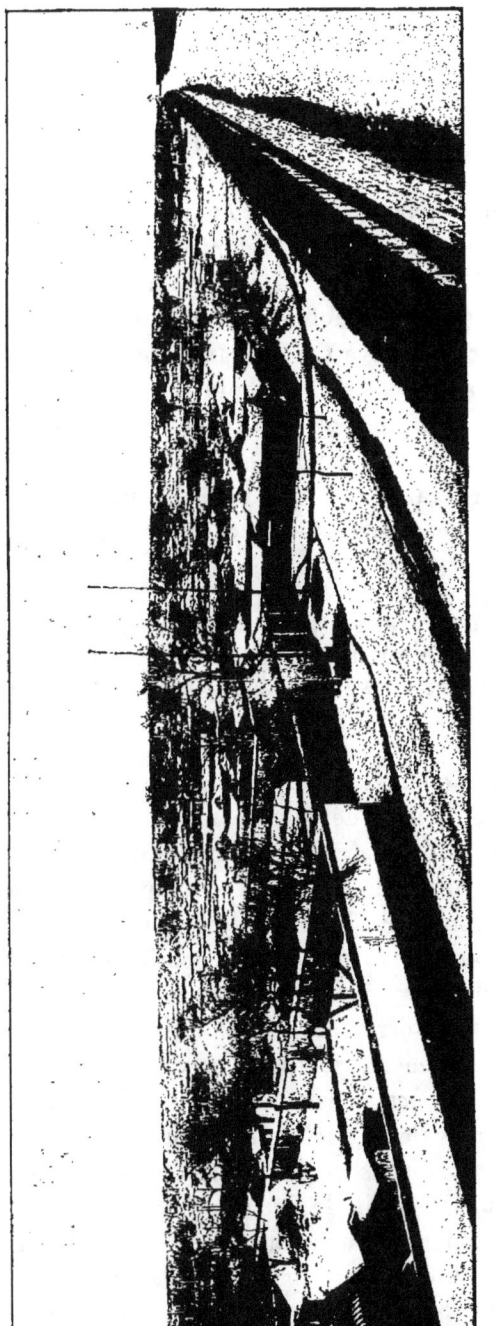

Vue de Pao-Ting-Fou.

du général en chef aux populations chinoises et qui se pavoisa instantanément aux couleurs françaises.

Cette prise de possession de la deuxième capitale du Pé-Tchéli par la petite colonne du lieutenant-colonel Drude eut un très grand retentissement dans tout le nord de la Chine, et il est du devoir du général commandant en chef de rendre hommage à l'initiative et à la décision avec lesquelles avait été organisée et exécutée cette marche audacieuse, dont la rapidité avait décontenancé les Chinois et découragé toute velléité de résistance. Zouaves, artilleurs de marine et chasseurs d'Afrique avaient du reste rivalisé de vigueur et d'entrain pour permettre d'obtenir en si peu de jours ce brillant résultat.

II. — Délivrance des missionnaires et ingénieurs français et étrangers de la région de Pao-Ting-Fou par les troupes françaises. — Occupation de Tcheng-ting-Fou.

Le lieutenant-colonel Drude s'occupa aussitôt de compléter son œuvre de pacification dans la région. Conformément aux instructions du général en chef, il fit d'abord prendre possession des approvisionnements de guerre considérables accumulés par les Chinois à Pao-Ting-Fou et des tronçons du chemin de fer, qui était encore à peu près intact dans le voisinage de la ville, et dont M. de Rotrou commença aussitôt à organiser la réfection; en même temps, il envoya dans toutes les directions où des missionnaires ou des ingénieurs européens pouvaient encore se trouver en péril des détachements chargés de les recueillir et de les ramener à Pao-Ting-Fou s'ils le désiraient.

A Pao-Ting-Fou même, il fit rendre à la liberté la famille d'un pasteur anglais qui y était enfermée et gardée à vue par les soldats du fan-tai, après avoir été, depuis trois mois, l'objet de mauvais traitements sans nombre de la part des Boxers et des autorités chinoises.

Au nord de la ville, un détachement du 3e zouaves alla, dès le 14, planter le drapeau français à l'extrémité de la partie du chemin de fer encore exploitée (à 13 kilomètres de Pao-Ting-Fou), puis poussa le lendemain jusqu'à Ngan-Sou-Shien pour dégager la mission catholique voisine (Ngan-Kia-Tchoang), où la plupart des chrétiens encore vivants dans cette partie de la province étaient réfugiés avec deux Pères lazaristes, un Français et un Italien.

Le 17 octobre, tandis que le lieutenant-colonel Drude, informé de l'arrivée imminente d'une colonne venant de Pékin, se rendait de sa personne à Ngan-Sou pour mettre le général étranger qui la commandait au courant de la situation à Pao-Ting-Fou, un train, organisé avec le matériel encore en bon état à la gare de Pao-Ting-Fou, conduisait à Ting-Tchéou, point terminus sud de la voie ferrée, la 12e compagnie de zouaves et un peloton de chasseurs d'Afrique; ces détachements étaient chargés d'aller à Tcheng-Ting-Fou délivrer les missionnaires et ingénieurs qui y étaient bloqués. Le capitaine Grandconseil, précédant les zouaves avec ses cavaliers, rencontra d'abord, le 18 dans la matinée, à Sin-Lo, deux pasteurs anglais avec une femme et un enfant, que les mandarins chinois, inquiets de l'approche des troupes européennes, faisaient reconduire à Pao-Ting-Fou, sous l'escorte d'un détachement de réguliers. Quelques chasseurs d'Afrique furent aussitôt chargés de protéger jusqu'à Ting-Tchéou ces malheureux missionnaires, qui étaient dans un dénuement absolu.

Continuant sa route, le capitaine Grandconseil parvint le même jour à Tcheng-Ting-Fou, où ses chasseurs furent chaleureusement accueillis par Mgr Bruguière et par tout le personnel européen et indigène bloqué avec lui depuis trois mois et qui se composait de près de 1.200 personnes : 13 missionnaires lazaristes, 7 sœurs, 600 orphelins et 500 chrétiens indigènes et 5 ingénieurs ou employés du chemin de fer (1 Français, 1 Belge et 3 Italiens) (1). La 12ᵉ compagnie de zouaves fut répartie, les jours suivants, entre Sin-Lo et Tcheng-Ting-Fou pour protéger la mission et surveiller les autorités indigènes dont la soumission ne pouvait être que très sujette à caution, et le personnel de la ligne franco-belge fut ramené à Pao-Ting-Fou, par le peloton de chasseurs d'Afrique.

La situation générale dans toute cette région de l'Ouest, au moment où les colonnes internationales devaient arriver devant Pao-Ting-Fou, était donc excellente au point de vue français.

Pour en aviser le plus tôt possible le général Bailloud, dont le capitaine Aubé lui avait annoncé l'arrivée, le lieutenant-colonel Drude envoya à sa rencontre, d'une part, le convoi fluvial du lieutenant de vaisseau Dyé et, d'autre part, sur la route de terre, les trois pelotons du 5ᵉ chasseurs d'Afrique qui restaient disponibles. Ceux-ci, après avoir cherché en vain la colonne, le 18, dans la direction de Si-Ngan-Shien, purent la rejoindre, le 19 au matin à Tong-Tchang, au moment où le général Bailloud présidait lui-même au passage de la rivière, après avoir été, la veille, se concerter à Ngan-Sou, avec sir A. Gaselee.

---

(1) Dans le village de Tou-Lou, voisin de Tcheng-Ting-Fou, un groupe de chrétiens indigènes avait victorieusement repoussé pendant tout l'été les attaques des réguliers chinois. L'apparition de nos troupes dans le pays fit cesser toute démonstration hostile contre eux.

III. — Marche de la colonne du général Bailloud de Tien-Tsin sur Pao-Ting-Fou.

La colonne internationale A, placée sous les ordres du général Bailloud, avait effectué sa marche sans incidents notables et à peu près dans les conditions prévues par le général en chef.

Les principaux éléments de la colonne française avaient bivouaqué, le 11 au soir, près de la sortie nord-ouest de Tien-Tsin.

Le 12, la première étape des détachements français et allemand s'était faite dans des conditions assez laborieuses : l'insuffisance de dressage des chevaux de trait australiens du convoi allemand et de quelques mulets du convoi français, la difficulté de faire marcher régulièrement et à une même vitesse les éléments disparates dont on avait dû composer ce dernier (mulets, coolies, brouettes et voitures du pays), le chargement excessif de certains véhicules, etc., avaient retardé considérablement, surtout dans la traversée des lieux habités, l'écoulement de ces convois, obligés, pour cette première journée, à suivre le même itinéraire. Les Allemands avaient cantonné à San-Toun-To, les diverses fractions de la colonne française aux environs d'Ouang-Tching-To.

Le 13, bien que les lignes de marche des différents groupes de la colonne A fussent plus distinctes et que l'organisation de détail des convois eût pu être plus minutieusement assurée (1), les éléments combattants de la colonne française, seuls, purent atteindre Cheng-Fang, où le convoi, gêné par les convois allemands, re-

---

(1) Les Allemands, en particulier, avaient réquisitionné dans le pays un nombre considérable de voitures et d'animaux, qu'ils amenèrent jusqu'à Pao-Ting-Fou.

joignit le lendemain matin. Le général Bailloud constitua, dans cette importante agglomération de population de Cheng-Fang, autour de laquelle le mouvement boxer avait été très actif et où il paraissait indispensable de désarmer un groupe de réguliers chinois et de miliciens locaux dont les dispositions paraissaient assez douteuses, un premier gîte d'étapes dont il confia le commandement au capitaine adjudant-major Pasquier, du bataillon du 58°. La 6° compagnie du régiment de marche d'infanterie fut provisoirement laissée tout entière à sa disposition, afin de lui permettre d'asseoir dans de bonnes conditions son autorité dans le pays. Une partie de cette compagnie devait ensuite aller relever à Sou-Kiao le détachement d'infanterie de marine du lieutenant Porte, afin que celui-ci pût rejoindre sa compagnie à Tien-Tsin, le général commandant en chef ayant décidé que la ligne d'étapes à créer de Tien-Tsin à Pao-Ting-Fou serait occupée par des compagnies du 58°.

Le 14 octobre, pendant que, sur les plaintes des habitants, le capitaine d'infanterie de marine Helleringer allait avec un peloton surprendre et disperser à Si-Kéou une bande de Boxers dont le chef rançonnait les jonques sur la Ta-Tsin-Ho, la colonne française venait directement bivouaquer sur les bords de cette rivière en face de Sou-Kiao et y prenait le contact avec le convoi fluvial du capitaine Terrial. Le général Bailloud visitait le poste établi à Sou-Kiao par le capitaine Aubé et se décidait à y maintenir une garnison pour assurer la sécurité de la navigation de Ta-Tsin-Ho. Il y installait donc, à la place du lieutenant Porte, le chef de bataillon Lemoine, du 58°, dont les compagnies allaient se trouver échelonnées sur la ligne d'étapes, et lui laissait des instructions pour organiser la surveillance du pays tout en désarmant, autant que possible, les milices locales, dont la présence avait, la veille encore, donné lieu à une méprise, cette fois de la part de marins italiens, qui avaient cependant passé une nuit dans la ville à côté du poste français.

Le général von Kettler avait atteint Pa-Tchéou dans cette même journée du 14, sans autres incidents que ceux résultant des difficultés de marche de son convoi, et son approche avait déterminé le général chinois Fan, qui avait occupé la localité avec environ 3.000 réguliers après le départ du lieutenant-colonel Drude, à se retirer vers l'Ouest, après avoir envoyé au commandant des troupes allemandes l'assurance de ses excellentes intentions et l'avoir informé, en même temps, de l'entrée du lieutenant-colonel Drude à Pao-Ting-Fou.

La présence de ces réguliers n'empêchait pas, du reste, des actes de fanatisme de la part des Boxers, puisque le lieutenant de Murard, envoyé avec ses chasseurs annamites en reconnaissance dans cette région pour prendre le contact avec la colonne allemande, avait essuyé, à bout portant, un coup de fusil d'un Boxer qu'il avait blessé d'un coup de revolver et qui avait été ensuite fait prisonnier par les Allemands. D'autres groupes étaient signalés de divers côtés dans la région à traverser, ce qui expliquait qu'aucun courrier du lieutenant-colonel Drude ne fût encore parvenu à la colonne A (1).

Après avoir réglé dans ses grandes lignes, par son ordre n° 3, la marche des troupes de cette colonne pour les journées du 15 et du 16 (2), le général Bailloud prit ses dispositions pour renforcer l'escorte de son convoi

---

(1) Le général Bailloud avait reçu seulement un courrier du lieutenant-colonel Arlabosse annonçant qu'il était parvenu le 12 à Péi-Yang-Tio, et continuait sa marche sur Hien-Shien sans incident.

(2) Cet ordre n'a pu être exécuté par les Anglais, qui étaient en retard de 24 heures sur l'itinéraire prévu.

fluvial dans ce pays troublé, et en dirigea un échelon sous les ordres du lieutenant Brugère, officier d'ordonnance du général commandant en chef, provisoirement détaché à la colonne, vers Hioung, où il comptait arriver le 16. Il se rendit ensuite de sa personne à Pa-Tchéou pour conférer avec le général von Kettler et compléter de vive voix ses instructions, notamment en ce qui concernait la liaison à faire rechercher vers le nord-ouest avec la colonne venant de Pékin, tandis que le contingent français, laissant au nord de sa ligne de marche cette localité de Pa-Tchéou, où il ne parut pas nécessaire de laisser un poste, gagnait San-Yuan, que les réguliers chinois évacuèrent après un pillage en règle quand l'approche des Français leur fut signalée.

Ce n'est qu'à San-Yuan que les officiers de l'état-major du général Lorne-Campbell, convoqués pour le matin à Pa-Tchéou, purent rejoindre le général Bailloud et lui donner des nouvelles de la colonne anglaise, qui n'avait trouvé devant elle ni Boxers, ni réguliers, mais dont la marche avait été très laborieuse. Ils annoncèrent que cette colonne ne pourrait atteindre que le 16 Ouen-Ngan (à hauteur de Sou-Kiao); mais, l'incertitude où l'on se trouvait encore sur la véritable situation à Pao-Ting-Fou ne permettant pas de ralentir la marche des troupes allemandes et françaises pour permettre aux Anglais de rattraper ce retard, rien ne fut modifié aux ordres généraux déjà donnés pour la suite des opérations, et le général Bailloud dut se borner à inviter le général Campbell à chercher, par tous les moyens, à activer sa marche vers le but commun.

La colonne française se porta donc, le 16, sur Hioung-Shien; les chasseurs annamites qui, d'ailleurs, malgré leur bonne volonté, ne pouvaient suppléer que très imparfaitement à l'absence d'une véritable cavalerie, l'avaient quittée le matin pour rentrer à Tien-Tsin, conformément aux ordres du général en chef sur le rapatriement général des Annamites.

En arrivant à Hioung-Shien, évacué à son approche par les réguliers chinois, le général Bailloud rencontra un demi-escadron de lanciers du Bengale escortant des officiers anglais, allemands et italiens envoyés par sir A. Gaselee pour prendre contact avec la colonne A. Il avait reçu, pendant l'étape, un courrier du lieutenant-colonel Drude rendant compte des conditions dans lesquelles il avait pu occuper Pao-Ting-Fou; la liaison entre les divers détachements des troupes alliées opérant dans l'ouest du Tché-Li était donc assurée. Le général Bailloud s'empressa d'envoyer au commandant de la colonne B une copie des ordres qu'il avait donnés pour la marche de la colonne A et de l'informer qu'il irait, de sa personne, le retrouver à Ngan-Sou, le 18, pour prendre ses instructions en vue de l'entrée des troupes alliées à Pao-Ting-Fou. D'autre part, le 17 au matin, il fit partir par les voies les plus rapides, pour Pao-Ting-Fou, le capitaine du génie Noguette et le capitaine des chasseurs d'Afrique Clouzet, pour mettre le lieutenant-colonel Drude au courant de la situation et lui porter quelques recommandations au sujet des mesures à prendre pour que la sauvegarde des intérêts français fût bien assurée conformément aux vues du général en chef. Une section du bataillon du 40ᵉ fut laissée comme garnison à Hioung-Shien, et la colonne française reprit sa marche sans attendre le convoi du lieutenant Brugère, que la baisse du Péi-Kou-Ho avait obligé à rebrousser chemin et qui dut rallier le grand convoi sur la voie fluviale normale. Elle cantonna le 17 au soir à Ou-Sang-Tsoun, après avoir traversé un pays complètement abandonné par ses habitants, qui, plus ou moins compromis sans doute dans le mouvement boxer, semblaient redouter aussi bien les troupes alliées que les réguliers chinois;

le 18, elle continua sans incidents jusqu'à Tong-Tchang, où elle cantonna pendant que le général Bailloud se rendait à Ngan-Sou au quartier général de sir A. Gaselee et que la colonne du général von Kettler atteignait Young-Tcheng.

IV. — Marche de la colonne du général Gaselee de Pékin sur Pao-Ting-Fou.

La colonne B n'avait rencontré aucun obstacle sérieux. Le lieutenant-général sir A. Gaselee avait quitté Pékin le 11 octobre, avec un jour d'avance par conséquent sur les prévisions du feld-maréchal comte de Waldersee; il avait rejoint le 13, à Liou-Li-Ho, le colonel Lalubin, qui y avait opéré la concentration du contingent français désigné par le général commandant en chef pour faire partie de cette colonne internationale. Ce contingent comprenait les 2e, 3e, 5e, 9e, 10e et 11e compagnies du 17e régiment d'infanterie de marine et la 1re batterie de montagne; il disposait d'un convoi de voitures chinoises, de coolies et de chameaux (1), portant sept jours de vivres et un complément de munitions d'infanterie et d'artillerie. La garde des postes de Lou-Kou-Kiao, Tchang-Sin-Tien, Liang-Hiang-Shien et Liou-Li-Ho et la protection de la voie ferrée restaient confiées aux 6e, 7e, 8e et 12e compagnies du 17e, sous les ordres du lieutenant-colonel Rondony; une infirmerie et un magasin de vivres étaient installés à Liou-Li-Ho, et toutes les mesures avaient été prises pour que ce magasin fût alimenté largement tant par les achats que le

---

(1) Les chameaux viennent en assez grand nombre de la Mongolie après la saison des pluies et sont très employés pour les transports dans le nord du Tchéli pendant la saison où la navigation est arrêtée. Ils disparaissent au printemps, pour aller passer l'été dans le climat plus sec des hauts plateaux.

lieutenant-colonel Rondony avait déjà trouvé le moyen de faire dans la région que par les apports d'une série de convois de chameaux faisant des navettes avec Pékin.

Convoi de la colonne Lalubin.

A son arrivée à Lou-Li-Ho et avant d'y être rejoint par les troupes étrangères, le colonel Lalubin avait été mis au courant de la situation politique du pays par le commandant Fonssagrives, qui y était arrivé trois jours auparavant avec les 7e, 10e et 11e compagnies du 17e. Le commandant était déjà en pourparlers avec les autorités civiles de la grande préfecture de Tcho-Tchéou, dont la population ne demandait qu'à se placer sous la protection des troupes françaises. Les mandarins assurant que les réguliers chinois, dont on savait la présence dans la ville, étaient prêts à l'évacuer dès qu'on leur signalerait l'approche de nos troupes, le colonel Lalubin estima qu'il avait tout intérêt à réserver, autant que possible, à son détachement les ressources que pouvait présenter ce grand centre et à accentuer, en même temps, le rôle de protection de nos troupes dans un pays où la question du chemin de fer franco-belge nous obligeait à chercher à nous créer une situation prépondérante ; il prescrivit donc au commandant Fonssagrives de partir immédiatement pour Tcho-Tchéou avec la 11ᵉ compagnie du 17ᵉ et de mettre les autorités indigènes en demeure de lui remettre la ville et de lui fournir de plus un complément de moyens de transport pour le lendemain; il demeurait bien entendu que le commandant Fonssagrives devait s'abstenir d'entrer en contact avec les réguliers chinois et qu'il devait tout d'abord exiger leur départ avant de s'installer dans la ville.

Partis le 13 à midi de Liou-Li-Ho, le commandant Fonssagrives et le capitaine Morel arrivaient à 4 heures du soir à Tcho-Tchéou et y pénétraient aussitôt, malgré les hésitations et les réticences des mandarins. Leur ferme attitude décidait ces derniers à faire partir les réguliers comme il était convenu, et bientôt une colonne de 1.500 hommes bien équipés et bien armés sortait de la ville par la porte Est, tandis qu'un autre petit groupe partait par la porte Sud. La compagnie Morel se retrancha alors pour la nuit dans les deux pagodes voisines de la porte Nord, qui fut occupée par un poste, et un exprès fut dépêché au colonel Lalubin pour lui rendre compte de la prise de possession de cette grande ville par une poignée de soldats français (les compagnies du 17ᵉ ne comptaient qu'une centaine d'hommes dans le rang pendant cette colonne). Sir Gaselee était arrivé sur ces entrefaites à Liou-Li-Ho, amenant avec lui :

1° Un détachement anglais comprenant deux escadrons de cavalerie et six compagnies d'infanterie hindoue, une batterie et un détachement de pionniers.

2° Un détachement italien commandé par le colonel Garioni (150 marins et trois compagnies d'infanterie);

3° Le détachement allemand du colonel von Normann (deux bataillons d'infanterie, une batterie et un petit groupe de cavaliers).

Il réunit aussitôt les chefs des différents contingents pour leur communiquer les instructions générales du feld-maréchal et leur donner ses ordres de détail pour la marche en avant qui devait commencer le lendemain en une seule colonne.

Lanciers du Bengale.

Chacun des contingents devait prendre la tête, à tour de rôle, derrière les lanciers du Bengale, chargés du service de sûreté et de l'exploration, et le convoi devait être escorté par une fraction du contingent que son tour appellerait à marcher le dernier.

Le détachement français forma l'avant-garde pour l'étape du 14 octobre qui se fit sans aucun incident; on dépassa Tcho-Tchéou, dont la population et les autorités vinrent saluer le général Gaselee au passage; la 11ᵉ compagnie du 17ᵉ reprit sa place dans la colonne, et on alla cantonner à Sin-Tien, où fut constitué un premier gîte international d'étapes.

Les réguliers chinois qui avaient évacué Tcho-Tchéou la veille s'étaient retirés dans la direction du sud, et ils se tinrent prudemment en dehors de la route de marche de la colonne. Seuls, quelques traînards et quelques cavaliers furent arrêtés par la cavalerie anglaise et relâchés après avoir été désarmés.

Le 15 octobre, pendant l'étape de Sin-Tien à Ting-Hsing-Shien, on apprit par un émissaire envoyé par les agents chinois du chemin de fer restés à Pao-Ting-Fou que des troupes françaises étaient arrivées en vue de cette ville; le 16, cette nouvelle fut confirmée, à l'arrivée à Kou-Tcheng, par une lettre du Père Dumont, missionnaire lazariste, datée de Ngan-Sou, qui signalait, de plus, qu'une reconnaissance du 3ᵉ zouaves avait poussé jusqu'à cette dernière localité. Tandis que des officiers étrangers étaient envoyés par sir Gaselee à la recherche de la colonne du général Bailloud, sous l'escorte d'un demi-escadron de lanciers hindous, le commandant Fonssagrives et le lieutenant Durand, accompagnés de quelques canonniers montés, furent chargés de devancer la colonne à Ngan-Sou et d'essayer ainsi de prendre le contact avec les troupes venues de Pao-Ting-Fou. Ils arrivèrent le jour même à Ngan-Sou, après avoir rencontré quelques traînards chinois et après avoir appris qu'une troupe de 1.500 réguliers, venant de l'Est, avait traversé le matin même la route de marche de la colonne au nord de Ngan-Sou, pour se retirer dans les montagnes de l'Ouest. Mais les zouaves étaient repartis pour Pao-Ting-Fou, emmenant le Père Dumont, et le commandant Fonssagrives ne trouva plus qu'un lazariste italien, logé chez le mandarin de la ville sous la protection de quelques soldats chinois. Le petit détachement français passa la nuit au même Yamen et, pour témoigner de ses bonnes dispositions, le mandarin s'empressa de faire rassembler des approvisionnements en vivres pour ravitailler les troupes le lendemain à leur arrivée.

La colonne B arriva le 17 à Ngan-Sou, où le lieutenant-colonel Drude vint dans la journée trouver sir Gaselee pour le mettre au courant de la situation de la région, et où l'on fit séjour le lendemain 18, l'ordre du feld-maréchal de Waldersee ayant fixé au 19 seulement l'arrivée simultanée des colonnes A et B à Pao-Ting-Fou.

Au cours de la visite faite dans cette journée du 18 par le général Bailloud à sir Gaselee, celui-ci décida, en raison du retard de la colonne von Kettler et de la colonne Campbell, que les troupes internationales n'entreraient pas à Pao-Ting-Fou le 19, mais que la colonne B et les troupes françaises de la colonne A iraient simplement bivouaquer sous les murs de la ville, en attendant qu'elles fussent rejointes par les autres groupes. Le général Bailloud régla en conséquence la marche de la colonne A pour la journée du 19 et rejoignit son camp en passant par les cantonnements allemands de Young-Tcheng, de manière à donner ainsi lui-même ses instructions au général von Kettler.

V. — Entrée des troupes alliées à Pao-Ting-Fou.

Conformément aux dispositions ainsi arrêtées par sir Gaselee, la colonne B vint cantonner le 19 au matin dans les villages situés dans le voisinage de la porte Nord de la ville de Pao-Ting-Fou, dont les postes du 3ᵉ zouaves interdisaient l'entrée aux militaires de toutes les nations pour éviter tout désordre. Un gîte d'étapes provisoire avait été créé à Ngan-Sou, et le colonel Lalubin y avait laissé provisoirement à cet effet un peloton de la 5ᵉ compagnie du 17ᵉ régiment d'infanterie de marine avec des instructions spéciales pour surveiller la voie ferrée. Du côté de la colonne A, le contingent français qui avait été rejoint le matin, au passage de la rivière de Tong-Tchang, par les chasseurs d'Afrique, vint bivouaquer à l'est de la ville, près des camps chinois occupés par les troupes du lieutenant-colonel Drude. Le détachement du général von Kettler s'installa peu après dans un groupe de villages situés plus à l'est; quant au général Campbell, un courrier arrivé à 1 heure du soir au général Bailloud annonça qu'il renonçait à continuer sa route par terre, en raison du mauvais état des routes et qu'il arriverait probablement par eau le 20, ayant pu embarquer sur jonques la plus grande partie de ses troupes.

A 2 heures du soir, le général Gaselee vint au camp français rendre sa visite de la veille au général Bailloud, qui lui présenta la famille du missionnaire anglais Green, délivrée par le lieutenant-colonel Drude et soignée au cantonnement des zouaves, et eut en même temps la satisfaction de lui annoncer la délivrance par les troupes françaises des missionnaires et ingénieurs de Tcheng-Ting-Fou. Une conférence de tous les généraux et colonels eut lieu ensuite au quartier général de sir Gaselee pour régler les conditions dans lesquelles se ferait l'entrée officielle des alliés dans Pao-Ting-Fou. Le général Bailloud expliqua comment le lieutenant-colonel Drude s'était trouvé à occuper la ville avant d'avoir pu être avisé de la marche des colonnes internationales, et il s'empressa d'ajouter que les Français étaient tout disposés cependant, à titre de courtoisie, à remettre à chaque puissance une des portes de cette ville dont ils avaient été les premiers occupants et à laisser hisser sur chacune des portes les drapeaux des quatre contingents représentés dans les colonnes A et B (Allemagne, Angleterre, France et Italie). Il fut convenu que cette remise des portes serait effectuée le lendemain matin, 20 octobre, que les généraux feraient ensuite, ensemble et précédés chacun de leur drapeau national, leur entrée solennelle dans la ville, dont l'accès resterait consigné aux officiers et à la troupe jusqu'à ce qu'il eût été procédé à une répartition des cantonnements. Le général Bailloud fit connaître, de plus, conformément aux instructions du général commandant en chef, que les Français se réserveraient la garde du chemin de fer et des établissements de la Compagnie Franco-Belge, dont les ingénieurs avaient déjà commencé à réparer la voie sous la protection de nos troupes.

L'entrée dans Pao-Ting-Fou s'accomplit comme il avait été prévu et, après avoir parcouru les principales rues, le général anglais, réunissant les chefs des divers contingents, arrêta définitivement la division de la ville en quatre secteurs et fit connaître que, pour laisser au général Lorne-Campbell le temps de rallier, l'occupation de ces secteurs n'aurait lieu que le 22; sir Gaselee annonça, en outre, qu'il se réservait les fonctions de commandant d'armes pendant le temps qu'il demeurerait à Pao-Ting-Fou.

A une nouvelle conférence qui eut lieu le 21 à son quartier général, il fut décidé :

1° Qu'une commission internationale d'enquête serait constituée pour rechercher les causes du mouvement boxer, les auteurs des massacres des missionnaires et des chrétiens, etc., et pour soumettre à la sanction du feld-maréchal de Waldersee des mesures de rigueur contre les coupables ; le général Bailloud fut nommé président de cette commission, dont firent partie un représentant militaire de chacune des quatre puissances et à laquelle fut adjoint M. Jamesson, membre de la légion britannique, qui avait accompagné sir Gaselee depuis son départ de Pékin ;

2° Que les colonnes A et B seraient disloquées, et que les contingents de chaque puissance ne formeraient plus chacun qu'un seul groupe ; le détachement du colonel Lalubin passa ainsi sous les ordres du général Bailloud, qui, de son côté, rendit leur indépendance aux généraux von Kettler et Lorne-Campbell (ce dernier venait enfin d'arriver à Pao-Ting-Fou).

Sir Gaselee voulut, en même temps, assigner aux divers contingents des zones de réquisition et d'opérations autour de la ville ; mais le général Bailloud fit toutes ses réserves à ce sujet, attendu que les troupes françaises n'avaient été mises sous les ordres du feld-maréchal que pour une opération bien déterminée, l'occupation de Pao-Ting-Fou, et que, ce but étant atteint, elles reprenaient toute leur liberté d'action, conformément aux instructions de leur général commandant en chef ; elles avaient déjà des postes dans diverses directions à assez grande distance de Pao-Ting-Fou, et elles devaient continuer à occuper ces divers postes, à rayonner autour d'eux et à protéger, partout où besoin serait, les intérêts qui leur étaient spécialement confiés, sans se considérer comme limitées par des tracés de secteurs au sujet desquels aucune entente n'avait été établie entre le feld-maréchal et le général Voyron. Le général Bailloud s'empressa d'ailleurs d'ajouter que, si les Alliés avaient besoin du concours des Français, celui-ci ne leur serait pas refusé.

Les jours suivants furent consacrés à l'installation des divers contingents dans leurs quartiers respectifs (1), au déchargement des convois et à l'organisation de la ligne fluviale Tien-Tsin - Pao-Ting-Fou, gardée par les deux compagnies du 58e (2), enfin aux premières séances de la commission d'enquête présidée par M. le général Bailloud. Cette commission acquit, dès sa première réunion, la conviction que les vrais coupables étaient les principaux mandarins de la province et décida leur arrestation immédiate. Dès le 22 octobre, le fan-tai, second du vice-roi du Pé-Tchéli et parent de l'empereur, son adjoint le nié-tai, et un général tartare étaient arrêtés, et la commission délibérait sur les mesures de rigueur à proposer au feld-maréchal comte de Waldersee à l'égard de chacun d'eux.

En même temps, le général Bailloud organisait le ravitaillement des troupes qui allaient rester dans la région et cherchait à se renseigner aussi complètement que possible sur la véritable situation politique du pays et sur ses ressources en tout genre. D'après ses instructions, le lieutenant-colonel Drude procédait, du 21 au 26 octobre, de concert avec M. Bouillard, ingénieur en

---

(1) Le bataillon du 40e et l'infanterie de marine furent installés en ville dans le secteur français. Les zouaves occupèrent la gare et l'Ecole européenne, l'artillerie les pagodes voisines de la porte Ouest et les chasseurs d'Afrique restèrent au camp de la cavalerie chinoise, près du canal, dont les écluses furent gardées par une section du 40e.

(2) Une ligne d'étapes par voie de terre sur laquelle circulèrent pendant tout l'hiver les convois du train des équipages militaires fut, de plus, organisée dans le courant de novembre par le lieutenant-colonel Drude, du service des étapes.

chef de l'exploitation de la Compagnie Franco-Belge, à la reconnaissance des diverses mines de charbon situées dans les montagnes à l'ouest de la ville, de manière à prendre des mesures pour assurer à la fois le chauffage des troupes et la marche des locomotives de la Compagnie pendant la saison froide.

D'autre part, pour permettre de pousser le plus activement possible, en les commençant sur un grand nombre de points à la fois, les travaux de réfection de cette voie ferrée qui devait jouer un grand rôle dans le ravitaillement des troupes, le général Bailloud, sur la demande des ingénieurs chargés de ces travaux, fit occuper par des détachements français toutes les gares et ouvrages d'art importants entre Pao-Ting-Fou et Kao-Péi-Tien et demanda au commandant de la 1re brigade de ratifier les instructions qu'il donnait au colonel Lalubin, pour continuer à assurer avec des fractions du 17e de marine la garde des gares de Kao-Péi-Tien à Pékin. Le général Gaselee ayant même donné l'ordre à une compagnie allemande d'aller relever le détachement du 17e que le colonel Lalubin avait laissé à Ngan-Sou, un petit groupe de chasseurs d'Afrique dut être envoyé en toute hâte dans cette localité, le 23 octobre au matin, pour y tenir la gare et les établissements de la Compagnie Franco-Belge jusqu'à l'arrivée d'une section du bataillon du 40e, désignée pour remplacer, dans cette garnison, l'infanterie de marine qui allait partir pour Tcho-Tchéou avec son chef de corps. Ce fut d'ailleurs la dernière tentative des étrangers pour mettre la main sur cette ligne de chemin de fer, dont le gouvernement de la République avait tout spécialement confié la garde au corps expéditionnaire français; quand, peu de temps après, à la suite d'une reconnaissance faite sur l'ordre du général en chef par le lieutenant-colonel Legrand, commandant le génie du corps expéditionnaire, et par ses adjoints, des dispositions d'ensemble furent prises pour la remise en état complète de cette voie ferrée, la demi-compagnie de sapeurs de chemin de fer du capitaine Guyot put, très utilement, coopérer à cet important travail avec le personnel de la Compagnie, comme le général commandant en chef l'avait fait connaître, dès l'origine, au feld-maréchal comte de Waldersee, et sans qu'aucune difficulté fût soulevée à ce sujet. Le premier train de Pékin, ou plutôt de Feng-Taï à Pao-Ting-Fou, put circuler le 3 février 1901 (1).

Les sapeurs du chemin de fer eurent ensuite l'honneur de mener à bonne fin avec une rapidité très remarquable la construction d'une ligne de 16 kilom. 400 (2), dont les études avaient été faites par les capitaines Calmel et Belhague avec une brigade volante du génie et qui, partant du pont de Lou-Kou-Kiao et pénétrant dans Pékin par une brèche faite dans les murailles de la ville chinoise pour longer ensuite les murs sud de la ville tartare, vint aboutir à une gare nouvelle, construite à côté de la porte Tsien-Men. Ce tronçon de voie, qui amenait la ligne de Han-Kéou - Pao-Ting-Fou au cœur même de la capitale et rendait la Compagnie Franco-Belge complètement indépendante de la Compagnie Anglo-Chinoise, de Pékin à Tien-Tsin et à la mer, fut solennellement inauguré, le 16 mars 1901, par le général commandant en chef avec les ministres de France et de Belgique.

---

(1) Le général en chef et le ministre de France se rendirent ensemble à Pao-Ting-Fou le 10 février 1901, par la ligne ainsi rendue à la circulation, et dont l'exploitation resta assurée par la Compagnie avec son personnel habituel.

Du côté du sud, la voie fut rapidement remise en état jusqu'à Ting-Tchéou, mais les travaux de prolongement vers Tcheng-Ting-Fou ne furent repris d'une manière sérieuse qu'après l'achèvement de la ligne de Pao-Ting-Fou à la porte de Tsien-Men.

(2) Ce travail avait été demandé par la Compagnie Franco-Belge, après entente avec le ministre de France.

VI. — Prise de possession des tombes impériales de l'Ouest. — Occupation par les troupes françaises de la région de Tcho-Tchéou.

Dès la réception à Pékin du télégramme annonçant l'arrivée sans combat du lieutenant-colonel Drude à Pao-Ting-Fou, le général commandant en chef avait fait connaître au ministre de France qu'il devenait possible, à son avis, de procéder sans retard à l'occupation des tombes impériales de l'Ouest, et il avait prescrit au colonel Comte, chargé de l'expédition des affaires de la 1re brigade, de donner tous les ordres nécessaires pour que cette occupation pût être faite par le détachement du colonel Lalubin, renforcé par deux des compagnies alors affectées à la garde de la voie ferrée de Tcho-Tchéou à Pékin et appuyé, en cas de besoin, par une partie des troupes du général Bailloud.

L'entrée des Français à Pao-Ting-Fou rendant inutile le maintien d'un détachement de nos troupes au milieu des contingents internationaux de la colonne B, le colonel Lalubin devait reprendre sa liberté d'action vis-à-vis du général commandant cette colonne, dès la réception de l'ordre que lui envoyait le colonel Comte et revenir avec tout son monde à Tcho-Tchéou, où le lieutenant-colonel Rondony, qui y réunissait les approvisionnements nécessaires pour l'opération, lui communiquerait les instructions définitives du général en chef. Cet ordre parvint au colonel Lalubin le 22 octobre, dans l'après-midi, à Pao-Ting-Fou; il fut aussitôt communiqué par lui au général Bailloud, à la disposition duquel il avait déjà été remis par sir A. Gasclee et qui s'empressa de lui fournir les vivres et moyens de transport nécessaires pour partir dès le lendemain matin.

Mais les Français ne devaient pas être les seuls à prendre pour nouvel objectif ces tombes de la dynastie régnante : sir A. Gaselee, qui avait vu rentrer à Pao-Ting-Fou dans cette même journée du 22, sous l'escorte des chasseurs d'Afrique, les missionnaires anglais et les ingénieurs étrangers délivrés par nos troupes dans la région de Tchen-Ting-Fou, et pu se convaincre ainsi que le principal objectif proposé à ses efforts par l'ambassadeur d'Angleterre était déjà atteint, avait, de son côté, donné des ordres pour la constitution d'une colonne mixte commandée par le colonel allemand von Normann et destinée à aller occuper Yi-Tchéou, le centre administratif chinois le plus voisin des tombeaux. Cette colonne, qui comprenait un détachement de lanciers du Bengale, un bataillon allemand, un bataillon italien et une batterie d'artillerie, partit, le 23 octobre, par la route directe et arriva ainsi, le 24, à Yi-Tchéou, tandis que le colonel Lalubin, tout en faisant des étapes de 30 kilomètres, n'atteignit Tcho-Tchéou que le 25, et dut y faire séjour, le 26, pour achever l'organisation de sa colonne. Conformément aux instructions qu'il avait reçues de Pékin, le lieutenant-colonel Rondony avait concentré dans cette ville de Tcho-Tchéou, les 6ᵉ et 12ᵉ compagnies du 17ᵉ et y avait transporté l'ambulance de Liou-Li-Ho, ainsi que les magasins de ce poste, de manière à en faire le centre de commandement et de ravitaillement des troupes françaises dans cette partie du Tché-Li. Il remit au colonel Lalubin les ordres du général en chef, relatifs à l'installation, aux tombeaux de Si-Ling, d'un poste suffisamment solide pour assurer à la France, aussi longtemps qu'il paraîtrait nécessaire, la possession de ce gage aussi important. Le colonel Lalubin, devant être appuyé par une fraction des troupes du général Bailloud (1), écrivit aussitôt à ce dernier pour lui de-

---

(1) Les ordres envoyés à ce sujet par le général en chef au com-

mander de diriger ce détachement sur Yi-Tchéou; mais, la présence de la colonne von Normann dans cette dernière localité, lui faisant craindre d'être devancé aux Tombeaux, il se mit en route le 27 octobre pour Lei-Choui-Shien, sans attendre le renfort en question. Là, il fractionna sa colonne en deux échelons dont le premier, composé de quelques hommes d'infanterie de marine montés sur des chevaux chinois, et de la 11e compagnie du 17e sans sacs, sous les ordres du lieutenant-colonel Rondony, reçut pour mission de tâcher d'arriver aux Tombeaux dans la journée du 28, tandis que le deuxième s'arrêterait à Yi-Tchéou.

Le lieutenant-colonel Rondony traversa cette ville au moment même où s'ébranlait le gros de la colonne internationale et arriva avec ses hommes montés à la porte de la muraille qui forme la ville des Tombeaux quelques minutes seulement après un détachement allemand qui lui en interdit l'entrée, alléguant des ordres du colonel von Normann. Il contourna alors par un chemin détourné l'enceinte sacrée, dont les principaux tombeaux avaient d'ailleurs, on le sut plus tard, été occupés dès la veille par les lanciers du Bengale, et il parvint ainsi avant les étrangers au groupe de tombeaux de Mou-Ling, dont il prit possession. La colonne internationale laissa seulement quelques Hindous aux tombeaux de Si-Ling, et, dépassant Mou-Ling, poussa jusqu'à Ta-Lung, Koua-Tieng, dans l'intention de chercher le contact avec les réguliers chinois, dont ses éclaireurs avaient signalé la présence vers la Grande Muraille (les camps tartares qui entouraient les tombeaux avaient été évacués à l'approche des troupes anglo-allemandes).

---

mandant de la 2e brigade n'avaient malheureusement pas encore pu lui parvenir au moment où le colonel Lalubin avait quitté Pao-Ting-Fou.

Muraille de Si-Ling.

La 11ᵉ compagnie, suivant la colonne von Normann, vint cantonner dans le village de Si-Ling à l'entrée de l'enceinte sacrée et le colonel Lalubin, avec son gros (2ᵉ, 3ᵉ, 5ᵉ, 9ᵉ, 10ᵉ et 12ᵉ compagnies du 17ᵉ et une batterie de montagne), s'installa à Yi-Tchéou.

Le 29 au matin, tandis que l'avant-garde allemande du colonel von Normann attaquait les groupes de réguliers qui gardaient le col et la porte de Tsi-Tsing-Kouan, à 22 kilomètres de Mou-Ling, les délogeait de cette position après avoir essuyé quelques pertes et les poursuivait jusqu'au bord du Tsiou-Ma-Ho (1), la 11ᵉ compagnie, puis tout le reste du 3ᵉ bataillon du 17ᵉ avec le

---

(1) Le gros de la colonne du colonel von Normann ne fut pas engagé dans cette affaire.

colonel Lalubin, rejoignaient le lieutenant-colonel Rondony à Mou-Ling, où on étudia aussitôt l'installation d'un poste.

Le lendemain, les Allemands, ayant constaté que les réguliers chassés de la porte de Tsi-Tsing-Kouan avaient complètement disparu vers l'Ouest, revinrent sur leurs pas et allèrent cantonner à l'est de Si-Ling, dont les tombeaux, abandonnés par les lanciers du Bengale, furent aussitôt occupés par des piquets d'infanterie de marine. C'est à cette date du 30 que le chef de bataillon Louvet, du 3ᵉ zouaves, parti à marches forcées dans la journée du 28, de Pao-Ting-Fou, avec la 10ᵉ compagnie de son bataillon et un peloton de chasseurs d'Afrique, réussit à rejoindre à Si-Ling le colonel Lalubin qui faisait explorer tous les environs par des reconnaissances sans pouvoir trouver trace de rassemblements chinois. (On sut plus tard que les réguliers, bousculés par l'avantgarde allemande, s'étaient enfuis jusqu'à Kouang-Tchang, à plus de 50 kilomètres de la muraille.)

L'objectif assigné au colonel Lalubin était complètement atteint : la colonne von Normann ayant définitivement évacué la région, le 31 octobre, pour rentrer à Pékin, les troupes françaises restaient seules gardiennes des tombes impériales. Pour être à même de repousser un retour offensif des Chinois, si improbable qu'il parût et pour bien asseoir notre autorité dans le pays, le colonel Lalubin resta quelques jours encore avec son détachement et avec celui du commandant Louvet dans cette vallée, où il s'empressa de rétablir une administration régulière et qui ne tarda pas à se repeupler, comme il arrivait partout où les troupes françaises étaient seules en contact avec les indigènes ; il poussa lui-même, le 5 novembre, avec la plus grande partie de son monde, une pointe jusqu'aux bords du Tsiou-Ma-Ho pour s'assurer que la porte enlevée par les Allemands n'avait pas été réoccupée par les réguliers et continua à faire parcourir le pays par une série de reconnaissances pour chercher à disperser les quelques rassemblements de Boxers qui lui étaient signalés par les mandarins.

C'est au cours d'une de ces petites opérations que, le 6 novembre, le capitaine Vautravers, commandant la 12ᵉ compagnie du 17ᵉ, réussit à découvrir dans les montagnes, au nord de Mou-Ling, les grottes presque inaccessibles qui servaient de retraite à un de ces groupes de fanatiques. Ceux-ci, au lieu de se rendre, comme les en sommait le capitaine, se ruèrent avec des lances sur lui et sur les quelques hommes d'avant-garde qui l'accompagnaient et ne purent être dispersés qu'après une lutte corps à corps, au cours de laquelle le soldat Peyré tua d'un coup de fusil, à bout portant, un Boxer qui cherchait à renverser son capitaine. Une quinzaine de Chinois restèrent sur le terrain, et l'on trouva dans une des grottes un petit canon Krupp à tir rapide avec des munitions et quelques autres armes. Il n'y eut guère, pendant les derniers mois de 1900, d'autre vrai combat livré par les Français à l'ouest de la voie ferrée, dans une région où le mouvement insurrectionnel avait cependant été assez actif l'été précédent (1). Il parut néanmoins nécessaire d'y organiser assez solidement notre occupation, et, conformément aux instructions que lui fit envoyer le général en chef dès qu'il fut exactement renseigné sur la situation, le colonel Lalubin installa le commandant Fonssagrives, avec trois compagnies du 17ᵉ (10ᵉ, 11ᵉ et 12ᵉ compagnies), à Mou-Ling, pour garder les tombeaux et observer la route du Chan-Si par Kouang-Tchang (2),

---

(1) Les quelques escarmouches sans grave importance qui se sont produites aux environs de Lai-Chiou-Shien, sont relatées au chapitre XI.
(2) Les autorités chinoises, et en particulier les princes de la famille impériale qui vinrent à diverses reprises accomplir aux tombeaux des rites funéraires se montrèrent particulièrement

créa à Yi-Tchéou et à Lai-Choui-Shien deux postes de communication occupés par la 9ᵉ compagnie, dont les

Tombeaux de Si-Ling.

officiers furent spécialement chargés de surveiller les autorités indigènes de ces deux centres administratifs, et laissa enfin à Tcho-Tchéou, comme commandant de toute la région, le lieutenant-colonel Rondony, avec les 5ᵉ et 6ᵉ compagnies du 17ᵉ et la 1ʳᵉ batterie de montagne.

Le colonel Lalubin, qui avait renvoyé, le 8 novembre, à Pao-Ting-Fou le commandant Louvet, avec le détachement emprunté à la colonne du général Bailloud et avait rayonné ensuite pendant quelques jours autour de

---

frappés de la correction avec laquelle le commandant Foussagrives s'acquitta de sa mission délicate, utilisant les loisirs que lui laissa la tranquillité du pays à des études archéologiques et historiques d'un grand intérêt et veillant avec le plus grand soin à empêcher toute dégradation ou profanation aux monuments sacrés dont il avait la garde.

Tcho-Tchéou, rentra de sa personne le 25 novembre à Pékin, avec les 2ᵉ et 3ᵉ compagnies de son régiment (1).

Entre Tcho-Tchéou et Pékin, la surveillance du pays et la protection des travaux du chemin de fer furent définitivement attribuées aux 7ᵉ et 8ᵉ compagnies du 17ᵉ régiment d'infanterie de marine, sous les ordres du commandant Michard, qui s'installa à Liou-Li-Ho. Le poste qui avait été antérieurement placé à Fang-Chan-Shien, sur la demande des habitants, et qui avait pour annexe un petit poste de garde aux mines de charbon voisines (2), fut rattaché au secteur du commandant Michard et celui-ci réussit à maintenir l'ordre le plus complet dans toute cette région pendant tout l'hivernage. Une série de faits qui prouvaient péremptoirement la confiance que nos troupes avaient progressivement su inspirer par leur parfaite tenue s'étaient d'ailleurs produits vers le mois d'octobre dans ce pays.

Un des plus caractéristiques fut la formation, à Fang-Chan-Shien, le 27 octobre, d'un convoi de 62 voitures contenant des femmes et des enfants de mandarins qui avaient demandé au commandant de la 1ʳᵉ brigade d'envoyer une escorte recueillir dans les montagnes de l'Ouest et protéger sur la route de retour leurs familles désireuses de rentrer à Pékin. Le voyage du capitaine Coutant, du 18ᵉ, qui fut chargé d'escorter cette caravane,

---

(1) Il ramenait, pour être déposé au temple des ancêtres, avec les autres objets précieux confisqués à Pékin et destinés à être rendus au gouvernement chinois après la conclusion de la paix, un lot assez important d'ustensiles sacrés et de souvenirs d'empereurs défunts que le commandant Foussagrives avait saisis au moment où les Chinois cherchaient à les faire disparaître, et qu'il parut préférable de mettre sous scellés en lieu sûr pour éviter toute déprédation.

(2) Ce poste fut occupé pendant tout l'hiver 1900-1901 par un peloton de la 5ᵉ compagnie du 18ᵉ, sous les ordres du capitaine Régnier.

se fit au milieu de manifestations tout particulièrement sympathiques des populations, et les jours suivants, quand furent signalées les troupes étrangères remontant par diverses routes de Pao-Ting-Fou sur Pékin, après la dislocation de la colonne B, les commandants des compagnies de la ligne d'étapes française n'eurent pas assez de personnel disponible pour satisfaire aux demandes de toutes les localités qui leur réclamaient des postes de protection provisoire (1).

A ces opérations de l'automne dans la région de Tcho-Tchéou, doit être rattachée une reconnaissance faite à la fin d'octobre par le lieutenant de vaisseau Dyé, d'après les instructions du général commandant en chef, dans les affluents de gauche du Ta-Tsin-Ho, en vue d'étudier le ravitaillement éventuel par voie d'eau des troupes qui occupaient cette partie du Tché-Li. Les renseignements recueillis sur la rivière Houn-Ho, la représentant comme non navigable à cause de son cours torrentueux et de son peu de profondeur, le lieutenant de vaisseau Dyé, qu'accompagnait le capitaine Tissier, de l'état-major, chercha à remonter le Péi-Kéou-Ho; ce cours d'eau, navigable pour les grandes jonques jusqu'à Hioung-Shien et même, à la rigueur, jusqu'à Ping-Ting, n'est plus parcouru, au-dessus de cette dernière localité, que par des petites jonques d'un modèle spécial; mais la reconnaissance put cependant arriver jusqu'à Liou-Li-Ho, dé-

---

(1) Il faut malheureusement reconnaître que leurs inquiétudes n'étaient pas absolument dénuées de fondement, car plusieurs des localités traversées par les colonnes étrangères furent en partie pillées ou subirent sans motif de fortes contributions de guerre, malgré les protestations des chefs de détachements de sauvegarde français. Sans vouloir critiquer la manière dont les troupes de certaines puissances ont compris leur mission en Chine, on ne peut s'empêcher de constater qu'elle différait notablement de la manière dont le corps expéditionnaire français envisageait son rôle de protecteur de l'ordre et de représentant de la civilisation.

montrant ainsi que cette voie d'eau pouvait être d'un certain secours en cas d'opérations dans l'Ouest (1).

Le rapide rétablissement de la voie ferrée de Pao-Ting-Fou à Pékin dispensa de recourir à ce mode de ravitaillement pour la région de Tcho-Tchéou, mais le voyage du lieutenant de vaisseau Dyé et du capitaine Tissier sur ce cours d'eau peu fréquenté, avait eu un résultat intéressant à un autre point de vue : ils étaient tombés à une quinzaine de kilomètres à l'est de Tcho-Tchéou, au milieu des campements d'un corps d'environ 2.000 réguliers chinois qui les avaient reçus avec de grandes démonstrations d'amitié, mais dont la présence dans l'intérieur de la zone occupée par les troupes internationales et à une distance relativement faible de la capitale pouvait, d'un moment à l'autre, constituer un sérieux danger.

Il y avait là une situation délicate, que soulignèrent, vers la même époque, d'autres rencontres du même genre faites par des détachements des diverses puissances. Il paraissait évident qu'on ne pouvait tolérer, au milieu de la partie du Tché-Li occupée par nos troupes, que des forces de police locale à faible effectif, placées sous le contrôle de commandants de poste déterminés, et non des corps de réguliers dont les mouvements échappaient à toute surveillance. Mais, d'autre part, il était à crain-

---

(1) Le lieutenant de vaisseau Dyé procéda ultérieurement, tantôt en jonques, tantôt dans des canots à vapeur prêtés par l'escadre, à une série d'études intéressantes sur les diverses voies fluviales qui rayonnent autour de Tien-Tsin, de manière à déterminer quel serait le meilleur mode d'utilisation, au cas d'opérations dans les diverses directions, et quel serait le type de chaloupes ou des canonnières de rivière qui pourraient y être employées. Ces études, interrompues à la fin de novembre par les gelées, ont été reprises au printemps 1901, époque à laquelle le lieutenant de vaisseau Dyé exécuta en particulier une intéressante reconnaissance du canal impérial de Tien-Tsin à Té-Tchéou. (Dans cette partie du canal, la profondeur varie de 1 m. 50 à 3 mètres, et le mouvement commercial est très actif.)

dre que certains mandarins à tendances antieuropéennes ne prissent prétexte de l'absence de troupes régulières dans leur circonscription pour y laisser régner une véritable anarchie préjudiciable aux intérêts des habitants paisibles, autant que dangereuse pour les communications des troupes alliées, et on devait s'attendre à ce que, dans le monde chinois, on en fît un nouveau grief contre les étrangers et à ce qu'on les proclamât responsables de tous les malheurs qui résulteraient de cette situation.

Après que la question eut été agitée entre les ministres des diverses puissances et les généraux commandants en chef, le feld-maréchal comte de Waldersee se décida à signifier à Li-Hung-Chang, au cours de la visite officielle que lui firent les plénipotentiaires chinois le 15 novembre, que tous les réguliers qui se trouvaient dans l'intérieur de la zone occupée par les forces alliées devaient se retirer immédiatement en dehors d'une ligne de démarcation qui suivait d'une manière générale les limites du Tché-Li, à l'Ouest, puis, au Nord, la grande muraille de Kalgan à Toung-Ling et Shan-Haï-Kouan.

Malheureusement, cette mesure de précaution, qui avait de réels avantages au point de vue militaire, ne put avoir pour correctif, en dehors des villes de Tien-Tsin et de Pékin, une organisation rationnelle du contrôle sur l'administration et la police indigènes : les intérêts divergents des puissances, le désir d'éviter tout ce qui pouvait ressembler à un partage territorial d'une partie quelconque de la Chine, et la prétention, légitime de la part de la France, à laquelle les traités reconnaissaient une mission spéciale de protection à l'égard de certaines catégories d'Européens et d'indigènes, de conserver son droit d'intervention sur tous les points où cette protection paraîtrait nécessaire, ne permirent pas de s'entendre pour délimiter, avec précision, des zones de contrôle concordant avec des circonscriptions administratives territoriales. Le feld-maréchal comte de Waldersee et le général commandant en chef se bornèrent, en conséquence, à définir, d'un commun accord, autour de chacune des places de Pékin, Pao-Ting-Fou et Tien-Tsin, des zones dévolues plus spécialement aux reconnaissances de chaque contingent, et il demeura entendu que cette délimitation n'avait aucun caractère impératif et que le droit pour les troupes de chaque puissance d'intervenir en dehors des limites qui leur étaient ainsi assignées demeurait absolu.

VII. — Premières opérations de police dans la région de Pao-Ting-Fou. — Combat de Sze-Tchouang.

Dès les premiers jours de l'occupation de Pao-Ting-Fou, une foule de renseignements concordants permirent au général Bailloud de constater que l'agitation boxer était loin d'être éteinte dans la région. Tout le pays situé au sud de la ville, pays où les troupes régulières chinoises, hâtivement mises en campagne par Li-Hung-Chang au commencement d'octobre pour donner aux puissances un gage de bon vouloir, n'avaient d'ailleurs pas opéré, semblait spécialement agité, et il parut tout d'abord indispensable de le faire parcourir par quelques reconnaissances d'un effectif suffisant pour vaincre les résistances qui pourraient se produire.

Le 26 octobre, le colonel Guillet quittait Pao-Ting-Fou avec la 10ᵉ compagnie du bataillon du 40ᵉ, la 9ᵉ compagnie de zouaves et une section de 80 de montagne pour aller parcourir les environs de Tcheng-Ting-Fou, qu'on indiquait comme un des principaux centres d'agitation. Le capitaine Degoutte, officier d'ordonnance du général Bailloud, était parti la veille avec un peloton de chasseurs d'Afrique pour aller prendre des renseignements complémentaires au village chrétien de Tou-Lu, le seul de cette région qui ait réussi à résister jusqu'alors aux attaques des Boxers. Il rejoignit la colonne Guillet dans la matinée du 26, et lui indiqua les villages de Sze-Tchouang et de Tan-Tsoun comme fortifiés et probablement occupés par des bandes assez importantes. La colonne prit aussitôt comme objectif le premier de ces villages, dont la cavalerie alla reconnaître les abords, et où elle constata, en effet, la présence de nombreux Chinois en armes faisant bonne garde derrière un haut parapet en terre à pentes raides, précédé d'un profond fossé.

Une marche d'approche, en formation de rassemblement, amena la petite colonne devant la face ouest du village, la seule où l'éloignement des lieux habités voisins ne permettait pas à l'ennemi de prendre nos soldats entre deux feux. La section de 80 de campagne fut mise en batterie à 600 mètres du mur en terre d'où les Chinois cherchaient à lui répondre avec de vieilles pièces en fonte, bientôt réduites au silence, mais d'où partit ensuite une fusillade extrêmement vive, quand notre infanterie se porta à l'attaque. La compagnie du 3ᵉ zouaves, d'une part, et trois sections de la compagnie du 40ᵉ, d'autre part (la 4ᵉ ayant été laissée à la garde du convoi), arrivèrent néanmoins par bonds successifs jusqu'au bord du fossé; mais l'ennemi, fanatisé, ne se décidait pas à évacuer la position, malgré le feu intense de l'artillerie et de l'infanterie sous lequel on cherchait à l'écraser, et le colonel Guillet dût faire sonner la charge; le fossé, puis le mur en terre furent aussitôt escaladés avec le plus grand entrain sous une grêle de balles, de briques et de projectiles de toute nature, par nos hommes, qui, empilant leurs sacs et s'aidant les uns les autres, parvinrent enfin à sauter dans la place. Ce n'est qu'au moment où leurs baïonnettes parurent sur la crête même du parapet que les Boxers finirent par lâcher pied; beaucoup d'entre eux se défendirent encore à l'arme blanche dans les maisons du village, et un petit nombre seulement parvinrent à trouver refuge dans les hameaux voisins.

Cette chaude affaire nous avait coûté quelques pertes : un soldat du 40ᵉ avait été tué, cinq autres étaient blessés, dont deux grièvement, et les zouaves comptaient huit blessés, légèrement atteints pour la plupart.

Mais le retentissement de ce succès fut considérable.

C'était la première fois que les Boxers de cette partie du Tché-Li avaient eu affaire aux troupes françaises ; ce fut la seule où ils nous opposèrent une résistance aussi sérieuse, et leur démoralisation se manifesta dès le lendemain, quand le colonel Guillet arriva devant le gros village de Tan-Tsoun, qui était beaucoup plus important et au moins aussi sérieusement fortifié que Sze-Tchouang ; ses défenseurs l'évacuèrent en toute hâte avant la mise en batterie de l'artillerie, et c'est à peine si la cavalerie put réussir à rattraper quelques fuyards.

Deux jours après la rentrée du colonel Guillet à Pao-Ting-Fou, un autre rassemblement de 150 à 200 Boxers était signalé au général Bailloud à Tou-Ngan, à une vingtaine de kilomètres au sud-est de Pao-Ting-Fou, dans une île du Ta-Tsin-Ho, où leur présence pouvait constituer une gêne pour la libre circulation du convoi.

Le commandant Chastel, du bataillon du 40ᵉ, fut chargé de les disperser. Avec une compagnie de son bataillon, une section de la 7ᵉ batterie de campagne d'artillerie de marine et quelques chasseurs d'Afrique, il se porta, le 30 octobre, sur le point signalé où un sérieux centre de résistance avait en effet été organisé ; quelques obus à la mélinite suffirent à déterminer une panique complète chez les Boxers, qui avaient d'abord accueilli à coups de fusil nos éclaireurs. Ils s'enfuirent précipitamment à la nage ou en bateaux, sans même laisser à l'infanterie le temps d'achever l'investissement du village, qui fut trouvé évacué, mais dont les habitants évitèrent soigneusement, depuis lors, d'attirer sur eux l'attention des autorités chinoises ou étrangères.

Pendant que le colonel Guillet, puis le commandant Chastel opéraient ainsi vers le sud et le sud-est, une autre reconnaissance, comprenant une compagnie d'infanterie de marine, une section de montagne et un demi-peloton de chasseurs d'Afrique, avait été envoyée par le général Bailloud vers Taï-Yang (15 kilomètres de Pao-Ting-Fou), dont les habitants avaient recommencé à piller un village chrétien voisin de la voie ferrée. Le capitaine adjudant-major Valton, du 16e régiment d'infanterie de marine, qui la dirigeait, réussit, en investissant habilement le village, puis en intimidant les habitants par quelques coups de canon, à se faire livrer sans combat le chef de la bande, qui fut fusillé devant sa maison après que son identité eut été dûment établie. Ce fut la seule opération de ce genre qu'eurent à exécuter les troupes françaises au nord de Pao-Ting-Fou, en raison de l'entente intervenue entre le général Bailloud et le général von Kettler pour la délimitation des zones de reconnaissance et de réquisition entre les troupes allemandes et françaises, après le départ des autres troupes étrangères et de sir A. Gaselee.

Celui-ci avait fait paraître les 24 et 25 octobre, d'après des instructions que lui avait envoyées le feld-maréchal, des ordres réglant les conditions dans lesquelles toutes les troupes étrangères stationnées à Pao-Ting-Fou, à l'exception du détachement allemand de la colonne A, devaient repartir pour Pékin et Tien-Tsin. Conformément à ces instructions, les troupes anglaises du général Lorne-Campbell partirent le 27 octobre pour Tien-Tsin par Tchang-Tong-Fou, Chou-Tcheng (au nord-est d'Ho-Kien) et Ouang-Ko. Les troupes anglaises de la colonne B remontèrent le lendemain sur Pékin par Péi-Kou-Tien et Young-Tsing; enfin, ce qui restait d'Italiens et les

Allemands qui ne faisaient pas partie de la brigade von Kettler, furent mis en route le 29 pour Pékin par Sin-Tcheng et Kou-Ngan, sous les ordres du colonel italien Garioni.

Sir Gaselee étant parti lui-même le 18, après avoir remis le commandement de la place au général Bailloud, un nouveau partage des cantonnements dans Pao-Ting-Fou fut fait entre les troupes allemandes et françaises (1), et il fut convenu en même temps que la région au nord du Ta-Tsin-Ho et de la ligne de Pao-Ting-Fou - Tang - Kou-Yang serait spécialement surveillée par les Allemands, tandis que les Français se chargeraient de la police de la région Sud, aussi bien dans la direction de Tcheng-Ting-Fou que dans celle de Hien-Shien. Il demeurait naturellement entendu, conformément au principe posé dès l'origine par le général en chef, que nous conservions néanmoins toute liberté d'action dans toutes les directions où il nous paraîtrait nécessaire d'intervenir pour la protection des intérêts spéciaux qui nous étaient confiés, et que nous continuerions, en particulier, à assurer la garde et la réfection du chemin de fer. Il était spécifié, de plus, que nous continuerions à nous approvisionner de charbon aux mines reconnues par le lieutenant-colonel Drude et par M. Bouillard, suivant les marchés passés par ces derniers pour les troupes et pour la compagnie Pékin - Hankéou.

---

(1) Les commerçants des quartiers occupés par les troupes françaises, reconnaissants de ce qu'ils n'avaient pas été pillés comme ceux de certains quartiers voisins, avaient apporté au général Bailloud 10.000 taëls pour les soldats français; le général les avait remerciés au nom du général en chef, disant que les soldats français ne pouvaient pas recevoir d'argent pour avoir exécuté les ordres qu'ils avaient reçus et n'avoir fait que leur devoir; pour accepter cependant un gage de la gratitude de la population, il avait demandé seulement que la ville lui fournît gratuitement 3.000 vêtements chauds pour contribuer à garantir ses hommes du froid pendant l'hiver, ce que les notables s'engagèrent avec empressement à fournir en quelques jours.

L'accord ainsi intervenu entre les deux officiers généraux présents à Pao-Ting-Fou et bientôt sanctionné par le feld-maréchal comte de Waldersee et par le général commandant en chef ne donna lieu, dans la suite, à aucune difficulté d'application, et toutes les questions de détail intéressant à la fois les deux contingents représentés dans l'ouest du Tché-Li furent toujours réglées à l'amiable et avec la plus grande courtoisie (1).

Cet accord faisait au général Bailloud une obligation stricte d'organiser d'une manière aussi complète que possible la surveillance de la région du Sud. Le capitaine Aubé fut détaché à Tcheng-Ting-Fou à cet effet et y prit immédiatement les mesures nécessaires pour tenir le commandement au courant de ce qui se passait du côté du Chan-Si. Le capitaine de Lacoste, appartenant également au service des renseignements et laissé provisoirement par le lieutenant-colonel Arlabosse à la disposition du commandant Collinet à Hien-Shien, avait réussi, d'autre part, à faire sillonner, par des émissaires tout le pays situé à l'ouest du canal Impérial jusqu'aux limites du Chan-Toung.

Des correspondances fréquentes furent organisées entre Hien-Shien et Pao-Ting-Fou, de manière à permettre de contrôler et de coordonner les informations recueillies dans nos deux postes avancés, et l'on parvint ainsi très rapidement à être éclairé sur la situation politique et sur les mouvements des troupes chinoises dans le sud du Tché-Li et sur les frontières du Chan-Si.

A Pao-Ting-Fou même, les travaux de la commission d'enquête touchaient à leur fin. Les conclusions auxquelles elle avait abouti ayant reçu l'approbation du

---

(1) La brigade von Kettler ne tarda pas à être envoyée tout entière dans la région de Pao-Ting-Fou, les rassemblements de réguliers sur les frontières du Chan-Si ayant déterminé le maréchal de Waldersee à renforcer l'occupation de l'ouest du Tché-Li.

général commandant en chef le corps expéditionnaire français et du feld-maréchal comte de Waldersee, l'exécution des sentences prononcées eut lieu le 6 novembre au matin.

Le fan-tai, qui n'avait su protéger ni les Européens ni les chrétiens indigènes et les avait laissé massacrer aux portes mêmes du chef-lieu de sa province, le gouverneur tartare de la ville, qui avait été un des principaux organisateurs du mouvement boxer, et un colonel de cavalerie tartare, qui avait laissé assassiner dans son camp un missionnaire américain et sa famille, furent décapités en présence de détachements de toutes les troupes de la garnison, sur l'emplacement même où avaient été assassinés les missionnaires anglais et américains.

Le nieh-tai, dont la culpabilité avait paru moins grande que celle du fan-tai, dont il n'était que le second, mais qui n'en avait pas moins sa part de responsabilité dans les désordres, fut destitué et dégradé sur le même emplacement.

Les notables (Shen-She) de la ville de Pao-Ting-Fou, qui n'avaient pas essayé d'user de leur influence personnelle pour enrayer le mouvement boxer étaient condamnés à une amende de 100.000 taëls. Cette somme de 100.000 taëls fut partagée par parties égales entre les troupes françaises et allemandes pour les dédommager dans une certaine mesure des dépenses qu'allaient exiger l'occupation de Pao-Ting-Fou et la police du pays. D'autre part, lors de l'entrée à Pao-Ting-Fou des troupes internationales, le trésor de la province, s'élevant à 240.000 taëls, avait été saisi comme prise de guerre. Il fut convenu entre le général en chef et le feld-maréchal, au sujet de la répartition de cette prise, que la quote-part revenant à chaque puissance serait proportionnelle à l'effectif combattant, que chacun comptait dans l'ensemble des colonnes A et B, et, de ce fait, le corps expéditionnaire eut à recevoir 83.000 taëls, ce qui porta à 133.000 taëls ou 498.750 francs, en comptant le taël à 3 fr. 75, la part de la France dans les sommes partagées entre les puissances à Pao-Ting-Fou. Cette somme fut versée au Trésor dans les formes réglementaires par ordre du général en chef, de même que les quelques autres prises, beaucoup plus minimes, faites dans des conditions analogues sur d'autres points au cours des opérations. Enfin, pour qu'il restât dans la ville de Pao-Ting-Fou une trace palpable du châtiment, on fit sauter et l'on détruisit par le feu les pagodes où avaient eu lieu les réunions des Boxers et une partie des remparts de la ville, suivant la coutume admise par le gouvernement chinois lui-même pour la punition des villes où les désordres s'étaient produits.

VIII. — Politique adoptée dans le sud et l'ouest du Tchéli après entente entre le ministre de France et le général commandant en chef. — Occupation d'Houaï-Lou.

Dans les premiers jours de novembre, toutes les troupes du corps expéditionnaire français étaient débarquées au Pé-Tchéli, ainsi que la plus grande partie de leurs moyens de transport, et les renseignements donnés journellement par l'amiral Pottier au général commandant en chef sur les conditions dans lesquelles se poursuivait le déchargement à Tong-Kou du matériel et des approvisionnements qu'apportèrent les derniers affrétés permettaient déjà d'espérer que tout ce qui pourrait être nécessaire au corps expéditionnaire pour vivre, manœuvrer et combattre, serait mis à terre dans les limites de temps prévues. L'état sanitaire des troupes arrivées de France ou d'Algérie était excellent, et celui des troupes venues d'Indo-Chine s'était considérablement amélioré depuis que le général en chef en avait fait éliminer tous les hommes trop anémiés par leurs campagnes antérieures ou par les fatigues de la marche sur Pékin.

Le corps expéditionnaire français allait donc se trouver en état d'agir avec la plénitude de ses moyens, et l'on avait encore, avant les grands froids, près de deux mois pendant lesquels les mouvements de troupes étaient rendus particulièrement faciles par la sécheresse du climat.

Les premiers objectifs qui avaient été assignés aux troupes françaises après entente entre le général commandant en chef et le Ministre de France étaient atteints ou sur le point de l'être (la colonne qui devait procéder à l'occupation des Tombeaux impériaux de l'Est était en route). Tout le triangle Pékin - Tien-Tsin - Pao-Ting-Fou pouvait être considéré comme au pouvoir des Alliés et, si l'on devait s'attendre à voir prochainement les voies d'eau de Tien-Tsin à Pékin et à Pao-Ting-Fou rendues inutilisables par les glaces, la rapidité avec laquelle se poursuivaient les travaux de réfection des voies ferrées permettait de considérer néanmoins ce triangle comme une excellente base pour entreprendre des opérations offensives dans une direction quelconque.

Dans la partie orientale du Tché-Li, la prise de possession de Shan-Haï-Kouan par les troupes internationales s'était faite sans coup férir ; divers contingents, les Russes en particulier, avaient déjà exécuté dans toute la région située à l'est du Péi-Ho, vers les montagnes, une série de reconnaissances qui avaient démontré qu'il n'existait pas, de ce côté, de rassemblements de troupes chinoises assez nombreux pour donner de l'inquiétude aux Alliés, et qu'on n'y avait guère à craindre que des actes de brigandage de la part des Boxers ou de groupes de réguliers débandés (1). La Mandchourie était occupée par des forces russes assez considérables pour réprimer le mouvement anti-européen qui y avait pris, l'été précédent, un caractère exceptionnel de gravité, mais qui, depuis la prise de Moukden et la réoccupation de tous les points importants du tracé de chemin de fer de l'Amour à Port-Arthur, perdait beaucoup de son caractère aigu.

On ne pouvait que laisser nos alliés poursuivre dans cette province l'œuvre de pacification dont ils entendaient se réserver l'honneur et peut-être les bénéfices.

Les pays montagneux qui s'étendent au nord du Tché-Li vers la Mongolie servaient sans doute de refuge à des troupes chinoises assez nombreuses, mais ce ne pouvait être là qu'un théâtre d'opérations secondaires, sur lequel il semblait logique de rester dans une position expectante, en se bornant à tenir ces détachements de réguliers à une distance suffisante pour assurer la sécurité des environs de Pékin; (ce fut le but que le feld-maréchal comte de Waldersee assigna aux petites colonnes allemandes qui parcoururent cette région à partir de la fin de novembre).

Dans la direction de l'Ouest, au contraire, l'éventualité d'une action militaire sérieuse méritait d'être envisagée avec une attention particulière pour un corps expéditionnaire solidement organisé et bien outillé comme l'était le corps expéditionnaire français.

On savait que la Cour, qui avait quitté Tai-Yuen-Fou avant la marche des troupes alliées sur Pao-Ting-Fou,

---

(1) Les troupes chinoises qui avaient évacué en septembre Pé-Tang, Lou-Taï et Shan-Haï-Kouan s'étaient dispersées dans diverses directions après avoir détruit ou enterré leur matériel encombrant. On retrouva dans le courant de l'hiver, dans la région de Pao-Ti, plusieurs de ces cachettes, où elles croyaient avoir mis en lieu sûr leurs canons et leurs munitions.

venait d'atteindre Si-Ngan-Fou, après un voyage laborieux qui avait dû exercer sur les esprits de beaucoup de grands dignitaires une influence démoralisatrice (1).

Une offensive rapide au cœur du Chan-Si, aboutissant en peu de jours à l'occupation de Taï-Yuen-Fou, qui avait toujours joué un rôle important dans l'histoire de la Chine, où de terribles massacres de chrétiens et de missionnaires de diverses nationalités avaient eu lieu sous la direction même des autorités et que les Chinois prétendaient imprenable, pouvait produire sur la vieille impératrice un effet moral que ni la prise de Pékin, déjà occupée en 1860, ni l'occupation d'une partie du Tché-Li, n'avaient pu réussir à causer. On eût ainsi menacé directement sa retraite de Si-Ngan-Fou et augmenté les difficultés d'existence de la Cour, qu'on savait inquiétée sur ses derrières par des soulèvements mahométans au Kan-Sou, et l'on eût peut-être déterminé le gouvernement chinois à une soumission immédiate et sans réserve à toutes les conditions qu'on voulait lui imposer. D'autre part, au point de vue purement militaire, c'était de ce côté qu'il fallait chercher le gros des forces chinoises, et c'était donc là que l'on pouvait frapper des coups décisifs.

De nombreux indices confirmaient, en effet, les renseignements recueillis depuis quelque temps déjà sur la concentration de nombreuses troupes chinoises au Chan-Si. Soit que le gouvernement impérial ne songeât qu'à couvrir sa retraite, soit qu'il eût l'arrière-pensée, tout en poursuivant les négociations, de se réserver les moyens de reprendre un jour l'offensive, une véritable

---

(1) On racontait, en particulier, que le sanguinaire gouverneur du Chan-Si, Yu-Shien, qui avait présidé lui-même au massacre des missionnaires de Taï-Yuen-Fou et en avait même frappé quelques-uns de sa propre main, s'était suicidé à l'annonce de l'arrivée des troupes alliées à Pao-Ting-Fou.

armée paraissait s'organiser dans la région de Taï-Yuen-Fou. Non seulement la plus grande partie des troupes qui avaient évacué la région de Pao-Ting-Fou devant les colonnes internationales s'étaient dirigées de ce côté, mais on signalait encore, à travers le sud du Tché-Li, un véritable exode de réguliers qui, venus des garnisons voisines des frontières du Chan-Toung ou du Hô-Nan, convergeaient, par groupes plus ou moins nombreux, vers la grande route partant de Tcheng-Ting-Fou et pénétrant dans le Chan-Si par Houai-Lou et la passe de Kou-Kouan. Ces groupes, dont quelques-uns escortaient des convois de munitions ou même des canons Krupp, évitaient Tcheng-Ting depuis que nous y avions un poste et ne rejoignaient la route mandarine qu'à Houai-Lou, à l'entrée des défilés. On savait que les généraux chinois commandant les troupes restées à Ho-Kien et sur les bords du canal Impérial avaient reçu des ordres pour suivre ce mouvement (ordres qu'ils se disaient, il est vrai, résolus à ne pas exécuter), que des convois d'armes, partis clandestinement de l'arsenal de Shanghaï, étaient en route pour la même direction, enfin que les troupes appelées l'été précédent des provinces du sud de l'Empire pour faire la guerre aux étrangers commençaient à arriver vers les confins du Tché-Li et du Chan-Si (contingents de Fo-Kien et des deux Kouangs en particulier).

En se jetant au milieu de ces rassemblements avant leur complète organisation, en obtenant par intimidation ou au besoin par la force la dispersion ou le désarmement, l'anéantissement en tout cas, de cette armée que cherchait à reconstituer devant nous le gouvernement chinois, on pouvait mettre ce dernier à notre merci.

Enfin, à un autre point de vue, l'apparition de nos troupes victorieuses aurait vite fait d'attirer à nous les populations par nos habitudes de modération et de discipline et aurait ainsi donné au nom français dans le Chan-Si un prestige des plus précieux pour ceux de nos compatriotes qui avaient des intérêts engagés dans cette province (1).

Mais quelques avantages que parût présenter cette action vers l'Ouest au point de vue militaire et quel que fût le désir du général commandant en chef de faire jouer aux troupes sous ses ordres un rôle brillant et décisif, il était tenu de rester dans les limites de ses instructions et ne pouvait entreprendre une opération de ce genre sans être assuré qu'elle entrait dans la ligne de conduite politique du gouvernement de la République et de son représentant en Chine, le ministre de France.

Il soumit donc toutes les considérations qui précèdent à M. Pichon. Celui-ci, sans méconnaître leur valeur au point de vue militaire et politique, ne crut pas que la situation diplomatique et les instructions du Gouvernement lui permissent de s'associer à un projet d'opérations offensives de cette nature. Les diplomates craignaient en effet que l'occupation de Taï-Yuen-Fou ne déterminât non pas la soumission de l'impératrice, mais sa fuite vers quelque nouvelle retraite, échappant à toute poursuite; ils redoutaient que cette intervention étrangère au cœur de l'Empire ne fût le signal de troubles intérieurs de nature à amener peut-être le renversement de la dynastie, ce que la plupart des puissances voulaient éviter à tout prix. D'autre part, plusieurs gouvernements étant opposés à toute extension des opérations dans le nord de la Chine, une action militaire énergique de la part de certains autres risquait de compromettre l'accord qu'on avait tant de peine à établir et qui était cependant né-

---

(1) On connaît les richesses minières du Chan-Si. Certains de nos compatriotes avaient pris une part prépondérante à des projets de chemin de fer de Pékin à Taï-Yuen-Fou.

cessaire pour ne pas retarder davantage l'ouverture des négociations avec les plénipotentiaires chinois (1).

Dans ces conditions, M. Pichon estima que le corps expéditionnaire français devait se borner, tant que la situation diplomatique ne serait pas modifiée, à continuer l'œuvre plus modeste qu'il avait si heureusement commencée « en débarrassant des rebelles et de leurs chefs la région du Tché-Li occupée par nos troupes, en affirmant, par leur présence et par leur action, nos droits sur le chemin de fer de Pékin à Han-Kéou, en apprenant à la population chinoise à respecter la France représentée par une armée disciplinée, pleine de bravoure, soucieuse de créer et d'exercer au profit de tous une police qui assure l'ordre et la sécurité publics. »

Le général commandant en chef ne pouvait que s'incliner devant les motifs d'ordre supérieur allégués par le ministre de France, et se conformer à la ligne de conduite qui lui était ainsi tracée par ce dernier : il fit donc connaître au général Bailloud que tout projet d'invasion du Chan-Si devait être ajourné pour le moment, et il précisa, dans un ordre général, les instructions déjà données en diverses circonstances au sujet des mesures à prendre dans toute la zone occupée par nos troupes pour organiser la police du pays et la répression du mouvement boxer, avec le concours des notables et des autorités locales.

Mais, bien qu'il ne fût plus question d'offensive, il y avait un réel intérêt à exercer une plus active surveillance sur les débouchés du Chan-Si et en particulier sur la route mandarine de Taï-Yuen-Fou, par laquelle se

---

(1) Le 11 novembre, date à laquelle M. Pichon répondait au général en chef, aucune communication collective officielle n'avait encore pu être faite aux plénipotentiaires chinois, en raison de la nécessité d'établir un accord préalable entre les puissances, et les négociations avec eux semblaient seulement sur le point de s'ouvrir.

faisait la concentration des troupes et des approvisionnements de toute nature affluant des riches plaines côtières vers la province montagneuse et pauvre du Chan-Si. Tous les renseignements recueillis dans le sud et dans le sud-ouest du Tché-Li faisaient ressortir l'intérêt que présenterait à ce point de vue l'occupation d'Houai-Lou par où passaient, du reste, toutes les communications postales et télégraphiques du gouvernement chinois avec Pékin et avec les provinces du nord de l'Empire, communications qu'il n'était pas sans intérêt de surveiller également. Le général commandant en chef prescrivit en conséquence au général Bailloud (1) de procéder à cette occupation sans retard, mais, autant que possible, d'une manière pacifique.

L'opération fut exécutée avec habileté et décision par le capitaine Aubé, à la tête d'une fraction de la garnison de Tcheng-Ting-Fou. Cette garnison avait été renforcée par le général Bailloud dès le commencement de novembre, aussitôt qu'il avait été informé de tous les mouvements suspects des réguliers chinois. (Au cours de la tournée d'inspection qu'il avait faite à cette époque de ce côté, il avait également, conformément aux ordres du général en chef, fait désarmer tous les réguliers tartares restés à Tcheng-Ting-Fou.)

Parti de Tcheng-Ting-Fou le 21 novembre au matin à la tête du peloton de chasseurs d'Afrique du lieutenant de Langlade, le capitaine Aubé, que devait suivre un peloton du 3ᵉ zouaves, arriva à l'improviste à Houai-Lou, après une marche aussi rapide que la nature du terrain le permettait.

---

(1) Le général Bailloud était venu à Pékin le 14 novembre prendre les instructions du général en chef au sujet de la ligne de conduite à tenir dans la région de Pao-Ting-Fou et avait inspecté à son retour les postes de protection de la voie ferrée.

La surprise fut complète : le sous-préfet était en pleine audience à son tribunal, les employés du télégraphe se trouvaient aussi à leur travail; toutes les archives furent saisies et le capitaine Aubé put aussitôt s'assurer que la ligne fonctionnait sur Taï-Yuen-Fou comme sur Pao-Ting-Fou. Le sous-préfet reçut l'ordre de livrer ses armes et munitions, et les zouaves arrivés quelques heures après les chasseurs d'Afrique, n'eurent plus qu'à faire

Porte d'Houai-Lou.

bonne garde aux portes de la petite ville, non loin de laquelle la route mandarine s'engageait effectivement dans une région assez difficile, où les réguliers chinois se mirent bientôt à élever fiévreusement une série de lignes de retranchements successifs, aux défilés de Tong-Kia-Men et de Kou-Kouan en particulier (1).

IX. — Augmentation des forces françaises dans le sud-ouest du Tchéli. — Répartition générale du corps expéditionnaire français pour l'hiver 1900-1901.

Des mesures furent prises, dès les premiers jours qui suivirent l'occupation d'Houai-Lou, pour renforcer les garnisons de nos postes avancés de ce côté, de manière à éviter toute surprise de la part de ces troupes chinoises, qui grossissaient tous les jours et dont notre présence à Houai-Lou gênait visiblement les mouvements et le ravitaillement. (Dès le 24 novembre, une troupe de 2.000 réguliers, venant du sud et voulant gagner Taï-Yuen-Fou, s'était montrée à petite distance d'Houai-Lou, et, en apprenant la présence des Français dans la place, avait rebroussé chemin pour essayer de gagner sa destination par les sentiers, impraticables aux voitures, qui franchissent les montagnes au sud de la passe de Kou-Kouan.)

Après la rentrée des colonnes qui opérèrent au milieu de décembre contre les Boxers à l'est de Ting-Tchéou, deux compagnies du 3ᵉ zouaves, avec une section de 80 de montagne, furent chargées d'occuper Houai-Lou et Tcheng-Ting-Fou, tandis que la 4ᵉ compagnie du bataillon du 40ᵉ tiendrait Sin-Lé et que le reste du bataillon du 3ᵉ zouaves s'installerait à Ting-Tchéou avec une sec-

---

(1) On sut bientôt que les réguliers occupaient aussi les divers autres passages de la Grande Muraille, situés au nord de Kou-Kouan, et notamment le col d'Au-Tsu-Ling, à l'ouest de Fou-Ping. Les Allemands, qui avaient occupé Tang dès le mois de novembre, prirent l'offensive dans cette direction après les grands froids et bousculèrent, à la fin de février, tout ce qui était en deçà des frontières du Tché-Li.

tion de campagne. Une force mobile assez importante était en même temps constituée à Pao-Ting-Fou par les soins du général en chef.

Celui-ci avait déjà envoyé dans le courant de novembre, en sus des troupes précédemment parties sous les ordres du lieutenant-colonel Drude et du général Bailloud :

1° Le complément de la 7ᵉ batterie de campagne et une deuxième section de montagne de la 3ᵉ batterie (la 3ᵉ section de cette batterie étant à Hien-Shien);

2° Le complément du 1ᵉʳ bataillon du 16ᵉ régiment d'infanterie de marine (3ᵉ et 4ᵉ compagnies, sous les ordres du chef de bataillon Hubert).

En donnant des instructions au général Bailloud pour mener de front la surveillance des débouchés du Chan-Si et la répression du mouvement boxer dans le sud-ouest du Tché-Li, le général en chef lui avait fait connaître que le bataillon du 3ᵉ zouaves et une batterie de 75 iraient renforcer les troupes qui étaient déjà à sa disposition. Il semblait ainsi que, au moins pour la saison d'hiver qui allait s'ouvrir, notre occupation dût être assez solidement assise dans l'Ouest pour faire face à toute éventualité.

En somme, pour cette période, pendant laquelle l'ouverture définitive des négociations diplomatiques allait sans doute réduire les troupes alliées à une attitude plus ou moins expectante et pendant laquelle il fallait, d'autre part, prendre des mesures spéciales pour assurer aux troupes des installations aussi confortables que possible à cause des rigueurs de la saison, le général en chef envisageait la répartition du corps expéditionnaire comme devant, dans ses grandes lignes, rester à peu près la suivante :

1° Un groupe à Pékin, suffisant pour y tenir notre rang de grande puissance, assurer la garde du quartier français et faire, au besoin, quelques opérations de police dans la direction où une intervention de la France paraîtrait nécessaire. (La surveillance du nord du Tché-Li était attribuée plus particulièrement aux troupes étrangères, d'après l'entente établie entre le général commandant en chef et le feld-maréchal comte de Waldersee.)

Ce groupe devait comprendre trois bataillons d'infanterie de marine (deux du 18ᵉ et un du 17ᵉ), une demi-compagnie du génie, deux batteries d'artillerie de marine et une batterie de 75; une compagnie du 61ᵉ fut également appelée à Pékin par le général en chef, désireux de faire à l'infanterie de l'armée métropolitaine l'honneur d'être représentée dans la capitale chinoise.

2° La région de Tcho-Tchéou, Liou-Li-Ho et Si-Ling, dont la police incombait spécialement à la France, était occupée par deux bataillons du 17ᵉ et une batterie de montagne d'artillerie de marine.

3° Au sud-ouest du Tché-Li, le général Bailloud allait disposer de deux bataillons de zouaves (du 2ᵉ et du 3ᵉ régiment), d'un bataillon de ligne (40ᵉ), d'un bataillon d'infanterie de marine (16ᵉ), d'un escadron de chasseurs d'Afrique, d'une demi-compagnie du génie et de trois batteries (une de 75, une de 80 de campagne et une de 80 de montagne); deux compagnies du 16ᵉ occupaient, de plus, le poste avancé de Hien-Shien.

Une partie du bataillon du 58ᵉ gardait la ligne d'étapes de Tien-Tsin à Pao-Ting-Fou, un bataillon du 18ᵉ de marine, la ligne de Yang-Tsoun à Pékin, et le bataillon du 1ᵉʳ zouaves était chargé, à la fois, de représenter la France dans l'occupation internationale de Shan-Haï-Kouan et de garder, concurremment avec des troupes des autres puissances, notre ligne de communications d'hivers Tong-Kou, Chin-Van-Tao.

Enfin, il restait comme garnison de Tien-Tsin et

comme réserve générale du corps expéditionnaire, indépendamment des sections de munitions et des détachements affectés à des services spéciaux (sapeurs de chemin de fer, aérostiers, télégraphistes, ouvriers d'artillerie, etc.), six compagnies du 16ᵉ de marine, cinq compagnies du régiment de marche d'infanterie (deux du 58ᵉ, trois du 61ᵉ), une compagnie du génie et deux batteries d'artillerie de marine à Tien-Tsin; le bataillon du 4ᵉ zouaves, une batterie de 75 et l'escadron du 6ᵉ chasseurs d'Afrique à Yang-Tsoun.

Pour assurer dans d'aussi bonnes conditions que possible les divers détails du service en même temps que la surveillance du pays, le général en chef décida que le général commandant la 1ʳᵉ brigade (1) aurait sous son autorité le pays et les troupes au nord de la ligne marquée par les postes de Ho-Siou, Kao-Péi-Tien inclus, le général commandant la 2ᵉ brigade exerçant de même le commandement territorial au sud de cette ligne et le général en chef se réservant naturellement de statuer sur tout ce qui était de nature à modifier la ligne de conduite politique et militaire suivie, aussi bien que sur toute modification de quelque importance à la répartition générale des troupes du corps expéditionnaire.

D'autre part, le général en chef, qui s'était préoccupé dès le mois d'octobre de faire aménager des casernements suffisants dans les diverses places où des fractions du corps expéditionnaire pouvaient être appelées à stationner, fit compléter ces dispositions par l'installation de moyens de chauffage aussi puissants et aussi sains que possible, poêles, cheminées, etc. (2). Il veilla avec le

---

(1) Le général Bouguié, désigné pour remplacer le général Frey dans le commandement de la 1ʳᵉ brigade, était arrivé à Chin-Van-Tao le 15 décembre 1900.

(2) On supprima, en principe, pour les chambres de la troupe, le chauffage par les lits de camp chinois, sortes de calorifères à

plus grand soin à ce que toutes les distributions d'effets d'hiver fussent faites dans les postes les plus éloignés avant les grands froids, et, en somme, grâce à toutes les

Général en chef visitant les casernements à Pékin.

précautions prises, les troupes françaises souffrirent relativement peu de la mauvaise saison et leur état sanitaire resta très satisfaisant pendant tout l'hivernage.

---

retour de fumée sur lesquels se couchent les indigènes et auxquels sont dus, chaque année, en Chine, un certain nombre de cas d'asphyxie.

X. — Suite des opérations contre les Boxers dans la région de Pao-Ting-Fou (novembre et décembre 1901.)

Peu de jours après son arrivée à Tcheng-Ting-Fou, le capitaine Aubé avait signalé au général commandant la 2e brigade l'existence à Kao-Peng, à 25 ou 30 kilomètres à l'est de Sin-Lé, d'un centre assez important de réunion de Boxers qui semblaient vouloir reprendre leur œuvre de pillage et de destruction contre les villages chrétiens qui se relevaient de leurs ruines.

Le lieutenant-colonel Drude avait été chargé d'aller disperser ce rassemblement. Parti de Pao-Ting-Fou par voie ferrée le 6 novembre avec la 11e compagnie de zouaves, un peloton de la 3e compagnie du bataillon du 40e, un peloton de la 1re compagnie du 16e régiment d'infanterie de marine, une section de 80 de campagne et un peloton de cavalerie, il était arrivé le soir même à Ting-Tchéou, tandis que le capitaine de La Mairie, commandant la 12e compagnie de zouaves, rassemblait à Sin-Lé tout ce qui n'était pas indispensable à la garde des postes de Sin-Lé et Tcheng-Ting.

Le 7 novembre, les deux petites colonnes se portaient sur Kao-Peng, qu'allaient reconnaître les chasseurs d'Afrique, conduits par le capitaine Clouzet.

Les retranchements qui entouraient le village étaient garnis de nombreux fanatiques qui agitaient des pavillons et des armes de tous modèles et qui reçurent nos cavaliers à coup de fusil. La section de 80 de campagne du lieutenant Schubenel, qui avait été mise en batterie en face de la porte Nord, ouvrit alors le feu et réussit en quelques coups à la briser et à bouleverser les abatis et autres défenses accessoires qui la couvraient. L'infanterie s'élança à l'assaut; mais, cette fois, les Boxers, moins confiants sans doute qu'à Sze-Tchouang dans la vertu des incantations qui devaient les rendre invulnérables, lâchèrent pied et, abandonnant l'enceinte, puis les maisons qu'ils avaient crénelées, cherchèrent, après une courte fusillade dans les rues, à fuir par la route du sud vers les villages voisins. Ils ne retrouvèrent un peu de courage que pour se défendre à coups de lance contre les chasseurs d'Afrique envoyés à leur poursuite dans la plaine, et c'est ainsi qu'un chasseur d'Afrique et plusieurs chevaux reçurent des blessures d'armes blanches.

La colonne passa la nuit sur la position conquise; elle rentra le lendemain et se disloqua à Sin-Lé, après avoir trouvé tous les autres villages suspects des environs de Kao-Peng crénelés et barricadés, mais abandonnés.

Quelques jours après, c'était à Ta-Ly Ko-Tchouang, à 35 kilomètres sud de Pao-Ting-Fou, un peu au delà de Szé-Tchouang, qu'on signalait un important rassemblement de Boxers, réunis à l'occasion d'une grande fête chinoise qui tombait le 22 novembre (premier jour de la 10ᵉ lune).

S'inspirant des instructions qu'il venait de recevoir du général commandant en chef au sujet de la répression de ce mouvement anti-européen, dont les diplomates eux-mêmes croyaient nécessaire d'arrêter à tout prix la recrudescence dans le Tché-Li, le général Bailloud confia au colonel Guillet la mission d'aller disperser ce rassemblement. D'après les renseignements très complets rapportés par le capitaine Degoutte, qui avait été envoyé en reconnaissance dans la région, le colonel Guillet divisa en trois groupes les troupes mises à sa disposition :

1ᵉʳ *groupe* (sous les ordres du lieutenant-colonel Espinasse, chef d'état-major de la 2ᵉ brigade) :

1ʳᵉ et 2ᵉ compagnies du 16ᵉ régiment d'infanterie de marine (capitaine adjudant-major Valton);

Une section de la 3ᵉ batterie de montagne ;

Un peloton du 5ᵉ chasseurs d'Afrique.

Ce groupe, partant par voie de terre de Pao-Ting-Fou, devait aller cantonner le 21 au soir à Pé-Sin-Tien et se porter le 22 sur Ta-Ly-Ko-Tchouang par le nord-est.

2ᵉ *groupe* (sous les ordres directs du colonel Guillet) :

Un détachement de la compagnie du génie 9/4 ;

1ʳᵉ compagnie du régiment de marche d'infanterie ;

Un détachement de la 4ᵉ compagnie du même régiment prélevé sur la garnison de Tcheng-Ting et Sin-Lé ;

9ᵉ et 10ᵉ compagnies de zouaves (chef de bataillon Louvet);

Deux sections de la 7ᵉ batterie de campagne d'artillerie de marine ;

Un peloton du 5ᵉ chasseurs d'Afrique ;

Une section d'ambulance.

Le point de concentration de cette colonne était Ouang-Tou, à 21 kilomètres nord-est de Ta-Ly-Ko-Tchouang, où l'infanterie fut transportée le 21 par voie ferrée, et d'où elle devait aller aborder par le nord-ouest le principal centre de résistance organisé par les Boxers.

3ᵉ *groupe* (sous les ordres du capitaine Clouzet, des chasseurs d'Afrique) :

Trois sections de la 10ᵉ compagnie de zouaves ;

Un peloton du 5ᵉ chasseurs d'Afrique.

Ce petit groupe devait partir de Ting-Tchéou le 21 au soir pour aller, par une marche de nuit, prendre position le lendemain matin sur la rive droite du Tang-Ho, au sud de Ta-Ly-Ko-Tchouang, de manière à interdire aux Boxers le passage des nombreux gués de ce cours d'eau.

Le 22 au matin, malgré un froid très vif, les trois groupes occupaient les emplacements de rendez-vous qui leur avaient été assignés, et l'on procédait à la reconnaissance détaillée des défenses du gros bourg de Ta-Ly-Ko-Tchang, dont les portes étaient solidement barricadées et qu'occupaient effectivement de nombreux Boxers en armes.

Les chasseurs d'Afrique et les officiers chargés de cette reconnaissance ayant été reçus à coups de fusil (une patrouille de chasseurs d'Afrique avait même été assaillie à l'arme blanche par un groupe de Boxers qui

En position devant Ta-Ly-Ko-Tchouang.

avaient blessé trois chevaux), le colonel Guillet fit prendre les dispositions pour l'attaque. Tandis que le capitaine Ponsignon démolissait la porte Ouest avec ses canons de 80 de campagne et chassait les défenseurs de la face Ouest devant laquelle se déployait la colonne Guillet, le lieutenant-colonel Espinasse prenait comme objectif la porte qui formait le saillant nord-est de l'enceinte et qui constituait un point d'attaque indiqué ; après avoir fait préparer l'assaut par sa section de montagne, il lançait à l'escalade les compagnies d'infanterie de marine des capitaines Coup et Pernot, qui réussissaient, malgré une vive fusillade, à pénétrer dans la place. Après une lutte corps à corps qui se prolongea dans les maisons, les Boxers, affolés par le bombardement et par ces attaques convergentes, lâchèrent définitivement pied et cherchèrent à s'enfuir, partie vers le Nord, où ils furent sabrés par les chasseurs d'Afrique des deux premiers groupes, partie vers le Sud, où le passage des gués du Tang-Ho sous le feu de la 11ᵉ compagnie de zouaves leur causa de grosses pertes et où ils furent ensuite chargés par les chasseurs du capitaine Clouzet. Un groupe important d'entre eux eut de ce côté un court mais très vif engagement avec une section de la 11ᵉ compagnie de zouaves et ne fut dispersé que par une vigoureuse charge à la baïonnette au cours de laquelle trois zouaves furent blessés. Deux hommes de la 1ʳᵉ compagnie d'infanterie de marine avaient, d'autre part, été grièvement blessés pendant l'assaut.

Le 23, après avoir parcouru les environs sans trouver la moindre velléité de résistance, même dans les villages qui lui avaient été signalés comme les plus suspects, le colonel Guillet disloquait sa colonne et les troupes se mettaient en route sur les garnisons qui leur étaient assignées. (C'est à ce moment que furent renforcées les garnisons de la ligne Houai-Lou, Tcheng-Ting-Fou, Ting-Tchéou.)

Mais, quelque sérieuse qu'eût été la leçon infligée à ces fanatiques dans cette affaire de Ta-Ly-Ko-Tchouang, l'agitation n'en persista pas moins plus au sud, dans toute la partie orientale de la préfecture du Tcheng-Ting-Fou.

Pendant la tournée que le général Bailloud exécuta dans les premiers jours de décembre du côté de Tcheng-Ting et d'Houai-Lou pour assurer dans ces postes avancés l'exécution des dernières instructions du général en chef, il put constater que, si le pays d'Houai-Lou même paraissait assez tranquille, et si les réguliers, tout en occupant en nombre les défilés, se tenaient encore sur une prudente défensive à une distance suffisante de cette petite place, l'ordre était loin d'être assuré de même dans les environs de Tsin-Tchéou entre Tcheng-Ting et Hien-Shien.

Il régnait dans cette région, qui avait été un des foyers

du mouvement boxer, et qui n'avait pas encore été visitée par les troupes européennes, un esprit particulièrement accentué d'hostilité fanfaronne contre les étrangers, et les sociétés secrètes militantes y conservaient une influence prépondérante.

Beaucoup de Chinois de cette partie du Tché-Li étaient allés combattre à Tien-Tsin en juin et en avaient rapporté les armes à tir rapide que le vice-roi leur avait fait distribuer ; ils s'en servaient pour intimider les habitants paisibles et pratiquer sur une vaste échelle le pillage en bande et à main armée; ils avaient même organisé, sur plusieurs points, à Kiou-Tcheng notamment, des centres de résistance assez sérieux, où ils tenaient de fréquentes assemblées. Les *min-toan*, ou gardes nationales, ne faisaient rien pour maintenir l'ordre, et les mandarins eux-mêmes conservaient une attitude des plus suspectes.

Il semblait, dans ces conditions, qu'il y eût intérêt à montrer des troupes dans cette région. Le général en chef, mis au courant de la situation, autorisa donc le général Bailloud à y exécuter une tournée de police, en lui recommandant toutefois d'éviter toute rigueur injustifiée à l'égard des indigènes, toute effusion de sang inutile et de prendre, d'autre part, toutes les précautions nécessaires pour préserver les hommes du froid, qui commençait à s'accentuer d'une manière très sérieuse, surtout pendant la nuit. Le général commandant la 2ᵉ brigade constitua à cet effet une colonne légère, à laquelle, suivant les ordres du général en chef, il donna un effectif suffisant pour être à l'abri de toute surprise et de tout échec.

Elle comprenait :

Un détachement de la compagnie 9/4 du génie ;

Les 1ʳᵉ et 4ᵉ compagnies du 16ᵉ d'infanterie de marine ;

La 9ᵉ compagnie de zouaves et 1 peloton de la 11ᵉ compagnie ;

Un peloton de la 4ᵉ compagnie du régiment de marche d'infanterie ;

Un demi-escadron de chasseurs d'Afrique ;

Une demi-batterie de 80 de campagne ;

Une section de 80 de montagne ;

Un détachement d'ambulance et un détachement du train.

Le lieutenant-colonel Drude était désigné pour commander les troupes, dont la concentration devait se faire le 13 décembre à Kao-Tcheng, à 25 kilomètres à l'est de Tcheng-Ting-Fou, et le général Bailloud se réservait la direction politique et militaire de l'opération.

Mais, sur ces entrefaites, une alerte s'était produite du côté d'Houai-Lou, où les réguliers avaient pris subitement une attitude agressive. Dès le 5 décembre — trois jours après la reconnaissance qu'avait exécutée de sa personne le général Bailloud à l'ouest de la ville et dans laquelle il n'avait rien vu de réellement suspect — une première escarmouche s'était produite : une patrouille de chasseurs d'Afrique, envoyée par le capitaine Aubé pour surveiller les progrès des Chinois, que les émissaires signalaient comme ayant reçu des renforts, avait essuyé le feu de plusieurs groupes de cavaliers et de fantassins à l'ouest de Sia-Ngan.

Les jours suivants, le capitaine Aubé avait appris que les troupes chinoises devenaient de plus en plus nombreuses dans les environs de King-Sing-Shien, et le 10 un assez fort détachement de ces réguliers s'était avancé jusqu'au village même de Sia-Ngan, à moins de 18 kilomètres à l'ouest d'Houai-Lou ; il avait cru nécessaire d'aller, avec tout son monde disponible, les obliger à évacuer ce village, où leur présence pouvait devenir menaçante pour ses communications et dans lequel ils commençaient déjà à se fortifier; il les avait refoulés, sans éprouver une grande résistance, jusqu'aux abords de la porte et du défilé de Toung-Kia-Men, mais, avec son faible effectif (un peloton de zouaves, une section de montagne et quelques cavaliers), il n'avait pu tenter d'enlever cette forte position, solidement retranchée et occupée par des troupes nombreuses avec de l'artillerie moderne.

On pouvait se demander si ces **réguliers** n'avaient pas effectivement quelque velléité d'offensive et s'il convenait alors de consacrer le gros des forces françaises de cette région à des opérations contre les Boxers dans une autre direction. Aussi, pendant que s'opérait la concentration sur Kao-Tcheng, le général Bailloud se rendit-il de nouveau à Houai-Lou pour chercher à se rendre compte aussi exactement que possible de la situation.

Des renseignements recueillis sur place, il conclut que les Chinois, qui accumulaient retranchements sur retranchements, semblaient avoir surtout l'intention de multiplier des défenses sur la route du Chan-Si dans la crainte d'une offensive allemande ou française, et il se convainquit, d'autre part, qu'au cas d'une attaque imprévue et qui lui semblait d'ailleurs improbable, la garnison d'Houai-Lou était à même de tenir jusqu'à l'arrivée de renforts de Tcheng-Ting. Il estima, en conséquence, qu'il avait le temps, en restant toutefois en liaison constante avec cette dernière place, d'aller parcourir la région de Chen-Tchéou, où on lui signalait de nouveaux pillages de la part des Boxers, et où un mandarin, prenant ouvertement leur parti, venait de faire incarcérer quelques familles chrétiennes et empêchait les notables de venir faire leur soumission. Il rejoignit donc le lieutenant-colonel Drude à Kao-Tcheng, après avoir rappelé au capitaine Aubé les instructions formelles du général en chef au sujet de la nécessité d'éviter, autant que possible, les incidents susceptibles de nous obliger à une véritable entrée en campagne, contraire aux intentions du corps diplomatique et du gouvernement français.

Le 14, après avoir parcouru un pays où les habitants avaient une attitude équivoque mais pas ouvertement hostile cependant, et avoir traversé la sous-préfecture de Tsin-Tchéou, dont les mandarins avaient fait des protestations de soumission, la colonne approchait des villages où elle devait cantonner quand on apprit que le

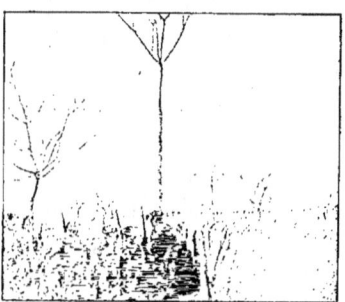

Avant l'assaut de Pao-Kia-Tchouang.

gros bourg muré de Pao-Kia-Tchouang venait de refuser d'ouvrir ses portes à un groupe d'éclaireurs. Après une série de pourparlers et de sommations sans résultat, il fallut se décider à faire brèche et à préparer l'assaut. Les Chinois, Boxers et miliciens locaux, qui avaient d'abord entamé une assez vive fusillade et essayé de tirer quelques vieux canons, abandonnèrent les murailles après les premiers coups de 80 de campagne, et le capitaine du génie Noguette put s'avancer de couvert en couvert avec quelques sapeurs pour essayer de faire sauter la porte Sud, qu'avaient à moitié démolie les obus de l'artillerie. Il n'y eut pas, en somme, de sérieuse résistance, et l'ennemi s'enfuit en débandade vers le Nord sans attendre la colonne d'assaut, laissant seulement au milieu des ruines de la porte quelques morts, et quelques blessés qui furent recueillis et soignés par nos médecins.

Le lendemain, pendant que la colonne continuait sa marche sur Kiou-Tcheng, l'attitude des habitants fut plus hostile encore ; en approchant de la petite ville fortifiée de Oui-Pé, à 10 kilomètres à l'est de Pao-Kia-Tchouang, le capitaine Degoutte, qui conduisait le peloton de découverte, fut reçu par de véritables feux de salve. Il essaya en vain de faire haranguer les habitants par son interprète pour leur faire comprendre qu'il était suivi de forces considérables et que le mieux pour eux était de faire leur soumission et d'ouvrir les portes. Une nouvelle sommation, faite par le lieutenant-colonel Espinasse, n'eut pas plus de succès, et celui-ci dut se borner à reconnaître, sous les balles, le point d'attaque le plus favorable. La colonne arrivait sur ces entrefaites ; le général Bailloud fit prendre les dispositions voulues pour faire brèche et donner l'assaut à un saillant voisin de la porte Sud, tandis qu'une démonstration serait faite sur la face Est par les compagnies d'infanterie de marine et la section de montagne. Le capitaine Ponsignon réussit rapidement à faire une brèche qui fut reconnue praticable par le lieutenant-colonel Drude et le capitaine Noguette, et par laquelle furent lancés à l'assaut les sapeurs du génie et la 9ᵉ compagnie de zouaves (capitaine Favier). Quelques instants après, l'infanterie de marine parvenait, à son tour, à pénétrer dans la ville par la porte Est. Les défenseurs, miliciens et Boxers, qui avaient tout d'abord dirigé un feu assez vif sur la section de montagne et sur l'infanterie pendant sa marche d'approche, n'attendirent pas l'assaut et s'enfuirent vers le Nord et vers l'Ouest. Quelques groupes résistèrent cependant dans des maisons à l'intérieur de la

Après l'assaut de Oui-pé.

ville, où l'on trouva une vingtaine de vieux canons et un grand nombre de fusils, de sabres, de lances, d'étendards avec inscriptions boxers, de cartouches mauser et mannlicher, etc.

La colonne, qui n'avait eu que deux hommes légèrement blessés, reprit sa marche pour aller cantonner à Pai-Li-Tsoun sans autre incident, et le lendemain 17 elle se portait sur Kiou-Tcheng, ancienne sous-préfecture et ville assez importante où de nouveaux renseignements confirmaient la présence du principal rassemblement de dissidents, renforcés, disait-on, par un assez grand nombre de réguliers.

Comme la veille, les éclaireurs étaient reçus à coups de fusil, et toutes les tentatives faites pour entrer en pourparlers avec les habitants restaient sans résultat.

Les remparts et surtout la face Ouest, devant laquelle avaient débouché les chasseurs d'Afrique, étaient couronnés de nombreux drapeaux et occupés par une foule nombreuse agitant des fusils et des lances et émaillée d'uniformes de réguliers. Après la reconnaissance des abords de la position, exécutée par le lieutenant-colonel Espinasse, le capitaine Degoutte, le capitaine Clouzet et le lieutenant de cavalerie Bouillon, sous le feu des défenseurs des murs et de quelques groupes de fantassins et de cavaliers réguliers qui sortirent de la ville à leur rencontre, le général Bailloud se décida à aller attaquer la place par la face Est, qui semblait moins solidement défendue et devant laquelle une série de hameaux et de chemins creux, puis une pagode devaient permettre à la colonne d'attaque de se former relativement à couvert. Pendant la marche exécutée en formation de rassemblement pour amener la colonne devant le point d'attaque ainsi choisi, les Chinois lui envoyèrent un certain nombre de boulets pleins qui tombèrent avec grand bruit au milieu des rangs, mais n'atteignirent qu'un mulet ; presque aussitôt une nombreuse colonne, étendards déployés en tête, sortait de la place par la porte Sud et se portait à l'attaque du convoi ; deux obus à mitraille de la section de montagne, aussitôt mise en batterie sur le flanc gauche de la colonne, et quelques feux de salve dispersèrent ces fanatiques.

La section de montagne du capitaine Vuillard fut ensuite chargée de battre d'écharpe les parapets pendant que la brèche serait faite dans les parapets voisins de la porte Est par le 80 de campagne, et que le gros de l'infanterie se rapprocherait du point d'attaque ; des dispositions étaient prises, en même temps, pour observer des rassemblements suspects qui se formaient un peu de tous côtés, au milieu de ce pays coupé d'arbres et couvert de nombreux villages. Ce fut à nos canons de montagne que l'ennemi répondit avec des canons en fonte très bruyants mais peu dangereux et avec de nombreux fusils à tir rapide. Un canonnier fut légèrement atteint, quoique à 1.200 mètres des remparts.

Au bout d'une demi-heure, la brèche de la porte Est paraissant praticable, le général Bailloud porta en avant les sapeurs du génie, l'infanterie de marine et le peloton de la 11e compagnie de zouaves pour constituer la colonne d'assaut. Le commandant Hubert réussit à masser ses deux compagnies derrière la grande pagode située à environ 150 mètres de la porte, après avoir fait reconnaître, sous le feu de l'ennemi, par le plus ancien sergent et les deux plus anciens soldats de la 4e compagnie du 16e, que cette pagode n'était plus occupée, et, au signal donné par le lieutenant-colonel Drude, les compagnies Coup et Martin s'élancèrent sur la brèche avec les sapeurs du capitaine Noguette. Les Chinois abandonnèrent les remparts, mais la résistance dura assez longtemps encore dans l'intérieur de Kiou-Tcheng. Un sapeur du génie, un soldat du 40e et deux de l'infanterie de marine furent blessés dans cette lutte à l'arme blanche. Enfin les Boxers abandonnèrent définitivement la lutte, mais non sans avoir massacré avec des raffinements inouïs de cruauté plusieurs familles de prisonniers chrétiens et de notables qui avaient proposé le matin de faire ouvrir les portes. La colonne cantonna dans la ville conquise, où nos médecins donnèrent leurs soins non seulement aux femmes et aux enfants chrétiens qui n'avaient pas succombé aux mutilations qu'ils avaient subies, mais aussi aux blessés chinois ramassés dans les rues. On trouva sur les murailles près de 80 canons en fer de petit calibre qui furent encloués par l'artillerie, de nombreux fusils de rempart et 12 gros canons qu'on détruisit à la dynamite. Dans les maisons on découvrit un approvisionnement considérable de poudres

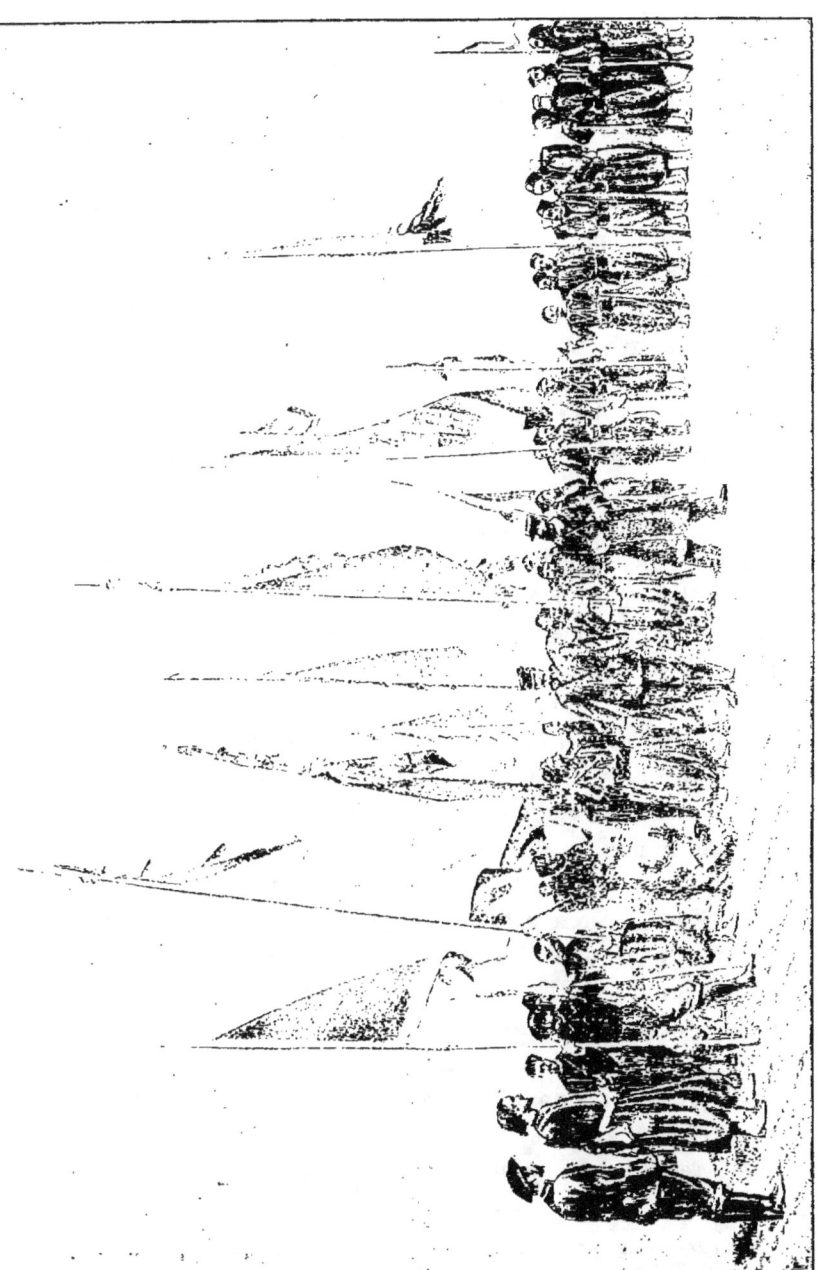

Drapeaux pris à Kiou-Tcheng.

de diverses provenances et de cartouches de tout modèle et des uniformes de réguliers.

Dans la soirée, le général Bailloud apprit, par des émissaires chrétiens, que le sous-préfet de Chen-Tchéou s'était enfui de la ville à l'arrivée d'un autre fonctionnaire envoyé par le préfet de Pao-Ting-Fou, sur l'ordre de Li-Hung-Chang, que les habitants en avaient désarmé les remparts et chassé les réguliers qui voulaient faire cause commune avec les Boxers (1), qu'ils avaient rendu la liberté aux chrétiens incarcérés par leur ancien mandarin et s'étaient mis en relation avec la mission de Hien-Shien pour régler les indemnités à leur attribuer, et qu'enfin ils envoyaient, en signe de soumission, des vivres aux troupes françaises en se déclarant prêts à leur ouvrir leurs portes. D'autre part, il se confirmait que c'était bien Kiou-Tcheng qui était le centre principal du mouvement boxer dans le pays, et que son enlèvement consacrait bien nettement aux yeux des populations notre victoire sur les fauteurs de désordre.

Dans ces conditions, le général Bailloud ne jugea pas nécessaire de pousser jusqu'à Chen-Tchéou et de s'éloigner ainsi de la région d'Houai-Lou, bien qu'il n'eût pas reçu de nouvelles inquiétantes du capitaine Aubé. Il fit donc reprendre, le 27 décembre, la route de Tcheng-Ting-Fou, après avoir fait détruire tout le matériel de guerre trouvé dans Kiou-Tcheng, laissant les indigènes de la région sous l'impression d'un châtiment justement mérité et faisant dire aux habitants de Chen-Tchéou qu'il acceptait leur protestation de soumission, mais qu'il reviendrait dans le pays au premier indice de nouveaux troubles.

Au retour, sauf quelques coups de feu tirés sur elles

---

(1) C'était ces réguliers, cavaliers et fantassins, qui étaient venus se joindre aux défenseurs de Kiou-Tcheng.

à la sortie de Kiou-Tcheng par un certain nombre de fanatiques restés cachés en ville ou revenus pour y piller, nos troupes n'éprouvèrent plus aucune résistance; partout les populations ouvraient leurs portes, apportaient des vivres : la détente paraissait complète...

Le général Bailloud s'empressa de rendre compte de cet heureux résultat au général en chef, et, laissant le lieutenant-colonel Drude ramener vers le nord les troupes appartenant aux garnisons de Ting-Tchéou, Pao-Ting-Fou (le lieutenant-colonel Drude devait s'installer de sa personne à Ting-Tchéou comme commandant des postes avancés du Sud-Ouest, dont les renforcement se faisait à ce moment), il alla passer par Tcheng-Ting pour s'assurer que la situation ne s'était pas modifiée du côté du Chan-Si avant de rentrer, le 20 décembre, par voie ferrée, à son quartier général.

A la suite de ces opérations répétées, le mouvement boxer parut pour quelque temps sérieusement enrayé dans la région très peuplée située au sud de Pao-Ting-Fou et de Ting-Tchéou; mais, désespérant d'entraîner les populations à nous résister encore dans les villes murées dont nos obus à la mélinite avaient trop vite fait de nous ouvrir l'entrée, les plus fanatiques cherchèrent dans les montagnes à l'ouest de Ting-Tchéou un refuge d'où ils pussent continuer leur œuvre de haine contre les chrétiens et leurs fructueux pillages dans les centres riches de la plaine. A peine les troupes qui avaient pris part à la colonne de Kiou-Tcheng étaient-elles rentrées à Pao-Ting-Fou que des émissaires signalaient un gros rassemblement en formation aux environs des pagodes de Che-Maen, à 15 kilomètres au nord-ouest de Sin-Lé.

Tandis qu'il se rendait à Pékin dans les derniers jours de décembre pour y rendre compte de ses dernières opérations au général commandant en chef et prendre ses instructions au sujet des modifications que les progrès des négociations pouvaient amener dans la ligne de conduite imposée aux troupes françaises, le général Bailloud chargea le colonel Guillet, qui allait inspecter les cantonnements d'hiver du bataillon du 3ᵉ zouaves sur la ligne Ting-Tchéou, Tcheng-Ting-Fou, d'étudier cette situation sur place et de disperser ces rassemblements, si cela lui paraissait nécessaire, avec les ressources disponibles dans les garnisons locales renforcées de la 5ᵉ compagnie de zouaves (bataillon du 2ᵉ zouaves), de la 3ᵉ compagnie du 16ᵉ de marine et d'une section de la 3ᵉ batterie de montagne. En arrivant à Sin-Lé avec ces troupes, qui avaient été transportées par voie ferrée le 28 au matin à Ting-Tchéou, le colonel Guillet apprit effectivement que de nombreux Boxers battaient le pays à l'ouest de la voie ferrée, y levaient des contributions en vivres et en argent, y avaient assassiné plusieurs chrétiens et fait quelques prisonniers, et qu'ils se fortifiaient sur la « montagne Jaune » voisine de Che-Maen. Cette montagne, sur laquelle s'élevaient de nombreuses pagodes, statues monumentales taillées dans le roc, tombeaux, etc., constituait un centre religieux très en honneur dans le rite boxer et, en outre, d'autres cavernes et anfractuosités leur permettaient de trouver des abris naturels dont ils avaient renforcé la valeur défensive en couronnant les escarpements de retranchements en pierres sèches. Les abords de cette position, naturellement forte, avaient été reconnus le 27 décembre par le lieutenant Servel, du bataillon du 40ᵉ, escorté par des chasseurs d'Afrique, qui avaient été accueillis par quelques coups de fusil. Les populations paisibles insistant auprès du colonel Guillet pour être protégées contre ces fanatiques, il se porta contre eux le 29 décembre avec les 6ᵉ et 9ᵉ compagnies de zouaves, trois sections de la 4ᵉ compagnie du bataillon du 40ᵉ, deux sections d'artillerie (une de 80 de montagne, une de 80 de campagne) et un peloton de chasseurs d'Afrique. Aucun des émissaires qu'il avait envoyés pour chercher à se rendre compte des forces dont disposaient effectivement les Boxers n'ayant reparu, il s'avança jusqu'à deux kilomètres environ de la position, qu'il fit tâter sur les points les plus accessibles par un certain nombre de reconnaissances et sur laquelle il envoya même quelques coups de canon ; mais, la jugeant trop forte et surtout trop étendue pour être enlevée avec les troupes dont il disposait sans s'exposer à des pertes inutiles, il s'installa au contact de l'ennemi dans les villages voisins de la montagne et prévint par télégramme le général Bailloud, en lui demandant des renforts. Celui-ci reçut ce compte rendu à Pao-Ting-Fou le 29 au soir, en rentrant de Pékin, où le général commandant en chef venait de lui faire connaître, après s'être entendu à ce sujet avec le ministre de France, que l'acceptation par le gouvernement chinois de la *Note conjointe* en douze articles, fixant les bases sur lesquelles les puissances étaient disposées à traiter, ne devait modifier en rien la ligne de conduite tracée aux troupes françaises au point de vue de la police de la zone qu'elles occupaient (1).

---

(1) Un décret impérial rendu le 6e jour le la 11e lune (27 décembre 1900) et télégraphié de Si-Ngan-Fou aux plénipotentiaires chinois, acceptait dans les termes ci-après la note conjointe des puissances :
Le prince du 1er rang K'Ing et Li-Hung-Chang nous ont envoyé une dépêche télégraphique nous faisant en même temps connaître les articles (préliminaires à la paix). Nous avons tout lu et nous en avons été affligé ; mais, attendu que les affaires sont dans un état plein de dangers, nous ne pouvons ne pas chercher par des procédés conciliants à les relever. En conséquence, il faut accepter aussitôt les 12 articles principaux (que vous nous avez envoyés). Quant aux détails explicatifs de ces mêmes articles, il faudra, comme pour le passé, faire tout son possible pour les adoucir et les polir. Ledit prince et les autres devront faire des efforts pour vaincre les difficultés, allant jusqu'où leurs forces pourront atteindre, dans l'espoir de sauver l'État du mauvais pas où il se trouve. — Sceau impérial.

Le général Bailloud n'hésita donc pas à porter immédiatement, contre le rassemblement de dissidents dont on lui signalait l'importance, des forces suffisantes pour parer à toute éventualité.

En conséquence, un détachement du génie, deux compagnies du 16e régiment d'infanterie de marine (sous les ordres du commandant Hubert), la 2e compagnie du bataillon du 40e, la 6e compagnie de zouaves (du 2e zouaves), la section de 75 de la 15e batterie du 20e d'artillerie (qui venait d'arriver à Pao-Ting-Fou), une nouvelle section de 80 de campagne, un peloton du 5e chasseurs d'Afrique et un détachement d'ambulance partirent le 30 décembre de Pao-Ting-Fou par voie ferrée pour Ting-Tchéou et gagnèrent le soir même Sin-Lé par une marche exécutée en grande partie de nuit et très vaillamment supportée, malgré la rigueur de la température.

Le général commandant en chef ayant été mis au courant de la situation par un compte rendu téléphonique (1) et ayant approuvé les dispositions prises, en recommandant seulement d'agir vite et sans mesures inutiles de rigueur, le général Bailloud se rendit lui-même à Sin-Lé avec les premiers renforts pour prendre la direction des opérations. Il rejoignit le 31, vers midi, devant la montagne Jaune, le colonel Guillet, qui avait continué pendant la journée du 30 à observer les positions ennemies sans s'engager à fond et sans réussir davantage que les jours précédents à entrer en pourparlers avec les Boxers, qui avaient tiré sur les envoyés du mandarin de Sin-Lé.

Une partie des renforts venant de Pao-Ting-Fou ne pouvant arriver en ligne qu'assez tard dans la journée,

---

(1) Le téléphone posé par le général le long de la voie ferrée, fonctionnait depuis la veille entre Pékin et Pao-Ting-Fou.

le général Bailloud remit l'attaque décisive au lendemain 1ᵉʳ janvier 1901, mais résolut d'employer l'après-midi du 31 à faire, avec les commandants d'unités, une reconnaissance détaillée des abords de la montagne Jaune pour déterminer les points d'attaque, reconnaître les emplacements d'artillerie, etc. Il exécuta cette reconnaissance avec deux pelotons d'infanterie, un peloton de cavalerie et la section de 75, qu'il amena jusqu'à l'emplacement qui lui parut le plus favorable pour l'attaque du lendemain. A la vue de ce détachement, comme les jours précédents d'ailleurs, les Boxers sortirent en grand nombre de leurs abris et se mirent à parader devant nos troupes, brandissant leurs armes et leurs étendards et saluant les éclaireurs de quelques coups de fusil. Pour mettre fin à ces provocations, le général Bailloud prescrivit au lieutenant Malandrin d'ouvrir le feu sur un groupe qui paradait devant la pagode principale. L'effet du tir progressif réglementaire du canon de 75 fut immédiat. Devant cette rafale de projectiles leur arrivant d'une distance de plus de 2.000 mètres et se succédant avec une rapidité qui, pour eux, tenait du prodige, tous ces fanatiques disparurent en quelques secondes dans leurs abris, laissant un certain nombre de morts et blessés sur le terrain, et jusqu'à la tombée de la nuit on ne reçut plus de coups de fusil.

Le lendemain matin, 1ᵉʳ janvier, les troupes furent mises en marche sans sac après avoir mangé la soupe, le général Bailloud comptant les faire rentrer le soir dans leurs cantonnements. Il avait formé trois colonnes, commandées respectivement par le commandant Hubert, le colonel Guillet et le lieutenant-colonel Drude, afin d'aborder à la fois la position de face et sur ses deux ailes pendant que le capitaine Chapus, du 40ᵉ, parti de bonne heure avec sa compagnie et un peloton de cavalerie, occuperait sur les derrières de l'ennemi le col qui relie la montagne Jaune aux montagnes voisines. Il régnait un brouillard intense, qui dérobait complètement aux vues les hauteurs occupées la veille par de nombreux Boxers et qui permit au capitaine Rivet de s'emparer sans coup férir, à la tête de l'avant-garde de la colonne Hubert, d'un piton formant l'avancée orientale de la position.

En même temps, la colonne centrale faisait quelques prisonniers qui apprenaient au général Bailloud que les Boxers, terrorisés par le tir de l'artillerie de la veille, avaient pour la plupart évacué la position pendant la nuit, et que les autres s'enfuyaient devant nos troupes sans essayer de résister. Une heure après, en effet, le commandant Hubert, dont les éclaireurs ne rencontraient toujours pas l'ennemi et qui continuait son ascension dans le brouillard avec autant d'habileté que d'à-propos, occupait, sans résistance, la pagode centrale à la tête de ses compagnies d'infanterie de marine ; il ne trouvait sur la route que quelques fuyards, des fusils de rempart, d'autres armes abandonnées, et des cadavres, ceux des Boxers tués la veille, non loin de ceux de leurs malheureux prisonniers, qu'ils avaient horriblement mutilés avant de leur trancher la tête. Dans les pagodes et les abris du sommet, les repas préparés, le thé chaud, les feux allumés, tout dénotait une fuite précipitée devant nos troupes, qui étaient peu après toutes réunies sur la montagne Sacrée. A titre d'exemple, on fit sauter les pagodes et les statues, et l'on détruisit les cases qui avaient servi d'abris ; mais, conformément aux ordres du général commandant en chef, les quelques prisonniers qu'on avait faits, femmes, enfants ou vieillards, furent remis en liberté sans qu'il leur fût fait aucun mal ; ces destructions furent complétées par celles des magasins de vivres, constitués à force d'exactions par les Boxers et que le capitaine Chapus découvrit à Che-Maen et dans

Tenue d'hiver à Pao-Ting-Fou.

les villages voisins, et il parut pendant quelque temps que ces leçons successives avaient porté.....

Les troupes, qui avaient fait preuve, pendant ces quelques jours, de qualités d'entraînement et d'endurance toutes particulières, rejoignirent leurs cantonnements les jours suivants. Les trains qui les portaient furent sensiblement retardés par la neige qui se mit à tomber en abondance à partir du 2 janvier et qui rendit, pendant quelque temps, les communications assez difficiles ; mais, grâce à toutes les précautions prises, l'état sanitaire resta partout excellent, malgré la rigueur de la température (1).

XI. — Opérations de police exécutées pendant l'hivernage dans la région de Tcho-Tchéou.

Pendant que diverses opérations étaient ainsi exécutées dans le sud-ouest du Tchéli, les garnisons de Tcho-Tchéou, Mou-Ling, Liou-Li-Ho avaient continué à exer-

---

(1) Pendant tout le mois de janvier, la température à l'ombre ne s'est pas élevée au-dessus de zéro dans le Pé-Tchéli (la moyenne des températures observées à Tien-Tsin a été — 5°,8). La température des matinées est d'ailleurs restée au-dessous de zéro d'une manière continue du 1er décembre au 18 mars et est descendue fréquemment, pendant plusieurs jours consécutifs, à — 15° à Tien-Tsin, à — 19° dans la région montagneuse de l'Ouest. Le minimum observé a été de — 24° à Chin-Van-Tao le 22 janvier.

Le tableau résumant les observations météorologiques faites par le service de santé à Tien-Tsin fait ressortir, en même temps que cette persistance du froid, la fréquence des coups de vent pendant l'hivernage ; ces vents, très secs pendant toute cette saison froide, amenaient de véritables trombes de poussière voilant le soleil pendant des heures entières, et rendaient, à certains jours, les mouvements à l'extérieur des habitations presque impossibles. Les neiges, plus abondantes dans l'ouest du Tché-Li que dans la région de Tien-Tsin, n'ont complètement fondu à l'abri du soleil qu'au mois de mars, et il y a eu encore une tempête de neige mêlée de poussière le 2 avril ; puis la température s'est élevée très rapidement, et il n'y a, en fait, pas eu de printemps (le thermomètre est monté à 33°,5 le 28 avril).

cer la plus active surveillance sur toute cette région, dont la police appartenait plus spécialement à la France, d'après l'accord intervenu entre le feld-maréchal comte de Waldersee et le général commandant en chef. D'une manière générale, bien que ce pays eût été un des centres du mouvement boxer, aucun incident grave ne s'y était produit dans les premières semaines qui avaient suivi notre installation, et les nouveaux mandarins nommés par Li-Hung-Chang avaient paru s'employer avec un certain zèle à apaiser les querelles et à réparer les ruines causées par les événements de l'été de 1900. Ils avaient été dûment prévenu qu'aucun rassemblement armé (Boxers ou réguliers) ne serait toléré et, de fait, pendant quelque temps, nos reconnaissances ne signalèrent rien de suspect; les troupes régulières chinoises rencontrées en octobre par le lieutenant de vaisseau Dyé, puis, quelques jours après par le colonel italien Garioni semblaient avoir disparu et tous les fonctionnaires, chefs de village, notables, etc..., répétaient invariablement que les ordres donnés par les puissances à Li-Hung-Chang avaient été exécutés et qu'il ne restait aucun groupe armé dans la région.

Cependant, vers le milieu de décembre, quelques bruits alarmants parvinrent au lieutenant-colonel Rondony et un certain changement d'attitude dans la population parut les confirmer; on disait que des milliers de réguliers se réunissaient en secret aux environs de Tcho-Tchéou, et qu'ils profiteraient des grands froids pour attaquer nos postes et détruire de nouveau la voie ferrée; on annonçait aussi que quelques petites bandes de Boxers s'étaient reformées et jointes aux réguliers.

Des ouvriers du chemin de fer qui s'étaient rendus le 16 décembre à Kou-Ngan-Shien, pour y réclamer du matériel, ayant été maltraités, le capitaine de Laverrie fut envoyé le lendemain avec sa compagnie (5ᵉ du 17ᵉ d'infanterie de marine) dans cette direction, pour chercher à se rendre compte de la situation.

Kou-Ngan, qui avait été précédemment un centre de réunion de Boxers et où un groupe de ces fanatiques avait essayé de résister six semaines auparavant à la colonne italo-allemande du colonel Garioni, rentrant de Pao-Ting-Fou à Pékin, ouvrit cette fois ses portes sans résistance, mais, le 18 au matin, une reconnaissance qui explorait les bords du Houn-Ho au nord-est de la ville, reçut des coups de fusil de quelques cavaliers qui se dérobèrent dans les roseaux des environs du fleuve. Le capitaine de Laverrie se porta aussitôt dans cette direction, trouva quelques armes dans les villages qu'il explora, mais ne rencontra aucun rassemblement d'insurgés; il se rabattit alors le lendemain sur la vallée du Péi-Kéou-Ho, qu'il parcourut en revenant vers Tcho-Tchéou, et où il se trouva tout à coup en présence d'une petite troupe de réguliers et de Boxers armés de fusils à tir rapide et qui, surpris, ouvrirent le feu sur son avant-garde puis coururent s'enfermer dans le village de Pao-Péi-Tien. Ils y furent immédiatement poursuivis et, tandis que le capitaine de Laverrie donnait la chasse à leur chef monté et l'abattait d'un coup de revolver au moment où celui-ci le mettait lui-même en joue, les maisons où s'étaient réfugiés les réguliers étaient enlevées après une courte lutte. Mais on n'avait eu affaire là qu'à un groupe peu nombreux, et le lieu de refuge de la bande principale dont tout paraissait confirmer l'existence, restait à découvrir. Divers indices pouvant faire supposer que ce groupe principal devait se tenir au nord de la zone parcourue par le capitaine de Laverrie, rentré sans autre incident à Tcho-Tchéou le soir même de l'affaire de Pao-Péi-Tien, le lieutenant-colonel Rondony envoya, le 20 décembre, le capitaine Bourda explorer cette région avec la 6ᵉ compagnie jusqu'à Péi-Kéou-Ho; la population paraissait tranquille et assurait qu'il n'y avait dans les environs ni réguliers ni Boxers. Mais quand, après le passage de la rivière en bac (1), le sous-lieutenant Alle-

Infanterie coloniale montée.

grini, qui précédait la compagnie avec 4 hommes montés, arriva devant le village de Koun-Soun, il fut reçu par des coups de feu. Le capitaine Bourda déploya aussitôt sa compagnie pour attaquer cette localité des toitures de laquelle partit alors une fusillade assez vive mais mal ajustée, et où de nombreux Chinois en armes

---

(1) Un dégel partiel s'était produit au milieu de décembre et beaucoup de cours d'eau qui avaient été pris à la fin de novembre étaient plus ou moins complètement libres de glace.

semblaient organiser un déménagement laborieux. On était évidemment en présence du lieu de refuge de la bande cherchée et le capitaine Bourda mena son attaque le plus vivement possible pour ne pas lui laisser le temps de se dérober. Au moment où le sous-lieutenant Allegrini n'était plus qu'à courte distance des premières maisons, il aperçut tout à coup des pièces de canons traînées par des mules qu'on faisait sortir d'une cour; s'élançant alors hardiment avec les quatre hommes montés de sa compagnie sur les canonniers chinois, dont plusieurs se firent tuer sur place, il fut assez heureux pour s'emparer de quatre pièces en bronze et de vingt et une caisses de munitions. Les autres fractions de la compagnie escaladaient pendant ce temps résolument les terrasses des maisons occupées par l'ennemi, qui fut bientôt en pleine déroute, s'enfuyant par toutes les issues du village et poursuivi par les feux de salve des diverses fractions de la 6ᵉ compagnie. Par un hasard providentiel, celle-ci n'avait subi aucune perte. Indépendamment des quatre canons et de leurs munitions, les Chinois, entièrement surpris dans leur gîte, avaient laissé entre ses mains 30 fusils à répétition, 5 drapeaux, 35 chevaux ou mulets harnachés, des armes blanches, des cartouches, etc.... Ne pouvant continuer la poursuite sans cavaliers, d'autant plus que les Chinois s'étaient enfuis dans les directions les plus divergentes, le capitaine Bourda passa le reste de la journée à fouiller les villages voisins sans y trouver trace d'autres fractions de la bande. Le lendemain matin, laissant une section à la garde de son convoi et du matériel enlevé à l'ennemi, il chercha à suivre les traces d'un groupe qui était revenu dans la nuit rôder autour de Koun-Soun, mais il ne réussit pas à l'atteindre et dut rentrer à Tcho-Tchéou, ramenant ses trophées.

Aucun indice sérieux ne permettant de juger encore de

la direction de la retraite de la bande ainsi mise en déroute, le lieutenant-colonel Rondony pensa qu'elle chercherait peut-être à se reformer dans la région suspecte de Kou-Ngan et il se porta vers cette région le 22 avec les 5ᵉ et 10ᵉ compagnies du 17ᵉ et deux sections de la 1ʳᵉ batterie de montagne. Ce ne fut qu'en traversant Koun-Soun qu'il acquit enfin la certitude que les fuyards avaient pris franchement la direction du Sud et s'étaient donné rendez-vous vers Ho-Kien-Fou. Changeant aussitôt de direction, il se porta à marches forcées vers le Sud et trouva en effet bientôt les traces de la fuite précipitée d'une troupe très nombreuse que les habitants, revenus de leur effroi et heureux en somme d'être débarrassés de tous ces pillards, déclarèrent composée de plus de 1.500 réguliers renforcés de nombreux Boxers. Il suivit leur piste jusqu'à Ta-Yang, sur la route de Tien-Tsin à Pao-Ting-Fou, mais il ne put réussir à les atteindre; les détachements lancés également à leur poursuite par tous les postes français ou allemands de la région de Pao-Ting-Fou, Hioung-Shien, Pa-Tchéou, etc..., dès que le télégraphe leur avait appris le succès du capitaine Bourda, n'avaient pas été plus heureux; la rapidité extrême de la fuite de tous ces Chinois les avait depuis longtemps mis à l'abri des atteintes des troupes européennes: ils avaient parcouru plus de 60 kilomètres dans la journée qui avait suivi l'affaire de Koun-Soun et avaient franchi le Ta-Tsin-Ho, dès le 22 décembre, puis avaient essayé de s'arrêter à Ho-Kien dont le préfet, rendu circonspect par le contrôle continu exercé sur ses actes par le commandant du poste de Hien-Shien, avait refusé de leur ouvrir les portes et d'où ils avaient alors couru se réfugier jusque dans l'extrême sud du Tchéli, vers les frontières du Chan-Toung.

Cette poursuite, infructueuse malgré la vigueur et l'énergie déployées par tous ceux qui y avaient pris part, mit en évidence l'intérêt qu'il y aurait à doter chaque poste un peu important d'un élément plus mobile que l'infanterie et décida le général commandant en chef, qui ne pouvait songer à disperser par petits groupes ses deux escadrons de cavalerie et tenait d'ailleurs à les réserver pour les opérations d'une certaine envergure, à prescrire l'organisation dans chacun des postes de la région de Tcho-Tchéou, de groupes d'hommes ayant des notions d'équitation, qu'on monta avec des chevaux du pays (une compagnie montée fut organisée de même dans la région de Pao-Ting-Fou et ce mode d'emploi de l'infanterie montée se généralisa peu à peu dans les corps expéditionnaires des autres puissances).

Du reste, bien qu'on n'eût pas réussi à rattraper les débris de la bande qu'il avait mise en fuite, le brillant succès du capitaine Bourda eut assez de retentissement pour décider les troupes régulières chinoises à évacuer définitivement la partie centrale du Tchéli, et on n'y trouva plus de gros rassemblements pendant le reste de l'hivernage.

On signala, au contraire, dans la période qui suivit cette affaire de Koun-Soun, un véritable exode de réguliers cherchant à gagner le Chan-Si par petits paquets en évitant de se heurter aux troupes alliées. Ce mouvement d'émigration de réguliers amena dans la région de Léi-Choui-Shien deux petites collisions avec des détachements français :

Le 2 janvier 1901, une patrouille de huit hommes qui parcourait la route de Léi-Choui à Tcho-Tchéou, sous les ordres du caporal Couhault, de la 9ᵉ compagnie du 17ᵉ régiment d'infanterie de marine, se trouva tout à coup dans une tourmente de neige, face à face avec un groupe de réguliers qui escortaient un petit convoi et qui, surpris, ouvrirent le feu sur elle. Nos hommes ripostèrent avec beaucoup de sang-froid, puis se mirent à la poursuite des fuyards qui laissèrent entre leurs mains huit prisonniers, cinq fusils mannlicher, un drapeau, des armes blanches et leur convoi contenant des sacs de cartouches.

Le surlendemain, le lieutenant Tibout, commandant le poste de Léi-Choui-Shien, qui était en reconnaissance au sud de son poste, à la recherche d'un rassemblement de Boxers qui lui avait été signalé, essuya des coups de feu d'un autre groupe de réguliers qu'il poursuivit vigoureusement malgré le froid et la neige, et qu'il réussit à mettre en pleine déroute. Mais ce furent les deux seules occasions où nos troupes se retrouvèrent de ce côté en contact avec des réguliers. On sut bientôt que ceux-ci étaient devenus assez nombreux du côté de Kouang-Tcheng, à l'ouest de Mou-Ling, mais, comme sur cette partie des frontières du Tchéli, ils conservèrent une attitude correcte sans chercher à franchir la grande muraille et à se rapprocher progressivement de nos postes, le commandant Fonssagrives reçut l'ordre de se borner à se tenir au courant de leurs mouvements et il ne parut pas nécessaire au général commandant en chef de sortir vis-à-vis d'eux de l'attitude expectante imposée au corps expéditionnaire français par les instructions du gouvernement (1).

On n'eut plus, de fait, à agir de ce côté que contre quelques groupes de Boxers qui cherchèrent de temps à autre à se reformer dans ce pays où ils avaient déployé une activité spéciale pendant l'été de 1900. Le 27 décembre, quelques jours avant la rencontre du caporal Couhault avec un groupe de réguliers et presque au même

---

(1) Ce sont ces réguliers qui furent bousculés par la colonne allemande du colonel Hoffmeister venue de Pao-Ting-Fou par les défilés situés au sud de Mou-Ling, au moment de l'offensive générale prescrite aux troupes allemandes par le feld-maréchal comte de Waldersee à la fin de février.

point, le caporal Destombes, de la même compagnie escortant un groupe de malades jusqu'à Tcho-Tchéou, avait reçu brusquement des flèches et des coups de fusil d'un groupe de maisons d'où un assez grand nombre de Boxers, dérangés sans doute dans quelque pillage, s'étaient enfuis aussitôt qu'il avait fait riposter par son petit détachement. Les recherches faites les jours suivants par les garnisons de Léi-Choui-Shien et de Yi-Tchéou, tant pour retrouver cette bande que pour empêcher les réguliers qui regagnaient le Chan-si de stationner dans le pays et d'y former des groupes de pillards, ne permirent pas de recueillir d'indications précises sur ces bandits qui, pendant assez longtemps, n'attirèrent plus l'attention.

Une série de reconnaissances dirigées à la fin de janvier par le lieutenant-colonel Rondony et le commandant Michard, dans la région de Tchang-Fang et du monastère de Si-Yi-Tse, permit de constater, d'autre part, qu'il n'y avait pas de rassemblement suspect de ce côté, mais eut pour résultat de faire rendre par les indigènes d'assez nombreuses armes à feu (le capitaine Regnier, commandant le poste de Fang-Chan-Shien, se fit livrer 76 fusils à tirs rapide dans le seul mois de janvier). Dans l'ensemble, le calme ne cessa de régner pendant tout l'hiver dans toute cette région de Liou-Li-Ho, Tcho-Tchéou, Yi-Tchéou, Mou-Ling, où les troupes françaises, fidèles aux instructions données par le général commandant en chef, avaient su s'attirer tout spécialement la confiance et presque l'affection des populations, auxquelles leur présence donnait une sécurité inconnue depuis bien des années dans le pays.

Au printemps seulement, quelques malfaiteurs qui avaient pris la vallée du Houn-Ho pour théâtre de leurs exploits et dont un petit groupe avait même massacré, près de Toung-Ngan, dans la zone dont la police incombait aux Anglais, un missionnaire protestant de cette nationalité, se rapprochèrent de la région de Tcho-Tchéou et de Liou-Li-Ho et un petit poste volant dut, sur la demande de la population, être établi à Nan-Sia-Sin, pendant quelques semaines, pour assurer la sécurité de ce pays. Le capitaine de Jonquière, du 17ᵉ colonial, déploya beaucoup d'activité et de vigueur dans le commandement de ce petit poste et réussit à amener la dislocation de la bande et la capture d'une partie de ses armes.

Vers la même époque, le 20 juin, les autorités chinoises d'Yi-Tchéou signalèrent au capitaine Delclos, de la 9ᵉ compagnie du 17ᵉ, qui était resté depuis l'automne dans cette circonscription et y avait acquis une réelle influence, qu'une bande de Boxers pillait des villages à une vingtaine de kilomètres au sud-ouest de la ville. Il se mit en route le soir même avec 17 Européens montés de sa compagnie, sous les ordres du sous-lieutenant Amberger, et 35 Chinois de la milice locale également montés. Parvenu à la tombée de la nuit dans les villages où il pensait trouver ces bandits, il apprit qu'ils avaient repris la direction du Sud et il se lança aussitôt sur leurs traces malgré la nuit. Il les atteignit le 21 au matin à Tha-Yu, à 55 kilomètres de Yi-Tchéou et, faisant cerner le village par les miliciens, il s'élança avec les Européens dans le groupe de maisons où les habitants lui indiquèrent la présence des Boxers. Entièrement surpris, ceux-ci reçurent le sous-lieutenant Amberger par des coups de feu à bout portant, et il y eut quelques instants de lutte corps à corps, dans laquelle les hommes du 17ᵉ réussirent par leur vigueur et leur entrain à paralyser complétement les Boxers, dont aucun coup de feu ne porta. Une fraction seulement de la bande parvint à s'échapper dans la campagne sans que les miliciens pussent les rattraper. Le reste fut tué ou pris. 10 fusils à tir rapide, des lances, des sabres, des cartouches et 23 chevaux sellés que les

Boxers n'eurent même pas le temps de monter pour s'enfuir, furent les trophées de cette petite opération qui accrut encore le prestige dont le capitaine Delclos jouissait dans le pays.

Enfin, le 6 juillet, des commerçants chinois signalèrent au capitaine Vautravers, qui commandait alors le poste de Lou-Kou-Kiao, qu'un autre groupe de Boxers avait établi son quartier général à la pagode du col de Lou-Kou-Lien, au nord-ouest du poste, et de là terrorisait les habitants paisibles des villages situés au pied des montagnes. Parti dans la nuit avec 25 hommes montés et 45 hommes non montés, tirés des divers postes occupés par sa compagnie (12º du 17º), le capitaine Vautravers arriva le 7, au point du jour, au pied du col et fut accueilli en effet par des coups de fusils de rempart, mais les pirates qui occupaient la pagode et en avaient retranché les abords n'attendirent pas l'attaque dans cette position cependant très forte. On escalada les hauteurs très escarpées et une fouille méthodique de ces retranchements et des campements qui couronnaient les pitons voisins fit découvrir un certain nombre de fusils à tir rapide et de gros fusils de position avec des munitions; mais on ne put rejoindre le gros de la bande qui ne perdit que quelques hommes et se dispersa dans les montagnes, renonçant pour quelque temps au moins à rançonner les villages situés dans le rayon d'action de nos postes de cette région.

Dans un pays où le brigandage est endémique comme en Chine, on peut déjà s'applaudir sans réserve de ces résultats dont les habitants témoignèrent à toute occasion leur reconnaissance aux commandants des postes français et au général en chef.

XII. — Opérations de police à l'ouest de Tien-Tsin. Combat de Haong-Tsai.

D'après l'entente établie entre le feld-maréchal comte de Waldersee et le général commandant en chef, la police du pays qui s'étendait au sud de la route de Tien-Tsin à Pao-Ting-Fou, du canal Impérial aux limites du Chan-Si, était plus spécialement attribuée aux troupes françaises. Bien que, dans l'ensemble, l'ordre ait généralement régné dans la partie orientale de cette zone, c'est-à-dire dans le pays de Sou-Kiao, Ouen-Ngan, Ta-Tcheng-Tsing, etc., que parcourut à plusieurs reprises pendant l'hivernage le capitaine Helleringer, classé à cet effet au service des renseignements, quelques groupes de bandits qui avaient pris pour théâtre d'opérations les cours d'eau et les routes convergeant du Sud-Ouest vers Tien-Tsin, obligèrent à diverses reprises le colonel Souhart, chargé de l'expédition des affaires de la 2ᵉ brigade et par suite du commandement territorial à Tien-Tsin, à organiser de ce côté des opérations de police, réclamées par les autorités locales et par les commerçants européens et indigènes.

C'est au cours de l'une de ces opérations qu'eut lieu à Hoang-Tsai, sur les bords du lac Toung-Tien, le combat où fut tué le sous-lieutenant Contal, du 16ᵉ régiment d'infanterie de marine.

Le gouvernement provisoire de Tien-Tsin, où la France était représentée depuis le mois de novembre par le lieutenant-colonel Arlabosse, avait signalé qu'un grand nombre de fusils à répétition, servant sans doute aux expéditions à main armée de ces bandits, devaient être cachés à Tou-Liou, sur les bords du canal Impérial et demandé qu'une tentative fût faite pour découvrir cette cachette.

L'opération avait été confiée au capitaine Plailly, du 16ᵉ régiment d'infanterie de marine, à la disposition duquel avaient été mis à cet effet deux pelotons prélevés sur la garnison de Tien-Tsin, l'un de la 6ᵉ compagnie du 16ᵉ de marine (sous-lieutenant Contal), l'autre de la 5ᵉ compagnie du régiment de marche d'infanterie (lieutenant Jordan). Ce détachement avait quitté Tien-Tsin le 20 décembre et fouillé dans la journée, sans y rien trouver de suspect, divers villages de la route de Tou-Liou ; le 21, au moment de quitter cette localité où ses recherches n'avaient pas eu plus de succès, le commandant de la reconnaissance reçut du lieutenant-colonel Arlabosse communication d'une plainte adressée au gouvernement provisoire par un commerçant américain qui, en parcourant le pays pour acheter des fourrures, avait été, quelques jours auparavant, reçu à coups de fusils par les habitants du village de Hoang-Tsai, au nord-ouest de Tou-Liou. Le capitaine Plailly, pensant trouver là le dépôt d'armes cherché, se dirigea aussitôt sur ce village de Hoang-Tsai, situé dans un îlot du lac de Toung-Tien, et séparé de la terre ferme par une nappe de glace de plus de 2.000 mètres de largeur. Cette glace paraissant solide et le lac, en grande partie couvert de joncs, étant signalé comme peu profond par les guides qui s'y étaient résolument engagés, le détachement chercha à s'avancer par petites fractions assez éloignées les unes des autres pour éviter de rompre la glace sous leurs pas. On gagna ainsi plus de la moitié de la distance, les hommes ayant enveloppé leurs pieds dans leurs bandes-molletières pour éviter, autant que possible, de glisser. Au moment où le groupe le plus avancé était à environ 600 mètres du village, il fut accueilli tout à coup par le tir de fusils de rempart et par une vive fusillade, qui ne fit que redoubler l'ardeur des hommes du 58ᵉ et de l'infanterie de marine, et on continua à progresser, malgré les nombreuses coupures qu'avait pratiquées les habitants dans la glace. Le lieutenant Contal entraînait avec une audace et un entrain extraordinaires un petit groupe qui avait pu se rapprocher à la faveur des joncs d'un des saillants du village, quand il fut frappé d'une balle à la tête et tomba foudroyé dans les bras des hommes. Tandis que le médecin aide-major Caujole lui prodiguait ses soins sous un feu toujours aussi intense, le lieutenant Jordan, rampant dans la glace, puis traversant les fondrières avec de l'eau glacée jusqu'à la ceinture, parvint enfin avec un autre groupe à atteindre la lisière et à pénétrer le premier dans la position ennemie. Les bandits, qui se croyaient inexpugnables dans leur repaire, ne lâchèrent pied qu'au moment où nos hommes arrivèrent ainsi presque au contact.

Bien que blessé lui-même, le lieutenant Jordan traversa rapidement le village à la suite des fuyards et put arriver sur la lisière opposée à temps pour les poursuivre efficacement de ses feux et leur faire subir des pertes sensibles pendant qu'ils gagnaient en sampan d'autres îles du lac. Mais la nuit tombait, il fallait rallier les hommes épars, par petits paquets, entre les coupures de la glace et soigner les blessés (outre le lieutenant Contal, mortellement atteint, le détachement comptait quatre blessés, le lieutenant Jordan et trois hommes du 58e); les pirates avaient emmené les quelques embarcations du village et brisé la glace en tous sens, et il ne fut pas possible d'essayer de prolonger la poursuite. Le capitaine Plailly dut donc se borner à bivouaquer sur la position conquise et à détruire, le lendemain matin, le village de bandits dans lequel on n'avait trouvé qu'un fusil de rempart, un étendard chinois, des cartouches et de nombreux chevaux qu'on ne put emmener à travers les glaces.

Cette bande de pillards résolus, mais peu nombreux,

s'étant dispersée après cette affaire, pour échapper aux recherches, on fut quelque temps sans entendre parler de ses méfaits; en vain, des reconnaissances répétées des garnisons de Tien-Tsin et de Cheng-Fang fouillèrent-elles tous les environs du lac de Toun-Tien, ces malfaiteurs restèrent insaisissables. On ne parvenait pas à obtenir des habitants paisibles, habitués depuis des siècles à composer avec les maraudeurs de cette espèce toujours très nombreux dans le Tché-Li et terrorisés du reste par les armes perfectionnées dont disposait cette bande depuis l'été de 1900, des indications assez précises pour qu'on pût les arrêter dans leurs retraites individuelles et bientôt les pillages recommencèrent; un convoi du train revenant de Pao-Ting-Fou reçut même un jour quelques coups de fusil et il fallut, au printemps de 1901, envoyer la 7ᵉ compagnie du régiment de marche d'infanterie, séjourner pendant quelque temps à Ouang-Sin-To, puis, dans une série d'autres villages de cette région, pour y faire renaître un peu de sécurité.

Enfin de nouvelles plaintes de commerçants dont les convois de jonques étaient à chaque instant pillés sur le Ta-Tsin-Ho, s'étant produites au mois de juin, le général commandant en chef décida de faire procéder à une nouvelle opération de police dans la région du lac de Tou-Tien, et en confia la direction au commandant Collinet, du 16ᵉ régiment d'infanterie coloniale. Deux canots à vapeur de l'escadre dirigés par le lieutenant de vaisseau Dyé, la 11ᵉ compagnie du 16ᵉ colonial et des fractions des 4ᵉ et 6ᵉ compagnies du régiment de marche d'infanterie, prélevées sur les garnisons de Tien-Tsin, Cheng-Feng et Sou-Kiao, concoururent à cette opération. A partir du 4 juillet, ces détachements occupèrent les différents villages des bords du lac, sillonnèrent de leurs reconnaissances tous les canaux environnants et fouillèrent toutes les retraites où pouvaient s'être réfugiés les bandits. Les habitants paisibles reprirent confiance et, peu à peu, la plupart des pirates pourchassés dans les roseaux et manquant de vivres, finirent par se faire prendre individuellement sans qu'il y eût de vrais combats.

Le général chinois Méi, arrivé sur ces entrefaites avec ses réguliers (1) continua les recherches et fit juger les coupables. Le 10 juillet, le but de l'opération paraissait complètement atteint, les troupes françaises qui avaient déployé beaucoup d'activité et d'endurance au cours de ces reconnaissances, exécutées par une température torride dans une région malsaine et difficile, purent rejoindre leurs cantonnements. Ce fut la dernière opération à laquelle prirent part des détachements du régiment de marche d'infanterie.

---

(1) Le général Méi, qui avait, pendant toute la fin de 1900 et les premiers mois de 1901, maintenu l'ordre dans la région du Canal Impérial au sud de la zone d'occupation des alliés et y avait toujours eu une attitude très correcte, venait d'être autorisé par le général en chef à ramener ses troupes vers le nord pour relever les postes français de la ligne de Tien-Tsin à Pao-Ting-Fou et assurer la police du pays à l'ouest de Tien-Tsin. (Voir chapitre 8e. § IV.)

CHAPITRE V

OPÉRATIONS DANS L'EST DU TCHÉLI — OCCUPATION DE CHAN-HAÏ-KOUAN
COLONNE DES TOMBEAUX IMPÉRIAUX DE L'EST

I. — Occupation de Chan-Haï-Kouan et de Chin-Van-Tao. — Organisation d'une base maritime à Chin-Van-Tao.

La nécessité de créer à Chan-Haï-Kouan ou dans la baie voisine de Chin-Van-Tao (baie Shallow), une base maritime, accessible pendant l'hivernage, s'était imposée à tous les esprits dès l'été de 1900.

Le général commandant en chef en avait entretenu le vice-amiral Pottier, puis le feld-maréchal comte de Waldersee et il avait été résolu, d'un commun accord, de confier à la marine la direction de cette opération, dont le prélude semblait devoir être le bombardement des forts de Chan-Haï-Kouan, qu'on savait puissamment armés et occupés par une nombreuse garnison et la deuxième phase, peut-être un débarquement de vive force.

Le programme de l'opération fut étudié par les amiraux dans une série de conférences tenues en rade de Takou, sous la présidence de l'amiral Seymour, qui était le plus ancien d'entre eux. (L'escadre américaine seule ne devait pas être représentée dans la flotte internationale constituée pour la circonstance.)

C'est à la suite de la première de ces conférences que le capitaine de vaisseau Philibert était venu demander au général commandant en chef, de la part de l'amiral

Pottier, de mettre à sa disposition un des bataillons qui arrivaient alors en rade, et que le général en chef avait désigné le bataillon du 1er zouaves qui fut, en conséquence, transbordé le 29 septembre du *Calédonien* sur la *Vive*.

Les amiraux décidèrent que les escadres se présenteraient à la fois devant Chan-Haï-Kouan et devant Chin-Van-Tao, qu'aucun ultimatum ne serait envoyé aux Chinois, mais que, avant qu'aucune action ne fût engagée contre ces places, sir Walter-Hillier, attaché à la légation d'Angleterre, qui se présentait volontairement pour cette mission, irait à Chan-Haï-Kouan, engager le mandarin militaire qui y commandait, à se rendre sans conditions.

Pour laisser à sir Hillier le temps d'accomplir sa mission, on fixa le départ de Takou au 21 octobre.

Le groupe de droite (bâtiments russes et italiens) devait se diriger sur Chan-Haï-Kouan, le groupe de gauche (bâtiments français et japonais sous les ordres du capitaine de vaisseau de Percin), devait se porter sur Chin-Van-Tao, et les bâtiments allemands, autrichiens et anglais devaient constituer le groupe du centre et appuyer le débarquement de l'une ou l'autre des deux ailes.

Les troupes de débarquement devaient comprendre environ 7.000 hommes; le contingent français était composé du bataillon du 1er zouaves et d'une compagnie de débarquement de l'escadre avec deux canons de 65^{mm} (ensemble environ 1.150 hommes).

Mais, dès le 1er octobre, les amiraux apprenaient qu'à la première sommation faite par sir Hillier, les troupes chinoises avaient précipitamment évacué la place et les forts de Chan-Haï-Kouan, et que la petite canonnière anglaise *Pigmy* avait mis à terre les 17 hommes de sa compagnie de débarquement pour hisser provisoirement le pavillon britannique sur les forts jusqu'à l'arrivée des troupes alliées. Les amiraux décidèrent aussitôt de faire route sans délai pour Chan-Haï-Kouan et de procéder au débarquement le 21 octobre au matin ; les Français et une partie du détachement allemand devaient débarquer à Chin-Van-Tao, le reste des contingents alliés devait débarquer à Chan-Haï-Kouan.

A 4 heures du matin, la *Nive* commençait, en conséquence, ses débarquements dans la baie de Shallow, en face de Chin-Van-Tao. L'opération fut assez laborieuse en raison des difficultés d'atterrissage (1) ; voyant qu'elle ne pourrait être terminée qu'assez tard et estimant, à juste titre, qu'il fallait assurer le plus rapidement possible la prise de possession des ouvrages attribués à la France dans la conférence que les amiraux devaient tenir dans la matinée même à Chan-Haï-Kouan, le commandant du bataillon du 1er zouaves (commandant Ballandier) prescrivit à la 2e compagnie (capitaine Gerrier), de se porter sur cette ville aussitôt qu'elle aurait terminé son débarquement. Le lieutenant de vaisseau Le Vay devait accompagner cette compagnie avec ses marins torpilleurs, tandis que la 1re compagnie prendrait possession de la gare de Tang-Ho, conformément aux instructions de l'amiral ; les deux dernières compagnies du 1er zouaves devaient suivre la 2e dès que ce serait possible.

Tous les renseignements indiquaient au capitaine Gerrier que sa marche avait toutes chances de se faire sans incidents et les habitants des premiers hameaux traversés ne semblaient nullement hostiles. En arrivant près du

---

(1) On était alors obligé d'aller débarquer au fond de la baie en franchissant une série de hauts fonds sur lesquels s'échouaient les embarcations ; on a construit depuis à Chin-Van-Tao des jetées s'avançant jusqu'au delà de la barre et des écueils, et permettant les débarquements dans des conditions très faciles.

village de Hoang-Tsia-Toung, il aperçut, sur une chaîne de mamelons perpendiculaire à la route, une série d'ouvrages en terre qui paraissaient en ruines et, pour parer à l'imprévu, il donna l'ordre de les faire reconnaître par des patrouilles, pendant que le gros de sa compagnie ferait une halte en arrière du village. Un instant après, les éclaireurs rendirent compte que quelques hommes armés suivaient la crête qui couronnait les fortins; le capitaine se rendait aussitôt avec le lieutenant de vaisseau Le Vay, sur la lisière du village, pour chercher à juger à qui on avait affaire et, voyant hisser un pavillon russe sur des ouvrages, il s'empressa d'ordonner aux éclaireurs de s'arrêter, en faisant des signaux d'amitié, et au lieutenant Guillabert, qui commandait la section de piquet à la sortie du village, d'aller se mettre en relations avec nos alliés en se faisant suivre d'une seule escouade; mais, à ce moment, des salves répétées partirent des fortins contre tout ce qui se montrait aux issues du village : les Russes, ignorant que des troupes d'autres puissances dussent arriver par l'Ouest à Chan-Haï-Kouan et ne connaissant pas l'uniforme des zouaves, avaient pris pour des Boxers nos éclaireurs agitant leurs chéchias rouges. En vain, le capitaine Gerrier, le lieutenant de vaisseau Le Vay, le lieutenant Guillabert, le premier-maître torpilleur Le Tellier, l'adjudant Aussel, le sergent-major Renaudot, le sergent Schminke, tous les officiers et gradés se multiplièrent-ils pour abriter leurs hommes sans les laisser riposter et pour mettre fin à cette fatale méprise en faisant sonner « cessez le feu » et en agitant des fanions tricolores. Les Russes, dont le feu était des plus vifs, passèrent au bout d'un instant à l'offensive et s'élancèrent à l'assaut du village; ce n'est qu'au moment où leur première ligne arriva à courte distance du capitaine Gerrier, debout à l'entrée Est du village avec le lieutenant de vaisseau Le Vay, qu'ils s'aperçurent de leur erreur... atterrés, ils se jetèrent à genoux devant lui... et bientôt la fusillade cessa également sur la face Sud, contre laquelle se portait un autre groupe d'assaillants.

L'affaire n'avait duré que quelques minutes, mais la 2ᵉ compagnie de zouaves était cruellement éprouvée : le sergent-major Renaudot et un zouave étaient tués, le capitaine Gerrier, l'adjudant Aussel, le sergent Schminke et sept hommes étaient blessés. Seuls, quelques groupes de zouaves isolés des autres par les maisons et n'ayant pu se rendre compte de ce qui se passait, avaient risposté aux balles qui pleuvaient sur eux jusqu'au moment où ils avaient entendu sonner « cessez le feu »; aussi, malgré leur assaut donné à découvert, les Russes ne comptaient-ils qu'un tué et deux blessés.

Le chef de bataillon rejoignit peu après la 2ᵉ compagnie à Hoang-Tsia-Toung, où on prodigua les soins aux blessés, qui furent transférés le lendemain à l'hôpital établi par les Russes à Chan-Haï-Kouan (1). Un peloton de la 2ᵉ compagnie poussa le soir même jusqu'à cette ville et y fut rejoint, le 3 octobre, par les 3ᵉ et 4ᵉ compagnies.

Les amiraux s'étaient réunis, le 2 dans la matinée, à Chan-Haï-Kouan, et y avaient réglé le mode d'occupation provisoire des forts et des portes de la place par les troupes des diverses puissances : le fort n° 1, situé sur le bord de la mer, ainsi que la gare, devaient être occupés en commun et chaque puissance y hissait son pavillon ; le fort n° 3, bien situé sur un mamelon à peu près

---

(1) Les autorités militaires russes multiplièrent les marques de leur sympathie à ces malheureux blessés, qui furent proposés pour des décorations russes et, quelque tristesse qu'on ait éprouvée de part et d'autre d'une aussi fatale méprise, son souvenir n'altéra en aucune façon les bonnes relations qui s'établirent à Chan-Haï-Kouan entre les troupes des deux nations alliées.

à égale distance entre la voie ferrée et la plage, fut attribué à la France; cette répartition reçut peu de jours après l'approbation du feld-maréchal comte de Waldersee et du général commandant en chef (1). Le bataillon

Fort Amiral-Pottier à Chan-Haï-Kouan.

du 1er zouaves s'installa dans ce fort et dans un hameau voisin et détacha des postes à la gare et au fort n° 1. Il

---

(1) On trouva dans les ouvrages de Chan-Haï-Kouan une quantité très considérable de matériel de guerre et de munitions de toute nature qui fut partagée entre les alliés et dont le triage amena plusieurs graves accidents malgré toutes les précautions prises.

Le 23 octobre, pendant qu'une corvée de zouaves procédait, sous la direction du garde chef artificier du parc d'artillerie, envoyé spécialement à Chan-Haï-Kouan pour ce triage de matériel, à la destruction de torpilles de terre dont les Chinois avaient semé les abords des forts, un choc fortuit fit sauter 23 de ces engins : un sergent fut tué, deux zouaves blessés, dont un grièvement.

Le 25 janvier, tandis que les Anglais et les Japonais procédaient au déménagement d'une poudrière au nord-ouest de la ville, vers le pied des montagnes, une explosion beaucoup plus terrible coûta aux Japonais 37 morts et 6 blessés, et atteignit en même temps assez sérieusement 2 officiers anglais. Le déménagement de la poudrière située sur les pentes du mamelon couronné par le fort Français fut heureusement effectué sans incident.

270   EXPÉDITION DE CHINE

fut rejoint quelque temps après par un petit détachement d'artilleurs, envoyé par le général commandant en chef, pour le service éventuel des bouches à feu de prise.

Restait à organiser la ligne de communications pour l'hivernage.

La colonne russe formée après la prise des forts de Pe-Tang sous les ordres du général Tserpitski était

Cantonnement du village Renaudot à Chang-Haï-Kouan.

arrivée le 1ᵉʳ octobre à Tan-Chan sans résistance, dégageant ainsi, comme il était prévu, les missions catholiques de cette région. A Tan-Chan, les Russes avaient trouvé les établissements industriels à peu près intacts et appris que la ligne de chemin de fer pouvait fonctionner entre cette ville et Chan-Haï-Kouan. Le général Tserpitski avait aussitôt fait former 3 trains avec le matériel encore en bon état et y avait embarqué 2 bataillons et une batterie qui parvinrent, sans incident, en gare de Chan-Haï-Kouan dans la matinée du 2 octobre, au moment même où les amiraux y étaient réunis. La liaison entre le centre du Pé-Tchéli et les ports, dont venaient de s'emparer les flottes internationales, était ainsi un fait accompli.

Les Russes s'occupèrent immédiatement d'achever de remettre en état le chemin de fer dont ils avaient pris possession dans leur marche de Tong-Kou sur Chan-Haï-Kouan et ils y parvinrent assez rapidement; seul, le grand pont d'Han-Kou, sur le Pe-Tang-Ho, qui avait été complètement détruit, ne put être réparé avant l'hivernage (1); mais un service avec transbordement ne tarda pas à y être organisé et, lorsqu'en novembre, le chef d'escadrons de cavalerie Trafford, du service des étapes, fut envoyé par le général commandant en chef dans cette région pour prendre le commandement de la ligne de communications française pendant l'hivernage, il constata qu'il serait possible, une fois le chemin de fer entièrement rétabli, de faire le trajet de Tien-Tsin à Chan-Haï-Kouan en deux jours, en couchant à Tan-Chan; il proposa, en conséquence, d'installer des gîtes d'étapes français dans cette dernière localité et à Han-Kou, où il fallait prévoir la garde des colis encombrants qu'on ne pourrait transborder pendant le court intervalle séparant l'arrivée du train de Tan-Chan du départ du train pour Tong-Kou. Le général en chef ayant donné son approbation à ces propositions, un peloton de la 3ᵉ compagnie de zouaves fut réparti, à partir du mois de décembre entre Tong-Kou, Han-Kou et Tan-Chan pour assurer, de concert avec les troupes des autres

---

(1) Il ne fut rétabli qu'au printemps de 1901 par le bataillon de chemin de fer allemand, alors que l'exploitation de la ligne avait déjà été reprise par son personnel habituel sous le contrôle d'officiers anglais.

puissances, la garde de la ligne d'étapes, ainsi constituée pour l'hivernage.

Le vice-amiral Pottier ayant d'autre part, pour des raisons d'ordre nautique, préféré Chin-Van-Tao à Chan-Haï-Kouan comme point de débarquement pendant la mauvaise saison (1), il fut convenu entre lui et le général commandant en chef que ce serait en ce point

Etablissement de la marine à Chin-Van-Tao.

que se ferait le contact entre l'escadre et le corps expéditionnaire quand le Peï-Ho serait fermé par les glaces; un petit établissement de la marine française, comprenant une infirmerie de passage, fut créé en conséquence sur la plage, à côté de la maison des douanes et de la

---

(1) Par suite de la direction des courants et des vents régnants pendant l'hiver, sur cette partie de la côte du Tché-Li, le mouillage de Chin-Van-Tao est en général moins encombré par les glaces que la plage foraine de Chan-Haï-Kouan et la nature des fonds permet de s'y tenir à une distance relativement faible de la côte. Les débarquements n'y ont, de fait, été interrompus par les glaces que pendant une dizaine de jours au commencement de février, tandis que la rade de Takou est restée fermée par les glaces des premiers jours de décembre 1900 aux premiers jours de mars 1901.

poste chinoise et non loin des appontements qu'une Société privée avait commencé à construire pour faciliter les débarquements d'hiver et surtout pour assurer l'embarquement des charbons de Kai-Ping et de Tan-Chan (ces appontements furent à cet effet rattachés dans le courant de l'hiver par une voie ferrée à la gare de Tang-Ho et par suite à la ligne Tong-Kou, Tan-Chan, Chan-Haï-Kouan).

Les organes indispensables au fonctionnement d'un service d'étapes restreint furent installés dans un groupe de baraques que le service du génie construisit à côté de l'établissement de la marine; un détachement du train fut chargé des mouvements entre la plage et la gare de Tang-Ho (5 kilom. environ); enfin, les villages les plus voisins de la gare de Tang-Ho ayant été occupés par des troupes étrangères dès que la première compagnie de zouaves en eût été rappelée, le 10 octobre, pour se rendre à Chan-Haï-Kouan, par suite d'un fâcheux malentendu, on aménagea, comme casernement de passage et comme cantonnement, pour la 2e compagnie du même bataillon, mise le 1er décembre comme troupes d'étapes à la disposition du commandant Trafford pour la garde de la base maritime française, le village de Ma-Fang, un peu moins favorablement situé par rapport à la gare et au point de débarquement, mais pas trop éloigné cependant de ce dernier. En somme, l'organisation ainsi improvisée au prix de beaucoup d'efforts pour assurer la liaison du corps expéditionnaire français avec l'escadre, et, par suite, avec la métropole, put suffire aux besoins restreints qui se produisirent pendant les trois mois d'hivernage; mais il faut reconnaître qu'on se fût trouvé en présence de difficultés presque insurmontables si l'on n'avait pas, grâce à la parfaite entente entre les commandants en chef de l'escadre et du corps expéditionnaire et à toute l'énergie dépensée par tous en octobre et en novembre à Tong-Kou, réussi à terminer avant la congélation du Peï-Ho, tous les gros débarque-

Fort russe remis à la France.

ments de personnel et de matériel, et s'il avait fallu faire d'importantes opérations de ce genre avec les multiples transbordements inévitables sur cette ligne de communication excentrique et coupée de tant d'obstacles (1).

---

(1) Tant que le mouillage de Takou fut rendu impraticable par les glaces, c'est-à-dire jusqu'au commencement de mars, le *Tanais*, annexe des Messageries maritimes, ne vint que de Nagasaki à Tchefou, et il fallut transborder chaque quinzaine sur un croiseur de l'escadre pour les amener à Chin-Van-Tao, la poste, les passagers et le peu de matériel qu'apportaient de France les grands courriers. Souvent, quand la mer était mauvaise à Chin-Van-Tao, les croiseurs étaient obligés d'y déposer le matériel qu'ils apportaient sur le remorqueur *Enseigne-Henry* affecté au service de ce port, de sorte qu'un colis embarqué à Marseille pour le corps expéditionnaire subissait un minimum de sept ou

La construction de deux appontements à Chin-Van-Tao, leur liaison par une voie ferrée à la gare de Tang-Ho et le rétablissement du pont d'Han-Kou (1), permettront heureusement aux troupes d'occupation qui hiverneront à l'avenir à Tien-Tsin de communiquer dans de meilleures conditions avec la mer libre et avec les pays civilisés.

II. — Opérations de police auxquelles prit part la garnison française de Chan-Haï-Kouan dans l'est du Tchéli. — Combat de Tao-Ying.

Bien que l'occupation de Chan-Haï-Kouan se fût faite sans combat, le calme était loin de régner dans les environs de la ville et dans la partie du Tchéli que traversait la voie ferrée venant de Tong-Kou. Non seulement une partie des troupes chinoises qui avaient occupé les forts de Chan-Haï-Kouan et les camps de Lou-Taï s'était débandée et rançonnait le pays (2), mais de nombreux groupes de Boxers et de brigands de toutes

---

huit manipulations avant d'arriver à Tien-Tsin (embarquement à Marseille, transbordements à Nagasaki, à Tchefou et parfois en rade de Chin-Van-Tao, puis, débarquement en ce dernier point; transport par voiture de la plage à la gare de Tang-Ho et d'un côté à l'autre du pont d'Han-Kou, enfin, déchargement à Tien-Tsin).

(1) Le trajet de Tien-Tsin à Chan-Haï-Kouan se fait en un jour depuis que ce pont est rétabli.

(2) Le reste de ces réguliers s'était retiré dans la direction du Nord vers Tsoun-Hoa et Dje-Hol, ou bien avait gagné la région de Pao-Ti pour essayer de là de rejoindre les troupes du Chan-Si en traversant ou contournant la zone occupée par les troupes alliées.

Des reconnaissances allemandes effectuées dans cette région de Pao-Ti pendant l'hiver 1900-1901 y ont, à diverses reprises, découvert de gros dépôts de matériel de guerre, canons, munitions et armes portatives, abandonnés sans doute par ces troupes au moment de leur dislocation.

provenances terrorisaient les habitants paisibles et étaient une menace continuelle pour les communications des alliés.

Aussi, tandis que les Russes concentraient le gros de leurs forces en Mandchourie où ils devaient avoir à livrer des combats répétés et souvent meurtriers avant de redevenir réellement maîtres de la situation, la garnison internationale de Chan-Haï-Kouan eut-elle dans les premières semaines qui suivirent son installation, à procéder aux environs de la place et dans la région de Tan-Chan à un certain nombre d'opérations de police.

Indépendamment des reconnaissances exécutées dans un faible rayon autour de la ville, le bataillon du 1er zouaves fut appelé à concourir en octobre et en novembre à deux de ces opérations de plus grande envergure.

Le 16 octobre, la voie ferrée ayant été coupée sur quatre points entre Tan-Chan et Chan-Haï-Kouan et plusieurs des petits postes russes qui la gardaient ayant été bousculés par des bandes de brigands bien armés qui leur avaient causé quelques pertes, le général Tserpitski [1] avait demandé au commandant Ballandier de faire coopérer 2 compagnies à la répression de ces attentats. Les 2e et 3e compagnies furent à cet effet transportées en chemin de fer le 17 au matin à Lan-Tchéou, et participèrent les jours suivants à une battue exécutée en plusieurs colonnes au nord de la voie ferrée, sous la direction du général anglais Reid.

Elles rentrèrent le 21 à Chan-Haï-Kouan sans avoir eu à prendre part à aucun engagement; les bandes qui

---

[1] Le général russe Tserpitski exerça le commandement des troupes internationales de la région de Chan-Haï-Kouan jusqu'au 5 décembre; à partir de cette date ce commandement fut exercé par le général Reid, commandant une brigade du corps expéditionnaire anglais.

avaient attaqué les postes de la voie ferrée s'étaient dispersées dans les montagnes situées au nord de Young-Ping à l'approche des troupes alliées et seule, une petite colonne russe avait reçu quelques coups de fusil en arrivant devant un village de Boxers.

Quelque temps après, les missionnaires lazaristes de la région de Tan-Chan vinrent implorer le secours du commandant Ballandier et du général Tserpitski contre des groupes de Boxers et de réguliers chinois qui s'étaient remis à massacrer des chrétiens et qui menaçaient de reprendre leur œuvre de destruction dans toute la région de Tsoun-Hoa. Le général Tserpitski acquiesça en principe à cette demande mais ayant été appelé lui-même en Mandchourie avec une partie des troupes russes de Chan-Haï-Kouan, à la suite de graves incidents survenus dans la région de Kin-Tchéou, il confia la direction de l'opération au colonel russe Tomaschewsky qui commandait le poste de Tan-Chan et à la disposition duquel furent envoyées, le 3 novembre, par voie ferrée, les 1re et 4e compagnies de zouaves sous les ordres du capitaine Dechizelle (1). Le général Liniévitch, commandant le corps expéditionnaire russe au Pé-Tchéli, qui se trouvait de passage à Tan-Chan, ayant donné des instructions définitives au colonel Tomaschewsky, celui-ci se mit en route le 5 novembre, à la tête d'un peloton de cosaques et d'une compagnie russe; il se porta d'abord sur la ville de Feng-Youn dont les mandarins s'empressèrent de protester de leur soumission, mais ne se décidèrent que sous la menace de mesures de rigueur

---

(1) Le commandant Ballandier était retenu à Chan-Haï-Kouan par une visite de l'amiral Pottier, venant étudier les conditions d'installation de la base maritime d'hiver et présider à la translation dans le cimetière français créé près du fort Français (fort amiral Pottier) des restes des zouaves tués dans la malheureuse affaire du 2 octobre.

à livrer 150 fusils à tir rapide cachés dans la ville. Le 6, la colonne continua sa marche sur Tsoun-Hoa, où elle arriva le 7, sans éprouver de résistance.

D'après l'ensemble des renseignements recueillis par le colonel Tomaschewsky, les Boxers semblaient s'être encore une fois dispersés à l'approche des troupes internationales, mais il existait aux environs des tombes impériales de Toung-Ling, un gros rassemblement de troupes chinoises et tartares, animées, prétendaient les mandarins locaux, d'excellentes dispositions à l'égard des étrangers et n'ayant d'autre soin que de veiller sur les tombes des empereurs.

Une reconnaissance volante commandée par le capitaine Dechizelle et comprenant 6 officiers russes et français et 30 cosaques et zouaves montés sur des chevaux du pays, fut alors envoyée dans la journée du 8, jusqu'à la ville de Ma-lang-Yu, voisine des tombeaux, pour s'assurer des dispositions de tous ces réguliers. Les généraux chinois et les princes de la famille impériale chargés de la garde des tombeaux reçurent le capitaine Dechizelle avec de grandes démonstrations de déférence et, sur la promesse qu'il ne serait pas touché aux tombeaux, s'empressèrent de les faire visiter par les officiers et de faire constater à ces derniers que les soldats tartares qui se promenaient sans armes dans l'enceinte sacrée, étaient animés des dispositions les plus pacifiques. La reconnaissance rentrait le soir même à Tsoun-Hoa sans être inquiétée, ayant fait 70 kilomètres dans sa journée et le colonel Tomaschewsky jugeant inutile dans ces conditions de prolonger son séjour dans ce pays où les mandarins promettaient d'assurer désormais le maintien de l'ordre, se décida à rallier Tan-Chan avec ses troupes russes et anglaises. Il laissa les deux compagnies françaises à Tsoun-Hoa pour une période de quatre jours, afin de donner aux missionnaires le temps de rallier leurs chrétiens et de les ramener hiverner en lieu plus sûr près de Tan-Chan. Pendant cette courte occupation, le capitaine Dechizelle fit connaître aux populations par des proclamations, que les troupes françaises n'avaient reçu d'autre mission de leur commandant en chef que de contribuer au rétablissement de l'ordre, et il obligea les mandarins à procéder à un désarmement au moins partiel de la population, à l'arrestation de plusieurs chefs Boxers et à la destruction d'une pagode qui avait été leur centre de réunion. Le 12 novembre, il reprenait la route de Tan-Chan, d'où les deux compagnies de zouaves rentrèrent par voie ferrée à Chan-Haï-Kouan, l'une le 15 et l'autre le 16, tandis que les chrétiens qui les avaient suivis allaient s'installer provisoirement dans les divers établissements des lazaristes voisins du Tan-Chan.

Pendant les mois qui suivirent, il n'y eut plus, pour les troupes françaises, de motif d'intervention spécial de ce côté; et d'ailleurs, en raison des réductions apportées dans l'effectif disponible à Chan-Haï-Kouan par suite de l'occupation de Chin-Van-Tao et de la ligne de communication d'hiver, le lieutenant-colonel Parès, que le général en chef envoya à la fin de novembre commander les troupes françaises dans cette région pour que le corps expéditionnaire fût représenté par un officier d'un grade assez élevé dans les fréquents conseils internationaux qui se tenaient à Chan-Haï-Kouan, ne fut plus guère en mesure de prendre une part sérieuse aux quelques opérations de police qu'exécutèrent encore les troupes étrangères dans diverses directions. Il n'y eut, du reste, que des incidents sans importance, sauf du côté de la Mandchourie, où les Russes préféraient opérer sans le concours des autres puissances.

Au printemps, les affaires litigieuses relatives aux réparations dues aux chrétiens ayant été réglées à l'amiable entre les missionnaires et les mandarins, suivant la pratique admise par le Ministre de France et sans que les troupes françaises aient eu à sortir à ce sujet de la réserve que leur avait recommandée le général en chef, ces chrétiens se réinstallèrent dans la plupart de leurs anciens villages et le calme sembla se rétablir définitivement dans le pays compris entre la voie ferrée et la grande muraille.

Une assez vive alerte se produisit cependant en avril dans la région de Fou-Ning, à l'ouest de Chan-Haï-Kouan :

Dans la soirée du 19 avril, le lieutenant-colonel Parès avait été informé par le sous-préfet de cette ville que de nombreuses bandes de Boxers redescendant des montagnes de Mongolie menaçaient la région de Che-Meun-Chaï, qui, d'après l'entente établie entre les commandants des diverses troupes alliées de la garnison, était plus spécialement attribuée comme secteur de surveillance aux Français. A l'annonce de l'arrivée de ces bandits, le mandarin s'était porté avec quelques miliciens à Che-Meun-Chaï, mais il s'était fait battre dans un premier engagement et ne se sentant pas en force, il demandait le secours des Français pour protéger les populations paisibles. La 1re compagnie de zouaves (capitaine Récamier), avait aussitôt reçu l'ordre de partir le lendemain au point du jour pour Che-Meun-Chaï, où elle devait rejoindre le lieutenant-colonel Parès qui la devançait pour se rendre compte sur place de la situation et reconnaître dans quelles conditions il serait possible d'installer un poste de ce côté, si cela paraissait nécessaire. Mais avant l'arrivée des zouaves, les Boxers s'étaient rejetés dans la vallée du Yang-Ho, qu'ils étaient en train de mettre à sac, obligeant d'ailleurs une partie des habitants à faire cause commune avec eux. Le lieutenant-colonel Parès se lança donc, le soir même, avec la compagnie Récamier et une centaine de miliciens chinois sur les traces de ces bandits. Le 20, il apprenait que la bande, forte d'environ 1.500 hommes, dont beaucoup d'anciens réguliers armés de fusils à tir rapide, avait essayé de se porter la veille sur Fou-Ning et qu'après un vif engagement avec un détachement anglais de la garde de la voie ferrée, elle s'était installée dans la ville murée de Tao-Ying et s'y retranchait pour résister aux étrangers. Le major anglais Browning avait été tué dans ce combat du 20 avril et ses cipayes avaient subi des pertes sensibles. Le lieutenant-colonel Parès informé que les troupes anglaises se concentraient à Fou-Ning, s'empressa de se mettre en relations avec le commandant de ce détachement et, traversant un pays entièrement ravagé par les Boxers, il vint bivouaquer, le soir même du 21, à 12 kilomètres de Tao-Ying avec les zouaves qui avaient parcouru plus de 80 kilomètres en deux jours.

Le 22 avril au matin, la 1re compagnie de zouaves se portait sur les hauteurs qui dominaient la ville occupée par l'ennemi et procédait à la reconnaissance de la position. Elle fut bientôt rejointe par la colonne du colonel anglais Radford, qui se composait d'environ 600 hommes d'infanterie du Punjab, d'un escadron de lanciers de Jodphur, d'une section de Maxims et d'une compagnie japonaise. Le lieutenant-colonel Parès s'empressa de communiquer au colonel Radford les résultats de la reconnaissance faite par le sous-lieutenant Girard sous le feu de l'ennemi et les dispositions furent prises pour l'attaque.

Les zouaves firent d'abord partie du centre de la ligne de combat qui progressa de hameau en hameau et de couvert en couvert jusqu'aux faubourgs de la ville, puis ils furent chargés d'essayer de déborder la gauche de l'ennemi en se portant vivement sur les hauteurs à l'est de la vallée; menacés par ce mouvement tournant exécuté avec beaucoup d'entrain, les Boxers, qui avaient d'abord défendu les abords de Tao-Ying avec un certain acharnement, s'enfuirent en désordre vers le Nord, poursuivis par les feux à longue portée de la compagnie Récamier. Un zouave avait été assez sérieusement blessé et un autre contusionné pendant cette affaire; les Anglais comptaient 7 blessés dont 2 très grièvement atteints et les Japonais 2 blessés.

Le lendemain, 23 avril, tandis que les Anglais battaient le pays pour retrouver le corps du major Browning et châtier les habitants qui avaient fait cause commune avec les Boxers, la 1re compagnie de zouaves regagnait la gare de Peï-Ta-Ho d'où un train spécial la reconduisait à Chan-Haï-Kouan. Un poste provisoire fut installé par le général Reed à Fou-Ning pour assurer la protection de la voie ferrée, mais les bandes de pillards qui avaient subi de fortes pertes au combat de Tao-Ying se réfugièrent en Mongolie et ne reparurent plus en deçà de la grande muraille.

En mai, conformément aux instructions du général en chef, le lieutenant-colonel Parès fit parcourir par le lieutenant Archambault avec un peloton de la 4e compagnie, la région de Lan-Tchéou, Young-Ping, Tsien-An, où s'étaient réinstallés les chrétiens; cette petite reconnaissance fut partout bien accueillie par les populations et ne découvrit rien de suspect.

III. — Colonne de Toung-Ling (tombeaux impériaux de l'Est.)

Au commencement de novembre, tandis qu'un détachement de la garnison de Chan-Haï-Kouan exécutait une pointe audacieuse jusqu'aux tombeaux impériaux de l'Est, mais n'y faisait qu'une apparition passagère, une colonne plus sérieuse s'était mise en route de Tong-Tchéou vers cette région de Toung-Ling.

A son premier voyage à Pékin, au mois d'octobre, le général commandant en chef avait fait connaître au Ministre de France qu'il allait se trouver en mesure de donner satisfaction à son désir de voir occuper les tombes impériales de l'Est par des troupes françaises.

D'après les renseignements qu'on possédait à Pékin sur la situation dans cette partie du Tché-Li où l'attitude des indigènes paraissait assez douteuse et où on signalait la présence d'assez nombreuses troupes chinoises plus ou moins débandées, il paraissait avantageux d'y montrer un effectif assez sérieux en troupes de toutes armes pour en imposer aux populations, mais le général commandant en chef ne pensait pas qu'il y eût intérêt, au point de vue militaire, à laisser un poste permanent sur un point aussi excentrique par rapport à la zone spécialement occupée par les troupes françaises; il lui semblait suffisant de montrer au gouvernement chinois que nous pouvions aller aux tombeaux des empereurs et les occuper, d'une manière passagère ou prolongée, quand et comme nous l'entendions. M. Pichon s'étant rallié à cette manière de voir, le général commandant en chef donna des instructions dans ce sens au lieutenant-colonel Laurent-Chirlonchon, du régiment de marche de zouaves, qu'il avait désigné pour diriger cette opération.

Les éléments ci-après furent désignés pour y participer et reçurent l'ordre de se concentrer à Tong-Tchéou pour le 7 novembre :

Le bataillon du 4e zouaves stationné à **Yang-Tsoun** (commandant Ernst) ;

Les 9e et 10e compagnies du 18e régiment d'infanterie de marine stationnées à Tong-Tchéou (commandant Messier de Saint-James) ;

L'escadron du 6ᵉ chasseurs d'Afrique stationné à Yang-Tsoun ;

Les 2 sections de la 2ᵉ batterie d'artillerie de marine stationnées à Tong-Tchéou (80 de montagne) ;

Une section de la 6ᵉ batterie d'artillerie de marine stationnée à Pékin (80 de campagne) ;

Une section de la 15ᵉ batterie du 20ᵉ d'artillerie stationnée à Yang-Tsoun (matériel de 75) ;

Un convoi administratif presque entièrement porté à dos de chameaux.

Le commandant Messier de Saint-James avait été chargé de préparer le passage du Peï-Ho au nord-est de Tong-Tchéou. Cette opération se fit dans la soirée du 7 et la matinée du 8 novembre, et le 8 au soir, toute la colonne était réunie au village de Tong-Tchao-Touan, et dans deux villages voisins. Une alerte fut causée pendant la nuit par un petit groupe de Boxers audacieux qui vinrent attaquer le poste placé à l'entrée de Tong-Tchao-Touan et ne s'enfuirent qu'après avoir laissé quelques-uns des leurs sur le terrain.

Le 9, la marche fut reprise vers l'Est à travers un pays très peuplé dont les habitants firent en général bon accueil à la colonne, bien qu'il fût connu qu'un certain nombre d'entre eux fussent affiliés aux Boxers, et le 10, après avoir dépassé la sous-préfecture de San-Ho, on allait cantonner dans la petite ville de Pang-Kuien, qui avait ouvert ses portes et aux approches de laquelle on n'avait rien rencontré de suspect, quand des chasseurs du peloton de sûreté, qui avaient déjà traversé la ville, reçurent tout à coup des coups de feu d'une grande pagode située à sa sortie Nord.

Le lieutenant-colonel Laurent-Chirlouchon poussa

aussitôt sa section de tête d'avant-garde en avant pour soutenir les cavaliers, puis apprenant qu'une grosse bande de Boxers tentait de s'échapper par la porte Nord, il lança dans cette direction les 13° et 14° compagnies de zouaves dirigées par leur chef de bataillon et fit occuper toutes les issues de la ville. Le commandant Ernst se trouva en effet bientôt en présence d'une troupe de quelques centaines d'hommes qui le saluèrent de nombreux coups de fusil heureusement inefficaces (1), puis prirent la fuite en cherchant à gagner les montagnes du Nord.

Un certain nombre de Boxers dont la retraite était coupée essayèrent en même temps de se défendre dans les constructions voisines des portes de la ville. Tandis qu'il dirigeait lui-même une fouille méthodique de tout ce quartier Nord où des coups de feu partaient à tout moment des fenêtres ou des toits des maisons, le lieutenant-colonel donnait pour mission au capitaine d'artillerie Nivelle, de l'état-major du corps expéditionnaire, qui remplissait auprès de lui les fonctions de chef d'état-major, de se lancer avec le capitaine Noetinger et ses chasseurs d'Afrique sur les traces de tous les Boxers et réguliers en armes qui fuyaient au Nord, à travers la plaine et que ne pouvaient plus atteindre les feux à longue portée des zouaves du commandant Ernst. L'escadron rejoignit en effet ces fuyards à 2 ou 3 kilomètres de la ville et les poursuivit avec le plus grand entrain jusqu'aux montagnes où le terrain trop accidenté finit par obliger nos cavaliers à s'arrêter. Ceux-ci rapportèrent comme trophées, 2 pavillons et de nombreuses armes de toute espèce; grâce à la soudaineté de leur en-

---

(1) Un des retardataires de cette bande tenta même de mettre en joue à bout portant, puis de renverser de son cheval le chef de bataillon, qui dut faire usage de son revolver et ne fut dégagé que par les chasseurs d'Afrique qui l'accompagnaient.

trée en ligne et à la rapidité de leur charge ils n'avaient subi aucune perte; un cheval était blessé d'un coup de lance et la hampe du fanion de l'escadron avait été brisée par une balle au moment où le capitaine Nœtinger le faisait élever sur un point découvert en faisant sonner le ralliement pour rappeler à lui ses chasseurs dispersés en fourrageurs.

En ville, après une courte lutte avec quelques groupes de Boxers, on s'était emparé de nombreux dépôts d'armes et de munitions et un groupe de 300 réguliers s'était rendu au lieutenant-colonel Laurent-Chirlonchon, qui les avait renvoyés après les avoir fait désarmer. Un millier de fusils Mauser ou Winchester, plus d'un million de cartouches, une mitrailleuse Maxim, de nombreuses armes blanches, quelques chevaux et mulets des réguliers restaient entre nos mains; une partie de ce matériel de guerre qu'on n'avait pas le moyen d'emporter, fut remis le lendemain aux chrétientés voisines que la marche de la colonne avait définitivement dégagées (1) et le reste fut détruit, le 11 au matin, avant le départ des troupes, en même temps que la pagode qui servait de principal dépôt d'armes et de lieu de réunion aux Boxers et d'où on avait tiré sur nos éclaireurs.

La leçon avait d'ailleurs porté, car le préfet de Ki-Tchéou s'empressa d'accourir le 11 au-devant du lieutenant-colonel, de livrer 2 canons Krupp, des armes et des munitions et d'offrir de faire payer une contribution de guerre par les villes de Pang-Kuien et de Ki-Tchéou comme réparation de l'attaque de la veille (2); un déta-

---

(1) Il fut naturellement bien spécifié, conformément aux instructions formelles du général en chef, que ces armes dont le ministre de France avait admis la délivrance aux missions, ne devaient être, sous aucun prétexte, employées en dehors de leur enceinte et ne pouvaient servir que dans le cas de légitime défense.

(2) Cette contribution de guerre de 8.000 taëls fut versée au

chement de réguliers avait évacué Ki-Tchéou à l'approche de la colonne.

Il n'était pas douteux cependant, malgré toutes ces protestations des mandarins, que cette région servait de refuge à de nombreuses troupes armées, Boxers ou réguliers, ces derniers faisant manifestement cause commune avec les premiers. Aussi, le lieutenant-colonel Laurent-Chirlonchon décida-t-il de laisser une forte compagnie à Ki-Tchéou avec tous les impedimenta, de manière à assurer ses communications et à ne s'engager dans la région montagneuse qu'avec une colonne légère assez mobile pour parer à tout incident.

La 13ᵉ compagnie de zouaves avec tous les éclopés et le convoi resta donc à Ki-Tchéou pendant que le reste de la colonne, précédé par les chasseurs d'Afrique se portait sur Ma-lang-Yu, localité située à proximité des tombeaux les plus importants et visitée quelques jours auparavant par le capitaine Dechizelle (1).

Comme celui-ci, le capitaine Nivelle arrivant le 13 aux tombeaux avec les chasseurs d'Afrique, fut reçu avec beaucoup d'égards par les mandarins chargés de les garder; les nombreux soldats chinois qui occupaient les blockhaus semés sur les points culminants du pays, regardèrent pacifiquement passer les troupes françaises et, en conséquence, celles-ci ne devant pas, d'après les instructions du général commandant en chef, se substituer à eux pour la surveillance de cette région des tombeaux, ils ne furent pas inquiétés et leur retraite au delà de la grande muraille ne fut pas exigée. Il était manifeste, d'ailleurs, que les princes ou mandarins qui les commandaient avaient pour principale préoccupation

---

Trésor par ordre du général commandant en chef comme les autres sommes de même provenance.

(1) Le lieutenant-colonel Laurent-Chirlonchon ne l'apprit qu'en arrivant aux tombeaux.

d'éviter tout incident qui eût pu, dans leur pensée, servir de prétexte à une violation des tombes impériales.

La colonne rejoignit, le 14, le capitaine Nivelle à Ma-

Brûle-parfum des tombes impériales.

Lang-Yu et y fit séjour, le 15, pour bien souligner, suivant les intentions du général en chef, que les troupes françaises venues aux tombeaux comme bon leur avait semblé, y restaient le temps qui plaisait à leurs chefs.

Les mesures les plus rigoureuses furent prises pour éviter tout ce qui pourrait ressembler à une profanation et le lieutenant-colonel Laurent-Chirlonchon se borna à visiter les tombeaux avec les officiers et des députations composées des meilleurs sujets de chaque unité.

Le 16 novembre, il reprenait le chemin de Ki-Tchéou où il arrivait le 17, et où il trouvait des instructions du général commandant en chef lui prescrivant de diriger sur Tong-Tchéou, sous les ordres du chef de bataillon de Saint-James, les troupes appartenant aux garnisons de Tong-Tchéou et de Pékin et de rentrer à Yang-Tsoun avec les troupes métropolitaines en traversant la région de Pao-Ti-Shien que de nombreux renseignements signalaient comme très hostile.

La dislocation s'opéra le 19.

Aucun incident ne marqua le retour du chef de bataillon de Saint-James; il fut correctement reçu partout et se borna donc, suivant ses instructions, à rappeler d'une manière très catégorique à tous les mandarins qu'ils seraient désormais rendus responsables de l'ordre de leurs circonscriptions et qu'ils devraient y veiller spécialement à la protection des chrétiens, s'ils ne voulaient pas voir les troupes françaises revenir dans le pays, non plus pacifiquement, mais pour y procéder à des exécutions très rigoureuses.

Sur la route de Pao-Ti, au contraire, tout dénota qu'on était dans un pays ouvertement hostile; partout les villages étaient déserts et on trouvait des armes et des dépôts de munitions; le mandarin de Pao-Ti, qui avait joué un rôle très actif dans le mouvement boxer et qui avait déjà été, pour ce motif, menacé de mesures de rigueur par les colonnes russes et allemandes passées peu de temps auparavant dans le pays, ne se présenta qu'en tremblant; il reçut l'ordre de tenir régulièrement le commandant d'armes de Yang-Tsoun au courant de tout incident qui surviendrait dans sa sous-préfecture, et la colonne rentra à Yang-Tsoun le 22 novembre, n'ayant cependant pas essuyé de coups de fusil.

Conformément à l'accord intervenu entre le feld-maréchal comte de Waldersee et le général commandant en chef, la rive gauche du Peï-Ho, en face de Yang-Tsoun, fut peu de temps après attribuée spécialement comme zone de surveillance aux troupes allemandes et japonaises et la garnison française de Yang-Tsoun n'eut plus d'occasion d'y intervenir pour le maintien de l'ordre, aucun attentat grave contre les chrétientés n'ayant motivé une action spéciale de la France de ce côté.

Il n'en fut pas de même de la région de Tong-Tchéou qui, malgré tous les efforts des troupes de diverses puissances qui se partageaient la surveillance des environs de la place, resta le champ d'action de prédilection d'une série de petites bandes de voleurs qui trouvaient un refuge assuré pour elles et pour leur butin dans la haute vallée du Peï-Ho, celle-ci n'ayant pas été comprise dans la zone d'occupation permanente des troupes alliées.

Le commandant de Saint-James, puis le commandant Seignier qui le remplaça au mois de janvier dans le commandement du 3ᵉ bataillon du 18ᵉ régiment d'infanterie de marine, durent faire exécuter, tant par la garnison française de Tong-Tchéou que par celle des postes qui gardaient les écluses du canal de Pékin au Peï-Ho, une série de petites opérations de police, pour chercher à enrayer tous ces actes de brigandage. Le résultat de ces nombreuses reconnaissances fut au moins d'empêcher le pillage de quelques villages chrétiens des environs de la ville et de maintenir une sécurité suffisante sur la route de Tong-Tchéou à Pékin.

CHAPITRE VI

INCIDENTS SURVENUS DANS LE SUD-OUEST DU TCHÉLI APRÈS L'ACCEPTATION DES PRÉLIMINAIRES DE PAIX PAR LE GOUVERNEMENT CHINOIS. — DÉMONSTRATION MILITAIRE SUR LES FRONTIÈRES DU CHAN-SI.

I. — Situation au commencement de 1901 dans le sud du Tchéli.

L'acceptation des préliminaires de paix par le gouvernement chinois, aussitôt connue par tous les fonctionnaires indigènes, avait encore accentué, dans l'intérieur du Tchéli, la détente très marquée qui s'y était produite à la fin de 1900. Dans la région où les troupes françaises avaient exécuté des opérations de police répétées, et qui restait spécialement placée sous leur contrôle, l'ordre se rétablissait peu à peu : les mandarins installés par Li-Hung-Chang s'employaient avec un certain zèle à faire l'apaisement et à effacer, autant que possible, les ruines causées par six mois de trouble et d'anarchie; le pays s'était repeuplé, et de nombreux villages avaient demandé d'eux-mêmes à réparer le tort qu'ils avaient fait pendant cette période aux Européens et aux chrétiens indigènes; ceux-ci avaient déjà, sur un certain nombre de points, été indemnisés par ceux qui les avaient persécutés, et ces arrangements se poursuivaient presque partout à l'amiable, comme le désirait le ministre de France, et sans qu'il fût nécessaire d'intervenir dans ces litiges.

La situation paraissait, en un mot, assez satisfaisante

Retour de Jien-Shien.

pour qu'il fût possible de laisser les troupes hiverner dans les cantonnements aménagés à cet effet et de se tenir, pour quelque temps au moins, dans l'attitude expectante que le gouvernement désirait voir conserver par le corps expéditionnaire français, ainsi que le ministre de la marine l'avait câblé au général commandant en chef dès qu'on avait été avisé, à Paris, de la réponse faite par le gouvernement chinois à la note conjointe des puissances.

De fait, pendant le premier trimestre de 1901, on n'eut à exécuter dans l'intérieur de la zone que nous occupions que les quelques petites opérations de police inévitables dans un pays où bien des passions étaient encore mal éteintes et où les actes de pillage isolés avaient toujours été très fréquents.

Dans le sud du Tchéli en particulier, il ne se produisit, pendant cette période, aucun trouble nécessitant notre intervention. Quand, après les grands froids, à la fin de février, le général Bailloud exécuta sur l'ordre du général commandant en chef une tournée destinée à montrer nos troupes dans toute la région comprise entre Pao-Ting-Fou et Hien-Shien, il trouva partout le pays très calme et n'éprouva d'autres difficultés que celles résultant des inondations causées par la fonte des neiges. Il visita sur son passage les quelques petits postes de réguliers que le préfet de Ho-Kien avait été autorisé à conserver dans sa circonscription, sous le contrôle du commandant Collinet, pour assurer le maintien de l'ordre, et s'assurer de la correction de leur attitude.

Il n'y eut de même aucun incident dans une tournée exécutée par le général commandant la 2ᵉ brigade quelques jours plus tard au sud-est de Ting-Tchéou, au delà de Kao-Peng : bien que ce pays eût été le siège d'un mouvement boxer très sérieux, un seul des nombreux villages fortifiés devant lesquels se présenta la colonne marqua un peu d'hésitation pour ouvrir ses portes, mais obéit à la deuxième sommation, et il ne fut pas tiré un seul coup de fusil.

Mais, si l'attitude de la population de la partie du Pé-Tchéli placée sous la surveillance des troupes françaises demeurait suffisamment correcte, la situation était restée très délicate du côté du Chan-Si, par suite de l'attitude des troupes chinoises concentrées sur les frontières de cette province.

II. — Incidents survenus dans la région d'Houai-Lou pendant l'hivernage; sommations répétées, adressées aux plénipotentiaires chinois, pour obtenir le retrait des troupes chinoises.

Après l'affaire de Cha-Ngan (10 décembre 1900), les réguliers chinois, tout en accumulant retranchements sur retranchements en travers de la principale route du Chan-Si, s'étaient un instant arrêtés dans leur progression vers Houai-Lou; mais, bientôt, encouragés par l'attitude passive imposée à la garnison par les instructions du gouvernement qui prescrivait « d'éviter toute occasion d'engagement ne répondant pas à une nécessité pressante », ils avaient repris leur mouvement d'invasion lente et méthodique de cette partie du Tchéli, occupant de proche en proche tous les cols et les sommets voisins, minant tous les chemins et arrivant bientôt à constituer autour de cette petite ville d'Houai-Lou une véritable ligne d'investissement qui, dans les premiers jours de janvier, occupait déjà plus d'une demi-circonférence, à une distance de 12 à 15 kilomètres de la place. En même temps, des renforts de plus en plus nombreux affluaient dans les sous-préfectures de King-Sing-Shien et de Ping-Chan-Shien; on recrutait ouvertement des soldats dans le sud même du Tchéli, presque aux portes de nos postes, et les envois de munitions et de matériel de guerre des provinces du Sud continuaient, autant que le permettait la mauvaise saison. En janvier, on évaluait à environ 25.000 hommes les troupes chinoises concentrées entre Houai-Lou et la Grande Muraille. Tous ces Chinois, originaires des provinces du centre et du sud de l'Empire, se vantaient d'être venus pour faire la guerre aux Européens et les rejeter à la mer et, quelle que fût la prudence et la vigilance des officiers choisis que le général Bailloud avait placés dans ce poste avancé (capitaine de La Mairie, du 3ᵉ zouaves, et capitaine Aubé), un incident grave pouvait survenir d'un moment à l'autre.

Le général en chef jugea donc nécessaire de demander au ministre de France d'intervenir auprès du gouvernement chinois, pour faire cesser cet état de choses, plein de dangers et si peu en accord avec la situation politique créée par la signature des préliminaires de paix.

Partageant entièrement la manière de voir du général en chef, M. Pichon écrivit aussitôt aux plénipotentiaires chinois, pour les inviter à intervenir d'urgence, afin que les milliers de soldats, dont la réunion dans le Tchéli, en face d'Houai-Lou, était une menace pour la paix publique, fussent dispersés sans aucun retard, attendu que nous ne pouvions laisser former ainsi en face de nous et à une faible distance de nos postes une armée dont les instructions nous étaient inconnues et dont les actes pouvaient nous entraîner à des opérations contre elle, malgré nos intentions amicales et pacifiques. Il fallait donc que le gouvernement impérial fît cesser cette contradiction flagrante entre les assurances d'amitié que ses représentants donnaient à celui du gouvernement de la République et l'attitude des chefs militaires chinois.

Comme toujours, les Chinois cherchèrent à déplacer

la question, et, dans leur réponse, Li-Hung-Chang et le prince Ching, tout en affirmant qu'il ne devait y avoir dans cette région que les garnisons habituelles, annonçaient qu'ils avaient cependant télégraphié au gouverneur du Chan-Si, pour qu'il invitât les commandants de ses troupes à retirer les hommes des points trop rapprochés de ceux qu'occupaient les Français et à faire cesser ainsi toute cause de conflit, mais ils ajoutaient qu'aucun Boxer ne se trouvant plus à Houai-Lou ou aux environs, il semblait inutile de prolonger le séjour des troupes françaises dans cette région et demandaient en conséquence leur rappel.

Une première réponse à cette insinuation, quelque peu osée malgré les formes mielleuses dans lesquelles elle était enveloppée, se trouvait explicitement contenue dans la lettre que le corps diplomatique adressait trois jours plus tard à ces mêmes plénipotentiaires, pour leur accuser réception de leur communication officielle relative à l'acceptation des clauses de la note conjointe. En insistant sur ce que, pour donner satisfaction aux puissances, il fallait plus qu'une adhésion morale, qu'il fallait des actes, le doyen du corps diplomatique leur rappelait que, « jusqu'à ce que le gouvernement chinois se soit conformé, à la satisfaction des puissances, aux conditions mentionnées, on ne serait pas à même de laisser entrevoir la fin de l'occupation de Pékin et de la province du Tchéli par les troupes internationales », et ajoutait que les dispositions des plénipotentiaires étrangers à prendre en considération les vœux formulés par leurs collègues chinois, en ce qui concernait la suspension des opérations militaires, dépendraient de la bonne volonté avec laquelle le gouvernement chinois prouverait par ses actes sa résolution d'exécuter les conditions auxquelles S. M. l'Empereur avait souscrit. Mais cette réponse, d'un caractère général et collectif, ne pouvait suffire. Aussi M. Pichon, à qui le général en chef venait de communiquer de nouveaux renseignements démontrant d'une manière précise la concentration de forces, tous les jours plus nombreuses, en face de nous et prouvant en même temps que le mouvement boxer, bien que moins actif qu'auparavant, n'était pas encore aussi éteint dans cette partie sud-ouest du Tchéli que voulait bien le dire Li-Hung-Chang, écrivit-il le 27 janvier une nouvelle lettre très ferme aux plénipotentiaires chinois pour leur faire comprendre qu'il était impossible d'admettre leurs explications, que, suivant la communication du doyen du corps diplomatique, le moment d'examiner la question de l'évacuation du Tchéli par les troupes alliées n'était pas encore venu, et qu'en conséquence il était indispensable qu'ils provoquassent la dislocation des rassemblements de réguliers sur lesquels il avait déjà appelé leur attention.

Au moment même où cette communication était envoyée à Li-Hung-Chang, un grave incident vint démontrer péremptoirement combien les autorités militaires du Chan-Si avaient fait peu de cas de son premier télégramme demandant le retrait de leurs troupes, si tant est qu'il le leur eût formellement demandé.

Chaque jour, aussi bien pour tenir ses hommes en haleine que pour surveiller les progrès des réguliers, le capitaine de La Mairie, commandant d'armes à Houai-Lou, faisait exécuter de petites reconnaissances dans un rayon de quelques kilomètres autour de la place. Des précautions minutieuses étaient prises pour éviter le contact des rassemblements ennemis dont on restait toujours à grande distance, et il n'y avait pas eu un coup de fusil tiré depuis l'affaire de Cha-Ngan jusqu'au 28 janvier.

Ce jour-là, le commandant Germain, de l'artillerie de marine, étant en tournée dans les postes du Sud pour y inspecter les sections détachées de son groupe de batteries, s'était joint, avec plusieurs officiers de son arme, à la reconnaissance quotidienne, pour se rendre compte du rôle que pouvait jouer l'artillerie de campagne ou de montagne dans le pays; une soixantaine de zouaves, quelques cavaliers et la section d'artillerie de la garnison, faisaient partie de cette reconnaissance. Arrivé à

A Houai-Lou en reconnaissance.

un col situé au nord-est de Cha-Ngan, à une douzaine de kilomètres de la ville, le capitaine de La Mairie proposa au commandant Germain de monter sur un piton voisin, souvent visité par nos détachements et d'où l'on pouvait se rendre compte des positions occupées par les Chinois dans la direction de Toung-Kia-Men, en même temps que des emplacements sur lesquels pourrait s'installer éventuellement notre artillerie au cas où la lutte deviendrait inévitable.

Cherchant, comme toujours, à éviter toute rencontre fâcheuse, le capitaine de La Mairie avait envoyé un émissaire sur la hauteur pour s'assurer qu'aucun Chinois ne se trouvait aux environs; cet indigène venait de redescendre, en rendant compte qu'aucune troupe chinoise ne se trouvait en vue, et le groupe d'officiers, laissant son escorte en halte gardée au col, et n'emmenant que 10 zouaves, avait alors commencé l'ascension du piton; il avait fait quelques centaines de mètres quand les éclaireurs chinois qui le précédaient revinrent brusquement en arrière, signalant deux mandarins militaires, puis des réguliers en grand nombre qui allaient déboucher sur la crête. Les zouaves reçurent l'ordre de ne pas tirer et de revenir vers le gros de l'escorte, mais les Chinois ouvrirent aussitôt un feu très nourri, tuant un des émissaires et blessant en quelques minutes trois zouaves et l'interprète du capitaine Aubé. Nos hommes se replièrent lentement, s'arrêtant à chaque couvert pour essayer de retarder la poursuite des Chinois par des feux ajustés, et rejoignirent ainsi le reste de la reconnaissance qui ouvrit le feu à son tour dès que son front fut démasqué. Mais l'ennemi disparut presque aussitôt en profitant des plis de terrain. Au même moment, on signalait une autre troupe d'environ 600 hommes manœuvrant en formation de combat très régulière sur le flanc de notre petit détachement pour chercher à lui couper la route d'Houai-Lou; grâce aux habiles dispositions prises par le capitaine de La Mairie, ils n'y parvinrent pas et la reconnaissance rentra tranquillement au poste sans subir de nouvelles attaques; mais on sut le lendemain que les généraux chinois, évidemment tenus au courant de nos moindres mouvements, avaient mobilisé plusieurs milliers d'hommes pour les porter au-devant de la reconnaissance, et qu'aussitôt celle-ci rentrée, ils avaient fait occuper et fortifier encore une nouvelle série de positions plus rapprochées de la place, notamment le col même où avait eu lieu cet engagement du 28 janvier.

La situation était donc des plus tendues, et le général commandant en chef en fut aussitôt avisé par le général Bailloud, qui se hâta de retourner à Hoai-Lou pour étudier dans quelles conditions il y avait lieu de renforcer les défenses et la garnison de cette petite place, étant donné que, même en restreignant le rayon de ses reconnaissances et en observant une défensive encore plus absolue, comme le prescrivit par télégramme le général en chef, il fallait à tout prix, pour l'honneur de nos armes, être en mesure de ne pas se laisser bloquer et de repousser victorieusement toute attaque.

Au moment de l'arrivée du commandant de la 2ᵉ brigade, tout le pays était enseveli sous la neige, et la température qui régnait dans ces montagnes (— 19°) paraissait avoir amené un temps d'arrêt dans la progression des réguliers, mais aucun symptôme n'indiquait cependant qu'ils songeassent à se replier vers le Chan-Si, malgré les promesses de Li-Hung-Chang; le général en chef prescrivit donc de porter la garnison à l'effectif de deux compagnies et deux sections d'artillerie, mouvement qui s'exécuta dans les premiers jours de février. (La 1ʳᵉ compagnie du bataillon du 40ᵉ remplaça dans les postes intermédiaires entre Pao-Ting-Fou et Houai-Lou la 11ᵉ compagnie de zouaves envoyée dans cette dernière localité; le lieutenant-colonel Drude s'installa à Tcheng-Ting-Fou pour surveiller de plus près les événements.)

Une nouvelle démarche plus pressante encore que les premières fut faite, d'autre part, auprès des plénipotentiaires chinois, pour les inviter à mettre un terme à cet état de choses, et, quand M. Pichon se rendit, le 10 février, avec le général en chef, à Pao-Ting-Fou, pour consacrer officiellement la reprise de la circulation sur la ligne du chemin de fer franco-belge, il put exprimer l'espoir que Li-Hung-Chang, impressionné par les responsabilités encourues par les Chinois dans l'affaire du 28 janvier, saurait obtenir du gouvernement impérial le retrait des troupes dont l'attitude était si peu en rapport avec ses protestations de bon vouloir et ses prétendues intentions pacifiques. Le général commandant

12ᵉ compagnie de zouaves.

en chef ayant reçu, d'autre part, des instructions télégraphiques du ministre de la marine recommandant avec plus d'insistance encore que précédemment, la plus extrême prudence, « de manière à éviter toute surprise qui pourrait nous entraîner à une offensive contraire aux intentions du gouvernement », avait prescrit de restreindre au strict minimum le rayon des reconnaissances autour d'Houai-Lou et de surveiller, surtout par des émissaires, les mouvements des réguliers, afin de laisser le temps aux démarches de Li-Hung-Chang de produire quelque effet.

Elles aboutirent, il faut le reconnaître, à faire abandonner pendant quelque temps aux réguliers leur attitude agressive et à enrayer le mouvement enveloppant

Fortification chinoise en face de Houaï-Lou.

qu'ils dessinaient chaque jour plus nettement autour de Houai-Lou. On apprit même que, le 10 février (22 de la 12ᵉ lune de la 26ᵉ année de Kouang-Hsu), le général Léou-Quang-Tai avait fait afficher une proclamation annonçant que ses réguliers devaient rester sur leurs positions sans avancer davantage et ne pas attaquer les étrangers, parce que la paix était faite; mais ce fut tout. A la fin des grands froids, les troupes du général chinois parurent reprises d'une nouvelle ardeur pour se fortifier sur leurs positions et avancèrent sur certains points à moins de 6 ou 7 kilomètres d'Houai-Lou, d'où l'on pouvait journellement suivre à la lorgnette les progrès de leurs travaux.

III. — Projet d'offensive du feld-maréchal comte de Waldersee en février 1901. — Attitude imposée au corps expéditionnaire français. — Premiers projets d'évacuation du Pé-Tchéli.

Pendant que le ministre de France cherchait à obtenir par voie diplomatique l'exécution des promesses faites par les plénipotentiaires chinois au sujet de l'évacuation de la partie du Tchéli dont les alliés entendaient se réserver l'occupation, le feld-maréchal comte de Waldersee voulant peser de son côté sur le gouvernement chinois de manière à activer la marche des négociations qui traînaient en longueur depuis l'acceptation de la note conjointe (1), fit paraître, le 15 février, un ordre d'armée s'adressant à tous les contingents placés sous son commandement et leur enjoignant de se tenir prêts à une reprise prochaine des grandes opérations militaires. Une grande publicité était donnée à ce « garde à vous », de manière évidemment à ce qu'il fût connu du gouvernement chinois, et les officiers allemands laissaient d'ailleurs entendre ouvertement qu'il s'agissait d'une offensive dans la direction du Chan-Si et peut-être jusqu'à Si-Ngan-Fou.

À la lettre très courtoise par laquelle le feld-maréchal lui demandait dans quelles mesures il pourrait compter

---

(1) Le gouvernement chinois ne se décidait pas à prendre les mesures exigées par les puissances pour le châtiment des coupables.

sur le concours des troupes françaises « dans le cas où cette reprise d'opérations deviendrait nécessaire ou semblerait désirable », le général en chef s'était empressé de répondre qu'il ne pouvait engager l'avenir dans une question aussi grave sans que les agents diplomatiques des puissances aient apprécié la situation dans son ensemble et que le ministre de France, représentant le gouvernement de la République en Chine, ait conclu à l'opportunité d'une intervention du corps expéditionnaire français, mais que, dans le cas où il y aurait à fournir à la diplomatie un appui nécessaire par la force des armes, le concours des troupes françaises (qui étaient du reste prêtes à marcher du jour au lendemain) serait acquis aux contingents placés sous le haut commandement du feld-maréchal, dans les conditions qui avaient été délimitées par les instructions du gouvernement français et qui avaient déjà été indiquées à l'automne de 1900.

M. Pichon, mis aussitôt au courant de cet échange de communications entre le feld-maréchal et le général commandant en chef, dont il partageait entièrement les vues, s'empressa d'en référer au ministre des affaires étrangères, en ajoutant qu'il s'agissait surtout d'exercer une pression sur le gouvernement chinois pour le châtiment des coupables, que le moyen employé par le commandant des forces étrangères lui paraissait le meilleur pour aboutir et qu'à son avis, le résultat cherché devait être ainsi obtenu sans qu'il fût nécessaire de reprendre les hostilités, « pourvu que les Chinois ne doutent pas que nous n'hésiterions pas à les reprendre, si leur attitude nous y obligeait ». Ces prévisions du ministre de France se réalisèrent pleinement et, quelques jours après, avant même qu'on eût pu recevoir à Si-Ngan-Fou les premières nouvelles de l'offensive que le feld-maréchal de Waldersee avait fait entamer par les troupes allemandes au nord-ouest de Pao-Ting-Fou (1), Li-Hung-Chang annonçait à M. Pichon la publication d'un édit impérial donnant satisfaction aux demandes des puissances pour la punition des principaux coupables.

D'autre part, Li-Hung-Chang s'était décidé à écrire une lettre très catégorique aux généraux chinois commandant les troupes concentrées devant Houai-Lou (Léou-Quan-Taï) et autour de Ping-Chan (Fan-Leou-Cheng), pour les inviter à évacuer la province et à se reporter en arrière de la Grande Muraille; un émissaire des mandarins de Pao-Ting-Fou avait remis en mains propres ces messages aux destinataires, qui en avaient accusé réception, et quelques petits groupes de réguliers, ceux du général Fan en particulier, avaient

---

(1) Les commandants des contingents des autres puissances avaient, pour la plupart, fait des réserves au sujet de cette reprise des opérations contre l'armée chinoise, et demandé à en référer à leurs gouvernements respectifs. En fait, les troupes allemandes seules s'étaient mises en marche de Tang et de Fou-Ping vers la frontière du Chan-Si, précédées d'un ultimatum adressé par le feld-maréchal au commandant des troupes chinoises de cette région, lui enjoignant de replier immédiatement ses réguliers au delà, non de la Grande Muraille, mais de la frontière du Tchéli, qui était en plusieurs points tracée plus ou moins loin à l'ouest de cette muraille.

Le 20 février, le colonel Hoffmeister, venant de Tang, par Tao-Ma-Kouan, avait poussé jusqu'à Kouang-Tchang et bousculé les réguliers qui occupaient cette ville.

Le 21, une autre colonne allemande avait enlevé le col d'Antsu-Ling, à l'ouest de Fou-Ping et rejeté dans le Chan-Si les troupes chinoises qui l'occupaient.

Quelques jours après, les réguliers chassés du col, étant revenus en nombre et ayant assailli un petit détachement allemand en reconnaissance, le colonel von Ledebur, parti de Pao-Ting-Fou avec un bataillon de renfort, avait été les rejeter dans le Chan-si et les avait poursuivis jusqu'aux environs de Ou-Taï. Toute la partie de la frontière du Chan-Si qui se trouvait dans le secteur dont la police incombait spécialement aux Allemands se trouvait ainsi dégagée sans que cette offensive vigoureuse, mais limitée à la zone indiquée aux Chinois par le feld-maréchal, eût semblé compromettre le cours des négociations.

fait mine d'évacuer certaines de leurs positions avancées; on crut un instant que la situation allait effectivement s'améliorer sans qu'il fût nécessaire de recourir à la force. (C'est le moment que choisit le général Bailloud pour faire dans la direction de Hien-Shien la tournée pacifique prescrite par le général commandant en chef.)

Mais il fallut bientôt reconnaître que les ordres de Li-Hung-Chang restaient lettre morte. Le général Leou-Quan-Tai, soutenu peut-être par des encouragements venus de la cour impériale elle-même et déclarant tout au moins qu'il ne reconnaissait pas l'autorité du vice-roi du Tchéli et qu'il n'obéirait qu'à des ordres de l'empereur, avait repris les travaux de fortification et renforcé les garnisons de ses postes avancés. Le général Fan, qui avait tout d'abord fait reculer ses troupes d'environ une journée de marche, avait lui-même fait réoccuper en partie ses anciennes positions et avait rejoint Leou-Quan-Tai avec le reste de son monde à King-Sing-Shien, et de fait, non seulement aucun régulier n'avait repassé la Grande Muraille, mais on signalait l'arrivée de nouveaux renforts venant du sud de l'Empire.

Le général en chef, lié par les instructions du gouvernement, ne pouvait que signaler au Ministre de France ce résultat décidément négatif de ses démarches, en insistant une fois de plus pour que la diplomatie trouvât un moyen honorable de faire cesser cette situation tous les jours plus inadmissible, attendu que l'attitude arrogante des Chinois qui étaient devant nous résultait visiblement de ce qu'ils escomptaient notre désir de ne pas recourir à la force.

Il était indispensable pour le prestige de la France d'obtenir au moins, puisqu'il avait été promis, le retrait de ces réguliers jusqu'au delà de la Grande Muraille, quitte à ne pas augmenter nous-mêmes le cercle de notre occupation et à constater seulement par quelques reconnaissances le résultat obtenu. Mais, comme d'autre part, l'attitude des représentants de la cour impériale à Pékin paraissait présager de nouveaux et prochains progrès des négociations, M. Pichon estimait qu'on pouvait entrevoir une évacuation, au moins partielle, du Tchéli par les troupes alliées, comme possible dans un délai assez rapproché et il avait entretenu de cette éventualité le général commandant en chef. Il fallait donc à la fois, exiger, comme satisfaction morale, la retraite des réguliers qui restaient dans le Tchéli au mépris des engagements pris par les représentants de la cour et préparer le transfert aux autorités chinoises de l'administration et de la police dans la zone occupée par les troupes françaises. A ce dernier point de vue, le général en chef avait émis l'avis que, pour éviter une crise au moment de cette remise, il fallait opérer méthodiquement et progressivement, en associant d'abord pendant une certaine période les mandarins à la surveillance que nous exercions sur le pays, de manière à les juger à l'œuvre et à les amener à continuer sans réaction après notre départ, les errements qu'ils auraient suivis d'abord pendant quelque temps sous notre contrôle.

M. Pichon, se ralliant d'une manière complète à cette manière de voir, laissa entrevoir au prince Ching et à Li-Hung-Chang, en les invitant pour la troisième fois à faire exécuter les ordres déjà donnés pour le retrait des troupes chinoises au delà de la Grande Muraille, quelle était la pensée des autorités françaises sur cette question de la préparation d'une évacuation du Tchéli, et il leur annonça qu'aussitôt le départ des réguliers obtenu, elles pourraient peut-être, si les négociations continuaient par ailleurs à suivre une marche satisfaisante, se concerter avec les autorités chinoises pour prendre des mesures préparatoires en vue de l'évacuation de la région de Tcheng-Ting-Fou, à une date qui serait ultérieurement fixée. Les plénipotentiaires chinois répondirent une fois de plus à cette communication par l'assurance que les troupes impériales avaient reçu l'ordre de repasser la Muraille et que cet ordre ne tarderait pas à être exécuté, mais, une fois de plus, toutes leurs protestations restèrent à peu près lettre morte (1).

Quelques mouvements de réguliers purent faire croire un instant que l'évacuation allait enfin commencer, mais il n'en fut rien, et l'on apprit seulement que les généraux chinois avaient fait demander de nouveaux ordres à Si-Ngan-Fou, et que les renforts qui leur arrivaient journellement de l'Ouest s'arrêtaient en majeure partie à Ping-Ting, à 30 kilomètres environ au sud-ouest de Kou-Kouan, sans pénétrer dans le Tchéli. Puis une communication, très polie d'ailleurs dans sa forme, adressée par le nouveau gouverneur du Chan-Si au commandant des troupes françaises pour l'assurer de ses bonnes intentions, fit supposer que les troupes de sa province venaient de recevoir simplement l'ordre de ne pas dépasser la sous-préfecture de King-Sing-Shien, pourvu que les Français de leur côté ne sortissent pas de la sous-préfecture d'Houai-Lou.

Etant données les promesses faites, cela ne pouvait suffire et, le 21 mars, M. Pichon adressa une quatrième sommation aux plénipotentiaires chinois, leur signifiant

---

(1) C'est pendant qu'on attendait la réponse à cette troisième communication de M. Pichon aux plénipotentiaires chinois, au sujet du retrait des troupes chinoises, qu'eut lieu un premier échange de vues au sujet de la possibilité d'envisager une réduction prochaine du corps expéditionnaire entre le gouvernement français et le général en chef, qui s'était mis d'accord sur cette question avec le ministre de France, après examen de la situation diplomatique.

catégoriquement que cette dernière mesure ne permettrait pas de préparer, comme il le leur avait fait entrevoir, l'évacuation d'Houai-Lou et de Tcheng-Ting-Fou par les troupes françaises, et qu'il leur appartenait de faire comprendre au gouvernement impérial que s'il désirait que nous renoncions progressivement à notre occupation militaire, il fallait tout d'abord que les conventions antérieures relatives au retrait des troupes chinoises de la province du Tchéli fussent exécutées.

Le prince Ching et Li-Hung-Chang répondirent officiellement qu'ils adressaient un rapport détaillé à l'empereur sur cette question et demandèrent en même temps officieusement que les autorités françaises veuillent bien patienter quelque temps pour que cette communication puisse produire ses effets.

Les négociations paraissant en progrès et le corps diplomatique délibérant sur les conditions dans lesquelles les différents corps expéditionnaires allaient pouvoir se retirer progressivement du Tchéli, le général commandant en chef et le ministre de France estimèrent qu'on pouvait patienter encore; mais, bien que la France s'associât nettement à la politique de modération qui prévalait parmi les puissances et qui pouvait être particulièrement avantageuse pour les intérêts spéciaux dont elle avait la responsabilité, rien ne fut négligé pour faire comprendre à Li-Hung-Chang que nous n'abandonnions pas nos légitimes exigences. Au commencement d'avril, de nouveaux pourparlers sur la même question eurent lieu entre le vice-roi et M. Pichon, qui, insistant sur l'extrême longanimité dont la France donnait la preuve en cette circonstance, s'efforça de faire sentir au vieux vice-roi la responsabilité à laquelle il s'exposerait en ne tenant pas la main à ce que les engagements qu'il avait pris lui-même dans cette affaire fussent exécutés.

On attendait le résultat de deux nouveaux télégrammes envoyés à la suite de ces entretiens au gouverneur du Chan-Si et au général Leou-Quan-Tai, auquel Li-Hung-Chang signifiait en termes catégoriques que, s'il n'obéissait pas aux ordres qui lui étaient renouvelés, il serait rendu responsable personnellement des suites que pourrait avoir son attitude et serait l'objet d'une demande de mise en accusation adressée au Trône, quand se produisit une intervention un peu inattendue du feld-maréchal comte de Waldersee.

IV. — Intervention du feld-maréchal comte de Waldersee dans la question d'Houai-Lou. — Offensive des troupes allemandes et françaises jusqu'aux frontières du Chan-Si en avril 1901.

Le 12 avril, le feld-maréchal fit connaître officiellement au général commandant en chef qu'il estimait que la présence des troupes chinoises ne pouvait pas être permise plus longtemps dans le Pé-Tchéli et qu'il s'était, par suite, résolu, comme il l'avait déjà fait à l'ouest de Si-Ling et de Fou-Ping, à rejeter aussi de l'autre côté de la Grande Muraille les troupes chinoises qui étaient en position à l'ouest d'Houai-Lou. Le feld-maréchal ajoutait qu'il serait très reconnaissant au général commandant en chef de vouloir bien lui faire connaître comment et dans quelles mesures les troupes françaises participeraient à une semblable opération.

Le général de Schwartzhoff, chef d'état-major du feld-maréchal, qui devait trouver quelques jours après une fin si tragique dans l'incendie du palais de l'impératrice, était venu au préalable entretenir officieusement le général commandant en chef de cette question et lui avait exposé que le feld-maréchal voulait en finir avec les perpétuels atermoiements du gouvernement chinois, et qu'en conséquence, les Allemands allaient marcher contre les réguliers établis vers Ping-Chan et dans la sous-préfecture de King-Sing-Shien pour les rejeter dans le Chan-Si, que les troupes françaises d'Houai-Lou prissent ou non part à l'opération.

Le général commandant en chef s'empressa de mettre le ministre de France au courant de cette nouvelle phase de la question, qui se présentait cette fois sous une forme particulièrement délicate.

On pouvait craindre, en effet, que des opérations entreprises, sans notre concours, par les troupes allemandes, dans une région jusqu'alors exclusivement occupée par les troupes françaises et contre des réguliers en position depuis plusieurs mois à quelques kilomètres de nos postes, fussent de nature à porter une atteinte sérieuse à la réputation de nos armes, autant dans l'esprit des contingents étrangers que dans celui des Chinois. Ceux-ci n'auraient pas manqué de voir dans l'attitude passive de nos troupes consignées dans leurs cantonnements, un indice de faiblesse sinon de pusillanimité, alors que, même sans y employer tous leurs moyens, elles n'auraient eu depuis longtemps besoin du concours de personne, pour imposer aux réguliers par la force la satisfaction exigée, et cette opinion, si elle se répandait, pouvait même atteindre et diminuer le prestige et l'influence de la France en Extrême-Orient. D'autre part, une action énergique contre les réguliers chinois, si elle avait pu paraître opportune en février, semblait inutile au général en chef au point où en étaient les négociations; l'opération militaire à laquelle le feld-maréchal voulait procéder de sa propre initiative et probablement sans l'assentiment de la grande majorité du corps diplomatique, était au contraire de nature à engager gravement la politique générale des puissances alliées en Chine, et même, si, contrairement à l'intention première du commandant en chef des troupes allemandes, elle aboutissait, comme ce n'était pas impossible, à une expédition hors du Pé-Tchéli, elle risquait d'avoir pour conséquence une perturbation générale dans les négociations en cours et peut-être des complications internationales.

Il parut donc, dans ces conditions, au général commandant en chef et à M. Pichon, que la meilleure solution pour réserver à la politique française les bénéfices des négociations dont elle avait pris l'initiative, c'est-à-dire pour obtenir le retrait si souvent demandé des troupes chinoises, tout en évitant de dangereuses complications, était de s'associer à l'opération en s'efforçant de la maintenir dans les limites tracées, mais en lui donnant le caractère d'une démonstration militaire imposante, de nature à donner aux Chinois une haute idée de notre force en même temps que de notre modération.

Restant donc vis-à-vis des plénipotentiaires chinois sur le terrain des négociations précédentes, M. Pichon leur donna à entendre que les alliés étaient décidés à obtenir par une action militaire ce qu'ils n'arrivaient pas à obtenir par la diplomatie; il leur fournissait ainsi auprès de leur gouvernement même, un argument qui pouvait être décisif et, de fait, cette menace, que corroborait la mise en mouvement de nombreux détachements français et allemands vers le sud-ouest du Tchéli, eut pour résultat presque immédiat la publication, à la date du 16 avril, d'un décret impérial ordonnant à Leou-Quan-Taï et à ses troupes de se retirer immédiatement au delà de la Grande Muraille.

Les mouvements de concentration des troupes allemandes étaient d'ailleurs déjà commencés, le feld-maréchal ayant fixé au 18 avril la mise en route de la colonne qu'il devait former à Ting-Tchéou pour marcher vers le Sud-Ouest; il y aurait donc urgence à masser dans la région d'Houai-Lou, sans attendre le résultat des dernières démarches faites par Li-Hung-Chang, toutes les troupes que le général commandant en chef voulait faire participer à cette démonstration qu'il était logique d'exécuter avec un effectif aussi considérable qu'il était possible.

Des ordres furent donnés en conséquence le 14 avril pour diriger sur Pao-Ting-Fou :

1° Le bataillon du 4ᵉ zouaves de Yang-tsoun (bataillon Ernst) ;

2° Deux bataillons du 17ᵉ colonial, l'un venant de Pékin (bataillon Tellier), l'autre prélevé sur les garnisons de la région de Tcho-Tchéou, Mou-Ling (bataillon Michard), sous les ordres du lieutenant-colonel Rondony, que devait rejoindre le colonel Lalubin, venant de Pékin ;

3° Un bataillon du 16ᵉ colonial comprenant deux compagnies venant de Tien-Tsin (avec le lieutenant-colonel Dumont) et les deux compagnies de la garnison de Hien-Shien, dont le retour était déjà décidé en principe, d'accord avec le ministre de France, comme premier essai de retour à l'administration purement chinoise d'une partie de la zone occupée par nos troupes et qui reçurent l'ordre de rallier directement Pao-Ting-Fou (1) avec la section de montagne faisant également partie de la garnison de ce poste ;

4° La compagnie du 61ᵉ de ligne de la garnison de Pékin ;

5° L'escadron du 6ᵉ chasseurs d'Afrique de Yang-Tsoun ;

6° La 1ʳᵉ batterie de 80 de montagne (Tchao-Tchéou

---

(1) Une menace d'épidémie de fièvre typhoïde qui se produisit à Tcheng-Ting-Fou, et qui n'eut heureusement pas de suites graves, avait décidé le général commandant en chef à ne pas prendre cette localité comme point de rendez-vous.

et Pékin) et la 4ᵉ batterie de montagne, venant de Tien-Tsin. (Le lieutenant-colonel d'artillerie de marine Gosselin devait commander l'ensemble de l'artillerie concentrée dans la région d'Houai-Lou);

7° La compagnie 19/1 du génie, venant de Tien-Tsin, et un détachement de télégraphistes ;

8° L'ambulance de la 1ʳᵉ brigade (médecin principal de la marine Clavel), qui était disponible à Pékin ;

9° Un fort détachement du train des équipages militaires, sous le commandement du chef d'escadron Iraçabal, qui devait prendre la direction de tous les échelons du train constitués dans le sud-ouest du Tchéli.

Comme mesures complémentaires à cette concentration sur Houai-Lou, les garnisons de la ligne d'étapes Yang-Tsoun, Tong-Tchéou, Pékin étaient réduites à deux compagnies, et deux des compagnies du 18ᵉ qui l'occupaient, venaient combler en partie les vides de la garnison de Pékin; d'autre part, une nouvelle répartition était faite entre les postes de la région de Mou-Ling, Tcho-Tchéou, Liou-Li-Ho du seul bataillon du 17ᵉ qui y était maintenu.

Le général Bailloud, mis aussitôt au courant des intentions du général commandant en chef, prit, d'autre part, les mesures nécessaires pour concentrer en face des positions occupées par les réguliers chinois (les renseignements reçus d'Houai-Lou, indiquaient qu'ils y étaient toujours aussi nombreux) toutes celles des troupes stationnées dans le sud-ouest du Tchéli qui n'étaient pas indispensables à la garde de ses communications.

Ces troupes comprenaient :

Les 2ᵉ et 3ᵉ bataillons de zouaves (commandants Dencausse et Louvet) ;

Les 1ʳᵉ, 3ᵉ et 4ᵉ compagnies du bataillon du 40ᵉ (commandant Chastel) et un peloton du bataillon du 58ᵉ (le reste du bataillon du 40ᵉ et des 6ᵉ et 8ᵉ compagnies du régiment de marche d'infanterie gardant les lignes d'étapes) ;

Le 1ᵉʳ bataillon du 16ᵉ colonial avec sa compagnie montée (commandant Gubian) ;

Chasseurs d'Afrique traversant un gué.

La demi-compagnie du génie 9/4 ;

La 15ᵉ batterie du 20ᵉ d'artillerie (batterie de 75) ;

La 7ᵉ batterie de 80 de campagne et deux sections de la 3ᵉ batterie de 80 de montagne d'artillerie de marine ;

L'escadron du 5ᵉ chasseurs d'Afrique ;

L'ambulance de la 2ᵉ brigade avec le médecin principal Duchêne, chef du service de santé de la brigade ;

Des détachements des services administratifs sous la direction du sous-intendant de 3ᵉ classe Rupp (1).

En somme, les troupes françaises appelées à concourir

---

(1) Le sous-intendant militaire de 1ʳᵉ classe Coppens de Norlandt fut envoyé de Tien-Tsin prendre la direction d'ensemble des services administratifs des troupes en opération.

à la démonstration projetée allaient comprendre : huit bataillons d'infanterie, une compagnie et demie du génie, deux escadrons de cavalerie et cinq batteries d'artillerie (1 de 75, 1 de 80 de campagne, 3 de 80 de montagne), soit plus de 6.000 combattants, ce qui eût suffi et au delà, même sans aucun concours étranger, à rejeter dans le Chan-Si les troupes de Leou-Quan-Tai (on les évaluait, d'après les derniers renseignements, à une quinzaine de mille hommes).

Restait à régler dans quelles conditions se ferait la marche en avant. Il fut convenu, au cours d'un entretien entre le feld-maréchal comte de Waldersee et le général commandant en chef, que le général von Kettler et le général Bailloud seraient invités à se concerter pour arrêter toutes les dispositions nécessitant accord au sujet de la marche en avant simultanée des troupes placées sous leurs ordres. (En sus de sa brigade, le général von Kettler devait recevoir de Pékin un bataillon du 1er régiment d'infanterie d'Asie Orientale et disposer, par conséquent, de cinq bataillons, un escadron et trois batteries avec les services correspondants.)

Le général von Kettler, qui, au reçu de l'ordre du feld-maréchal de concentrer sa brigade à Ting-Tchéou pour prendre l'offensive, le 18, contre les réguliers, était venu, avec la courtoisie qu'il avait toujours apportée dans ses relations avec les autorités militaires françaises de Pao-Ting-Fou, exprimer au général Bailloud ses regrets d'avoir à opérer dans la zone française sans la coopération des Français, fut aussitôt mis au courant de cette décision du commandant en chef, et, le 16 au matin, dans une conférence à laquelle assistait le général von Gayl, sous-chef d'état-major du feld-maréchal, venu porter ses instructions à Pao-Ting-Fou, il fut définitivement convenu que le général Bailloud concentrerait ses troupes en deux groupes à Ping-Chan et en avant de Houai-Lou, et que les troupes allemandes formant la droite se concentreraient entre Ping-Chan et Hoeï-Tchéou pour prendre pour objectif les passages de la Grande Muraille situés au nord de Kou-Kouan.

Les points de concentration étant en dehors du territoire de la sous-préfecture de King-Sing-Shien, objet de litige avec la cour chinoise, on pouvait espérer que la concentration se ferait sans coup férir.

Ce partage des zones de marche ayant été approuvé par le général commandant en chef, le général Bailloud donna des ordres définitifs pour la constitution de deux groupes distincts l'un à Houai-Lou, sous les ordres du colonel Guillet (2e, 3e et 4e bataillons de zouaves, 3e batterie de montagne, une section de 75, un détachement du génie et un peloton du 5e chasseurs d'Afrique); l'autre à Ping-Chan, sous ses ordres directs (1er bataillon du 16e colonial, 1er et 2e bataillons du 17e colonial, dont le colonel devait prendre éventuellement le commandement du groupe, 1re, 3e et 4e compagnies du régiment d'infanterie de marche et pelotons des 8e et 9e compagnies, le reste de ces compagnies étant laissé dans les garnisons, une section de 75, la 7e batterie de 80 de campagne, la 1re batterie de montagne, un détachement du génie et trois pelotons du 5e chasseurs d'Afrique).

La concentration de tous ces éléments devait être terminée le 21. L'infanterie voyageait en chemin de fer jusqu'à Ting-Tchéou avec une partie de l'artillerie, les ambulances et le génie; le reste venait par voie de terre à partir de Pao-Ting-Fou. Les autres unités venant de l'intérieur du Pé-Tchéli (compagnies du 16e colonial de Tien-Tsin et de Hien-Shien, escadron de Yang-Tsoun, compagnie du génie 19/1 et 4e batterie de montagne), dont la majeure partie faisaient leur mouvement sur Pao-Ting-Fou par étapes, devaient rejoindre les jours suivants si leur concours paraissait nécessaire.

Ping-Chan, qui avait été trouvé évacué le 16 au soir par une reconnaissance de chasseurs d'Afrique d'Houai-Lou, fut occupé le 17, en même temps que le pont de Niou-Tcheng, par la 5ᵉ compagnie de zouaves, accompagnée d'une section de 75. Les avant-postes des réguliers étaient encore à quelques kilomètres de cette localité, mais ils ne se livrèrent à aucune démonstration hostile et la concentration s'acheva sans incident. Elle se fit avec un entrain et une rapidité remarquables et, dès le 19, le général Bailloud eût disposé d'effectifs suffisants pour se porter en avant; mais en arrivant ce jour-là à Ping-Chan, il se rencontra avec le général von Kettler qui n'attendait le gros de ses troupes que pour le 21 et le 22 et avec lequel il fut convenu en conséquence, que les journées du 20 et du 21, seraient consacrées à de simples reconnaissances de cavalerie. Ce délai, qui permettait au général commandant la 2ᵉ brigade d'être en possession de tous ses moyens d'action, avait, d'autre part, au point de vue de la politique française, l'avantage de laisser au décret impérial annoncé par Li-Hung-Chang, le temps de produire son effet. (Le général Bailloud avait reçu la veille, avant d'arriver à Houai-Lou, le télégramme par lequel le général commandant en chef l'informait de sa publication, et lui prescrivait de ne pas précipiter les opérations, de manière qu'on ne pût nous accuser de n'avoir pas attendu que le décret ait pu être exécuté.)

Le 20, on se borna, en conséquence, à reconnaître les positions chinoises de Kou-Lou-Fan, dans la vallée de Tao-Ho et aux environs de Toung-Kia-Men; partout on constata un mouvement de recul de la part des Chinois, que ce recul fût dû aux ordres de la cour ou à ce fait que leur ligne avancée se trouvait débordée par l'occupation d'Hoeï-Tchéou par les Allemands.

Le 21, en allant de Ping-Chan à Houai-Lou porter ses instructions au colonel Guillet, après s'être entendu avec les généraux von Lessel et von Kettler (1), sur les itinéraires par lesquels se ferait la marche en avant convenue pour le 22 et avoir insisté auprès d'eux, de la part du général commandant en chef, pour que le temps fût donné aux réguliers de se retirer tranquillement, comme le demandait le ministre de France, le général Bailloud reçut un message du vice-roi du Chan-Si qui montrait péremptoirement que les Chinois cherchaient encore à ne nous donner qu'une demi-satisfaction; le vice-roi parlait de l'ordre de l'empereur d'évacuer King-Sing-Shien, mais ajoutait qu'il fallait que les troupes aient eu le temps de recevoir cet ordre pour quitter leurs positions et disait que, d'après les ordres impériaux qu'il transmettait à Léou-Quan-Taï, celui-ci devait se retirer avec les cinq régiments les plus en avant (on savait pertinemment qu'il avait vingt régiments dans le Pé-Tchéli).

Le général Bailloud répondit aussitôt au vice-roi que les troupes françaises n'avaient aucun pourparler à engager, soit avec les réguliers, soit avec lui, tant que les généraux chinois, rebelles aux ordres de leur gouvernement et aux instructions du ministre de France, n'auraient pas évacué le Pé-Tchéli. En rendant compte télégraphiquement de cet incident au général commandant en chef, il ajouta qu'à son avis, si Léou-Quan-Taï avait déjà retiré 5 de ses régiments comme le faisaient croire les reconnaissances de la veille, le reste de ses troupes suivrait rapidement et qu'on ne trouverait

---

(1) Le général von Lessel venait d'arriver pour prendre la direction des opérations des troupes allemandes.

personne jusqu'à la Grande Muraille, ni devant les Allemands, ni devant nous. Les reconnaissances de cette journée du 21 confirmèrent cette impression; on cons-

Montée de Toung-Kia-Men.

tata que les réguliers qui, d'après les émissaires, avaient même franchi la passe de Kou-Kouan, avaient en tout cas évacué les positions de Toung-Kia-Men et de Yu-Choui, abandonnant de nombreux ouvrages qui n'étaient plus défendus que par des mines. (On employa les gens du pays à les éventer en leur promettant une prime par mine signalée.) Les troupes chinoises qui étaient devant les Allemands s'étaient repliées de même vers la porte Niang-Tsé-Kouan et les passages situés plus au Sud. Il semblait qu'il n'y eût plus qu'à pousser jusqu'à la Grande Muraille pour constater officiellement cette retraite et que cette marche dût se faire sans incident. Il fut entendu, en conséquence, entre les généraux von Lessel et Bailloud, que les troupes allemandes se dirigeraient le 22 en quatre colonnes sur la porte de Niang-Tsé-Kouan (lieutenant-colonel von Wellmenich), sur les passages signalés à une vingtaine de kilomètres plus au nord dans le Kéou-Chan (major von Mühlenfels), sur la porte de Kouan-Ngan-Kouan (colonel Hoffmeister) et sur Fang-Kéou (colonel von Ledebur), tandis que les troupes françaises prendraient pour objectifs Kou-Kouan et les passages correspondant à la vallée du Chang-Ho.

L'évacuation des positions de Kou-Lou-Fan et de Toung-Kia-Men par les Chinois rendait inutile le maintien dans la vallée du Pou-Ta-Ho des troupes françaises qui avaient été concentrées à Ping-Chan pour les déborder par le Nord et permettait de les reporter sur la route mandarine de Kou-Kouan. C'est ce que fit le général Bailloud dans la journée du 22, tandis que le colonel Guillet se portait directement d'Houai-Lou sur Yu-Choui par Toung-Kia-Men. La marche de la colonne de Ping-Chan fut assez laborieuse, mais la bonne volonté et l'ardeur de tous vinrent à bout de toutes les difficultés; le sentier que les voitures chinoises ne suivaient même pas d'habitude fut amélioré rapidement par le service du génie, secondé par les habitants; les mines furent éventées et détruites, les retranchements rasés par ces mêmes habitants qui les avaient construits quelque temps auparavant, et finalement, le 22 au soir, tout le monde bivouaquait autour d'Yu-Choui. L'escadron de chasseurs d'Afrique du capitaine Grand-Conseil et le peloton monté du 16ᵉ colonial (capitaine Coup), avaient poussé jusqu'à King-Sing-Shien sans rien trouver devant eux, et tous les renseignements indiquaient que le mouvement de retraite, commencé par une partie des régiments de Léou-Quan-Taï, avait été immédiatement suivi par le reste de ses troupes, et qu'il ne devait plus y avoir de réguliers en deçà des limites du

Chan-Si. Le but de la démonstration paraissait donc bien devoir être atteint sans qu'il y ait eu de combat.

C'est à Yu-Choui que le général commandant la 2⁰ brigade reçut, le 22 au soir, un télégramme du général commandant en chef approuvant les dispositions prises jusqu'alors, mais ajoutant que le ministre de France venait de recevoir un cablogramme du gouvernement prescrivant de ne pas modifier l'attitude observée jusqu'alors par le corps expéditionnaire français (1); M. Pichon demandait, en conséquence, qu'il ne fût tiré aucun coup de fusil contre les réguliers sans une nécessité absolue, et le général en chef renouvelait donc ses recommandations d'extrême prudence et comptait sur la sagesse du général Bailloud.

Quelques instants après la réception de ce télégramme, arrivaient également à Yu-Choui deux officiers de l'état-major du général commandant en chef venus de Pékin par les voies les plus rapides pour apporter des instructions plus détaillées au commandant de la 2⁰ brigade. Le général commandant en chef insistait, dans ses instructions, sur la nécessité de laisser à cette concentration de troupes le caractère d'une menace, ayant pour but d'obtenir le retrait des réguliers chinois au delà de la Grande Muraille, retrait que trois mois de négociations n'avaient pas permis d'obtenir. Dans cet ordre d'idées, il était, d'une part, indispensable de laisser aux Chinois le temps matériel d'exécuter leur mou-

---

(1) Cette communication du ministre des affaires étrangères à M. Pichon avait été confirmée peu de temps après par un cablogramme du ministre de la marine au général commandant en chef, prescrivant de rester toujours dans l'expectative ordonnée par ses télégrammes antérieurs; mais ces ordres du ministre de la marine, aussitôt transmis au général Bailloud, ne lui parvinrent que dans la nuit du 23 au 24 devant Kou-Kouan, alors que cette position était déjà évacuée à la suite de l'offensive des troupes allemandes contre les positions voisines.

vement de retraite, si réellement ils s'étaient décidés à se retirer devant ce déploiement de forces communes (Li-Hung-Chang l'avait catégoriquement affirmé au ministre de France); et, d'autre part, si, contrairement à ces prévisions, les réguliers chinois, bien loin de se retirer, se renforçaient et se déclaraient prêts à nous combattre, il en résulterait une telle modification dans la situation politique, puisqu'elle conduirait à une véritable guerre avec le gouvernement chinois, que le général en chef ne se considérerait pas comme autorisé à passer à l'offensive sans qu'un ultimatum eût été posé aux généraux commandant les forces chinoises.

En présence de la nouvelle situation créée par ces instructions du gouvernement, le général Bailloud arrêta tout d'abord le mouvement en avant des unités qui n'avaient pas encore rejoint (fractions du 16e colonial venant de Tien-Tsin et de Hien-Shien, compagnie du génie 19/1, 4e batterie de montagne d'artillerie de marine; l'escadron du 6e chasseurs d'Afrique seul devait venir se montrer entre Sin-Le et Tcheng-Ting où on signalait quelques indices d'effervescence dans la population). Il décida ensuite de ne pas pousser, le 23, le gros de ses forces jusqu'aux positions ennemies voisines de Kou-Kouan, mais d'envoyer seulement des reconnaissances légères que les troupes suivraient à distance, pour parer à toute éventualité et pour ne pas faillir à l'engagement pris vis-à-vis des Allemands, de couvrir leur flanc gauche pendant qu'ils poursuivraient leur marche directe sur la Grande Muraille.

Le 23, à la première heure, ces reconnaissances dirigées par les capitaines Aubé et Bourguignon du service des renseignements et Degoutte, officier d'ordonnance du général commandant la 2e brigade, reçurent mission de s'assurer de la retraite des réguliers, en évitant de la façon la plus formelle tout engagement (ils devaient se faire précéder d'émissaires chinois pour éviter tout contact immédiat entre leurs escortes et les réguliers). Le colonel Lalubin avec les troupes venues de Ping-Chan se porta sur King-Sing-Shien, en poussant son avant-garde en avant pour soutenir les reconnaissances d'officiers en cas d'incident. Le colonel Guillet, avec les 3 bataillons de zouaves et la 1re batterie de 80 de montagne se porta au débouché de la vallée du Chang-Ho, dans laquelle il devait de même envoyer des reconnaissances. Les bagages, une partie du matériel de 75 et de 80 de montagne restaient à Yu-Choui sous la garde de la 6e compagnie du 17e colonial.

Partout les reconnaissances d'officiers se heurtèrent aux avant-postes de Léou-Quan-Taï, en Pé-Tchéli, à l'est de la Grande Muraille. Ce général avait bien effectué une marche en retraite sur le Chan-Si dès le 19, conformément à l'ordre de l'empereur; mais, d'une part, il n'avait retiré qu'une partie de ses troupes, s'inspirant en cela de l'avis qu'il avait reçu de ne retirer que cinq régiments sur vingt, et, d'autre part, on sut plus tard qu'il avait été avisé que nous devions nous retirer immédiatement nous aussi, dès qu'il aurait commencé son mouvement de retraite, et qu'il pourrait nous attaquer si nous ne nous retirions pas comme on le lui disait convenu. Il était donc revenu sur ses pas.

Les reconnaissances s'établirent en halte-gardée à distance des troupes chinoises qui occupaient, drapeaux déployés et canons en batterie, toutes les crêtes en avant de Péï-Tien-Men, et le général Bailloud mit aussitôt le général von Kettler au courant de cette situation en lui rappelant sa communication de la veille au sujet des instructions du gouvernement français qui ne lui permettaient pas d'attaquer les forces qu'il avait devant lui. En même temps, il chargea le capitaine Bourguignon, qui connaissait parfaitement la langue chinoise, de faire avertir Léou-Quan-Taï qu'il devait évacuer complètement le Tchéli en exécution des ordres de son propre gouvernement, et il demanda, par télégramme, au général commandant en chef (1), de lui adresser l'ultimatum dont parlaient ses dernières instructions.

Léou-Quan-Taï, qui avait d'abord refusé de recevoir les deux émissaires que lui envoyait le capitaine Bourguignon, finit par faire dire à ce dernier, par un de ses mandarins militaires, qu'il ne voulait pas répondre au général français, qu'il était engagé dans un combat avec les troupes allemandes et qu'il se refusait à tout pourparler ultérieur.

En présence des ordres impératifs du gouvernement, il n'était pas possible de passer immédiatement à l'offensive et il fallut se borner à arrêter l'avant-garde de la colonne Lalubin (sous les ordres du lieutenant-colonel Rondony) en avant-postes, face aux avant-postes chinois, de manière à les surveiller et à les immobiliser en même temps, afin que Léou-Quan-Taï ne put reporter le gros de ses forces contre les Allemands. Les ordres les plus formels étaient donnés de ne pas riposter aux coups de feu isolés et de ne répondre qu'à une attaque bien caractérisée. Les autres troupes du colonel Lalubin furent arrêtées en arrière entre Takou-Pou et King-Sing-Shien, tandis que le colonel Guillet s'arrêtait à peu de distance d'Yu-Choui dans la vallée du Chang-Ho, par laquelle il eût été facile de tourner par leur droite les positions de Pei-Tien-Men. (Un bataillon de zouaves avec une section d'artillerie de montagne avait été chargé de faire une démonstration dans cette direction, mais sans s'engager avec l'ennemi; mais il ne pouvait arriver sur les derrières des positions de Léou-Quan-Taï que le 24.)

---

(1) Les télégraphistes du génie avaient posé un fil de campagne jusqu'à Yu-Choui.

Toute la soirée du 23, les troupes restèrent immobiles sur ces positions, face à face avec l'ennemi, sans répondre au feu que les avant-postes chinois dirigeaient sur elles par intermittence. On entendait dans la direction du Nord le bruit du canon et de la fusillade, et il fallut faire appel à l'esprit de discipline et à l'abnégation de tous pour ne pas se laisser entraîner à une action dont l'opportunité paraissait nettement indiquée au point de vue purement militaire. Il ne fut pas tiré une cartouche.

Les Allemands, au contraire, qui n'étaient pas liés par des instructions prohibitives de leur gouvernement, avaient vigoureusement pris l'offensive partout où ils s'étaient heurtés aux réguliers dans leur marche vers la Grande Muraille. Tandis que la colonne von Ledebur poursuivait sa marche vers Fang-Kéou, où elle ne put arriver que le 24, les colonnes Hoffmeister et von Muhlenfels avaient trouvé les Chinois en position à quelques kilomètres en deçà de la Grande Muraille et les avaient refoulés à travers un pays excessivement difficile. Les affaires les plus sérieuses avaient eu lieu vers Niang-Tse-Kouan : le lieutenant-colonel von Wellmenich avait enlevé, après un assez vif combat, les fortes positions dans lesquelles les Chinois étaient revenus s'installer en avant de cette porte ; tandis qu'il les poursuivait avec le gros de sa colonne dans la direction de l'Ouest, il avait chargé le major von Muhlmann de disperser quelques groupes qui se retiraient vers le Sud, parallèlement à la Muraille et ce mouvement avait amené, dans la soirée du 23, le major von Muhlmann sur le flanc et les derrières de la position principale de Leou-Quan-Taï. Dans la nuit, celui-ci avait évacué en désordre Pei-Tien-Men et Kou-Kouan, abandonnant ses canons, ses approvisionnements et même son camp tout dressé aux Allemands, qui, le 24 au matin, firent prévenir le général Bailloud qu'ils étaient maîtres de la route principale du Chan-Si (1).

Les troupes françaises ne pouvaient plus que constater les résultats ainsi obtenus.

Une avant-garde, formée du 2ᵉ bataillon du 17ᵉ colo-

Avant garde à Kou-Kouan.

nial, suivie de détachements des différents corps, fut poussée jusqu'à Kou-Kouan pour s'assurer de l'évacuation des positions des réguliers et de leur retraite définitive à l'ouest de la Grande Muraille (2).

---

(1) Cette série de combats avaient coûté aux troupes du général von Lessel : 1 officier tué, 5 officiers blessés, 7 hommes tués et 46 blessés.

(2) A titre d'expérience et pour donner aussi aux artilleurs la satisfaction d'avoir atteint la Grande Muraille, le général Bail-

Le reste de la colonne bivouaqua entre Pei-Tien-Men et King-Sing-Shien.

A Kou-Kouan, le général Bailloud rencontra le lieutenant-colonel von Wellmenich et le major von Muhlmann, qu'il félicita de leur succès de la veille et qui lui firent leurs excuses d'avoir pénétré dans la zone de marche des troupes françaises, par suite, disaient-ils, d'une erreur de direction; à l'arrivée des troupes françaises, ils replièrent vers le Nord les détachements qui occupaient les positions évacuées par les Chinois sur la route mandarine.

Le général Bailloud s'empressa de rendre compte au général commandant en chef des résultats obtenus, en ajoutant que les réguliers continuaient leur mouvement de retraite dans le Chan-Si sans être poursuivis par les Allemands et qu'il pensait donc pouvoir effectuer son mouvement de repli sans incidents.

Le 25, les troupes revenaient sur King-Sing-Shien; le 26, elles atteignaient Yu-Choui, où elles faisaient séjour le 27, et la dislocation commençait.

Conformément aux instructions du général commandant en chef, elle s'exécutait de manière à préparer déjà le rapatriement du régiment de marche, dont un bataillon (61°) devait être tenu à Tien-Tsin prêt à s'embarquer ultérieurement sur le « Mytho ». Le bataillon

---

loud fit monter jusqu'à Kou-Kouan une pièce de 75 et une pièce de 80 de campagne, malgré des difficultés qui pouvaient au premier abord paraître insurmontables. Cette ascension de l'artillerie de campagne à une cote aussi élevée, par des sentiers que les animaux de bât ont souvent peine à suivre, sur des dalles glissantes, avec des ressauts abrupts qu'on ne pouvait tourner, le sentier étant serré entre le roc et des pentes tombant à pic dans la rivière, ne fut obtenu qu'au moyen d'efforts exceptionnels ; mais elle démontra péremptoirement que le nouveau matériel de campagne français est d'une mobilité et d'une solidité au moins égale à celles du 80 de campagne, et qu'il peut passer partout où on peut placer entre les parois des rochers la largeur de ses voitures.

du 40ᵉ restait provisoirement dans la région de Pao-Ting-Fou, mais devait être rapproché de la ligne d'étapes de Tien-Tsin; l'escadron du 6ᵉ chasseurs, le bataillon du 4ᵉ zouaves rentraient à Yang-Tsoun, la compagnie du génie 19/1, les bataillons du 16ᵉ colonial et les 3ᵉ et 4ᵉ batteries de montagne ralliaient Tien-Tsin (Hien-Shien était définitivement évacué).

Les deux bataillons du 17ᵉ colonial et la 1ʳᵉ batterie de montagne furent au contraire maintenus dans le sud-ouest du Tchéli, le 17ᵉ étant, dans la pensée du général en chef, destiné à assurer la protection de toute la ligne de chemin de fer franco-belge, après le rapatriement de la 2ᵉ brigade, aussi longtemps que cette protection paraîtrait nécessaire au ministre de France.

Les autres troupes restaient provisoirement dans la région de Pao-Ting-Fou, mais le général Bailloud devait commencer le plus tôt possible à procéder à la remise progressive de l'administration et de la police du pays aux autorités chinoises.

VII CHAPITRE

ÉVACUATION PROGRESSIVE DU TCHÉLI PAR LES TROUPES FRANÇAISES. — DERNIÈRES OPÉRATIONS DE POLICE EXÉCUTÉES DANS LE SUD DE LA PROVINCE.

I. — Premières mesures prises en vue de la réduction des effectifs du corps expéditionnaire français. — Départ de la « Nive » et du « Mytho ».

Dès qu'au mois de février, le gouvernement chinois avait semblé entrer effectivement dans la voie de l'exécution des conditions auxquelles il avait souscrit à la fin de décembre en acceptant la note conjointe des puissances, le général commandant en chef avait envisagé l'éventualité d'une réduction graduée des effectifs du corps expéditionnaire, réduction qui paraissait devoir marcher de pair avec une restitution progressive de la direction de l'administration et de la police du Pé-Tchéli aux autorités indigènes, et être, par conséquent, le prélude du retour de la cour à Pékin et du rétablissement d'un régime normal en Extrême-Orient.

Pendant le séjour qu'il avait fait à Tien-Tsin à la fin de février, il avait étudié en détail avec les chefs de service les premiers remaniements que, sans compromettre l'appui dû à notre diplomatie, on pouvait apporter à l'organisation primitive très complète donnée au corps expéditionnaire en vue d'opérations militaires à grande envergure qui ne paraissaient plus à prévoir, et il s'était assuré, en même temps, que ses ordres antérieurs, relatifs à la préparation d'un réembarquement éventuel rapide des troupes et du matériel de guerre aussi bien qu'à celle de l'installation définitive à Tien-Tsin des éléments qui devaient nécessairement être maintenus au Tchéli, étaient en cours d'exécution (1).

Les premières unités à rapatrier étaient les sections de munitions qu'il ne paraissait plus indispensable d'entretenir comme organes mobiles de ravitaillement, puisqu'on ne semblait plus avoir à faire que de l'occupation et que les principaux mouvements de ravitaillement en munitions pouvaient désormais se faire par voie ferrée et par voie d'eau. Le général commandant en chef avait donc demandé au gouvernement l'autorisation d'embarquer ces unités sur la *Nive* qui, après avoir servi d'hôpital à l'escadre pendant l'hivernage, allait ramener en France les convalescents qu'il avait paru imprudent de rapatrier par les grands froids et qui ne semblaient plus en état de reprendre du service au Pé-Tchéli. Mais ce n'était là qu'un premier pas dans cette voie de la réduction des effectifs du corps expéditionnaire et il parut bientôt possible d'aller beaucoup plus loin : dès le commencement de mars, M. Pichon et le général commandant en chef estimèrent, d'après les progrès des négociations, que l'occupation du Tchéli pouvait être progressivement restreinte et limitée, en ce qui concernait la France, au maintien de garnisons assez importantes à Pékin, à Tien-Tsin et à Pao-Ting-Fou et à la garde des bases maritimes Tong-Kou, Takou, Chan-Hai-Kouan et Chin-Van-Tao et des lignes de communications reliant ces différentes places. La brigade des troupes coloniales semblait devoir suffire à cette tâche; le général comman-

(1) C'est pendant ce séjour à Tien-Tsin que le général commandant en chef avait passé, le 27 février, dans la plaine située sur la rive gauche du Peï-Ho, entre le mur en terre et l'arsenal de l'Est, une revue des garnisons de Tien-Tsin et de Yang-Tsoun, dans laquelle la belle attitude des troupes avait été très remarquée par les nombreux officiers étrangers présents.

dant en chef, soucieux de réduire les lourdes charges imposées au pays par cette expédition lointaine, crut donc devoir proposer au gouvernement le rapatriement des troupes métropolitaines, la plus grande partie de la brigade coloniale devant être réembarquée à son tour le jour où nous aurions obtenu des garanties suffisantes pour l'exécution de celles des clauses du traité à intervenir qui intéresseraient plus spécialement la France et en particulier pour la sécurité de la ligne Pékin-Han-Keou (1).

Mais les propositions que le général en chef et le ministre de France avaient pris l'initiative d'adresser à ce sujet au gouvernement, en insistant naturellement sur ce que cette évacuation graduelle du Tchéli devrait être réglée sur place d'après les mesures successives prises par le gouvernement chinois pour l'exécution des conditions auxquelles il avait souscrit, ne purent recevoir une suite immédiate en raison de la nécessité de conformer, au moins dans une certaine mesure, sur cette question délicate, l'attitude de la France à celle des autres grandes puissances et de donner un appui suffisant à la politique russe en Extrême-Orient. Ce n'est que le 3 avril que le ministre de la marine crut pouvoir autoriser par cablogramme l'embarquement des sections de munitions sur la *Nive* (2), et la date du ra-

---

(1) M. Pichon estimait à juste titre que l'occupation de Pao-Ting-Fou, non prévue d'ailleurs dans les articles préliminaires acceptés par la Chine, ne devait être prolongée que le minimum de temps nécessaire, car elle pouvait servir de prétexte à l'ajournement du retour de la cour impériale à Pékin.

(2) La *Nive* partit de la rade de Takou le 6 avril, emportant la section de munitions n° 2 (guerre) avec son matériel de 75, la fraction du personnel des sections de munitions n° 1 et n° 3 qui n'avait pas été nécessaire pour compléter les effectifs des batteries d'artillerie coloniale, un certain nombre de libérables et 289 convalescents. Elle transportait de plus au Tonkin 100 mulets provenant des unités de ravitaillement supprimées.

patriement de la brigade du général Bailloud resta indéterminée pour quelque temps encore. La rentrée définitive du général commandant en chef à Tien-Tsin, d'où il tenait à présider lui-même aux opérations du rapatriement, se trouva également ajournée par suite de l'intérêt qu'il y avait à rester en contact quotidien avec le ministre de France et avec le feld-maréchal pendant cette période d'incertitudes et à ne pas donner en quelque sorte le signal de l'évacuation de la capitale chinoise avant l'époque admise par les puissances alliées. Tout le mois d'avril se passa en somme sans apporter de solution nette à la question. Au commencement du mois cependant, le corps diplomatique fut officiellement saisi par un des plénipotentiaires étrangers de propositions visant les conditions dans lesquelles les différents corps expéditionnaires se retireraient progressivement du Pé-Tchéli et prévoyant les délais probables pour que ce mouvement s'accomplisse.

En même temps, sur la demande des mêmes diplomates et sur l'ordre de leurs gouvernements respectifs, les commandants des différents corps expéditionnaires se réunirent en conférence à Pékin, sous la présidence du feld-maréchal comte de Waldersee, pour étudier les mesures à adopter pour l'exécution des articles 8 et 9 de la note conjointe (rasement des forts de Takou et de ceux qui pourraient empêcher les communications entre Pékin et la mer, et occupation militaire d'un certain nombre de points de cette ligne de communication).

Il fut décidé dans les conférences du 6 et du 29 avril :

1° D'exiger, pour l'application de l'article 8, le rasement des ouvrages de Tien-Tsin et de ses environs, des camps ou forts de Chin-Liang-Cheng, Sin-Ho et Takou, sur le bas Pei-Ho, et de ceux de Pé-Tang et de Lou-Tai, à l'est du fleuve; ceux de Chan-Hai-Kouan ne devant être conservés que comme casernement pour les troupes alliées ;

2° Pour l'application de l'article 9, de faire garder chaque légation par des troupes de sa nationalité, sans que le total des troupes laissées à Pékin dépassât 2.000 hommes (Allemagne, France, Japon et Russie, chacune 300 hommes (1); Angleterre 250 hommes; Autriche et

Commission internationale de gare à Tien-Tsin.

Italie, chacune 200; Amérique, 150), et d'installer entre la capitale et la mer 6.000 hommes de troupes interna-

---

(1) Le général en chef demanda aussitôt par cablogramme les crédits nécessaires à la construction de la caserne de cette escorte et à la mise en état de défense des secteurs de l'enceinte des légations dont la France allait avoir la garde. Ces crédits furent accordés par un cablogramme du 9 mai, et les travaux commencèrent aussitôt.

tionales, chaque nation ayant un contingent à Tien-Tsin et à Chan-Haï-Kouan et gardant spécialement la voie ferrée (Italie, Houang-Tsoun; Allemagne, Lang-Fang, et Yang-Tsoun; France, Chin-Liang-Cheng et Tong-Kou; Angleterre, Lou-Taï et Tan-Chan; Japon, Lann-Tchou et Tchan-Li). Le contingent français total, devait ainsi être dans l'avenir de 1.700 hommes, dont 500 à Tien-Tsin et 300 à Pékin, à Chin-Liang-Cheng, à Tong-Kou et à Chan-Haï-Kouan (1). De plus, les généraux déclarèrent indispensable de conserver provisoirement à Tien-Tsin, pendant une période de transition devant durer jusqu'au jour où le gouvernement chinois aurait rempli toutes les conditions imposées par les puissances et prouvé qu'il avait à la fois la volonté et les moyens de maintenir l'ordre dans le pays, un noyau supplémentaire d'environ 4.000 hommes, sur lequel la France fournirait 1.000 hommes, ce qui devait porter son contingent à un chiffre de 2.700 hommes, susceptible d'être ramené à 1.700 hommes à plus ou moins brève échéance.

Les avis ne furent pas aussi unanimes sur la question de savoir si cette période de transition pouvait déjà commencer et si une évacuation partielle du Pé-Tchéli était déjà possible. Tandis que le général commandant en chef annonçait que, d'accord avec le ministre de France, il avait déjà proposé au gouvernement français de rapatrier le plus tôt possible de 8 à 9.000 hommes, les commandants anglais, japonais et allemand, auxquels se joignit le feld-maréchal, émirent l'avis qu'une évacua-

---

(1) Le chiffre de 300 par station occupée avait été fixé par les généraux en raison de la nécessité de surveiller la voie ferrée sur une assez grande longueur jusqu'à mi-chemin des postes similaires voisins, et de détacher, en cas de troubles, des gardes assez nombreux aux stations ou ouvrages d'art intermédiaires. Chacun de ces postes devait comprendre environ 50 hommes montés sur des chevaux du pays, pour faciliter sa tâche de surveillance.

tion semblable ne pouvait commencer avant que la Chine ait accepté le principe de l'indemnité à payer.

Le corps diplomatique, qui avait adopté les propositions des généraux pour l'application des articles 8 et 9, déclara finalement à l'unanimité qu'une réduction partielle des troupes était déjà possible, mais que l'évacuation proprement dite ne pourrait commencer avant que le gouvernement chinois ait rempli les conditions des articles 2 et 10 de la note collective, et qu'il ait accepté les principes généraux qui lui seraient indiqués pour le paiement des indemnités, c'est-à-dire le chiffre total et la manière de payer.

Mais cette dernière question semblait devoir nécessiter des études et peut-être des négociations prolongées; les généraux, soucieux d'épargner autant que possible à leurs troupes le séjour du Pé-Tchéli pendant la période malsaine des grandes chaleurs, insistèrent donc dans le procès-verbal de leur deuxième conférence pour faire séparer la fixation du chiffre de l'indemnité de la façon dont elle serait payée et pour faire admettre que l'évacuation commencerait dès que la Chine déclarerait consentir à payer la somme qui lui serait demandée.

Pendant que les négociations se poursuivaient entre les puissances sur ces questions délicates, le gouvernement de la République, admettant en principe les idées de M. Pichon et du général en chef sur la question de la réduction des effectifs, mais ne croyant pas pouvoir prendre encore de décision au sujet de la date des rapatriements, autorisa, du moins comme mesure préparatoire à l'évacuation, la remise progressive de la police du sud du Tchéli aux autorités indigènes. Le général commandant en chef put donc donner des instructions en conséquence au général Bailloud en lui traçant la ligne de conduite à suivre lors de la démonstration exécutée par nos troupes jusqu'à la Grande Muraille. (Voir chap. VI, parag. III et suivants.)

De plus, le maintien dans les eaux du Pé-Tchéli du *Mytho*, qui venait de remplacer la *Nive* comme bâtiment-hôpital de l'escadre de l'Extrême-Orient, ne paraissant pas indispensable à l'amiral Pottier (1), le général commandant en chef demanda l'autorisation d'embarquer sur ce transport un bataillon et une batterie de la 2ᵉ brigade, dans la pensée d'indiquer ainsi plus nettement les intentions de la France au sujet du rapatriement de ses troupes et d'arriver peut-être à entraîner les autres grandes puissances à entrer effectivement dans la même voie. En rendant compte au gouvernement des mesures que la mauvaise volonté des généraux chinois et les projets d'offensive des Allemands l'obligeraient à prendre du côté d'Houai-Lou, il insista d'ailleurs sur ce que cette démonstration ne semblait pouvoir avoir aucune influence sur la date de la réduction des effectifs et il renouvela ses précédentes propositions au sujet de l'envoi immédiat des affrétés nécessaires au rapatriement de 9.000 hommes.

L'autorisation d'embarquer un bataillon et une batterie sur le *Mytho* fut définitivement accordée par un cablogramme du Ministre de la marine du 30 avril, et le 11 mai ce transport quittait la rade de Takou, emportant le bataillon du 61ᵉ, la 13ᵉ batterie de 75 (venue de Pékin) et la section d'aérostiers qu'il avait été tout d'abord question d'embarquer sur la *Nive* et qui n'avait été provisoirement conservée en Chine, que pour terminer une série d'ascensions intéressantes entreprises à Pékin

---

(1) Le vice-amiral Pottier avait été pendant quelques jours, au milieu d'avril, l'hôte du général commandant en chef à Pékin, et une entente complète s'était établie entre eux au sujet des conditions dans lesquelles pourrait se faire le réembarquement du corps expéditionnaire.

au commencement de la bonne saison sur l'ordre du général commandant en chef (1).

Les courriers de mai et de juin rapatrièrent de plus un certain nombre d'officiers des services généraux du corps expéditionnaire dont le maintien en Chine n'était plus indispensable et toutes les dispositions furent prises pour que l'embarquement du gros des troupes pût se faire dans les meilleures conditions aussitôt que l'ordre en serait donné.

II. — Dispositions prises pour la remise progressive de l'administrtaion du sud du Tchéli aux autorités chinoises. — Incidents qui ont retardé cette remise :

Pendant que commençait ainsi le rapatriement du corps expéditionnaire français, le général Bailloud se mettait en relations avec les autorités chinoises accréditées auprès de lui par Li-Hung-Chang pour traiter les questions relatives à l'évacuation du pays par nos troupes et à sa réorganisation administrative. Le général commandant en chef, qui venait de définir par une circulaire adressée à tous les officiers appelés à avoir des relations avec les autorités indigènes, les conditions auxquelles celles-ci pourraient reprendre en main la police du pays, avait décidé, après entente avec M. Pichon, que cette reprise qui était déjà un fait accompli à Hien-Shien, continuerait dès les premiers jours de mai par les places de Houai-Lou et de Tcheng-Ting-Fou et leurs circonscriptions administratives, Sin-Le devant rester provisoirement notre poste avancé du Sud, de ma-

---

(1) Le *Mytho* transportait, outre le matériel de la batterie de 75 et celui de la section d'aérostiers, une certaine quantité du matériel des divers services, devenu inutile en Chine.

nière à continuer à protéger les travaux d'avancement de la ligne d'Han-Keou.

Mais, malgré la bonne volonté incontestable dont fit preuve le général chinois Tong-Lou-Kao dans les premières conférences tenues à Tcheng-Ting-Fou même, pour préparer cette substitution des réguliers à nos troupes pour la police du pays, cette question ne laissait pas que d'être assez délicate : il fallait, d'une part, ne pas trop précipiter le mouvement, de manière qu'une évacuation trop hâtive des postes que nous occupions depuis plusieurs mois ne pût être considérée comme une retraite forcée de notre part, résultant d'un échec de nos troupes devant la Grande Muraille (l'arrêt des troupes allemandes et françaises qui n'avaient pas pénétré au Chan-Si après leurs succès des 23 et 24 avril était déjà exploité dans ce sens par le général Liou-Quan-Tai, bien que celui-ci se fût enfui bien loin dans la direction de Tai-Yuen-Fou), et d'autre part, des renseignements concordants indiquaient une certaine recrudescence du mouvement anti-européen sur certains points du sud du Tchéli et il était essentiel de s'assurer que les autorités chinoises allaient avoir la volonté et les moyens de s'opposer à ce mouvement. La question de l'administration proprement dite ne présentait, au contraire, aucune difficulté dans les secteurs français, puisque, dès l'origine, nous avions laissé en place les mandarins locaux en nous bornant à contrôler leurs actes et à surveiller le fonctionnement de la justice; il suffisait de veiller à ce qu'ils ne modifient pas brusquement leur ligne de conduite après notre départ. Il fut finalement convenu avec le général Tong-Lou-Kao, qu'il pourrait occuper les places de Houai-Lou et de Tcheng-Ting-Fou le premier jour de la 4ᵉ lune chinoise (18 mai 1901) après avoir présenté officiellement ses troupes au général Bailloud, et qu'il pourrait installer dans la préfecture de Tcheng-Ting 2.600 hommes de troupes régulières répartis entre un certain nombre de postes dont la liste fut soumise à l'approbation du général en chef.

Mais, au retour du général Bailloud à Pao-Ting-Fou, de nouveaux renseignements, émanant cette fois des mandarins mêmes de la ville, qui jusqu'alors avaient toujours contesté l'existence d'un mouvement dans le sud, vinrent confirmer qu'il régnait une sérieuse effervescence dans la sous-préfecture de Ngan-Ping et plus au sud vers les limites du Tchéli : ces régions étaient terrorisées par des bandes de Boxers assez nombreuses qui, sous couvert de combattre les Européens, rançonnaient sans merci tous les gens riches, païens comme chrétiens, et s'opposaient à la levée des impôts avec la complicité des milices locales; celles-ci prenaient part, sur plusieurs points, à des séditions contre les autorités régulières qui, dépourvues de moyens d'action, étaient d'ailleurs parfois indécises sur la ligne de conduite à suivre dans leur propre intérêt, au moment où allait peut-être s'éloigner la menace d'une intervention étrangère. Les troupes du général Liu, livré à lui-même dans le Ho-Kien-Fou depuis l'évacuation de Hien-Shien, paraissaient tout à fait impuissantes et le préfet de police de Pao-Ting-Fou envoyé avec 250 de ses cavaliers contre les rebelles de Tchang-Tong-Tsun, au sud de la ville, était rentré piteusement sans avoir pu réussir dans sa mission. Il parut évident que des mesures sérieuses pouvaient seules enrayer le mouvement et l'empêcher de se généraliser et de prendre peut-être des allures anti-dynastiques. Le général commandant en chef prescrivit, en conséquence, au général Bailloud, de faire exécuter une opération combinée contre ces bandes du sud du Tchéli par les réguliers des généraux Liu et Tong-Lou-Kao, en les faisant suivre, et appuyer au besoin, par des détachements français.

Des instructions furent données à ce sujet au commandant de la 2ᵉ brigade lors du voyage qu'il fit à Pékin le 11 mai pour assister à la fête offerte dans la ville impériale par le général commandant en chef au corps diplomatique et aux officiers des contingents français et étrangers. Les opérations des généraux chinois devaient commencer aussitôt après la revue que le général Bailloud comptait passer à Tcheng-Ting-Fou le 18 mai, en remettant cette place au général Tong-Lou Kao, mais le général von Lessel, commandant le corps expéditionnaire allemand, ayant fait connaître au général en chef que le feld-maréchal serait dans l'intention d'envoyer des troupes allemandes dans le Sud, au cas où nous évacuerions immédiatement cette région, il fut décidé, *sur la demande même des autorités chinoises*, que cette évacuation de Tcheng-Ting-Fou et d'Houai-Lou serait ajournée jusqu'à nouvel ordre et que les garnisons de ces deux places seraient simplement légèrement réduites, des troupes chinoises devant venir en occuper les faubourgs pour coopérer à la police dans le pays.

Le général Bailloud fit connaître cette décision du général commandant en chef, le 14 mai, au fel-maréchal comte de Waldersee à Pao-Ting-Fou même, où ce dernier était venu passer l'inspection des troupes allemandes du général von Kettler; le feld-maréchal, mis au courant des mesures que comptaient prendre les autorités françaises pour réprimer le mouvement insurrectionnel qui se dessinait dans le Sud, n'insista plus pour faire participer les troupes allemandes à cette répression. Le commandant de la 2ᵉ brigade avait donc toute latitude pour agir selon les instructions qu'il avait reçues du général commandant en chef et il quitta Pao-Ting-Fou dès le 15 mai pour aller à Tcheng-Ting-Fou donner des ordres définitifs au général Tong-Lou-Kao en vue d'une action commune et immédiate qui semblait de jour en jour plus nécessaire.

Le 10 mai, en effet, une bande très nombreuse avait pillé plusieurs villages au nord de Po-Yi et de Li-Shien, et le 12, elle s'était portée sur Ouang-Pan, effrayant les populations par des groupes de cavaliers lancés à grande distance en avant pour s'orienter sur les coups à tenter et sur les mouvements des troupes françaises; les réguliers envoyés de Ho-Kien pour disperser cette bande s'étaient à leur tour arrêtés devant Tchang-Tong-Tsun, et après avoir plus ou moins composé avec les rebelles, ils s'étaient retirés vers Po-Yi; l'anarchie la plus complète régnait plus au sud dans le Ngan-Ping, où les réguliers avaient, disait-on, esssuyé un véritable échec devant Sze-Ouen. Il paraissait de plus en plus certain qu'on n'arriverait à mettre fin à tous ces troubles qu'en appuyant de très près les troupes chinoises avec des détachements suffisamment nombreux de nos troupes : le général Bailloud constitua en conséquence les deux groupes mobiles qui devaient, d'après les ordres du général commandant en chef, partir de Pao-Ting-Fou et de Tcheng-Ting-Fou le 18 mai.

III. — Opérations combinées des troupes françaises et des réguliers chinois dans le sud du Pé-Tchéli en mai 1901. — Combats autour de Ting-Tchéou et dans le Nan-Ping :

Le groupe formé à Pao-Ting-Fou sous les ordres du colonel Guillet fut composé des 5ᵉ et 7ᵉ compagnies de zouaves, de la 4ᵉ compagnie du 17ᵉ régiment d'infanterie coloniale, de deux sections de la 1ʳᵉ batterie de montagne, d'une section de 75 de la 15ᵉ batterie du 20ᵉ d'artillerie, d'un peloton de chasseurs d'Afrique, d'un détachement du génie et d'un détachement d'ambulance. Il devait appuyer les troupes des mandarins de Pao-Ting-Fou et du général Liu qui allaient opérer dans la région de Tchang-Tong-Tsun, Khi-Tchéou, Po-Yi, etc.

Le groupe de Tcheng-Ting-Fou, placé sous les ordres directs du général Bailloud, devait comprendre : 4 pelotons de zouaves fournis par chacune des 4 compagnies du 3ᵉ zouaves stationnées dans les postes du Sud (les garnisons de Tcheng-Ting et d'Houai-Lou étaient ainsi réduites de moitié comme premières mesures préparatoires à une évacuation complète), la 5ᵉ compagnie du 17ᵉ régiment d'infanterie coloniale, compagnie dont un peloton était monté, une section de 75 de la 15ᵉ batterie du 20ᵉ d'artillerie, 3 pièces de 80 de la 7ᵉ batterie de 80 de campagne d'artillerie coloniale, une section du génie, un peloton de chasseurs d'Afrique, un détachement du train et un détachement d'ambulance.

Ce groupe devait suivre à environ une demi-journée de marche le gros des troupes du général Tong-Lou-Kao qui allaient se porter directement sur Ngan-Ping et parcourir ensuite le pays compris entre Chen-Tchéou et le canal impérial au sud de Hien-Shien. Pendant que ces colonnes opéraient ainsi dans le Sud, le commandant Michard devait avec les garnisons de Ting-Tchéou et de Sin-Le (6ᵉ, 7ᵉ et 8ᵉ compagnies du 17ᵉ régiment d'infanterie coloniale, et une section de la 7ᵉ batterie de campagne), surveiller la région voisine du chemin de fer pour empêcher les Boxers refoulés par le colonel Guillet d'aller rejoindre les bandes signalées dans les montagnes de l'Ouest et contre lesquelles les Allemands allaient opérer de leur côté (1).

---

(1) Un engagement assez sérieux eut lieu le 19 mai à 30 kilomètres au nord-ouest de Man-Tcheng, entre deux compagnies allemandes et une bande nombreuse, qui subit des pertes importantes ; 5 Allemands furent blessés. Les rebelles furent pour-

Enfin, le lieutenant-colonel Espinasse restait à Pao-Ting-Fou avec une réserve générale comprenant deux compagnies du 2ᵉ zouaves, une compagnie du 17ᵉ régiment d'infanterie coloniale et une section d'artillerie. (Deux des compagnies du 1ᵉʳ bataillon du 17ᵉ colonial étaient renvoyées dans la région de Tcho-Tchéou, Mou-Ling pour y renforcer notre occupation en prévision d'une répercussion possible de ce côté des troubles signalés au sud et à l'ouest de Pao-Ting-Fou.)

Le 18 mai, après avoir été régler sur place à Houai-Lou les détails de la remise prochaine de la place aux autorités chinoises, le général Bailloud passa solennellement à Tcheng-Ting-Fou la revue des troupes françaises de la région et des troupes chinoises du général Tong-Lou-Kao (1); en même temps la colonne du colonel Guillet se mettait en route de Pao-Ting-Fou sur Ouen-Pan, précédée par des éclaireurs vigoureusement conduits par le capitaine Helleringer, du service des renseignements.

Devant sa marche rapide, le chef des Boxers qui se fortifiaient à Tchang-Tong-Tsun, évacuait précipitamment ce village et courait se réfugier avec sa bande

---

suivis et dispersés par des renforts envoyés de Pao-Ting-Fou sur Man-Tcheng, et par les garnisons de Ouan et de Tang.

(1) L'effectif des réguliers chinois à cette revue fut sensiblement au-dessous du chiffre annoncé par leur général; la cavalerie chinoise, en particulier, était restée à quelque distance de la ville, craignant, paraît-il, un piège de notre part, et il ne parut que deux régiments d'infanterie et des forces de police locale, sans artillerie ni cavalerie. Les hommes, armés de fusils Mauser, avaient assez bon aspect, étant habillés de neuf, mais, en marche ou dans leur maniement d'armes, ils donnaient l'impression d'une troupe imparfaitement instruite et incapable d'un effort sérieux, ce qu'ils prouvèrent d'ailleurs les jours suivants. Leur habillement (pantalon rouge et veste marron foncé) les faisaient ressembler étrangement de loin à nos zouaves, auxquels fut ainsi bien plus facilement expliquée la fatale méprise dont leurs camarades du premier bataillon avaient été victimes à Chan-Haï-Kouan.

dans le bourg muré de Tong-Tchouang à 25 kilomètres à l'est de Ting-Tchéou.

Le commandant Michard, averti de leur fuite dans sa direction, se hâta d'envoyer, le 20 mai, le lieutenant Le Roy d'Etiolles de la 7ᵉ batterie de campagne, battre avec 51 hommes montés (artilleurs et soldats du 17ᵉ colonial), toute la région à l'est de la ville, avec ordre de chercher à retrouver les traces de la bande et de le prévenir aussitôt à Ting-Tchéou s'il se heurtait à une résistance sérieuse. La reconnaissance ne rencontra d'abord rien de suspect, mais vers midi, le sous-lieutenant Allegrini, de la 6ᵉ compagnie du 17ᵉ colonial, qui la précédait avec quelques éclaireurs, trouvait fermées les portes de Tong-Tchouang et des coups de fusils et de canon répondaient à ses sommations. Le lieutenant Le Roy d'Etiolles fit aussitôt abriter ses chevaux et déployer sa petite troupe pour chercher à enlever cette localité, mais étant donné la continuité du feu de ses défenseurs, qui avaient mortellement blessé un homme du 17ᵉ dès les premières minutes d'engagement (1), il jugea que de l'artillerie et un renfort d'infanterie étaient nécessaires pour triompher sans risquer des pertes sérieuses; il envoya en conséquence un maréchal des logis et 2 canonniers bien montés prévenir le commandant Michard et il disposa son détachement en petits postes, pour investir les Boxers et les empêcher de fuir jusqu'à l'arrivée des renforts attendus, tout en procédant à une reconnaissance détaillée de tous les abords de la position; son petit groupe se maintint ainsi avec le plus

---

(1) Le soldat Cabaret, de la 6ᵉ compagnie du 17ᵉ, atteint d'une balle au ventre, avait refusé de se laisser relever par ses camarades pour ne pas les immobiliser au moment où ils se portaient à la reconnaissance du village, et n'avait consenti à se laisser transporter en arrière et panser qu'une fois les petits postes, qui devaient surveiller les débouchés de la position ennemie, mis en place. Il mourut le lendemain à l'ambulance de Ting-Tcheou.

grand sang-froid jusqu'au soir en présence de l'ennemi; un autre soldat du 17ᵉ et 1 mulet furent encore atteints par les balles des Boxers dans le cours de l'après-midi, mais à 6 heures et demie du soir, le capitaine Bourda arrivait avec 70 hommes des 6ᵉ et 7ᵉ compagnies du 17ᵉ et une section de la 7ᵉ batterie de campagne et, profitant de la reconnaissance qu'avait déjà faite le lieutenant d'Étiolles, commençait immédiatement l'attaque. Une brèche était presque aussitôt ouverte dans un saillant de l'enceinte et l'assaut donné par l'infanterie, vigoureusement conduite par le sous-lieutenant Allegrini; après avoir déchargé les nombreux canons lisses qui garnissaient les remparts et entretenu quelques instants une vive fusillade, les Boxers lâchèrent pied devant cette offensive vigoureuse et s'enfuirent en désordre vers le Sud, poursuivis par des feux de salve dans l'obscurité naissante. On trouva et détruisit le lendemain matin dans cette petite place de gros approvisionnements de munitions, des fusils de rempart, de nombreuses armes en tout genre et 111 canons de modèles anciens, dont quelques-uns de gros calibre.

On ne put retrouver tout d'abord d'indices bien nets sur la direction prise par ces bandits dont toute la population, terrorisée par eux, se faisait complice par son silence et le capitaine Bourda dut rentrer à Ting-Tchéou le lendemain 21, sans avoir pu les rejoindre et achever leur déroute. Mais, dès le 22, le commandant Michard, très bien secondé au point de vue du service des renseignements par l'abbé Maviel, aumônier interprète du 17ᵉ colonial depuis le commencement des opérations dans l'ouest du Tchéli, et informé par le préfet de Ting-Tchéou de l'attitude plus que douteuse d'un certain nombre de villages au sud de la ville, lançait dans cette direction le capitaine Bernard commandant la 7ᵉ compagnie du 17ᵉ colonial avec un peloton monté et un peloton à pied du 17ᵉ et une pièce de 80 de campagne. Au cours de cette tournée le capitaine Bernard trouva le pays à peu près tranquille, mais les habitants de plusieurs villages étaient encore sous le coup de la terreur causée par la bande battue deux jours auparavant à Tong-Tchouang et on ne put que constater qu'elle semblait s'être momentanément dispersée (1).

On sut bientôt que, inquiétés par la marche du colonel Guillet, et par cette reconnaissance du capitaine Bernard sur le théâtre de leurs exploits habituels, les plus fanatiques d'entre ces Boxers avaient passé le chemin de fer et s'étaient donné rendez-vous dans un village situé à une vingtaine de kilomètres au nord de Ting-Tchéou, cherchant ainsi à rejoindre les débris des bandes poursuivies les jours précédents par les troupes allemandes. Le commandant Michard fit donc repartir le 27 mai le capitaine Bernard dans cette nouvelle direction à la tête de 46 hommes montés (canonniers et soldats du 17ᵉ), commandés par le sous-lieutenant Allegrini et un peloton à pied tiré des 6ᵉ et 7ᵉ compagnies du 17ᵉ, avec ordre de chercher à joindre cette bande et à la disperser définitivement.

Le capitaine Bernard, qu'accompagnait l'abbé Maviel, retrouva bientôt les traces de ces bandits dont les habitants ne demandaient plus qu'à être débarrassés et lança à leur suite le sous-lieutenant Allegrini avec son peloton monté pour prendre le contact et s'accrocher à eux jusqu'à l'arrivée de l'infanterie. D'après les renseignements recueillis en cours de route par l'abbé Maviel, les Boxers venus de Tong-Tchouang, renforcés d'un cer-

---

(1) Le chef le plus connu de cette bande, Tchang-Su-Long, homme riche et influent, était l'ancien chef boxer de Sze-Tchouang, enlevé d'assaut en octobre par nos troupes. Le capitaine Bernard devait le retrouver devant lui quelques jours plus tard, à Si-Fang-Tsoun.

Canons pris à Si-fang-Tseou et à Tong-Tchouang.

tain nombre d'unités appartenant aux villages de la région de Tang, prenaient leur repas de midi à Si-Fang-Tsoun. Le sous-lieutenant Allegrini ne tarda pas à les y rejoindre et put prendre aussitôt ses dispositions pour surveiller les issues du village en même temps qu'avec la majeure partie de ses hommes pied à terre, il se portait résolument à travers les rues vers le pâté de maisons où les coups de fusil tirés sur ses éclaireurs semblaient indiquer la présence du gros de la bande. Un certain nombre de Boxers s'enfuirent après quelques instants de fusillade, mais une centaine de fanatiques se barricadèrent dans un groupe de maisons des terrasses desquelles ils dirigèrent un feu nourri sur tout ce qui se montrait devant eux et ce ne fut qu'à grand peine que le petit détachement du sous-lieutenant Allegrini parvint à les y tenir bloqués jusqu'à l'arrivée du peloton du capitaine Bernard. Un soldat du 40° d'infanterie qui accompagnait comme infirmier le médecin-major de 2° classe Coullaud, fut grièvement blessé au cours de cette lutte de maison à maison, qui dura plus de deux heures. A son arrivée devant le village, le capitaine Bernard se heurta à d'autres rassemblements ennemis qui, accourant sans doute au secours du groupe bloqué dans Si-Fang-Tsoun, marchèrent à sa rencontre en manœuvrant avec un certaine précision, se couchant pour tirer, puis faisant de nouveaux bonds en avant. Le guide indigène qui accompagnait le capitaine fut tué et ce ne fut qu'après un engagement de près d'une heure que le terrain fut déblayé et que le capitaine Bernard put faire sa jonction avec le sous-lieutenant Bergin qu'il avait chargé d'aborder, par un autre côté, la partie du village occupée par le gros des Boxers. Ceux-ci qui avaient subi des pertes sensibles en s'exposant témérairement à nos balles (1) ne purent s'échapper vers la montagne que

---

(1) Les morts trouvés dans les rues et sur les terrasses des

par petits groupes; un de ces groupes fut poursuivi très vivement jusqu'à environ 3 kilomètres de Si-Fang-Tsoun, et complètement anéanti; un autre fut atteint le lendemain dans un autre village et dispersé après une courte résistance.

Sur l'ordre du commandant Michard, le capitaine Bernard parcourut encore pendant deux jours ce pays pour affirmer son succès et visiter tous les villages suspects; mais cette battue permit seulement de constater la complète déroute de cette bande de fanatiques; dans tous les villages traversés par les patrouilles du capitaine Bernard, les habitants accoururent féliciter nos soldats de ce brillant succès, se disant débarrassés pour longtemps d'une bande qui les terrorisait depuis plusieurs mois (1).

Pendant que le groupe le plus militant de la région était ainsi traqué et mis hors de cause par les reconnaissances répétées des troupes du commandant Michard, la colonne Guillet parcourait sans résistance la région jusqu'alors plus que suspecte de Khi-Tchéou, Po-Yi-Shien et Li-Shien, se bornant à détruire les armes abandonnées par les rebelles et rétablissant, par la seule présence de nos troupes à côté des réguliers et des autorités chinoises, l'ordre dans ces circonscriptions, prêtes à échapper complètement à l'action des représentants attitrés du gouvernement chinois.

---

maisons portaient tous, outre la coiffure traditionnelle formée d'un mouchoir rouge, un tatouage au ventre produit par un fil de fer entrant dans les chairs, et des vêtements d'une coupe spéciale qui les faisaient reconnaître par les habitants comme affiliés à une secte particulière.

(1) On sut bientôt que les débris de la bande avaient franchi les montagnes pour aller se réfugier à l'est de la Grande Muraille, jusque dans le Chan-Si. Après l'évacuation des postes de Tong par les Allemands, en juin, Tuang-Yu-Long revint un instant s'y installer avec une partie de ses anciens fidèles, mais, sur l'ordre du général Bailloud, le général Tong-Lou-Kao fit occuper Tong par 500 réguliers, et les bandits se réfugièrent de nouveau dans les montagnes.

Plus au Sud, le général Bailloud avait éprouvé des difficultés plus sérieuses. Précédé par les réguliers du général Tong-Lou-Kao et éclairé par deux cents cavaliers chinois vigoureusement et habilement conduits par le capitaine d'artillerie coloniale Bourguignon, du service des renseignements, il avait traversé les 19 et 20 mai sans incidents la région de Ou-Tsi et de Chen-Tse où l'avaient rejoint des cavaliers du général Liu envoyés de Khi-Tchéou par le colonel Guillet. Le général Liu n'avait pas suivi ses soldats : il continuait à alléguer mille prétextes pour ne pas se mettre en personne à leur tête et pour ne pas venir se présenter au général Bailloud et s'entendre avec lui sur les mesures à prendre pour ramener la paix dans le pays : quand il rencontra enfin le commandant de la 2ᵉ brigade, non loin du grand canal, quelques jours plus tard, il se décida à avouer qu'il cherchait à dissimuler la situation troublée du pays, situation qu'il ne pouvait faire connaître au gouvernement impérial sans risquer sa tête.

Dès l'arrivée dans le Ngan-Ping, le 21 mai, on put constater que le pays était en révolte ouverte contre les autorités régulières chinoises elles-mêmes. A Tsin-Nan-Pou, premier village affilié à une ligue de formation récente qui s'intitulait Lien-Tchouang-Hoei ou ligue des villages fédérés, les réguliers étaient vigoureusement reçus à coups de fusil et à coups de canon et se débandaient dans toutes les directions. Ce n'est qu'à force d'énergie et de persévérance, en bravant leurs coups de fusil tirés au hasard dans toutes les directions, que le capitaine Bourguignon et le capitaine Degoutte (officier d'ordonnance du général Bailloud), se substituant à leurs chefs devenus introuvables, parvinrent à les rallier et à en former deux groupes à hauteur de nos troupes qui marchaient rapidement au canon, mais il ne fut plus possible de leur faire reprendre l'offensive. Aux troupes des généraux Liu et Tong-Lou-Kao, étaient venus se joindre le matin même quelques réguliers relevant d'un troisième général chargé par Li-Hung-Chang de la police de Chen-Tchéou et indépendant des deux premiers, situation dont n'avaient d'ailleurs été avisés ni le général en chef ni le ministre de France. Les 2.000 hommes de ce général n'avaient jusqu'alors rien fait contre les rebelles, bien qu'ils fussent presque au cœur de la région la plus troublée. Là, plus encore qu'au Nord, les autorités militaires chinoises, comme les autorités civiles, incertaines du lendemain et se demandant quelle attitude prendrait le gouvernement impérial vis-à-vis des chrétiens et des étrangers, après le départ des troupes internationales, s'abstenaient d'entrer en conflit armé avec les milices locales ou avec les Boxers vers lesquels allaient du reste souvent leurs sympathies.

Le général Bailloud avait procédé pendant ce temps à la reconnaissance de la position ennemie et pris des dispositions pour l'enlever sans le concours des réguliers qui venaient de lui donner une preuve si palpable de leur peu de valeur militaire. Les rebelles, étendards déployés, étaient répartis par groupes sur un front d'environ 500 mètres en avant du village de Tsin-Nan-Pou, vers lequel on voyait s'avancer d'autres groupes venant des villages du Nord. Tandis que les chasseurs d'Afrique et l'infanterie montée recevaient mission de chercher à déborder le village pour barrer la route à ces renforts qui arrivaient à ses défenseurs, la section de 75 du capitaine Beuchon se portait au trot en face des groupes de droite qui étaient les plus compacts et, ouvrant le feu à 1.000 mètres, les obligeait en quelques instants à se disperser; la demi-batterie de 80 de campagne du capitaine Ponsignon venait prendre position à gauche du 75 et prenait pour objectif les tirailleurs de l'autre aile de l'ennemi qui bientôt cessaient également la fusillade désordonnée par laquelle ils avaient accueilli notre avant-garde au-devant de laquelle ils avaient un instant fait mine de se porter; la plupart de ces rebelles se réfugièrent derrière les tombes, et les arbres des abords immédiats du village, d'où des canons et des fusils de rempart continuaient à envoyer bruyamment des projectiles inoffensifs qui tombaient devant nos premières lignes. Notre artillerie dut prendre un instant pour objectif la lisière de Tsin-Nan-Pou pour faire cesser cette canonade, puis se porta en avant par échelon, le 75 d'abord, pour soutenir l'infanterie, qui put arriver ainsi sans tirer jusqu'à 500 mètres du village. Au moment où les zouaves et la 5e compagnie du 17e colonial achevaient leur déploiement, les rebelles, abrités derrière les tombes de la plaine, reprirent un feu de mousqueterie violent mais mal ajusté, puis lâchèrent pied devant une nouvelle rafale du 75 et, n'attendant pas l'assaut que dirigeaient avec beaucoup d'entrain les lieutenants Giroux et Etcheverry, du 3e zouaves, et Javouhey, du 17e colonial, ils cherchèrent à gagner en désordre les villages voisins. La 7e batterie d'artillerie coloniale put exécuter un tir de poursuite contre un groupe de combattants que l'on vit s'enfuir vers le Sud, tandis que les femmes, enfants et habitants inoffensifs s'enfuyaient vers l'Est sans être inquiétés.

On trouva dans Tsin-Nan-Pou 30 canons lisses et de nombreux fusils et étendards abandonnés dans leur fuite par les miliciens, dont la plus grosse part courut se réfugier dans le bourg fortifié de Sze-Ouen, situé à 6 kilomètres plus loin et signalé comme le siège principal de la fédération des Lien-Tchouang-Hoei.

Pendant qu'on détruisait l'armement abandonné par les fuyards, les capitaines Degoutte et Bourguignon réussirent à remettre en marche les réguliers que le général Bailloud fit appuyer de près par les chasseurs d'Afrique et la colonne se porta vers Sze-Ouen. On pouvait croire qu'instruits par la leçon qui venait d'être donnée à leurs voisins, les habitants de Sze-Ouen ouvriraient leurs portes aux réguliers d'avant-garde. Il n'en fut rien. Bientôt la cavalerie fit connaître que de tous les côtés les contingents des villages rebelles se pressaient sur les routes convergeant vers cette petite place avec des étendards aux mêmes couleurs que ceux qu'on venait d'enlever (1). Cette vue et quelques coups de fusil tirés hors de portée suffirent à faire reculer de nouveau les réguliers. Les chasseurs d'Afrique et le peloton monté du capitaine de La Verrie reconnurent donc seuls les abords de la position : environ 2.000 rebelles étaient déployés derrière une avant-ligne constituée à quelques centaines de mètres de la localité par une série d'obstacles naturels et de tranchées; en avant de cette ligne, sur un petit monticule, se trouvait une pagode d'où un feu assez vif de mousqueterie et d'artillerie accueillit nos éclaireurs.

L'artillerie fut aussitôt portée en avant sous la protection de l'infanterie montée; une pièce de 80 de campagne fut chargée de faire évacuer la pagode avec quelques obus à la mélinite; la section de 75 reçut l'ordre de disperser les rassemblements qui occupaient l'avant-ligne et de chasser ensuite les défenseurs des remparts de Sze-Ouen; enfin, la section de 80 du lieutenant Garnier eut pour mission d'appuyer les zouaves et le peloton à pied du 17ᵉ colonial qui, se déployant à gauche de l'artillerie devaient chercher à déborder la droite des rebelles. Ceux-ci, plus nombreux et plus denses qu'à T'sin-Nan-Pou, subirent des pertes d'autant plus gran-

---

(1) Ces étendards portaient soit des inscriptions contre les étrangers et contre les chrétiens, soit « Restauration des Ming » ou « Renversement de la dynastie », ce qui indiquait bien le caractère insurrectionnel du mouvement.

des, malgré leurs tranchées et les arbres au milieu desquels étaient creusées ces dernières. Le moindre groupe devenait un but précis pour le 75, qui dispersait instantanément tout rassemblement de quelque importance. En quelques minutes, tous les défenseurs de l'avant-ligne avaient couru chercher un refuge dans Sze-Ouen. Tandis que toute la demi-batterie de 80 du capitaine Ponsignon se portait vers le Nord pour appuyer le mouvement des zouaves, le capitaine Beuchon, accompagné par les sapeurs du capitaine Noguette venait prendre position à la pagode pour soutenir le capitaine La Verrie, qui s'avançait contre la face ouest du village; quelques sapeurs tentaient en même temps d'atteindre la porte ouest de Sze-Ouen, qui avait été murée et autour de laquelle le rempart était garni de nombreux canons. Malgré la disproportion de leurs moyens et le peu d'efficacité de leurs projectiles, les rebelles tentèrent d'engager une lutte d'artillerie avec le 75, mais leurs pièces dont deux seulement étaient européennes, furent rapidement réduites au silence et le capitaine de La Verrie, qui n'avait cessé de gagner du terrain avec ses hommes pied à terre, profita très heureusement du moment où une rafale du 75 venait de chasser les défenseurs du rempart Sud (1), pour escalader ce rempart pendant que les sapeurs couraient forcer la porte qui était devant eux. Pendant que les soldats pénétraient ainsi dans Sze-Ouen par le Sud et par l'Ouest, le lieutenant-colonel Drude et le commandant Louvet entraient sans tirer dans un premier faubourg dont l'évacuation avait été provoquée par le 80 de campagne, puis lançaient les zouaves et le peloton du 17e du lieutenant Javouhey contre la face nord de la ville. Les rebelles ne tentèrent

---

(1) La section de la 15e batterie du 20e a tiré 176 coups dans cette affaire, et le 75 a fonctionné d'une façon parfaite.

plus de résister et s'enfuirent en désordre dans toutes les directions comme à Tsin-Nan-Pou. On ne fit aucun mal aux habitants inoffensifs, dont la plupart s'étaient d'ailleurs réfugiés dans les villages voisins dès les premiers coups de canon, et on se borna à brûler les maisons de plusieurs chefs importants du mouvement insurrectionnel et à mettre hors de service les canons et un approvisionnement assez considérable de cartouches Mauser et d'armes de toute espèce.

Un soldat du 17ᵉ colonial avait été blessé au genou par une balle de petit calibre.

L'ennemi avait subi de grosses pertes et était complètement démoralisé : il renonça désormais complètement à la lutte et les réguliers, qui avaient repris courage, purent traverser sans être inquiétés un troisième centre boxer connu, situé entre Szc-Ouen et Ngan-Ping, où on arriva le soir même et où le colonel Guillet vint, le lendemain matin, rejoindre avec sa colonne la colonne du commandant de la 2ᵉ brigade. Le mandarin de Ngan-Ping dont les dispositions favorables étaient connues, mais qui se déclarait totalement impuissant, donna d'utiles indications sur le mouvement anti-européen et anti-dynastique à la fois, qui se développait depuis quelque temps dans la région et dont les succès de nos troupes allaient enrayer les progrès. D'après les renseignements qu'il possédait déjà et les nouvelles données ainsi recueillies, le général Bailloud décida de pousser jusqu'à Chen-Tchéou, où il y avait intérêt à stimuler un peu le zèle des réguliers de la garnison et du préfet qui avait travaillé mollement à réparer les dommages causés en 1900 par les Boxers, mais qui tenait surtout à jeter un voile sur les ferments de désordre qui subsistaient dans sa circonscription. Il fit établir, dans la journée du 22, par le capitaine Aubé, un pont de bateaux sur le Ou-Tao-Ho, rivière venant de Tcheng-Ting-

Fou, qui constitua un gros obstacle même pendant la saison sèche et, le 23, il atteignit Chen-Tchéou, après

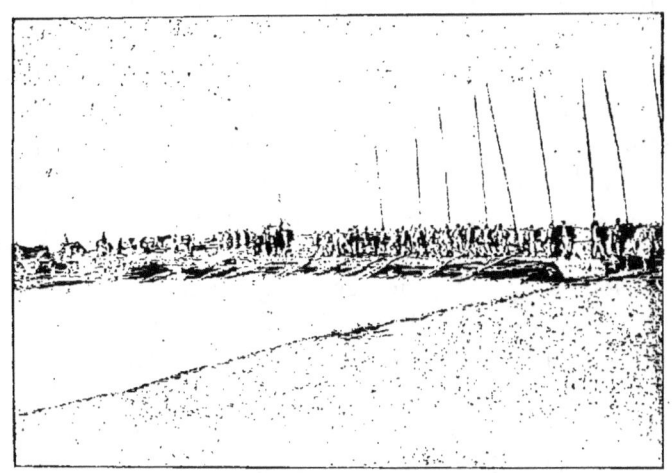

Pont de circonstance sur le Ou-Tao-Ho.

avoir traversé sans être inquiété un pays riche et fertile. Le colonel Guillet allait pendant ce temps visiter la ville de Djao-Yang, d'où il rentra à Pao-Ting-Fou le 28 mai par Shu-Nien et Li-Shien sans incident.

Le général commandant en chef avait donné au général Bailloud la latitude de pousser jusqu'à Hien-Shien et au canal impérial s'il le jugeait indispensable, et un convoi de ravitaillement pour sa colonne avait été dirigé de Tien-Tsin sur Hien-Shien en prévision de cette éventualité.

Bien que, d'après les renseignements recueillis par les capitaines Aubé et Bourguignon dans le monde chinois, le pays voisin de cette chrétienté semblât rentré dans un calme relatif, il parut avantageux de montrer nos troupes dans cette région du Ho-Kien-Fou, dont les mandarins cherchaient à dissimuler l'importance des troubles qui se produisaient plus au Sud du côté de Kou-Tcheng et où l'attitude du général Liu paraissait assez équivoque, depuis qu'il ne se sentait plus sous le contrôle immédiat du commandant Collinet. Le général Bailloud se porta donc le 24 mai de Chen-Tchéou sur Ou-Kiang en passant par deux anciens centres boxers fortifiés dont l'un fut trouvé complètement désert et dont l'autre, Su-Lieu-Ko, venait d'être désarmé la nuit précédente par la population effrayée par nos succès récents. Le général Liu se présenta enfin à Ou-Kiang et tout en protestant de ses bonnes intentions, avoua son embarras et son impuissance en présence des lignes insurrectionnelles comme celle du Ngan-Ping qui, d'ailleurs, prétendait-il, n'était pas dans la zone soumise à sa surveillance. Le 27 mai, la colonne atteignait le grand canal à Po-Tou, grande ville commerçante où elle reçut un excellent accueil et d'où elle gagna directement Hien-Shien, puis Ho-Kien-Fou. C'est à ce dernier point que se fit la dislocation de la colonne et que les réguliers chinois des généraux Liu et Tong-Lou-Kao se séparèrent de nos troupes pour aller occuper les centres d'où ils devaient rayonner pour assurer désormais la police du pays.

On rentrait dans la zone où les autorités locales, se sentant plus soutenues et contrôlées par nous, cherchaient plus effectivement à maintenir l'ordre et où les populations paraissaient plus paisibles, bien que toutes se plaignissent des actes de brigandage répétés commis par les *tou-fei*, ou pirates de terre, dont les événements de 1900 avaient considérablement accru le nombre.

Les mandarins s'empressèrent de promettre qu'ils mettraient désormais le plus grand zèle à combattre cette plaie du brigandage, plaie endémique en Chine sans doute, mais qui n'avait jamais atteint les proportions actuelles.

On pouvait espérer que, dans le Ho-Kien-Fou au

moins, ces fonctionnaires sauraient désormais assurer l'ordre d'une manière suffisante, cette région n'étant pas trop profondément troublée. Mais la situation dans le Ngan-Ping avait été trop grave pour ne pas rester assez confuse quelque temps encore et, bien que le général commandant en chef estimât que ce n'était plus aux troupes françaises à pourvoir au maintien de l'ordre dans la zone dont il avait admis la remise aux autorités indigènes, il consentit, sur la proposition du général Bailloud, à faire bénéficier encore quelque temps ces dernières de l'appui moral que pouvait leur donner notre présence; il prescrivit donc de renvoyer pour deux ou trois semaines, à Ngan-Ping, un détachement d'un effectif suffisant pour imposer le respect, mais avec ordre de s'abstenir, à moins de nécessité absolue, d'intervenir activement dans la répression du mouvement insurrectionnel qu'avaient désorganisé nos succès de Tsin-Nan-Pou et de Sze-Ouen.

Cette mission délicate devait échoir au lieutenant-colonel Drude, qui de Ho-Kien était rentré directement à Tcheng-Ting avec la 5ᵉ compagnie du 17ᵉ, 3 pelotons de zouaves, la demi-batterie de 80 de campagne, pendant que le général Bailloud regagnait directement Pao-Ting-Fou par Kao-Yang avec le reste des troupes françaises qu'il avait emmenées jusqu'au grand canal.

IV. — Évacuation de Houai-Lou et de Tcheng-Ting-Fou. — Remise définitive de la police de toute la région sud aux troupes chinoises.

Aucun incident ne s'était produit dans cette région de Tcheng-Ting-Fou pendant le mois de mai; les bonnes dispositions du général Tong-Lou-Kao paraissaient avoir été confirmées par la démonstration frappante qui venait de lui être faite de notre puissance militaire, en même temps que de nos dispositions conciliantes; il déclarait être en mesure de maintenir désormais l'ordre dans le Sud-Ouest (sans toutefois répondre encore du Ngan-Ping), et par suite, le maintien de nos garnisons de Tcheng-Ting et d'Houai-Lou ne paraissait plus indispensable. L'ordre de préparer le rapatriement de la brigade des troupes métropolitaines était d'ailleurs arrivé le 30 mai et le mouvement général d'évacuation du Tchéli par les troupes alliées paraissait se dessiner de plus en plus nettement; les troupes américaines étaient déjà parties et le départ des troupes anglaises et allemandes était annoncé. Dans ces conditions, il semblait au général commandant en chef qu'il y avait tout avantage à persister dans l'attitude conciliante qui avait toujours caractérisé le corps expéditionnaire et à tenir les promesses faites à Li-Hung-Chang en ne prolongeant pas une occupation que le ministre de France ne jugeait plus nécessaire.

Le général Bailloud reçut, en conséquence, à sa rentrée à Pao-Ting-Fou, le 1er juin, l'ordre de procéder solennellement à la remise immédiate des deux places en question aux généraux chinois.

Cette cérémonie eut lieu le 4 juin à Houai-Lou. Avant que le pavillon français qui flottait sur le poste fut amené, les honneurs lui furent rendus par les troupes de police chinoises et par les mandarins du pays, puis ceux-ci firent escorte pendant plusieurs kilomètres aux 11e et 12e compagnies de zouaves sur la route de Sin-Le qui allait devenir provisoirement notre poste avancé du Sud-Ouest.

Le général Bailloud se rendit à Tcheng-Ting pour présider lui-même à la solennité qui y eut lieu le 7 juin au milieu d'un grand concours de population. Les 9e et 10e compagnie de zouaves prirent la route de Ngan-Ping avec le lieutenant-colonel Drude, une section de la 7ᵉ batterie de campagne et un peloton du 5ᵉ chasseurs d'Afrique, après que les troupes de Tong-Lou-Kao eu-

Troupes de police chinoise.

rent défilé devant le drapeau français à la sortie de la ville : les autorités chinoises unies aux missionnaires avaient offert un vin d'honneur aux partants et les mandarins et notables avaient prié le commandant de la 2ᵉ brigade de vouloir bien transmettre au général en chef leurs remerciements pour la manière dont les Français avaient assuré pendant huit mois l'ordre et la tranquillité du pays, le respect des biens et celui des personnes, la sécurité des transactions commerciales.

Le 8 juin, le général Bailloud reprenait la route de Pao-Ting-Fou, escorté seulement par les réguliers du général Tong-Lou-Kao, auquel il avait voulu donner cette preuve de confiance.

Le lieutenant-colonel Drude s'installa le 10 à Ngan-Ping; il y resta jusqu'au 23 et comme le prévoyait le général commandant en chef, sa seule présence permit aux autorités locales d'obtenir la soumission d'une grande partie des affiliés de la ligue des Lien-Tchouang-Hoei et d'arriver à ramener au moins pour quelque temps un calme apparent dans le pays.

Le général Bailloud se rendit pendant ce temps à Tien-Tsin pour y prendre les instructions définitives du général commandant en chef au sujet de l'évacuation du sud-ouest du Tchéli et du rapatriement de sa brigade.

CHAPITRE VIII

RENTRÉE DU GÉNÉRAL COMMANDANT EN CHEF A TIEN-TSIN. — DÉCISION DU GOUVERNEMENT AU SUJET DU RAPATRIEMENT DE LA BRIGADE DES TROUPES MÉTROPOLITAINES. — CONSTITUTION DE LA BRIGADE D'OCCUPATION LAISSÉE DANS LE NORD DE LA CHINE. — REMISE DÉFINITIVE DE LA POLICE DU TCHÉLI AUX AUTORITÉS CHINOISES.

I. — Situation politique dans le courant de mai. — Rentrée du général commandant en chef à Tien-Tsin :

La situation générale s'était considérablement éclaircie pendant que nos troupes faisaient ainsi une dernière tournée de police dans le sud du Tché-Li. Les négociations avaient progressé et l'attitude des puissances qui avaient paru d'abord le plus opposées à l'idée de faire des concessions au gouvernement chinois s'était notablement modifiée, dans le courant de mai, par suite de diverses considérations de politique générale qui ne sauraient entrer dans le cadre d'un rapport purement militaire, et l'Allemagne en particulier semblait entrer résolument dans la voie des rapatriements. Le feld-maréchal comte de Waldersee avait admis que les troupes régulières chinoises se rapprochassent progressivement de Pékin et de Pao-Ting-Fou, et après que le général commandant en chef lui eût fait connaître les dispositions déjà prises (1) pour les associer progressivement à

---

(1) Les réguliers ne devaient pas, jusqu'à nouvel ordre, dépasser la ligne jalonnée par Kao-Yang, Djen-Kiou, Ta-Tcheng, et par le cours du Cha-Ho.

la police du sud du Tchéli, il avait informé Li-Hung-Chang que, du côté du Nord et de l'Est, elles pourraient

Retour du général Voyron à Tien-Tsin.

de même s'avancer jusqu'à la ligne Tcha-Tao, San-Ho, Pao-Ti-Shien et assurer au delà de cette ligne la répression du brigandage.

On pouvait entrevoir, en somme, une solution favorable aux dernières difficultés encore pendantes, et le général commandant en chef avait estimé, en conséquence, qu'il n'était plus indispensable de prolonger son séjour à Pékin à portée du ministre de France, et qu'il y avait tout intérêt, au contraire, à rentrer à Tien-Tsin pour régler plus aisément les multiples questions soulevées par un rapatriement qui paraissait de plus en plus probable à brève échéance.

Il avait donc définitivement quitté Pékin le 17 mai, après avoir donné le 11, à l'occasion de son départ et de celui de M. Pichon, une grande fête dans la partie de la ville impériale occupée par les troupes françaises. Cette fête, à laquelle avaient assisté le corps diplomatique, les plénipotentiaires chinois et un grand nombre d'officiers français et étrangers, avait été très brillante. Le général en chef, suivi d'un nombreux état-major, avait d'abord inauguré les nouvelles voies ouvertes par nos troupes pour l'embellissement du secteur français de Pékin, puis il y avait eu dîner officiel à la Rotonde, retraite aux flambeaux, feu d'artifice, illumination des lacs, etc. La population chinoise, reconnaissante de la sécurité et du bon ordre que nous avions su faire régner dans les quartiers occupés par nos troupes (1), s'était très cordialement associée à ces dernières réjouissances.

---

(1) Tandis que le reste de la capitale (secteurs occupés par les contingents soumis à l'autorité du feld-maréchal et secteur américain) était soumis à la juridiction d'une commission militaire présidée par le général von Gayl, le quartier français de Pékin était administré d'une manière autonome par une commission mixte de police composée d'un officier supérieur de la garnison et d'un délégué de la légation de France, assistés d'un conseil de notables d'une trentaine de membres, dont un quart de chrétiens, ceux-ci étant très nombreux autour du Pé-Tang. Un certain nombre de postes français, commandés par des sous-officiers, assuraient la police militaire en même temps qu'ils prêtaient, en cas de besoin, main-forte aux agents de la police indigène recrutés par les notables pour maintenir l'ordre dans les rues, contrôler leur propreté et leur éclairage, arrêter les malfaiteurs, etc. Le conseil des notables s'occupait de tous les détails de l'administration indigène, jugeait les crimes et délits et les contestations entre Chinois, sous le contrôle des commissaires français, subvenait aux dépenses de police et d'éclairage au moyen de contributions très légères et d'une subvention mensuelle que versait le gouvernement chinois. Nos soldats n'avaient à intervenir que dans des cas exceptionnels, **pour réprimer des**

II. — Ordre donné par le gouvernement au sujet du rapatriement de la 2ᵉ brigade du corps expéditionnaire.

La rentrée du général commandant en chef à Tien-Tsin fut, ainsi qu'il le prévoyait, considérée dans le monde chinois comme une nouvelle preuve des dispositions conciliantes du gouvernement français. Quelques jours après, le 18 mai, M. Pichon remettait son service à M. Beau, qui le remplaçait comme envoyé extraordinaire et ministre plénipotentiaire de la République française à Pékin, et qui s'empressa d'exprimer officiellement au général en chef son désir et son ferme espoir de voir continuer les bonnes relations qui avaient existé sous son prédécesseur entre le quartier général et la légation de France.

Le général commandant en chef, en le remerciant aussitôt de cette communication, l'assura, à son tour, qu'il avait lui-même le plus vif désir de maintenir la parfaite entente qui n'avait cessé de régner pendant la gestion de M. Pichon; il le mit ensuite au courant des démarches faites auprès du gouvernement, en vue du rapatriement de la brigade de l'armée de terre, en lui faisant remarquer que les embarquements ne pourraient guère commencer à Takou que deux mois après qu'une décision aurait été prise en France à ce sujet, et que, par suite, si l'état des négociations permettait d'espérer avec certitude que les départs pourraient commencer

---

actes de rébellion ou des vols à main armée, ou pour veiller à la liberté des transactions sur les marchés, qui avaient vite repris une grande animation.

Ce système d'administration, moins onéreux que le régime des mandarins, et tout aussi respectueux des coutumes et des usages locaux, a été très apprécié des habitants.

vers le 1ᵉʳ août, il serait nécessaire de se préoccuper sans tarder d'envoyer les affrétés.

Après avoir fait un examen personnel détaillé de la situation diplomatique, M. Beau répondit qu'il partageait les idées de son prédécesseur sur cette question, et qu'il était prêt à faire une démarche dans ce sens auprès du gouvernement.

Mais, sur ces entrefaites, les décisions des puissances s'étaient précipitées.

Le général Chaffee, avec les dernières troupes américaines, s'était embarqué le 21 mai pour les Philippines, ne laissant que deux compagnies à la garde de la légation des Etats-Unis.

Le 26 mai, le général Gaselee, commandant les forces anglaises, faisait connaître au général commandant en chef qu'il venait de recevoir un cablogramme lui prescrivant de commencer l'évacuation de ses troupes.

Le 28 mai, un télégramme de M. Beau informait le général en chef que l'ambassadeur d'Allemagne à Paris avait notifié au gouvernement de la République française le rappel du feld-maréchal de Waldersee (1), et l'on apprenait, en même temps, que des mesures étaient prises en vue de la réduction des effectifs du corps expéditionnaire allemand. Le feld-maréchal descendit dès le 3 juin de Pékin à Tien-Tsin, d'où il repartit le 4 pour aller s'embarquer à Takou à destination du Japon. Avant de prendre le train le 4 au matin, il tint à assister avec une compagnie allemande et de nombreux officiers alle-

---

(1) Dans sa notification au gouvernement français, le gouvernement allemand avait ajouté qu'il estimait que les commandants étrangers devraient désormais se consulter en vue d'assurer leur unité d'action. Cette communication n'amenait pas, en fait, de modification bien sensible dans la situation déjà créée au commandant en chef du corps expéditionnaire français, si ce n'est qu'elle l'obligeait à traiter désormais les questions d'intérêt commun avec les généraux Gaselee, von Lessel et Yamaguchi, au lieu de s'entendre seulement avec le feld-maréchal.

mands, à l'inhumation de deux soldats français tués le 2 juin dans une rixe entre des soldats français et allemands et la police militaire anglaise. Une compagnie d'infanterie lui rendit les honneurs à la sortie de la concession française au moment où il se rendait à la gare et le général commandant en chef accompagné de son état-major et d'un grand nombre d'officiers alla le saluer au moment où il monta en wagon et lui exprimer une dernière fois combien le tact et la parfaite courtoisie qu'il avait toujours apportés dans ses relations avec le corps expéditionnaire français avaient été appréciés par tous.

Enfin, le 30 mai, le ministre de la marine câblait au général commandant en chef de préparer immédiatement la rentrée en France du général Bailloud et de sa brigade, annonçant qu'il prenait des dispositions pour expédier le plus rapidement possible les navires nécessaires, et qu'il l'aviserait prochainement des dates probables de leur arrivée à Takou.

III. — Mesures diverses prises en vue du rapatriement des troupes métropolitaines et de la constitution de la brigade d'occupation à laisser au Pé-Tchéli.

Le général commandant en chef fit aussitôt compléter les études déjà faites en vue de la transformation du corps expéditionnaire en une brigade d'occupation, à laquelle il fallait laisser tous les moyens d'action nécessaires pour parer à toute éventualité.

Indépendamment de la 2e brigade, la plus grande partie des éléments non embrigadés semblaient pouvoir être rapatriés, mais il était cependant indispensable de faire encore appel, au moins provisoirement, aux éléments métropolitains, pour doter la brigade restant au Pé-Tchéli de certains éléments qui n'existaient pas dans les troupes coloniales (cavalerie, génie, prévôté, train, infirmiers, ouvriers d'administration, service du Trésor, etc.). Le général commandant en chef proposa en conséquence au ministre de la marine de maintenir en Chine, outre les trois régiments d'infanterie coloniale qui formaient le noyau de la 1re brigade :

Trois batteries d'artillerie coloniale (deux de montagne, une de campagne) avec un parc d'artillerie aussi réduit que possible et un détachement de 40 ouvriers;

Un demi escadron de chasseurs d'Afrique à 50 chevaux;

Un commandant du génie avec une compagnie dans les cadres de laquelle seraient compris les sapeurs télégraphistes encore nécessaires à l'exploitation des lignes françaises à conserver (1);

Un détachement de gendarmes sous les ordres d'un lieutenant;

Une demi-compagnie du train des équipages militaires avec les animaux nécessaires pour atteler 200 voitures, 150 arabas et 50 voitures Lefebvre;

Un détachement d'infirmiers militaires destinés à assurer avec un certain nombre d'officiers du corps de santé de la marine, le service des salles militaires de l'hôpital français de Tien-Tsin (2) (le personnel médi-

---

(1) Le général commandant en chef avait fait poser en mai une nouvelle ligne télégraphique française reliant Pékin à Tien-Tsin et Takou en suivant la voie ferrée dans le but de laisser à la légation de France une liaison indépendante et relativement sûre avec Tien-Tsin, et de permettre le repliement de la ligne primitivement établie le long de la ligne d'étapes Yang-Tsoun, Tong-Tcheou, Pékin, qui devait être évacuée par les troupes alliées. Il y avait également à assurer provisoirement le service entre Pékin et Pao-Ting-Fou.

(2) D'après une convention passée avec la mission lazariste de Tien-Tsin, celle-ci devait construire un hôpital de 152 lits sur

cal des corps de troupes conservant de plus son matériel d'infirmerie-ambulance) et un détachement d'ouvriers militaires d'administration destinés à permettre le fonctionnement des services administratifs sous la direction du commissariat de la marine;

Un certain nombre d'agents du Trésor et des Postes.

Ces propositions ayant été accucillies par le gouvernement, une série d'ordres généraux réglèrent tous les détails de la réorganisation des différents corps et services.

En même temps, une série de modifications étaient graduellement apportées à la répartition des troupes françaises de manière à préparer l'embarquement rapide des unités à rapatrier sur les sept affrétés annoncés par un cablogramme comme devant arriver à la fin de juillet et au commencement d'août (1).

---

un terrain lui appartenant, et le louer au corps d'occupation, de manière à permettre de rendre à leur propriétaire les locaux occupés par l'hôpital militaire français du quai de France. Ce dernier hôpital fonctionna seul, à Tien-Tsin, à partir du 1er juillet, date à laquelle les salles de l'hôpital, dit hôpital général, devaient être évacuées. (L'hôpital temporaire créé dans les locaux de l'Ecole de médecine avait été supprimé le 15 mai, pour permettre la réouverture des cours de cet établissement, dépendant de la municipalité française.)

A Pékin, une ambulance devait être provisoirement laissée dans les bâtiments du vieux Pé-Tang, en attendant l'ouverture de l'hôpital international que faisait construire Mgr Favier dans le quartier des légations, et où, suivant une convention passée avec les pères lazaristes, devaient être traités les malades de l'escorte de la légation de France. Sur la proposition du général commandant en chef, le ministre de la marine consentit à céder gratuitement à la mission une certaine quantité de matières provenant de l'hôpital militaire de Pékin, à titre de première mise pour cette nouvelle œuvre française.

(1) Indépendamment du *Vinh-Long*, les affrétés ci-après étaient affectés au rapatriement des troupes métropolitaines :

Guadiana, pouvant transporter 30 officiers et 520 hommes de troupe;

Ville-de-Majunga, pouvant transporter 22 officiers et 1.256 hommes de troupe ;

Un premier départ eut lieu le 22 juin sur le *Vinh-Long*, par lequel l'amiral Pottier avait proposé au gouvernement de rapatrier un bataillon; le général commandant en chef y fit embarquer le bataillon du 4ᵉ zouaves qui était disponible à Yang-Tsoun et le matériel de la 14ᵉ batterie du 20ᵉ d'artillerie (le personnel de cette batterie devant, faute de place sur le transport, être embarqué sur le deuxième courrier de juin).

Il devenait ainsi possible de ramener vers Yang-Tsoun à la place de ces unités, une partie des troupes de la région de Pao-Ting-Fou; de plus, pour parer à l'imprévu et bien que, grâce à toutes les précautions prises, l'état sanitaire se maintînt très satisfaisant dans tous les postes, le général commandant en chef avait prescrit au service du génie d'organiser près de Yang-Tsoun, et près de Chin-Van-Tao, de nouveaux cantonnements d'été provisoires; il s'assurait ainsi le moyen de loger dans les zones dont l'occupation devait être maintenue dans toutes les éventualités, celles des troupes que les exigences de la situation politique obligerait à retirer de Pao-Ting-Fou ou de Pékin, ou qui paraîtraient souffrir de la saison chaude dans leurs cantonnements de l'intérieur du Tchéli.

Alexandre-III, pouvant transporter 30 officiers et 698 hommes de troupe;

Cholon, pouvant transporter 78 officiers et 1.140 hommes de troupe;

Massilia, pouvant transporter 23 officiers et 903 hommes de troupe;

Amérique, pouvant transporter 20 officiers et 578 hommes de troupe;

Gallia, pouvant transporter 25 officiers et 970 hommes de troupe.

Au total, 228 officiers et 6.065 hommes de troupe.

Le général commandant en chef avait été autorisé, de plus, à embarquer 300 hommes sur chacun des courriers des 23 juin, 7 et 21 juillet et 4 août, à Nagasaki. Enfin, la *Nive* devait revenir à la fin d'août au Pé-Tchéli, pour effectuer les mouvements supplémentaires qui pourraient encore être nécessaires.

Mais il ne fut pas nécessaire de recourir à ces nouveaux cantonnements, d'une part, en raison de divers incidents qui retardèrent l'évacuation de l'ouest du Tchéli et, d'autre part, en raison de la situation sanitaire qui resta bonne jusqu'au moment du départ des derniers affrétés (le tableau des décès qui figure à l'annexe III montre combien les déchets pour raison de santé restèrent minimes dans le corps expéditionnaire).

Dès les premiers jours de juin, pour faciliter le groupement des bataillons du 40° et du 58° qui devaient être embarqués les premiers, on évacua les postes de la ligne d'étapes terrestre de Tien-Tsin à Pao-Ting-Fou qui n'étaient pas indispensables à la protection des convois fluviaux, ceux-ci devant largement suffire à évacuer de la région de l'Ouest, le matériel encombrant qu'on ne voudrait pas ramener par voie ferrée vers la base d'opérations. Le général en chef fit grouper en même temps tout le bataillon du 1ᵉʳ zouaves à Chan-Hai-Kouan et Ma-Fang à portée de Chin-Van-Tao, où il devait embarquer et le 2ᵉ bataillon du 16ᵉ colonial (commandant Pourrat) (1), fut réparti entre les deux points dont la garde devait spécialement incomber à la France, Chun-Liang-Cheng et Tong-Kou ; des cantonnements provisoires y furent aménagés en attendant la construction des casernements permanents pour lesquels des crédits furent demandés au gouvernement.

---

(1) Le commandant Pourrat, qui avait déjà présidé à tous les débarquements de l'automne de 1900 allait ainsi avoir à assurer de même le rembarquement du corps expéditionnaire, de concert avec le capitaine de frégate Allaire, qui avait remplacé le capitaine de frégate Hubert comme représentant de service de la marine à Tong-Kou.

IV. — Remise définitive de la police du Tchéli aux autorités chinoises.

D'après l'état des négociations, le général en chef estimait avec le ministre de France que le moment était venu de remettre définitivement la police de tout l'ouest du Tchéli aux autorités indigènes et que notre occupation de la voie ferrée de Pékin à Pao-Ting-Fou ne devait plus avoir d'autre caractère que celui de sauvegarde des intérêts français dans cette affaire, sans immixtion dans l'administration du pays.

De son côté, le corps diplomatique s'était préoccupé de la remise plus ou moins prochaine de Pékin aux représentants du gouvernement chinois; il avait émis l'avis que des troupes du Chan-Toung et du Ho-Nan, sur la bonne tenue desquelles on croyait pouvoir relativement compter, pourraient être rapprochées progressivement de la capitale, et les ministres venaient d'en aviser les commandants des contingents alliés pour que ceux-ci pussent prendre en temps utile des dispositions en conséquence.

Il semblait possible, dans ces conditions, de ramener vers la région Yang-Tsoun, Tien-Tsin, toutes les unités stationnées dans l'ouest du Tchéli et désignées pour être prochainement rapatriées et de ne laisser que le 17e régiment d'infanterie coloniale sur la ligne Pékin, Pao-Ting-Fou et à Si-Ling, le 18e occupant Pékin jusqu'à la date à laquelle la capitale serait évacuée et tenant en même temps la ligne de Pékin à Tien-Tsin, et le 16e occupant la région voisine de la mer. Le général commandant en chef envoya des instructions dans ce sens au colonel Comte, qui venait de prendre le commandement provisoire de la 1re brigade (le général Bouguié, très fatigué par le climat du Pé-Tchéli avait dû être envoyé en convalescence au Japon); il prescrivit en même temps de ramener de Pékin à Tien-Tsin le matériel de l'annexe du parc d'artillerie de Pékin et les magasins des 16ᵉ et 17ᵉ régiments d'infanterie coloniale; enfin il chargea le général Bailloud, qui retournait à Pao-Ting-Fou pour y préparer le renvoi vers la côte des troupes métropolitaines et achever la remise de la police du pays aux autorités chinoises, de s'entendre à son passage à Pékin avec le ministre de France et avec Li-Hung-Chang sur cette dernière question et de régler en même temps avec eux les conditions dans lesquelles les troupes chinoises seraient autorisées à se rapprocher de la capitale.

Mais les dispositions arrêtées à Pékin au cours de ces entretiens et approuvées par le général commandant en chef ne purent recevoir de suite leur pleine exécution.

D'une part, les généraux chinois obéissant sans doute à des ordres donnés par le gouvernement chinois et voulant aller trop vite dans leur mouvement vers la capitale, avaient mis leurs troupes en mouvement sans attendre notre assentiment et de gros contingents venant du Ho-Kien-Fou se montraient à proximité de plusieurs postes de notre ligne d'étapes Tien-Tsin, Pao-Ting-Fou. Il était inadmissible que de tels mouvements se fissent avant l'heure qu'il nous plaisait de fixer et, d'accord avec le général von Lessel, le général en chef fit transmettre aux chefs de ces détachements, par le lieutenant-colonel Drude, l'ordre de rétrograder jusqu'au sud de la ligne Djen-Kiou, Kao-Yang, qui leur avait été précédemment fixée comme limite et qu'ils ne devraient pas franchir sans nouvel avis des autorités françaises.

D'autre part, le bruit de notre prochain départ avait fait reprendre confiance à quelques agitateurs : Tchang-

Yu-Lang (1) avait reparu dans la région de Tang et un de ses lieutenants recommençait à rançonner les villages voisins de Tchang-Tong-Tsun. L'audace des pillards sur les voies fluviales et terrestres allait en augmentant au cœur même du pays que nous occupions, aussi bien aux environs de Hioung-Shien que du côté du Houn-Ho ou du lac de Toun-Tien (à l'ouest de Tien-Tsin). Enfin, on faisait courir des bruits inquiétants sur la situation du côté du Chan-Si, on racontait que des missionnaires belges avaient été massacrés au Kan-Sou et que Tong-Fou-Sian, relégué tout d'abord dans cette province par le gouvernement impérial, avait franchi le fleuve Jaune à l'ouest de Tai-Yuen-Fou et marchait vers cette ville à la tête de troupes nombreuses et animées de dispositions hostiles aux étrangers.

Sans attacher une créance absolue à ces bruits alarmistes, que démentait d'ailleurs Li-Hung-Chang, M. Beau, qui était allé le 19 juin à Pao-Ting-Fou pour se rendre un compte exact de la situation politique dans l'Ouest, estima qu'il y avait peut-être intérêt à ne pas trop accentuer notre mouvement d'évacuation de l'ouest du Tchéli tant qu'on ne serait pas fixé sur ce qui se passait effectivement au Chan-Si, et le général commandant en chef décida en conséquence que les mouvements du 2e et du 3e bataillon de zouaves et du 40e, sur Tien-Tsin et sur Yang-Tsoun seraient provisoirement ajournés, les voies ferrées permettant, s'il était nécessaire, de n'exécuter ces mouvements de troupes qu'au moment où arriveraient les affrétés et d'envoyer ces bataillons directement à Tong-Kou pour le jour de l'embarquement.

Mais le général en chef maintint ses instructions en

---

(1) Battu par le colonel Guillet à Sze-Tchouang, en octobre 1900, et par les capitaines Bernard et Bourda dans les environs de Ting-Tcheou en mai 1901.

ce qui concernait l'évacuation de tout le matériel encombrant de Pao-Ting-Fou et le renvoi à Yang-Tsoun et à Tien-Tsin des unités qui devaient faire leur mouvement par voie de terre, comme les compagnies du 58ᵉ stationnées dans les postes de la ligne d'étapes fluviale ou la 15ᵉ batterie du 20ᵉ régiment d'artillerie. (Cette dernière batterie fit sans incident la route de Pao-Ting-Fou à Yang-Tsoun au milieu de juillet, à travers une région presque entièrement inondée et en pleine saison des pluies, démontrant ainsi une fois de plus la mobilité de notre nouveau matériel.)

Il prescrivit en même temps de ne pas ajourner la remise de l'administration et de la police du pays aux troupes chinoises. D'accord avec le général von Lessel qui venait de lui faire connaître que les troupes allemandes seraient retirées de la région de Pao-Ting-Fou dans les premiers jours de juillet, il autorisa les réguliers à franchir désormais la ligne de démarcation qu'il leur avait tracée au sud du Ta-Tsin-Ho et il décida la suppression, à la date du 1ᵉʳ juillet, de la commission mixte de surveillance de la ville de Pao-Ting-Fou (jusqu'au jour où nous évacuerions le pays, l'autorité militaire française devait cependant conserver son droit de contrôle et le choix des hauts fonctionnaires devait être soumis à l'approbation du ministre de France).

Il donna de plus, l'ordre au général Bailloud de laisser aux réguliers le soin de rétablir l'ordre dans les régions de Tang et de Tang-Tong-Tsun, puis dans les environs de Hioung-Shien, en évitant de faire intervenir les troupes françaises dans ces opérations de police intérieure. Enfin, il autorisa, comme le désirait le corps diplomatique, la compagnie franco-belge à transporter par voie ferrée 4.000 réguliers du Ho-Nan, de Tcheng-Ting-Fou à Pékin, afin qu'ils pussent se tenir prêts à reprendre la police de la capitale, mais il demeura provisoirement entendu que ces troupes resteraient cantonnées à l'ouest de Pékin et ne se rapprocheraient pas jusqu'à nouvel ordre à plus de 20 lis de la capitale (10 kilomètres environ).

L'exécution de ces diverses mesures se poursuivit pendant la deuxième quinzaine de juin et les premières semaines de juillet. Une détente marquée se produisit pendant cette période dans la situation politique, sans doute sous l'influence des hautes personnalités chinoises particulièrement intéressées au départ des troupes étrangères et au rétablissement d'un régime normal dans le nord de la Chine.

On apprit tout d'abord que les nouvelles d'une offensive de Tong-Fou-Sian au travers du Chan-Si étaient controuvées et que l'ordre continuait à régner dans cette province dont les autorités montraient, au contraire, beaucoup d'empressement à faciliter la réinstallation des missionnaires des diverses confessions et dont le gouvernement invita officiellement le ministre de France et le général Bailloud à venir assister aux fêtes qui devaient se donner le 19 juillet à la grande lamaserie de Ou-Taï, à l'ouest de la Grande Muraille (suivant l'autorisation qui lui fut donnée par le général commandant en chef, le général Bailloud partit le 15 juillet de Pao-Ting-Fou pour Ou-Taï avec M. Cazenave, premier secrétaire de la légation de France; son voyage se fit sans aucun incident et il fut reçu solennellement à la lamaserie par tous les hauts fonctionnaires civils et militaires du Chan-Si à la tête de nombreuses troupes chinoises).

De leur côté, les généraux chinois se décidèrent à déployer un peu plus d'activité dans la répression des troubles : le général Liu se porta d'abord avec des forces assez importantes dans la région montagneuse située au nord-ouest de Pao-Ting-Fou, où un de ses lieutenants venait de se laisser surprendre par les Boxers de Tchang-Yu-Lang. Après quelques escarmouches,

Officiers de la garnison de Sin-Lé.

il réussit à disperser et à rejeter au delà de la Grande Muraille les bandes de fanatiques. Quelques jours plus tard, le groupe qui s'était reformé à Tchang-Tong-Tsun ayant pillé quelques localités voisines et menaçant la ville de Khi-Tchéou, le général Bailloud prescrivit au général Liu de porter des troupes assez nombreuses dans cette région pour disperser ces rassemblements; le lieutenant-colonel Drude qui était rentré le 23 juin du

Ngan-Ping, après avoir constaté une détente à peu près complète dans la situation naguère si troublée de ce district, reçut l'ordre de tenir prête à Sin-Le une petite colonne comptant deux compagnies (une de zouaves et une d'infanterie coloniale), un peloton de chasseurs d'Afrique et une section de 80 de campagne, pour soutenir au besoin le mouvement des réguliers; mais il n'eut pas à intervenir, le général Liu ayant négocié avec les chefs rebelles et obtenu sans combat la dispersion au moins partielle de leur bande; ce succès relatif fut heureusement confirmé quelque temps après par une plus sérieuse leçon infligée par le même général, le 19 juillet, à 35 kilomètres au sud de Pao-Ting-Fou à un groupe de ces rebelles qui tenait encore la campagne.

D'autres troupes chinoises furent dirigées sur la région de Hioung-Shien et le général Mei, qui était venu pour la première fois saluer le général commandant en chef à Tien-Tsin, après la reconnaissance exécutée par le lieutenant de vaisseau Dyé sur le canal impérial et avait été autorisé à faire circuler des jonques de guerre sur ce canal et sur le Ta-Tsin-Ho pour poursuivre les pirates de rivière, fut appelé à coopérer à l'opération de police exécutée par le commandant Collinet autour du lac de Toun-Tien. (Voir chap. IV, paragraphe XII); après cette dernière battue, il fut chargé de la surveillance de toute la région située à l'ouest de Tien-Tsin et ses soldats relevèrent successivement, dans le courant de juillet, les détachements du régiment de marche d'infanterie qui occupaient encore les postes de Ngan-Tchéou, Si-Ngan-Shien et Hioung-Shien sur la ligne fluviale de Pao-Ting-Fou à Tien-Tsin. Enfin, le ministre de France ayant été d'avis que les bonnes dispositions montrées par les troupes et les autorités chinoises permettaient de leur remettre également la garde de la voie ferrée Pékin, Pao-Ting-Fou et même la protection des travaux entre Ting-Tchéou et Tcheng-Ting-Fou, en se bornant à occuper jusqu'à la fin des négociations quelques points particulièrement importants de la ligne, les postes que nous avions laissés dans les gares secondaires furent successivement repliés dans la deuxième quinzaine de juillet : Pao-Ting-Fou, Lou-Kou-Kiao, Liou-Li-Ho et Tcho-Tchéou, restèrent seuls occupés (avec la ligne Lei-Choui-Shien, Yi-Tchéou, Mou-Ling); Sin-Lé fut remis le 23 juillet aux représentants de Li-Hung-Tchang et il fut convenu avec ce dernier que Ting-Tchéou serait évacué au commencement d'août, de même que les postes de la ligne d'étapes terrestre et fluviale de Pékin à Yang-Tsoun par Tong-Tchéou (Yang-Tsoun et les villages environnants devaient être provisoirement conservés comme cantonnements tant que la vente ou l'envoi en Indo-Chine des nombreux mulets du corps expéditionnaire ne serait pas un fait accompli).

V. — Situation au mois de juillet 1901. — Dernières décisions prises par les généraux alliés au sujet de l'évacuation de Pékin et de l'organisation de l'occupation du Pé-Tchéli. — Arrivée des vapeurs affrétés pour le rapatriement des troupes ; le général commandant en chef est autorisé à rentrer en France.

Dès le milieu de juillet, au moment où l'accord survenu sur la question délicate de l'indemnité à payer par le gouvernement chinois permettait d'espérer une prochaine terminaison des négociations, les troupes internationales dont le mouvement d'évacuation s'accentuait de jour en jour (1) n'occupaient plus, en som-

---

(1) Plusieurs transports anglais et allemands étaient déjà par-

1 fusill. 2 soldats d'infant. 2 soldats d'infant. 1 chass. 1 cosaque 2 marins 1 chass. sibérien 2 marins italiens.
anglais. d'Afrique. coloniale franç. allem. Est asiatique. sibérien. autrichiens. (tenue d'été).
2 soldats d'infant. 1 s.-off. 1 s.-off. de 1 s.-off. 1 s.-off. 1 s.-off. de 1 s.-off. et 2 soldats
japonnaise. mar. ital. française. autrich. allemand. caval. jap. d'inf. jap. d'art. ang. d'inf. ang. tirail. sibér. d'infanterie américaine.

Troupes alliées en Chine en tenue de campagne.

me, que la ligne Pékin, Tien-Tsin, Chan-Hai-Kouan dont il demeurait interdit aux troupes chinoises d'approcher (1). Des troupes françaises occupaient de plus, seules, Pao-Ting-Fou et la région de Tcho-Tchéou et des tombeaux impériaux, mais cette occupation que le ministre de France désirait voir maintenir jusqu'après la signature par la Chine d'un protocole de paix définitif, avait un caractère de plus en plus nettement pacifique et les autorités et les troupes chinoises avaient, en fait, repris entièrement leur liberté d'action, sauf à Pékin même et dans la zone soumise à la juridiction du gouvernement provisoire de Tien-Tsin. Les questions relatives à l'évacuation de Pékin et à l'organisation définitive de l'occupation du Pé-Tchéli furent examinées dans une conférence des commandants des divers contingents

---

tis, et les mouvements de détachements et d'isolés nécessités par la transformation du corps expéditionnaire allemand en une brigade mixte à 3 régiments de 9 compagnies, 3 batteries et 1 escadron (y compris la garnison de Shanghaï) étaient à peu près terminés ; les derniers soldats allemands avaient quitté Pao-Ting-Fou le 7 juillet. Quant aux troupes japonaises, qui étaient restées depuis l'été de 1900 au Pé-Tchéli, après avoir pris part à la marche sur Pékin, elles venaient d'être relevées par une nouvelle brigade d'occupation organisée au Japon, sous le commandement du major général Yamané. (Le lieutenant général Yamaguchi, commandant en chef les forces japonaises en 1900 et pendant les premiers mois de 1901, était parti le 7 juillet de Pékin, pour aller s'embarquer à Tong-Kou ; en raison des rapports particulièrement cordiaux qui avaient toujours existé entre les états-majors japonais et français pendant toute la campagne, le général commandant en chef et un grand nombre d'officiers allèrent le saluer à son passage à la gare de Tien-Tsin, où la musique du régiment de marche d'infanterie joua l'hymne japonais.)

(1) Quelques tentatives avaient été faites par quelques généraux chinois pour éluder les ordres qui leur avaient été donnés à ce sujet ; c'est ainsi que 500 réguliers avaient cherché à venir occuper Lou-Taï à la fin de juin, et qu'un autre groupe s'était présenté devant Pé-Tang en arguant d'ordres reçus des plénipotentiaires chinois ; les troupes anglaises et russes occupant ces postes les avaient invités à s'éloigner, et le fait ne s'était pas reproduit.

qui fut tenue le 16 juillet au quartier général à Tien-Tsin sous la présidence du général commandant en

Autorités françaises et chinoises à Tcho-Tchéou.

chef (1). On se mit d'accord sur les détails d'organisation du service de protection de la ligne Pékin, Chan-

---

(1) A cette conférence assistaient :
France : le général de division Voyron, président ; le général de brigade Sucillon, secrétaire;
Allemagne : le lieutenant général von Lessel;
Angleterre : le lieutenant-général sir A. Gaselee ;
Italie : le colonel Garioni;
Japon : le major général Yamané;
Russie : le colonel Glinsloï.
Le major Robertson, commandant le contingent américain, avait fait connaître que, les Etats-Unis n'ayant pas d'intérêts militaires en cause dans les sujets qui devaient être soumis à la discussion, il n'assisterait pas à la conférence.

Hai-Kouan, sur la nomination d'une commission d'officiers représentant les divers contingents intéressés pour surveiller le rasement des ouvrages dont la liste avait été dressée dans la séance du 6 avril et procéder au partage des terrains et locaux à occuper définitivement par chaque puissance sur les points où devait être maintenue une occupation internationale, comme à Chan-Hai-Kouan et Chin-Van-Tao (1), sur la nécessité de laisser en fonctions le gouvernement provisoire de Tien-Tsin jusqu'au jour où les fortifications du Peï-Ho seraient rasées et où les effectifs des troupes alliées seraient ramenés au chiffre admis pour la période d'occupation définitive et où ces troupes pourraient rester cantonnées dans les concessions européennes, enfin, sur les conditions dans lesquelles Pékin devait être évacué par les troupes alliées. Le général commandant en chef qui avait pris, au préalable, sur ce sujet, l'avis du ministre de France, proposa d'admettre que les troupes chinoises pourraient entrer dans la capitale avant le départ des troupes étrangères, tant pour permettre de faire un peu l'expérience de la tenue de ces soldats dont la venue était très redoutée par la population qui se souvenait des excès commis en 1900, que pour ne pas se laisser s'accréditer dans le monde chinois, la légende que les troupes étrangères avaient été chassées par les troupes impériales. En maintenant les troupes

---

(1) Il fut convenu, de plus, que le rasement des ouvrages dont les puissances exigeaient la destruction devra't être exécuté dans le plus bref délai, aux frais du gouvernement chinois, qui aurait à fournir et à payer les travailleurs, sauf dans la zone comprise entre Tien-Tsin et la mer, où le travail serait dirigé par le gouvernement provisoire. (La juridiction de celui-ci s'étendait sur toute la banlieue de la ville et sur une bande d'une quinzaine de kilomètres de largeur, entre Tien-Tsin et Takou, de manière à lui permettre d'exercer un contrôle sur la navigation du cours inférieur du Peï-Ho.)

alliées pendant une certaine période dans Pékin, concurremment avec les troupes chinoises, on montrerait bien qu'elles n'évacueraient la capitale que de leur plein gré et au jour qui leur conviendrait. Cette dernière observation ayant rallié tous les suffrages, il fut convenu que, jusqu'à nouvel ordre, on autoriserait 3.000 réguliers à entrer à Pékin; (ils y entrèrent effectivement dans les premiers jours d'août et furent d'abord cantonnés dans la partie nord-est de la ville Tartare). Quant à la date officielle de l'évacuation de la ville impériale et de la remise définitive de la capitale aux autorités chinoises, elle fut fixée en principe au 15 août, anniversaire de l'entrée des troupes alliées, mais il fut admis que, dans la pratique, chaque contingent quitterait la capitale, en y laissant seulement les troupes nécessaires à la garde de sa légation, suivant les nécessités de son évacuation particulière, les dates d'arrivées de ses transports, etc. (En fait, en raison des retards apportés à l'échange des signatures du protocole définitif, par suite de la mauvaise volonté que mit le gouvernement chinois à publier les édits relatifs à la suspension des examens, au châtiment de certains coupables et à l'interdiction de l'importation des armes, cette évacuation de Pékin fut reculée jusqu'aux premiers jours de septembre ; elle fut précédée, en ce qui concernait la France, d'une remise en due forme, aux représentants du gouvernement chinois du Temple des ancêtres et des objets précieux qui y avaient été mis sous scellés à diverses époques pour en réserver la propriété à l'empereur de Chine).

Comme conséquence des dispositions arrêtées au cours de cette conférence du 16 juillet, des troupes chinoises de plus en plus nombreuses vinrent occuper les parties du Tchéli, où quelques troubles persistaient encore, et, à la fin de juillet, elles paraissaient y être effectivement maîtresses de la situation; rien ne vint donc entraver les derniers mouvements de troupes nécessités par le rapatriement des troupes métropolitaines. (On ne laissa à Pékin qu'un bataillon du 18ᵉ et une batterie d'artillerie coloniale qui furent concentrés au vieux Pé-Tang en attendant l'époque d'une évacuation plus complète. Un autre bataillon du 18ᵉ fut tenu prêt à aller relever à Chan-Hai-Kouan et à Chin-Van-Tao, le bataillon du 1ᵉʳ zouaves, et le 3ᵉ bataillon du 18ᵉ, de même que les autres troupes coloniales non désignées pour continuer à occuper la région Tcho-Tchéou, Pao-Ting-Fou, furent successivement ramenées à Yang-Tsoun et à Tien-Tsin.) La fête du 14 Juillet qui coïncidait avec l'anniversaire de la prise de Tien-Tsin par les troupes alliées (1) avait été célébrée avec beaucoup d'éclat dans tous les postes occupés par le corps expéditionnaire français. A Tien-Tsin, elle avait été particulièrement brillante : à la revue passée par le général commandant en chef sur le quai de France, avaient assisté deux frères de l'empereur de Chine ainsi que les autorités indigènes (2) et un certain nombre d'officiers d'autres puissances. Tous les commandants des troupes étrangères présents à Tien-Tsin étaient venus au quartier général offrir leurs souhaits et leurs compliments au corps expéditionnaire français; le quartier général, le consulat de France,

---

(1) Une première fête commémorative du siège de Tien-Tsin avait été donnée, le 23 juin, par les habitants des diverses concessions de cette ville, à tous leurs anciens défenseurs présents en Chine. Le général commandant en chef et les commandants des divers contingents alliés avaient assisté au banquet qui eut lieu à cette occasion à Gordon-Hall (municipalité anglaise).

(2) Le général Meï, commandant les troupes de la région, venait de s'installer à Tien-Tsin et le Tao-Taï y était rentré pour reprendre, avec l'assentiment des puissances, et sous le contrôle du gouvernement provisoire, une partie de ses anciennes fonctions.

tous les édifices affectés à des services militaires et, en général, toute la concession française avaient été très heureusement pavoisés et illuminés et leur décoration avait été admirée par de nombreux étrangers.

Quelques jours auparavant, le général commandant en chef avait eu la satisfaction d'apprendre que, conformément aux propositions qu'il avait adressées au gouvernement à ce sujet, son chef d'état-major, le colonel d'infanterie coloniale Sucillon, était promu au grade de général de brigade et nommé au commandement de la brigade d'occupation qui allait être laissée au Pé-Tchéli (le général Bouguié, toujours très souffrant, avait dû être rapatrié après quelques semaines de repos au Japon). Dans ces conditions, assuré de laisser à un successeur parfaitement au courant de toutes les affaires de Chine, le soin d'achever au besoin la liquidation des questions qui pouvaient se trouver encore en suspens après l'embarquement du gros des troupes (1), le général commandant en chef avait demandé au ministre de la marine l'autorisation de rentrer en France par le paquebot des Messageries maritimes qui

---

(1) Une des questions les plus difficiles à résoudre était celle de la destination à donner aux nombreux chevaux et mulets du corps expéditionnaire. Après avoir largement doté les services de la brigade d'occupation (y compris Shanghaï), il restait un excédent d'environ 1.500 animaux disponibles. Tous les corps expéditionnaires cherchaient en même temps à se débarrasser de leurs animaux, et ceux-ci ne se vendaient au Pé-Tchéli que difficilement, et à des prix dérisoires. D'autre part, l'Indo-Chine, qui avait déjà reçu 100 mulets harnachés par la *Nive*, ne demandait plus que 200 mulets et un certain nombre de chevaux arabes, australiens et abyssins. En présence d'une situation aussi fâcheuse pour les intérêts du Trésor, le gouvernement avait cru devoir ajourner sa décision définitive sur cette question, et les détachements de troupes à cheval stationnés à Yang-Tsoun et à Tien-Tsin étaient encombrés d'un nombre très considérable d'animaux, qu'on avait grand'peine à soigner et à abriter des grandes pluies.

Entrée de

à Pékin.

devait quitter Yokohama, le 15 août (1). Cette autorisation lui était accordée le 25 juillet par le cablogramme suivant :

Marine à général Voyron, Tien-Tsin.

Vous pouvez rentrer 15 août, après avoir remis le commandement des troupes au général Sucillon.

Au moment où le gouvernement vous rappelle, je vous exprime ma vive satisfaction pour la manière dont vous avez exécuté ses instructions, maintenu dans le corps expéditionnaire une discipline très remarquée et utilisé pour le mieux de la santé des troupes les ressources que l'administration de la marine avait tenu à mettre à votre disposition. Je vous félicite des résultats obtenus au double point de vue du prestige de la France en Extrême-Orient, et du bon renom de notre armée vis-à-vis des corps étrangers.

VI. — Dernières dispositions prises par le général commandant en chef avant de remettre au général de brigade Sucillon le commandement des troupes maintenues au Pé-Tchéli.

Le premier des affrétés envoyés par le gouvernement pour le rapatriement des troupes métropolitaines arriva en rade de Takou le 20 juillet, et les embarquements commencèrent le 21 juillet pour se poursuivre jusqu'au 16 août avec une rapidité et un ordre très remarquables. (Voir chapitre IX.)

Au moment où ces embarquements commençaient, le général commandant en chef tint à rendre un solen-

---

(1) Le général Gaselee, commandant le corps expéditionnaire anglais, allait partir pour l'Angleterre, après avoir inspecté les garnisons de Chan-Haï-Kouan et de Weï-Haï-Weï, et le général von Lessel avait reçu l'ordre de s'embarquer pour l'Allemagne au milieu d'août, époque à laquelle les embarquements des troupes allemandes à rapatrier devaient être à peu près terminés. Le lieutenant général Yamaguchi était déjà parti ; il n'allait donc plus rester au Pé-Tchéli que des généraux de brigade.

nel hommage aux brillantes qualités militaires que n'avaient cessé de déployer toutes les troupes du corps expéditionnaire et fit paraître l'ordre général suivant :

ORDRE GÉNÉRAL N° 169.

Officiers, sous-officiers, caporaux et soldats du corps expéditionnaire de Chine,

Par de meurtriers combats, par une marche glorieuse, les troupes alliées, et avec elles les troupes de marine françaises qui vous avaient précédés dans le Pé-Tchéli avaient dégagé Tien-Tsin, sauvé d'une destruction certaine les concessions européennes, pris Pékin et délivré les légations.

Vous êtes venus appuyer de vos armes l'action de la diplomatie et exiger du gouvernement chinois les réparations qui nous étaient dues.

Vous avez dignement accompli votre tâche.

Partout vous avez vu fuir devant vous les troupes régulières chinoises. Vous avez vigoureusement dispersé des troupes de fanatiques insurgés dix fois plus nombreux que vous.

Vous avez fait preuve d'endurance dans la fatigue, marchant par des températures torrides ou glaciales, de courage et d'énergie au moment de l'action.

Vous avez été généreux et humains après le combat.

Vous avez donné le plus bel exemple de discipline en restant constamment dans la main de vos chefs dans des circonstances difficiles et parfois très critiques.

Vous avez vu, en récompense de vos vertus militaires, les populations, gagnées par la confiance que vous aviez su leur inspirer, venir mettre à l'abri de votre drapeau leurs vies et leurs biens.

Vous avez forcé l'estime de toutes les nations alliées, gagné la sympathie de ceux qui ne vous connaissaient pas encore, et cimenté d'anciennes amitiés.

Vous pouvez rentrer la tête haute. La France, une fois de plus, sera encore fière de ses soldats.

Je considère comme le suprême honneur de ma carrière militaire d'avoir eu à vous commander, et je vous remercie du dévouement sans bornes que vous m'avez toujours témoigné.

Vos camarades de l'armée coloniale, dont quelques-uns ont assisté à toutes les opérations de guerre et partagé vos fatigues et vos dangers, continueront en Chine nos traditions de bravoure et de dévouement ; nos vœux les suivront dans leur œuvre.

Au quartier général, à Tien-Tsin, le 1er août 1901.

Le général de division commandant en chef le corps expéditionnaire,
Signé : Voyron.

Le général commandant en chef tint de plus à se rendre une dernière fois à Pékin pour faire ses adieux au ministre de France et à tous les Français qui allaient

Vue d'ensemble de la caserne de l'escorte de la Légation à Pékin.

rester à Pékin, et pour procéder en même temps à l'inauguration des bâtiments déjà construits pour la caserne de l'escorte de la Légation. Cette cérémonie eut lieu le 3 août, et le général en chef adressa à cette occasion toutes ses félicitations au lieutenant-colonel Legrand, commandant le génie du corps expéditionnaire et au personnel sous ses ordres pour le zèle et le dévouement avec lequel avaient été menés les travaux de ce casernement de Pékin et, en général, pour tous les services rendus par le génie depuis son arrivée en Chine.

Enfin, le 7 août, alors que le *Guadiana*, la *Ville de Majunga*, le *Cholon*, le *Massilia* et l'*Alexandre III* étaient déjà partis emportant toute l'infanterie de la 2ᵉ brigade et qu'il ne restait plus à charger que le *Gallia* et l'*Amérique*, un cablogramme du ministre de la marine prescrivit au général commandant en chef d'aller porter officiellement au gouvernement japonais les remerciements du gouvernement français pour le précieux concours que notre escadre et notre corps expéditionnaire avaient trouvé au Japon depuis le commencement des hostilités en Chine et, en particulier, pour les soins si dévoués et si délicats dont avaient été entourés nos malades et nos blessés.

Le 8 août, le général commandant en chef remettait en conséquence au général Sucillon le commandement des troupes qui restaient au Pé-Tchéli (le général Sucillon avait pris depuis le 6 août le commandement de la brigade des troupes coloniales dont le siège venait d'être transféré à Tien-Tsin), et il allait s'embarquer en rade de Takou sur le *Guichen* que l'amiral Pottier avait bien voulu mettre à sa disposition pour le conduire au Japon.

Bien que, par suite de diverses difficultés de détail, la signature du protocole définitif semblât devoir être retardée encore de quelques jours (il ne fut en fait signé que le 7 septembre), le général commandant en chef avait eu la satisfaction d'apprendre avant son départ, par le ministre de France lui-même, venu tout exprès de Pékin pour prendre congé de lui, que les négociations pouvaient être pratiquement considérées comme terminées, et il s'était en conséquence mis d'accord avec lui pour signaler au gouvernement la nécessité de réduire le plus tôt possible la brigade d'occupation de manière à en ramener progressivement l'effectif à celui

qui avait été admis dans les conférences des généraux commandant en chef.

Cette question se rattachait à celle de la création en Indo-Chine d'une réserve mobile prête à intervenir sur n'importe quel point en Extrême-Orient, réserve dont l'organisation était déjà admise en principe. Le général commandant en chef proposa donc au gouvernement par un cablogramme du 7 août, de renvoyer en Indo-Chine 4 bataillons d'infanterie coloniale et de ne laisser par suite, au Tchéli que : un régiment à trois bataillons, dont un à Shanghaï (le ministre de la marine avait déjà décidé la suppression d'un bataillon du 16e en Chine et le passage à ce régiment comme nouveau 3e bataillon du bataillon du 9e stationné à Shanghaï), et deux bataillons d'un autre régiment, avec trois batteries (une batterie de campagne et une de montagne au Tchéli et une batterie de montagne à Shanghaï).

Ces propositions, qui permettaient de ramener l'effectif présent au Tchéli à 2.900 ou 3.000 hommes, chiffre voisin des 2.700 admis pour la période de transition qui allait s'ouvrir, furent acceptées par le gouvernement quelque temps après le départ du général commandant en chef et les mouvements de troupes correspondants eurent lieu dans le courant de septembre et d'octobre; 3 batteries d'artillerie coloniale furent en même temps envoyées en Indo-Chine au titre de la réserve mobile et deux autres furent rapatriées de manière à ne laisser en Chine que trois batteries comme le général en chef l'avait proposé.

CHAPITRE IX

RAPATRIEMENT DES TROUPES METROPOLITAINES. — VOYAGE DE RETOUR DU GÉNÉRAL COMMANDANT EN CHEF

I. — Embarquement et transport du Tchéli en France ou en Algérie des troupes métropolitaines.

Les embarquements en rade de Takou avaient commencé le 20 juillet.

Grâce à la parfaite entente qui régnait entre le personnel des transports du corps expéditionnaire et le personnel de la marine appelé à concourir à ces opérations, grâce aux soins minutieux qui avaient été apportés à leur préparation (création d'appontements à Tong-Kou, de voies ferrées les liant à la ligne de Tien-Tsin, de casernements de passage et de magasins de transit, etc., constitution d'une importante flottille de remorqueurs et de chalands propres au service de la rade, etc.), grâce aussi au temps qui, malgré la période des grandes pluies, se maintint beaucoup plus favorable dans le golfe du Tchéli qu'il ne l'avait été en octobre et novembre 1900, ces embarquements purent être menés avec une extrême rapidité. Sauf le *Gallia*, qui séjourna quatre jours en rade pour déposer un chargement de foin pressé et le *Cholon*, qui alla embarquer le bataillon du

1er zouaves le 31 juillet à Chin-Van-Tao (1) et revint ensuite prendre des fractions du 2e zouaves à Takou d'où il partit le 2 août, aucun des affrétés ne séjourna 48 heures dans l'embouchure du Peï-Ho.

L'opération se trouvait, il est vrai, simplifiée par ce fait, qu'une certaine quantité de matériel et d'approvisionnements en tout genre devait être laissée en Chine, et que les colis les plus encombrants et les animaux ne devaient pas être mis sur les bâtiments plus spécialement affrétés pour le rapatriement des troupes (les transports *Vive*, *Mytho* et *Vinh-Long* avaient déjà enlevé une notable partie du matériel à envoyer en France et on était en pourparlers avec les armateurs du *Mont-Blanc*, alors disponible à Tong-Kou (2), pour l'affréter en vue de l'envoi en Indo-Chine des animaux demandés par cette colonie et du transport en France de certains objets d'un poids exceptionnel comme les canons échus à la France dans le partage du matériel des forts de Chan-Hai-Kouan. Néanmoins, on chargea pendant quelques jours environ 2.000 tonnes sur les sept affrétés affectés à la 2e brigade et ce chargement se fit sans aucun incident.

Les voyages de retour se firent dans de bonnes conditions grâce à la précaution prise par l'administration centrale de la marine, sur la demande du général commandant en chef, de serrer les hommes à bord notablement moins qu'ils ne l'avaient été pendant les traversées de l'été de 1900 (il suffit, pour s'en rendre compte, sées de l'été de 1900.

---

(1) L'organisation du nouveau wharf permit de faire cette opération en quelques heures.

(2) Le vapeur avait apporté du matériel pour la compagnie de chemin de fer de Pékin à Han-Kéou.

L'installation des hommes à bord était satisfaisante dans son ensemble, la nourriture fut assurée dans de bonnes conditions et l'état sanitaire se maintint bon à bord de tous les affrétés bien que la saison ne fût pas très favorable. Même sur l'affrété le *Gallia*, qui rapatriait un assez grand nombre de convalescents récemment sortis des hôpitaux du Pé-Tchéli (1), le nombre d'hommes traités à l'infirmerie du bord resta peu élevé et cet affrété ne laissa que 8 hommes dans les hôpitaux des escales (2). Le nombre de décès en cours de route fut minime (4 sur la *Ville de Majunga*, 3 sur le *Massilia*, 3 sur le *Gallia*). La durée moyenne des traversées fut un peu supérieure à celles des traversées de 1900, la mousson très fraîche en août dans l'océan Indien ayant sensiblement retardé plusieurs bâtiments, et d'autres ayant rencontré d'assez gros temps dans les mers de Chine pendant cette saison des typhons (la *Ville de Majunga* dut s'écarter de sa route pour éviter un typhon et perdit ainsi plus de quatre jours). Mais, dans l'ensemble, on peut dire que le retour du gros du corps expéditionnaire français s'opéra d'une manière très heureuse, et les ovations qui accueillirent nos soldats à leur passage à Marseille et Toulon ou dans les ports d'Algérie eurent vite fait de leur faire oublier les quelques petits ennuis inséparables d'une longue traversée.

---

(1) Au moment du départ du général commandant en chef, il ne restait plus dans les hôpitaux du Pé-Tchéli que 245 malades (193 à Tien-Tsin et 52 à Pékin); une partie de ces malades fut rapatriée par le *Gallia*.

(2) Le chiffre des entrées aux hôpitaux des escales pendant les traversées de retour a été : pour le *Guadiana*, 7 (plus 3 hommes venant d'Indo-Chine); pour l'*Alexandre-III*, 4; pour la *Ville-de-Majunga*, 4; pour le *Massilia*, 3; pour le *Gallia*, 8; pour le paquebot *Annam*, 3; pour le *Salazie*, 1; pour l'*Océanien*, 3; pour l'*Amérique*, 0.

Le général Voyron quitte Tien-Tsin.

II. — Voyage de retour du général en chef.

Le 8 août au matin, lorsque le général commandant en chef quitta Tien-Tsin, des compagnies du *Royal Welsh Fusiliers* et de l'infanterie japonaise étaient venues se ranger à côté de la compagnie du drapeau du 16e régiment d'infanterie coloniale pour lui rendre les honneurs sur le quai de la gare; le général Creagh et un grand nombre d'officiers anglais, japonais et russes, les membres du gouvernement provisoire de Tien-Tsin, le personnel des missions ayant à sa tête Monseigneur Favier et les fonctionnaires chinois s'étaient joints au consul de France et aux officiers du corps expéditionnaire français pour l'y saluer une dernière fois et lui souhaiter bon voyage.

Le général Sucillon accompagna le général commandant en chef jusqu'à Tong-Kou où ce dernier prit passage sur le *Bengali* pour se rendre à bord du *Guichen*. L'amiral Pottier après lui avoir fait rendre solennellement les honneurs dus à un commandant en chef, au moment où le *Bengali* passait le long du *Redoutable*, vint avec l'amiral Bayle et les officiers de l'état-major de l'escadre lui dire un cordial adieu au moment où le *Guichen* se préparait à appareiller et à midi ce croiseur faisait route directement pour Yokohama où il arrivait le 12 au matin.

Pendant trois jours (12, 13 et 14 août) le général commandant en chef et les officiers qui l'accompagnaient (1) furent les hôtes du gouvernement japonais à Tokio et bien que, par suite de circonstances particu-

---

(1) Le général commandant en chef avait désigné pour l'accompagner au Japon : le général Bailloud, les lieutenants-colonels Crave et Cret, les commandants Putz et Hocquart, les capitaines Ferradini et Degoutte, le lieutenant de vaisseau Dyé et le lieutenant Davoust d'Auerstaedt.

Le général Voyron au Japon.

lières ils n'aient pu être reçus par l'empereur du Japon, ils emportèrent le meilleur souvenir des brillantes réceptions qui eurent lieu au Ministère de la guerre, au jardin de l'Arsenal et à la Légation de France et du cordial accueil qui leur fut fait par le président du Conseil des ministres, par le Ministre de la guerre, le sous-chef d'état-major général et par tous les officiers de la garnison de Tokio.

Le 15 août, le général commandant en chef revint à Yokohama s'embarquer sur le paquebot *Océanien* de la compagnie des Messageries maritimes, avec lequel il fit escale le lendemain 16 à Kobé où il fut l'objet de manifestations flatteuses de la part de la colonie française, puis des notables et de la municipalité japonaise.

Le 18 au matin, l'*Océanien* touchait à Nagasaki où il embarquait les chefs de service du corps expéditionnaire et les divers passagers militaires qu'avait amenés de Tong-Kou le *Guadalquivir* (ce bâtiment venait de remplacer le *Tanaïs* comme annexe des Messageries maritimes). L'*Océanien* continua ensuite sa route sans incidents : pendant l'escale de Shanghaï, le général commandant en chef passa une inspection détaillée de la garnison française et des installations provisoires du camp de Kou-Ka-Za; puis à Saïgon il fut accueilli de la façon la plus cordiale par M. Doumer, gouverneur général de l'Indo-Chine; de brillantes réceptions eurent lieu au gouvernement général et au cercle militaire.

Enfin, le 25 septembre, l'*Océanien* arrivait devant les îles du Frioul et le 26 au matin, le général commandant en chef débarquait à Marseille où le Ministre de la marine, accompagné du vice-amiral chef d'état-major général de la marine, d'un officier d'ordonnance du Président de la République et d'un délégué du Ministre de la guerre, le reçut solennellement au nom du gouvernement de la République.

Arrivée du général à Marseille.

ANNEXES

ANNEXE I

ORDRE DE BATAILLE DU CORPS EXPÉDITIONNAIRE

Commandement.

Général de division VOYRON, commandant en chef.

Officiers d'ordonnance : capitaine Cluzeau, de l'infanterie de marine; lieutenant de vaisseau Dyé; lieutenant Brugère, de l'infanterie; lieutenant Davout-d'Auerstædt, de l'infanterie.

Porte-fanion : de Rohan-Chabot, maréchal des logis.

Etat-major.

Colonel SUCILLON, de l'infanterie de marine, chef d'état-major du corps expéditionnaire.

Chef de bataillon Hocquart, de l'infanterie de marine, sous-chef d'état-major.

Lieutenant-colonel Crave, de l'infanterie de marine, chef du service des renseignements.

Lieutenant-colonel Ducassé, de l'artillerie, directeur des étapes.

1er et 2e BUREAUX

Capitaines Nivelle, de l'artillerie; Tissier, du génie; de Ménil, de la cavalerie; Sousselier, de l'infanterie; Andlauer, de l'infanterie de marine; lieutenants Génie et Herment, de l'infanterie.

Commandant du quartier général : capitaine Desmarets, de l'infanterie de marine.

3e BUREAU

Chef d'escadron Putz, de l'artillerie; capitaines Bourguignon, de l'artillerie de marine; Aubé, de l'infanterie de marine; de Lacoste, de l'infanterie; Helleringer, de l'infanterie de marine; Breuilh, de l'artillerie de marine; lieutenant Delaunay, de la cavalerie.

Service topographique. — Capitaines Merienne-Lucas, de l'infanterie de marine; Prévost et Prudhomme, de l'infanterie; Expert-Besançon, de l'infanterie de marine; lieutenant Servagnat.

SERVICE DES ÉTAPES

Chef d'état-major : chef de bataillon Mordrelle, de l'infanterie de marine.
Lieutenant-colonel de Grandprey, du génie.
Chef de bataillon Verraux, de l'infanterie; chef d'escadron Trafford, de la cavalerie.
Capitaines Giraud et Beranger, de l'artillerie; Billecoq, de l'infanterie de marine; Sauvage, de l'infanterie; Mera et Carrère, de l'infanterie de marine; Moutard, de l'infanterie.
Lieutenants Charles, de l'artillerie; Pruneau et Panet, de l'infanterie de marine; Bessing, de l'infanterie.

OFFICIERS DÉTACHÉS DE L'ÉTAT-MAJOR DU CORPS EXPÉDITIONNAIRE

Lieutenants-colonels Valette, de l'infanterie de marine, commandant le détachement de Shanghaï, et d'Espercy, de l'infanterie, major de garnison de Pékin.

Conseil de guerre du quartier général du corps expéditionnaire.

Capitaine Blancheville, de l'infanterie de marine, commissaire-rapporteur près le conseil de guerre.
M. Vergne, officier d'administration de 1re classe de la justice militaire, greffier du conseil de guerre.

Ire BRIGADE

Général de brigade Bouguié, commandant la 1re brigade.
Officier d'ordonnance : capitaine Fontenoy, de l'infanterie de marine.

Etat-major.

MM. Reymond, chef de bataillon d'infanterie de marine, chef d'état-major de la brigade.
De Hautecloque, capitaine d'infanterie.
Ferradini, capitaine d'infanterie de marine.
Debeauvais, capitaine d'artillerie de marine.
Wehrle, capitaine d'infanterie de marine.

16e Régiment d'infanterie de marine.

Etat-major.

MM.
Dumont, lieutenant-colonel, commandant le régiment.
Arlabosse, lieutenant-colonel.
Hubert, chef de bataillon, commandant le 1er bataillon.
Rilba, chef de bataillon, commandant le 2e bataillon.
Collinet, chef de bataillon, commandant le 3e bataillon.
Bouet, capitaine-major.
Valton, capitaine adjudant-major du 1er bataillon.
Jacobi, capitaine adjudant-major du 2e bataillon.
Milhau, capitaine adjudant-major du 3e bataillon.
Milley, capitaine-trésorier.
Boussot, sous-lieutenant, adjoint au trésorier.
Hugues, lieutenant d'approvisionnement.
Rousseau, lieutenant d'habillement et d'armement.
Rideau, lieutenant porte-drapeau.
Hervé, médecin principal.
Salaun, médecin de 1re classe.
Renaud, médecin de 1re classe.
Martin, médecin de 1re classe.
Hamon, médecin de 1re classe.
Brunet, médecin de 2e classe.

1er BATAILLON

1re *compagnie* : MM. Coup, capitaine; Porte et Vix, lieutenants.

2e *compagnie* : MM. Pernot, capitaine; Robillot, lieutenant; Cros, sous-lieutenant.

3e *compagnie* : MM. Rivet, capitaine; Fontaine et Prioux, lieutenants.

4e *compagnie* : MM. Martin, capitaine; Thimonier et Rondet, sous-lieutenants.

2e BATAILLON

1re *compagnie* : MM. Lionnet, capitaine; Durand, lieutenant; Alix, sous-lieutenant.

2e *compagnie* : MM. Plailly, capitaine; de Fajolle et Favard, lieutenants.

3ᵉ compagnie : MM. Braconnier, capitaine; Saillens, lieutenant; Biencourt, sous-lieutenant.

4ᵉ compagnie : MM. Baud, capitaine; Renard, lieutenant; Wendt, sous-lieutenant.

3ᵉ BATAILLON

1ʳᵉ compagnie : MM. Prokos, capitaine; Mahieu, lieutenant; Marquis, sous-lieutenant.

2ᵉ compagnie : MM. Laulhier, capitaine; Cianfarani et Thevenin, lieutenants.

3ᵉ compagnie : MM. Sigonney, capitaine; Forner, lieutenant; Barbaza, sous-lieutenant.

4ᵉ compagnie : MM. Testut, capitaine; Pujo, lieutenant; Marty, sous-lieutenant.

SUITE

MM. Gubian, chef de bataillon; Veuge, capitaine; Le Duc, lieutenant; Coronnat, lieutenant (attendu).

17ᵉ Régiment d'infanterie de marine.

Etat-major.

MM.

Lalubin, colonel commandant le régiment.
Rondony, lieutenant-colonel.
Tellier, chef de bataillon, commandant le 1ᵉʳ bataillon.
Michard, chef de bataillon, commandant le 2ᵉ bataillon.
Fonssagrives, chef de bataillon, commandant le 3ᵉ bataillon.
Chaales des Etangs, capitaine-major.
Fouques, capitaine adjudant-major du 1ᵉʳ bataillon.
Vinot, capitaine adjudant-major du 2ᵉ bataillon.
Koch, capitaine adjudant-major du 3ᵉ bataillon.
Alla, capitaine trésorier.
Froidefond, lieutenant, adjoint au trésorier.
Sorlin, lieutenant d'approvisionnement.
Bonnet, lieutenant d'habillement.
Radenac, lieutenant porte-drapeau.
Froustey, lieutenant commandant la section de télégraphie.
Philip, médecin principal.
Onimus, médecin de 1ʳᵉ classe.

Retières, médecin de 1re classe.
Vergues, médecin de 1re classe.
Chartres, médecin de 2e classe.
Carbonnel, médecin de 2e classe.

1er BATAILLON

1re compagnie : MM. Wolff, capitaine; Ehret et Mury, sous-lieutenants.

2e compagnie : MM. Frossard, capitaine; Defoort, lieutenant; Satger, sous-lieutenant.

3e compagnie : MM. Chofflet, capitaine; Ozil, lieutenant; Fauque de Jonquières, sous-lieutenant.

4e compagnie : MM. Huron-Durocher, capitaine; Le Poupon et Scheidhauer, sous-lieutenants.

2e BATAILLON

1re compagnie : MM. Laverrie de Vivans, capitaine; Javouhey et Langlois, sous-lieutenants.

2e compagnie : MM. Bourda, capitaine; Allegrini et Petit-Jean, sous-lieutenants.

3e compagnie : MM. Pujo, capitaine; Chauveau et Bergin, sous-lieutenants.

4e compagnie : MM. Martin, capitaine; Hervelin et Clemençon, sous-lieutenants.

3e BATAILON

1re compagnie : MM. Delclos, capitaine; Thibout, lieutenant; Amberger, sous-lieutenant.

2e compagnie : MM. Fronteaux, capitaine; Monhoven, lieutenant; Marchal, sous-lieutenant.

3e compagnie : MM. Morel, capitaine; Durand, lieutenant; Delfosse, sous-lieutenant.

4e compagnie : MM. Vautravers, capitaine; Goetz et Ronjat, sous-lieutenants.

SUITE

MM. Prevost et Verdier, lieutenants.

18ᵉ Régiment d'infanterie de marine.

Etat-major.

MM.
Comte, colonel commandant le régiment.
Simoneau, lieutenant-colonel.
Marchand, lieutenant-colonel.
Pourrat, chef de bataillon, commandant le 1ᵉʳ bataillon.
Famin, chef de bataillon, commandant le 2ᵉ bataillon.
Seignier, chef de bataillon, commandant le 3ᵉ bataillon.
Leblond, capitaine faisant fonctions de major.
Viala, capitaine adjudant-major du 1ᵉʳ bataillon.
Vaudescal, capitaine adjudant-major du 2ᵉ bataillon.
Noguès, capitaine adjudant-major du 3ᵉ bataillon.
Maurios, capitaine trésorier.
Rimbaud, lieutenant, adjoint au trésorier.
Laporte, lieutenant d'approvisionnement.
Périn, lieutenant d'habillement.
Braive, lieutenant porte-drapeau.
Pfihl, médecin principal.
Jourdan, médecin de 1ʳᵉ classe.
Négretti, médecin de 1ʳᵉ classe.
Casanova, médecin de 1ʳᵉ classe.
Paucot, médecin de 2ᵉ classe.
Mesny, médecin de 2ᵉ classe.

1ᵉʳ BATAILLON

1ʳᵉ compagnie : MM. Coutant, capitaine; Hanne et Chauvet, sous-lieutenants.

2ᵉ compagnie : MM. Coulais, capitaine; Loche et Kolb, sous-lieutenants.

3ᵉ compagnie : MM. Pinet, capitaine; Hommey, lieutenant; de Chevigny, sous-lieutenant.

4ᵉ compagnie : MM. Micolon, capitaine; Hequet, lieutenant; Elegoet, sous-lieutenant.

2ᵉ BATAILLON

1ʳᵉ compagnie : MM. Regnier, capitaine; Abonnel, lieutenant; de la Rochebrochard, sous-lieutenant.

2ᵉ compagnie : MM. Perrin, capitaine; Bichot, lieutenant; Rabier, sous-lieutenant.

3ᵉ compagnie : MM. Morize, capitaine ; Bianchi et Jouanno, sous-lieutenants.

4ᵉ compagnie : MM. Lefebvre, capitaine ; Dubreuil et Ovigneur, sous-lieutenants.

3ᵉ BATAILLON

1ʳᵉ compagnie : MM. Ollivier-Henry, capitaine; Sichere et Angibaud, sous-lieutenants.

2ᵒ compagnie : MM. Dubreuil, capitaine; Péron et Kaufmann, sous-lieutenants.

3ᵉ compagnie : MM. Delord, capitaine; Bourchet et de Boisfleury, sous-lieutenants.

4ᵉ compagnie : MM. Halais, capitaine; Lairle. lieutenant; Alerme, sous-lieutenant.

SUITE

MM. Tracol et Chastellier, lieutenants.

2ᵉ BRIGADE

Général de brigade BAILLOUD, commandant la 2ᵉ brigade.

Officiers d'ordonnance : Degoutte, capitaine d'infanterie; Souhaut, sous-lieutenant de réserve d'artillerie.

Etat-major.

MM.

Espinasse, lieutenant-colonel d'infanterie, chef d'état-major de la brigade.
De Verchère, capitaine d'artillerie.
Parize, officier d'administration de 1ʳᵉ classe du service d'état-major.

Régiment d'infanterie de marche.

Etat-major.

MM.

Souhart, colonel commandant le régiment.
Cret, lieutenant-colonel.
Parès, lieutenant-colonel.
Chastel, chef de bataillon, commandant le 1ᵉʳ bataillon.
Lemoine, chef de bataillon, commandant le 2ᵉ bataillon.
Sue, chef de bataillon, commandant le 3ᵉ bataillon.

Touboulic, capitaine adjudant-major du 1ᵉʳ bataillon.
Pécout, capitaine adjudant-major du 2ᵉ bataillon.
Le Moine, capitaine adjudant-major du 3ᵉ bataillon.
Companyo, lieutenant adjoint au chef de corps.
Audric, lieutenant porte-drapeau.
Wolff, lieutenant, officier d'approvisionnement.
Martin, lieutenant, officier chargé des détails.
Beylier, médecin-major de 1ʳᵉ classe.
Husson, médecin-major de 2ᵉ classe.
Rocheblave, médecin-major de 2ᵉ classe.
Ferrand, médecin-major de 2ᵉ classe.
Coullaud, médecin aide-major de 1ʳᵉ classe.
Guichard, médecin aide-major de 1ʳᵉ classe.
Caujole, médecin aide-major de 1ʳᵉ classe.
Roussel, chef de musique.

1ᵉʳ BATAILLON (provenant du 40ᵉ d'infanterie).

1ʳᵉ compagnie : MM. Mourre, capitaine; Penin et Favre, lieutenants; Fillon, sous-lieutenant.

2ᵉ compagnie : MM. Aubus, capitaine; Servel et Compocasso, lieutenants; Dufréchou, sous-lieutenant.

3ᵉ compagnie : MM. Bonniol, capitaine; Ducani et Imbard, lieutenants; Bourcheix, sous-lieutenant.

4ᵉ compagnie : MM. Chapus, capitaine; Truillet, Schœurer et Fraisse, lieutenants.

2ᵉ BATAILLON (provenant du 58ᵉ d'infanterie).

1ʳᵉ compagnie : MM. Rousseau, capitaine; Ballivet et Jordan, lieutenants; Verbier, sous-lieutenant.

2ᵉ compagnie : MM. Tournet, capitaine; Boissier et Pégaz-Blanc, lieutenants; Gœtzmann, sous-lieutenant.

3ᵉ compagnie : MM. du Pin de Saint-André, capitaine; Pioch et Hermitte, lieutenants; Mouroux, sous-lieutenant.

4ᵉ compagnie : Petitjean, capitaine; Mingalon et Cristofari, lieutenants; Rech, sous-lieutenant.

3ᵉ BATAILLON (provenant du 61ᵉ d'infanterie).

1ʳᵉ compagnie : MM. Theurelle, capitaine; Demoulin, lieutenant; Vuilhemin, sous-lieutenant.

2ᵉ compagnie : MM. Fiamma, capitaine; Meynadier et Graille, lieutenants; Dupeyré, sous-lieutenant.

3ᵉ compagnie : MM. Roux, capitaine; Cardon et Audibert, lieutenants; Fraisse, sous-lieutenant.

4ᵉ compagnie : MM. Humbert, capitaine; Versini et Espitallier, lieutenants; Durrmeyer, sous-lieutenant.

Régiment de zouaves de marche.

Etat-major.

MM.
Guillet, colonel commandant le régiment.
Laurent-Chirlonchon, lieutenant-colonel.
Drude, lieutenant-colonel.
Balandier, chef de bataillon, commandant le 1ᵉʳ bataillon.
Dencausse, chef de bataillon, commandant le 2ᵉ bataillon.
Louvet, chef de bataillon, commandant le 3ᵉ bataillon.
Ernst, chef de bataillon, commandant le 4ᵉ bataillon.
De Velna, capitaine adjudant-major du 1ᵉʳ bataillon.
Urbain, capitaine adjudant-major du 2ᵉ bataillon.
Bernard, capitaine adjudant-major du 3ᵉ bataillon.
Parmentier, capitaine adjudant-major du 4ᵉ bataillon.
Frémont, lieutenant adjoint au colonel.
Ruillier, lieutenant porte-drapeau.
Ravel, lieutenant, officier d'approvisionnement.
Martin, lieutenant, officier-payeur.
N..., chef de musique (rapatrié).
Kauffmann, médecin-major de 1ʳᵉ classe.
Visbecq, médecin-major de 2ᵉ classe.
Barbot, médecin-major de 2ᵉ classe.
Rouffignac, médecin-major de 2ᵉ classe.
Pichon, médecin-major de 2ᵉ classe.
Jaffary, médecin aide-major de 1ʳᵉ classe.
Bar, médecin aide-major de 1ʳᵉ classe.
Picqué, médecin aide-major de 1ʳᵉ classe.
Miramond, médecin aide-major de 1ʳᵉ classe.

1ᵉʳ BATAILLON

1ʳᵉ compagnie : MM. Récamier, capitaine; Communal et Gendre, lieutenants; Girard, sous-lieutenant.

2ᵉ compagnie : MM. de Valon, capitaine; Tissier et Guillabert, lieutenants.

3ᵉ compagnie : MM. Vernadet, capitaine; Bourg, Sauvage et Bonnejoy, lieutenants.

4ᵉ compagnie : MM. Dechizelle, capitaine; Archambault, Bordage et Péghaire, lieutenants.

2ᵉ BATAILLON

1ʳᵉ compagnie : MM. Vincenti, capitaine; Dozol et Wilhelm, lieutenants; Alibert, sous-lieutenant.

2ᵉ compagnie : MM. Cornu, capitaine; Latil, Saintoyant et Boux de Casson, lieutenants.

3ᵉ compagnie : MM. Pluyette, capitaine; Volant, Parison et d'Arblade, lieutenants.

4ᵉ compagnie : MM. Cosman, capitaine; Lambin, Poupillier et Bastier, lieutenants.

3ᵉ BATAILLON

1ʳᵉ compagnie : MM. Favier, capitaine; Lherbette, Dalas et Bichat, lieutenants.

2ᵉ compagnie : MM. Lainné, capitaine; Lequeux, Gauthier et Schwerer, lieutenants.

3ᵉ compagnie : MM. Guého, capitaine; Giroux et Richard, lieutenants; Patoux, sous-lieutenant.

4ᵉ compagnie : MM. Jarret de la Mairie, capitaine; Etcheverry et Rey, lieutenants; Roqucbert, sous-lieutenant.

4ᵉ BATAILLON

1ʳᵉ compagnie : MM. Masson, capitaine; Bonnery et Mallet, lieutenants; Embrun, sous-lieutenant.

2ᵉ compagnie : MM. Jean-Jean, capitaine; Husson, Thiébaud et Cordier, lieutenants.

3ᵉ compagnie : MM. de Chaunac de Lanzac, capitaine; Rochard, Melou et Jauneau, lieutenants.

4ᵉ compagnie : MM. Leray, capitaine; Wildermuth, Dally et Olivier, lieutenants.

1/2 Régiment de chasseurs d'Afrique.

Etat-major.

MM.
Rœsch, chef d'escadrons.
Clouzet, capitaine adjoint au chef d'escadrons.
Destrez, médecin-major de 2ᵉ classe.
Goux, vétérinaire en 2ᵉ.
Haas, vétérinaire en 2ᵉ.

ESCADRON DU 5ᵉ CHASSEURS D'AFRIQUE

MM. Lambert, capitaine commandant; Grand'conseil, capitaine en 2ᵉ; Lacombe, lieutenant en 1ᵉʳ; Bouillon, de Bordesoulle et Barbary de Langlade, lieutenants en 2ᵉ.

Suite. — M. du Bois de Beauchesne, lieutenant en 2ᵉ.

ESCADRON DU 6ᵉ CHASSEURS D'AFRIQUE

MM. Nœtinger, capitaine commandant; Rubino de Barazia, capitaine en 2ᵉ; Verneret, lieutenant en 1ᵉʳ; Blanc et Fanneau de la Horie, lieutenants en 2ᵉ; Guichard, sous-lieutenant.

ARTILLERIE

Commandement.

M. le colonel RÉGIS, commandant l'artillerie.
Officier d'ordonnance : Haméon, capitaine en 2ᵉ.
Chef d'état-major : Chatelain, chef d'escadron (A).
Officier de l'état-major : Jullian, capitaine en 1ᵉʳ (A).
Officier de l'état-major : Welly, capitaine en 1ᵉʳ.
Officier de l'état-major : Godchau, lieutenant (A).
Garde d'artillerie (monté) : Brossard, garde d'artillerie de 1ʳᵉ classe.

Artillerie non embrigadée (Artillerie coloniale).

Commandement.

MM.
Gosselin, lieutenant-colonel commandant.
Guichard-Montguers, capitaine en 1ᵉʳ, officier adjoint.
Plaine, capitaine en 1ᵉʳ, officier adjoint.

1ᵉʳ GROUPE (Tien-Tsin).

MM.
Gibert, chef d'escadron commandant.
Gérard, capitaine en 2ᵉ, officier adjoint.
Lemaitre dit Houelle, officier adjoint.
Hennequin, médecin de 1ʳᵉ classe de la marine.
Letrosne, médecin de 2ᵉ classe de la marine.
Bourgès, vétérinaire en 1ᵉʳ.

(A) Artillerie métropolitaine.

4ᵉ batterie de montagne : MM. Allion, capitaine en 1ᵉʳ; Smet, capitaine en 2ᵉ; Fabresse, lieutenant; Gronier et Mercier, sous-lieutenants.

8ᵉ batterie montée : MM. Charbonnier, capitaine en 1ᵉʳ; Valat, lieutenant; Illy et Picard-Destelan, sous-lieutenants.

2ᵉ GROUPE (Pao-Ting-Fou).

MM.
Germain, chef d'escadron.
Heyd, capitaine en 2ᵉ.
Lefebvre, capitaine en 2ᵉ.
Cabriforce, vétérinaire en 2ᵉ.

3ᵉ batterie de montagne : MM. Vuillard, capitaine en 1ᵉʳ; Barrachin, capitaine en 2ᵉ; Jeanne et Louvet, lieutenants; Jaumard, sous-lieutenant.

7ᵉ batterie montée : MM. Ponsignon, capitaine en 1ᵉʳ; Terrial, capitaine en 2ᵉ; Le Roy d'Etiolles, lieutenant; Schubenel et Garnier, sous-lieutenants.

SECTION DE MUNITIONS N° 3.

MM. Jacquin, capitaine en 1ᵉʳ; Lepage, sous-lieutenant.

1ʳᵉ Brigade (Artillerie coloniale).

Etat-major du groupe.

MM.
Dupont, chef d'escadron commandant.
François, capitaine en 2ᵉ, officier adjoint.
Thomeuf, capitaine en 2ᵉ, officier adjoint.
Duranton, médecin de 1ʳᵉ classe de la marine.
Monod, vétérinaire en 2ᵉ.

BATTERIES

1ʳᵉ batterie de montagne : MM. Ledoux, capitaine en 2ᵉ; Hervé, Féral et Leroux, lieutenants.

2ᵉ batterie de montagne : MM. Lapébie, capitaine en 1ᵉʳ; Meynier et Pidoux, lieutenants; Wack, sous-lieutenant.

6ᵉ batterie montée : MM. Gougé, capitaine en 1ᵉʳ; Bourgoin et Voisin, lieutenants; Le Masne, sous-lieutenant.

SECTION DE MUNITIONS N° 1.

M. Benoit, capitaine en 2ᵉ.

2ᵉ Brigade (Artillerie de terre).

Etat-major du groupe des batteries de 75.

MM.
Tariel, chef d'escadron.
Jouslin, capitaine en 2ᵉ.
Enselme, lieutenant en 1ᵉʳ.
Crapez-d'Hangouwart, lieutenant en 2ᵉ.
Leclerc, lieutenant en 2ᵉ (pour ordre).
De Libessard, médecin-major de 2ᵉ classe.
Berthelé, médecin aide-major.
Largillière, vétérinaire en 2ᵉ.

BATTERIES

13ᵉ batterie montée du 20ᵉ régiment : MM. Jucqueau, capitaine en 1ᵉʳ; Blanc, lieutenant en 1ᵉʳ; Billet et Picot, lieutenants en 2ᵉ.

14ᵉ batterie montée du 20ᵉ régiment : MM. Mariaux, capitaine en 2ᵉ; Segrestaa, lieutenant en 1ᵉʳ; Merle et de Seguier, lieutenants en 2ᵉ.

15ᵉ batterie montée du 20ᵉ régiment : MM. Beuchon, capitaine en 1ᵉʳ; Malandrin et Vieillard, lieutenants en 1ᵉʳ; Sutterlin, lieutenant en 2ᵉ.

SECTION DE MUNITIONS N° 2.

MM. Dauvé, capitaine en 2ᵉ; Leroy, capitaine en 1ᵉʳ; Obe, lieutenant en 2ᵉ.

Parcs d'artillerie.

Direction des parcs d'artillerie à Tien-Tsin.

Directeur : Chantaume, lieutenant-colonel.
Directeur-adjoint : Aubanel, chef d'escadron (A).

Officiers employés à la direction des parcs.

MM. Veyrines (A) et Bouliol, chefs d'escadrons; Vallerey et Marty, capitaines en 1ᵉʳ; Peron (A), Parent et Charpentier, capitaines en 2ᵉ.

(A) Artillerie métropolitaine.

*Officiers d'administration du service de l'artillerie
(artillerie de terre).*

MM. Giroud et Charlois, officiers d'administration de 1re classe, comptables; Tron et Prouteau, officiers d'administration de 2e classe, comptables; Garnery, officier d'administration de 2e classe, chef artificier; Chiron, contrôleur d'armes de 3e classe.

Gardes d'artillerie (artillerie coloniale).

MM. Muller, garde d'artillerie de 1re classe, comptable; Breton, garde d'artillerie de 2e classe, ouvrier d'état; Lechat, garde d'artillerie de 3e classe, artificier; Josland et Souilhé, gardes d'artillerie de 3e classe, ouvriers d'état; Lassus, garde d'artillerie de 3e classe, contrôleur d'armes.

SOUS-DIRECTION DE PÉKIN

Sous-directeur : M. Caré, capitaine en 1er.

Annexe de Yang-T'soun : M. Maloigne (A), capitaine en 2e.

Annexe de Chan-Haï-Kouan : M. Trémolières, capitaine en 2e.

COMPAGNIES MIXTES DE LA DIRECTION DES PARCS D'ARTILLERIE

Compagnie mixte n° 1. — Capitaine commandant : M. Barré, capitaine en 1er.

Compagnie mixte n° 2. — Lieutenant commandant : M. Lagarrigue (A), lieutenant.

GÉNIE

Commandement.

MM.
LEGRAND, lieutenant-colonel, commandant le génie.
Calmel, capitaine de 1re classe.
Lévêque, capitaine de 2e classe.
Belhague, capitaine de 2e classe.
Pouy, médecin-major de 2e classe.
Wibratte, officier d'administration de 1re classe.

(A) Artillerie métropolitaine.

EXPÉDITION DE CHINE

Éléments non embrigadés.

Compagnie 19/1 : MM. Curtet, capitaine de 1re classe; Lamarche, lieutenant en 1er; Pacton et Dorido, lieutenants en 2e.

Section de télégraphie : MM. Lévy, capitaine de 2e classe; Quillacq, sous-lieutenant.

Section d'aérostiers : MM. Lindecker, capitaine de 2e classe; Plaisant et Izard, lieutenants en 1er.

Demi-compagnie de sapeurs de chemin de fer : MM. Guyot, capitaine en 2e; Coste et Génin, lieutenants en 1er.

Attaché au service télégraphique : M. Crétaux.

1re brigade.

Commandement du génie et chefferie de Pékin.

MM.
Guillot, chef de bataillon.
Regnaut, officier d'administration de 1re classe.
Compagnie 9/4 (1/2 compagnie) : MM. Barthe, capitaine de 1re classe; Gilbert, lieutenant en 1er.

2e brigade.

Commandement du génie et chefferie à Pao-Ting-Fou.

MM.
Noguette, capitaine de 1re classe.
Langlois, médecin aide-major de 1re classe.
Boutin, officier d'administration de 2e classe.
Compagnie 9/4 (1/2 compagnie) : MM. Rougemont, lieutenant en 1er; Le Blevenec, sous-lieutenant.

Service des étapes.

Service du génie des étapes.

MM.
Descourtis, capitaine de 1re classe, chef du service du génie des étapes.
Mathy, capitaine de 1re classe.
Brunet, officier d'administration de 2e classe.

Parc du génie : MM. Cambier, capitaine de 2ᵉ classe ; Carrerechique, officier d'administration de 2ᵉ classe.

15ᵉ ESCADRON DU TRAIN DES ÉQUIPAGES MILITAIRES

État-major.

MM.
Iraçabal, chef d'escadron, commandant.
Combes, lieutenant en 1ᵉʳ, adjoint.
Barrué, vétérinaire en 2ᵉ.

15ᵉ compagnie : MM. Neyrand, capitaine en 1ᵉʳ; Fulchic, capitaine en 2ᵉ; Devarenne, lieutenant en 1ᵉʳ; Gervais, lieutenant en 2ᵉ; Girardet, sous-lieutenant.

16ᵉ compagnie : MM. Lafourcade, capitaine en 1ᵉʳ; Béjot, capitaine en 2ᵉ; Paoli, lieutenant en 1ᵉʳ; Venner, lieutenant en 2ᵉ; Rouche, sous-lieutenant.

PRÉVOTÉ

MM.
Jacquillat, chef d'escadron (à Tien-Tsin).
Théry, capitaine (à Pékin).
Blaye, lieutenant (à Tien-Tsin).

REMONTE

MM.
Gendron, chef d'escadron, de l'artillerie.
Grousset, capitaine, de la cavalerie.
Beynaguet, capitaine, de la cavalerie.
Durand, capitaine, de la cavalerie.
De Marescot, lieutenant, de la cavalerie.

SERVICES ADMINISTRATIFS

Direction.

MM.
Sainte-Claire Deville, commissaire en chef, directeur.
Coppens de Norlandt, sous-intendant de 1ʳᵉ classe, adjoint.
Prudham, commissaire de 1ʳᵉ classe.
Cablat, commissaire de 2ᵉ classe.
Perrot, officier d'administration de 1ʳᵉ classe des bureaux de l'intendance.

Sous-intendance du quartier général.

M. Chayrou, adjoint à l'intendance.

SERVICE DES ÉTAPES

MM.
Villatte, sous-intendant de 2e classe.
Saint-Girons, commissaire de 1re classe.
Astoul, officier d'administration de 2e classe des subsistances.
Deney, officier d'administration de 2e classe des subsistances.

SERVICE DE TIEN-TSIN ET ANNEXES.

MM.
Pognan, commissaire de 1re classe (bureaux de la solde).
Péron, officier d'administration de 1re classe des bureaux de l'intendance (bureaux de la solde).
Carriere, commissaire de 1re classe, chef de service des magasins.
Hinque, officier d'administration de 2e classe des bureaux de l'intendance.
Muller, officier d'administration de 1re classe des subsistances.
Dumont, officier d'administration de 2e classe des subsistances.
Gœhring, officier d'administration de 2e classe de l'habillement.
Jouclard, officier d'administration de 2e classe des subsistances, commandant la 15e section.
Raisin, officier d'administration de 2e classe des subsistances (Yang-Tsoun).
Boudal, officier d'administration de 3e classe des subsistances (Tong-Kou).

1re BRIGADE (Pékin).

MM.
Dubled, commissaire principal.
Duvigeant, commissaire de 1re classe.
Aillaud, officier d'administration de 2e classe des bureaux.
Gonce, officier d'administration de 1re classe des subsistances.
Armieux, officier d'administration de 2e classe des subsistances.

2ᵉ BRIGADE (Pao-Ting-Fou).

MM.
Adam, sous-intendant de 3ᵉ classe.
Rupp, adjoint à l'intendance.
Michel, officier d'administration de 2ᵉ classe des bureaux de l'intendance.
Coyen, officier d'administration de 1ʳᵉ classe des subsistances.
Aimé, officier d'administration de 2ᵉ classe des subsistances.

SHANGHAÏ

M. Bougourd, commissaire de 2ᵉ classe.

SERVICE DE SANTÉ

Direction.

MM.
JACQUEMIN, médecin en chef de la marine, directeur du service de santé.
De Couvalette, médecin principal de la marine, médecin du quartier général.
Bouras, médecin de 1ʳᵉ classe de la marine, adjoint au directeur.
Gayet, officier d'administration de 2ᵉ classe.

Tien-Tsin.

Hôpital militaire français.

MM.
Duval, médecin principal de la marine.
Sisco, médecin de 1ʳᵉ classe de la marine.
Petit, médecin de 2ᵉ classe de la marine.
Marty, médecin de 2ᵉ classe de la marine.
Nanta, pharmacien-major de 2ᵉ classe.
Boulanger, officier d'administration de 1ʳᵉ classe.
Martin, officier d'administration de 3ᵉ classe.
Valet de Villeneuve, aumônier.

Hôpital général.

MM.
Audiat, médecin-major de 1ʳᵉ classe de la marine.
Bellile, médecin de 2ᵉ classe de la marine.
Lautier, pharmacien de 2ᵉ classe de la marine.

Hôpital de l'École de médecine.

MM.
Depasse, médecin principal des colonies.
Tricard, médecin de 1re classe de la marine.
Houillon, médecin de 1re classe de la marine.
Marmey, médecin de 2e classe des colonies.
Derbord, aumônier.
Boisset, pasteur.

Pharmacie d'approvisionnement.

MM.
Péré, pharmacien-major de 1re classe.
Perdrigeat, pharmacien de 2e classe de la marine.

Magasins de réserve (section d'infirmiers).

Labere, officier d'administration de 1re classe.
Raphal, officier d'administration de 3e classe.

Pékin.

Trifaud, médecin principal de 2e classe.

Ambulance.

MM.
Clavel, médecin principal de la marine.
Carrere, médecin de 2e classe de la marine.
Augé, médecin de 2e classe de la marine.
Lornet, officier d'administration de 2e classe.
Julian, aumônier.

Hôpital militaire.

MM.
Machenaud, médecin principal de la marine.
Dubois, médecin de 1re classe de la marine.
Cognacq, médecin de 1re classe des colonies.
Oudard, médecin de 2e classe de la marine.
Dufour, médecin de 2e classe de la marine.
Arnaud, pharmacien de 2e classe de la marine.
Provent, officier d'administration de 1re classe.
Durand, officier d'administration de 2e classe.
Cornuault, aumônier.

Pao-Ting-Fou.

M. Duchesne, médecin principal de 2e classe.

Ambulance.

MM.
Béchard, médecin-major de 1re classe.
Sabatier, médecin-major de 2e classe.
Licht, médecin-major de 2e classe.
Lafeuille, aide-major de 1re classe.
Vandenbosche, aide-major de 1re classe.
Benard, officier d'administration de 1re classe.
Tusques, officier d'administration de 2e classe.
Jamon, aumônier.

Étapes (Service des évacuations).

MM.
Dollieule, médecin principal de la marine, chef du service.
Odet, officier d'administration de 2e classe.

Place de Tien-Tsin.

M. Erdinger, médecin de 2e classe de la marine.

Place de Pékin.

M. Plomb, médecin de 2e classe de la marine.

Place de Pao-Ting-Fou.

M. Guilloteau, médecin de 1re classe de la marine.

Place de Chin-Van-Tao (base maritime).

M. Lorin, médecin de 1re classe de la marine.

Réserve de personnel.

MM.
Fichet, médecin de 2e classe de la marine.
Lesson, médecin de 2e classe de la marine.

N. B. — Les médecins du service régimentaire sont portés avec leurs unités.

SERVICE VÉTÉRINAIRE

Direction.

MM.
BARASCUD, vétérinaire principal, à Tien-Tsin.
Birou, vétérinaire de 2e classe, à Tien-Tsin.

Service régimentaire.

MM.
Bourgès, vétérinaire en 1ᵉʳ de l'artillerie de marine, à Tien-Tsin.
Monod, vétérinaire en 2ᵉ de l'artillerie de marine, à Pékin.
Cabriforce, vétérinaire en 2ᵉ de l'artillerie de marine, à Pao-Ting-Fou.
Largillière, vétérinaire en 2ᵉ de l'artillerie de 75, à Yang-Tsoun.
Goux, vétérinaire en 2ᵉ de la cavalerie, à Yang-Tsoun.
Haas, vétérinaire en 2ᵉ de la cavalerie, à Pao-Ting-Fou.
Barrué, vétérinaire en 2ᵉ du train des équipages, à Tien-Tsin.

Dépôt de remonte.

MM.
Lavaux, vétérinaire en 2ᵉ, à Tien-Tsin.
Caritte, vétérinaire en 2ᵉ, à Pékin.

Service des étapes.

M. Montmartin, vétérinaire en 2ᵉ, à Tien-Tsin.

Service général.

MM.
Leclerc, vétérinaire en 1ᵉʳ, à Pékin.
Roux, vétérinaire en 2ᵉ, à Tien-Tsin.
Moussillac, vétérinaire en 2ᵉ, à Tcho-Tchéou.

TRÉSORERIE ET POSTES AUX ARMÉES

MM.
Prudot, payeur général, chef de service.
Mermet, payeur principal (Tien-Tsin).
Mitre, payeur particulier (Pékin).
Allilaire, payeur particulier (Pao-Ting-Fou).
Enjalbert, payeur adjoint (Tien-Tsin).
Gilabert, payeur adjoint (Tien-Tsin).
Souchet, payeur adjoint (Tien-Tsin).
Barescut, payeur adjoint (Shanghaï).
Grignon, commis de trésorerie (Tien-Tsin).
Bedour, commis de trésorerie (Tien-Tsin).
Gaillard, commis de trésorerie (Tien-Tsin).
Dally, commis de trésorerie (Tien-Tsin).
Trois-Gros, commis de trésorerie (Pékin).
Bley, commis de trésorerie (Chin-Van-Tao).

ANNEXE II

SITUATION DU CORPS EXPÉDITIONNAIRE FRANÇAIS A LA DATE DU 1er JANVIER 1901

CORPS OU SERVICES.	OFFICIERS.	HOMMES de troupe.	ANIMAUX de selle.	ANIMAUX de bât ou de trait.
Tien-Tsin.				
Quartier général, état-major et direction des étapes. . . .	50	103	49	2
Infanterie. — Régiment de marche.				
État-major et 5e, 7e, 10e, 11e et 12e compagnies.	31	1.397	52	»
Régiment de zouaves. Dépôt. . .	1	14	»	»
16e régiment d'infanterie de marine.	»	»	»	»
État-major et 5e, 6e, 7e, 8e, 12e compagnies, suite et subsistants. . .	28	818	45	»
17e régiment d'infanterie de marine. Petit dépôt. . .	1	7	»	»
18e régiment d'infanterie de marine. Petit dépôt. . . .	1	9	»	»
Artillerie.				
Commandement. . .	7	8	10	»
État-major des batteries. . .	7	»	7	»
8e batterie de campagne.	5	137	15	141
4e batterie de montagne. . .	5	110	5	96
Section mixte de munitions n° 1.	1	98	9	50
Section mixte de munitions n° 3.	2	44	»	»
Direction des parcs de l'artillerie	21	6	14	4
Compagnie mixte n° 1 (marine).	1	159	»	»
Compagnie mixte n° 2 (guerre)	1	142	»	»
Génie.				
Commandement, chefferie et parc.	10	12	8	»
Compagnie 19/1.	2	170	2	18
Section de télégraphistes.	2	41	2	17
Section d'aérostiers. . .	2	75	2	15
A Reporter.	178	3.350	220	343

EXPÉDITION DE CHINE

CORPS OU SERVICES.	OFFICIERS.	HOMMES de troupe.	ANIMAUX	
			de selle.	de bât ou de trait.
REPORT...........................	178	3.350	220	343
Train des équipages.				
Etat-major, 15e et 16e compagnies.	8	152	9	331
Services administratifs.				
Direction, bureaux de la solde et des revues...	7	9	10	»
Subsistances, habillement, campement et portion centrale de la 15e section de commis et ouvriers. . . .	6	116	»	»
Personnel des équipages de la flotte employé aux services administratifs.	»	12	»	»
Service de santé.				
Direction.	3	10	3	»
Hôpital militaire.	8	65	»	»
Hôpital général. . . .	3	20	»	»
Hôpital de l'École de médecine.	6	13	»	»
Pharmacie d'approvisionnement. . .	2	13	»	»
15e section d'infirmiers.	2	24	»	»
Service vétérinaire. . .	2	2	»	»
Service de la remonte. .	4	49	3»	5
Prévôté. . . .	2	26	1	»
Trésorerie et postes.	8	2	»	»
Direction du port (personnel des équipages de la flotte). . .	3	27	»	»
Conseil de guerre. . .	1	1	»	»
TOTAL...........................	243	3.891	251	679
Tong-Kou.				
Infanterie.				
1 chef de bataillon et la 9e compagnie du 16e de marine. . .	4	140	3	»
1 détachement de zouaves.	1	50	»	»
Artillerie.				
1 détachement.	1	16	»	»
A REPORTER...........................	6	206	3	»

CORPS OU SERVICES.	OFFICIERS.	HOMMES de troupe.	ANIMAUX	
			de selle.	de bât ou de trait.
REPORT......................	6	206	3	»
Génie.				
Chefferie et 1 détachement..............	3	55	»	»
Services administratifs................	2	9	»	»
Prévôté............	»	4	»	»
TOTAL pour Tong-Kou...............	11	274	3	»
Ligne de Yang-Tsoun à Pékin.				
Infanterie (3ᵉ bataillon du 17ᵉ de marine).				
Etat-major et 2 compagnies à Hong-Tcheou.... 1 compagnie à Ma-Ka-Tchouang, 1 compagnie à Ho-Si-Ou...	15	527	33	»
Artillerie.				
15ᵉ section de la 2ᵉ batterie de montagne, à Tong-Tchéou...	1	35	3	16
Génie (Tong Tchéou)......	»	6	»	»
Train des équipages (Tong-Tchéou).........	»	10	»	»
Services administratifs (Tong-Tchéou).........	»	7	»	»
TOTAL.................	16	585	36	16
Yang-Tsoun.				
Etapes........	1	»	1	»
Infanterie.				
Régiment de zouaves. Etat-major et 4ᵉ bataillon........	22	1.139	35	»
Section de discipline......	1	28	»	»
Artillerie.				
Etat-major du groupe de 75 et 14ᵉ batterie du 20ᵉ........	12	175	12	167
Section mixte nº 2........	3	163	3	125
A REPORTER...............	39	1.510	51	292

CORPS OU SERVICES.	OFFICIERS.	HOMMES de troupe.	ANIMAUX	
			de selle.	de bât ou de trait.
Report...............	39	1.510	51	292
Cavalerie.				
Etat-major du demi-régiment d'escadrons du 6ᵉ chasseurs d'Afrique....	8	136	152	»
Train des équipages...	»	10	»	»
Services administratifs...	»	21	»	»
Prévôté...	»	5	»	»
Total pour Yang-Tsoun.........	47	1.682	203	292
Pékin.				
1ʳᵉ brigade, état-major...	6	»	12	»
Étapes...	4	7	4	97
Service de la place...	1	»	3	»
Infanterie.				
17ᵉ régiment d'infanterie de marine, état-major et 1ᵉʳ bataillon...	27	722	17	»
18ᵉ régiment d'infanterie de marine, état-major et 1ᵉʳ et 2ᵉ bataillons...	41	1.169	48	»
Régiment de marche, 9ᵉ compagnie du 3ᵉ bataillon (61ᵉ)...	3	227	6	»
Cavalerie.				
1 peloton du 6ᵉ escadron de chasseurs......	1	23	30	»
Artillerie.				
Etat-major de l'artillerie de la brigade.........	3	»	4	»
1ʳᵉ batterie de montagne (1 section).........	2	50	7	35
2ᵉ batterie de montagne (2 sections).........	3	72	15	82
6ᵉ batterie de campagne.........	6	122	26	96
13ᵉ batterie du 20ᵉ régiment d'artillerie.........	4	172	4	158
Sections des parcs...	1	26	2	»
Génie.				
2ᵉ brigade, commandement...	3	»	4	»
1 peloton de la compagnie 9/4.........	2	107	2	9
Train des équipages (1 détachement)......	3	78	3	98
Services administratifs (direction)...	5	»	4	»
Détachement de la 15ᵉ section de commis et ouvriers....	»	46	»	4
A Reporter.........	115	2.827	191	579

CORPS OU SERVICES.	OFFICIERS.	HOMMES de troupe.	ANIMAUX de selle.	ANIMAUX de bât ou de trait.
Report...	115	2.827	191	579
Service de santé.				
Direction, infirmerie, ambulance et hôpital militaire...	16	97	4	»
Service de la remonte...	1	13	41	4
Prévôté...	1	10	1	»
Trésorerie et postes...	2	»	2	»
Total...	135	2.947	239	583
Ligne de Tien-Tsin à Pao-Ting-Fou.				
Étapes...	1	»	»	»
Infanterie.				
1 section de la 8e compagnie du 58e, à Wang-Sing-To...				
1 section de la 8e compagnie du 58e, à Shang-Joane...	2	110	2	»
2 sections de la 6e compagnie, à Sheng-Feng...				
3 sections de la 6e compagnie à Huing-Shien...	8	396	5	»
1 section de la 6e compagnie à Ta-Sing-Tuong.				
Train des équipages (convoi)...	1	40	1	185
Services administratifs.				
Section de commis et ouvriers d'administration (1 détachement à Sheng-Feng, 1 détachement à Huing-Shien)...	»	6	»	»
Total...	12	552	8	185
Région de Pao-Ting-Fou.				
2e brigade, état-major...	6	20	12	6
Infanterie.				
Régiment de marche, bataillon du 40e...	»	»	»	»
État-major et 2 compagnies à Pao-Ting-Fou, 1 compagnie à Sin-Lé, 1 compagnie dans les gares de la ligne de Pékin, entre Pao-Ting-Fou et Kao-Pei-Tien)...	20	913	28	»
A Reporter...	26	933	40	6

EXPÉDITION DE CHINE

CORPS OU SERVICES.	OFFICIERS.	HOMMES de troupe.	ANIMAUX de selle.	ANIMAUX de bât ou de trait.
Report................	26	933	40	6
Infanterie (suite)				
Régiment de zouaves, état-major du régiment (Pao-Ting-Fou)...	4	38	»	»
2ᵉ bataillon (Pao-Ting-Fou)..............	19	895	32	»
3ᵉ bataillon (état-major, 9ᵉ et 10ᵉ compagnies à Tung-Tchéou, 1 portion de la 11ᵉ compagnie à Hoaï-Lou, 12ᵉ compagnie et 1 portion de la 11ᵉ compagnie à Tcheng-Ting-Fou)......	20	961	35	»
1ᵉʳ bataillon du 16ᵉ régiment d'infanterie de marine (Pao-Ting-Fou).............	17	494	22	»
Escadron du 5ᵉ chasseurs d'Afrique (Pao-Ting-Fou) : 1 détachement à Tcheng-Ting-Fou, 1 détachement à Hoaï-Lou).............	8	120	121	»
Artillerie.				
État-major du 2ᵉ groupe d'artillerie de marine.	4	4	4	»
7ᵉ batterie de campagne (2 sections à Pao-Ting-Fou, 1 section à Tcheng-Ting-Fou)......	5	143	5	151
3ᵉ batterie de montagne (1 section à Pao-Ting-Fou, 1 section à Hoaï-Lou)............	4	93	4	72
15ᵉ batterie du 20ᵉ régiment d'artillerie.........	4	158	4	154
Annexe de la direction des parcs..............	»	14	»	»
Génie.				
Commandant du génie de la 2ᵉ brigade et 2 sections de la compagnie 9/4 à Pao-Ting-Fou...	4	121	3	14
Train des équipages.............	2	18	2	16
Services administratifs (2ᵉ brigade),				
Direction et 1 détachement de la 15ᵉ section de commis et ouvriers............	5	35	3	»
Service de santé (2ᵉ brigade).				
Direction et infirmerie-ambulance.............	9	47	»	»
Prévôté.............	»	5	»	»
Trésorerie et postes.............	1	3	1	»
Total.............	132	4.082	276	413

CORPS OU SERVICES.	OFFICIERS.	HOMMES de troupe.	ANIMAUX	
			de selle.	de bât ou de trait.
Report..................	596	14.013	1.046	2.168
Hien-Shien.				
Infanterie.				
16ᵉ régiment d'infanterie de marine............	»	»	»	»
Etat-major du 3ᵉ bataillon et 10ᵉ et 11ᵉ compagnies.	10	266	14	»
Artillerie.				
1 section de la 3ᵉ batterie de montagne..........	1	41	2	21
Total..................	11	307	16	21
Ligne de Pékin à Pao-Ting-Fou.				
Infanterie.				
17ᵉ régiment d'infanterie de marine (lieutenant-colonel Rondony) :				
2ᵉ bataillon.... { Etat-major et 7ᵉ compagnie à Liou-Li-Ho.	8	122	8	»
8ᵉ compagnie à Lou-Kou-Kiao.	3	108	4	»
5ᵉ compagnie : 1 section a Kao-Pei-Tien; 3 sections à Tcho-Tchéou.................	7	257	8	»
6ᵉ compagnie à Tcho-Tchéou... 10ᵉ compagnie à Tcho-Tchéou.	3	131	4	»
3ᵉ bataillon... { 9ᵉ compagnie (1 peloton à Yi-Tchéou, 1 peloton à Laï-Chou-Shien). . . Etat-major et 11ᵉ et 12ᵉ compagnies à Mou-Ling.	13	395	20	»
Artillerie.				
1ʳᵉ batterie de montagne d'artillerie de marine : 2 sections à Tcho-Tchéou.	3	97	14	72
Génie.				
Détachement de la compagnie 9/4 à Liou-Li-Ho.	»	13	»	»
1/2 compagnie de sapeurs de chemins de fer (1 section à Lou-Kou-Kiao, 1 section à Lou-Li-Ho).	3	117	3	29
Total..................	40	1.240	61	101

EXPÉDITION DE CHINE

CORPS OU SERVICES.	OFFICIERS.	HOMMES de troupe.	ANIMAUX de selle.	de bât ou de trait.
Ligne de Tong-Kou à Shan-Haï-Kouan.				
(Postes de Pe-Tang, Houo-Kou, Tong-Chan.)				
Infanterie (3ᵉ compagnie du 1ᵉʳ régiment de zouaves)...	3	170	4	»
Train des équipages...	1	40	»	»
TOTAL...	4	210	4	»
Chan-Haï-Kouan.				
Commandement...	1	»	»	»
Infanterie (2 compagnies du 1ᵉʳ bataillon de zouaves)...	12	562	27	»
Artillerie...	2	24	2	»
TOTAL...	15	586	29	»
Chi-van-Tao.				
Étapes...	1	»	1	»
Infanterie (1 compagnie)...	3	200	2	»
Génie (1 détachement)...	1	15	1	»
Train des équipages (1 détachement)...	»	11	»	»
Trésorerie et postes...	1	»	»	»
TOTAL...	6	226	4	»
Shang-Haï.				
Commandement...	1	»	1	»
1ᵉʳ bataillon d'infanterie de marine...	16	586	16	»
5ᵉ batterie de montagne d'artillerie de marine.	7	E- 74 / I- 112	22	35
Services administratifs...	1	»	»	»
Trésorerie et postes...	1	»	»	»
TOTAL...	26	772	39	35

RÉCAPITULATION PAR PLACE

	OFFICIERS.	HOMMES de troupe.	CHEVAUX. Compris les animaux de corvée.	ANIMAUX de trait.
Tien-Tsin. . . .	243	3.891	281	679
Tong-Kou. . . .	11	274	3	»
Yang-Tsoun. . . .	47	1.682	203	292
Ligne de Yang-Tsoun Pékin. .	16	585	36	16
Pékin. . . .	135	2.947	239	583
Ligne de Tien-Tsin à Pao-Ting-Fou	12	552	8	185
Région de Pao-Ting-Fou. .	132	4.082	276	413
Hien-Shien. . . .	11	307	16	21
Ligne de Pékin à Pao-Ting-Fou. .	40	1.240	61	101
Ligne de Tong-Kou à Shan-Haï-Kouan	4	210	4	»
Chan-Haï-Kouan. . .	15	586	29	»
Chi-Van-Tao. . . .	6	226	4	»
Shang-Haï. . . .	26	772	39	35
Total général	693	17.354	1.199	2.325

ANNEXE III

PRINCIPAUX ORDRES GÉNÉRAUX

TABLE ANALYTIQUE

N°s DES ORDRES.	DATES.	ANALYSE.	PAGES.
	1900		
11	21 septembre.	Prise de commandement du corps expéditionnaire de Chine.	439
13	27 —	Fixation du taux des rations.	440
21	6 octobre.	Méprise lors de l'occupation de Chan-Haï-Kouan (Russes et zouaves).	444
33	23 —	Le colonel Comte prend le commandement de la 1re brigade. — Rentrée en France de M. le général Frey.	444
47	16 novembre.	Félicitations adressées à MM. les lieutenants Panet, Laporte, sous-lieutenants Clémençon, Kaufman, Petitjean, Boisfleury, et commissaire Pognan.	445
48	22 —	Récompenses accordées pour les combats livrés devant Tien-Tsin.	446
49	29 —	Nomination au grade de général de brigade de M. le colonel Lasserre.	451
55	4 décembre.	Citations à l'ordre et félicitations à la suite des opérations effectuées dans la région de Pao-Ting-Fou, depuis le commencement d'octobre.	452
62	14 —	Citations et félicitations à la suite des opérations dans la région de Pao-Ting-Fou et dans celle des tombeaux de l'Ouest.	454
63	19 —	Félicitations au personnel de la place de Tong-Kou.	455
65	22 —	Félicitations aux troupes de la colonne du lieutenant-colonel Laurent-Chirlonchon.	456
73	31 —	Citations à la suite de la colonne Guillet (affaire Ta-Ly-Ko-Tchouan).	458
77	31 —	Témoignage de satisfaction pour les opérations à l'est de la ligne ferrée Pao-Ting-Fou-Pékin.	459
78	31 —	Citations à la suite de la colonne envoyée contre le village boxer de Houang-Tsaï.	460
79	31 —	Citations et félicitations à la suite du combat de Peng-Kia-Tchouang, Oui-Pe, Kiou-Tscheng.	461
83	1901-6 janvier.	Citation du caporal Destombes, du 17e d'infanterie de marine.	463
84	12 janvier.	Félicitations à la suite de l'affaire Che-Maen.	463
85	15 —	Félicitations aux troupes de la 1re brigade, à la suite d'opérations de police.	465

N°° DES ORDRES.	DATES.	ANALYSE.	PAGES.
	1901		
90	1er février.	Félicitations à la suite d'une reconnaissance aux environs de Tong-Tchéou..................	466
106	9 mars.	Citation à la suite de l'incendie du poste de Lou-Li-Ho..................................	467
109	16 —	Félicitations à la demi-compagnie de sapeurs du chemin de fer............................	467
110	18 —	Récompenses...............................	468
119	1er avril.	Félicitations adressées à M. le capitaine Morel (affaire Tcho-Tchéou).......................	471
123	21 —	Télégramme du Ministre de la marine adressant témoignage de satisfaction au général commandant le corps expéditionnaire........	471
124	2 mai.	Félicitations à la suite de l'affaire « Houai-Lou ».................................	472
128	17 —	Félicitations adressées au capitaine du génie Calmel....................................	473
129	19 —	Citations à la suite de l'affaire « Tac-Yeng »...	473
133	20 —	Félicitations à la suite de l'épidémie de fièvre typhoïde éprouvée par la garnison de Tcheng-Ting-Fou............................	474
141	8 juin.	Citations et félicitations à la suite de la colonne aux environs de Ting-Tchéou...............	475
143	15 —	Citations et félicitations aux colonnes Bailloud et Guillet.................................	477
145	19 —	Félicitations aux 15e et 16e compagnies du train des équipages.............................	480
153	29 —	Félicitations à la suite du combat de « Peï-Tha-Yu »......................................	481
166	21 juillet.	Félicitations aux officiers du service topographique...................................	482
167	22 —	Félicitations à la colonne du commandant Collinet.....................................	482
168	23 —	Félicitations au capitaine Beuchon, commandant la 15e batterie de 75...................	483
169	1er août.	Ordre remerciant les troupes composant le corps expéditionnaire........................	484
1	7 —	Le général Sucillon prend le commandement des troupes restant pour l'occupation du Pe-Tcheli.................................	485

Ordre général n° 11.

Appelé par la confiance du Gouvernement de la République au commandement en chef du corps expéditionnaire, je sais que je peux compter sur le zèle et le dévouement de tous; vous pouvez, de votre côté, compter sur mon entière sollicitude.

Vous conserverez religieusement votre esprit de corps; il fera votre force; vous vous souviendrez aussi que vous devez tout votre dévouement fraternel à tous vos camarades du corps expéditionnaire, sans distinction d'arme ou de service.

Vous allez vous trouver à côté de corps expéditionnaires appartenant à d'autres nationalités; vous serez, pour leurs soldats, des compagnons d'armes loyaux, courtois, dévoués à l'œuvre commune.

Le Gouvernement chinois a, comme vous le savez, foulé aux pieds les principes les plus sacrés du droit des gens; les troupes de la 1re brigade envoyées en avant-garde ont, grâce à leur courage et avec le concours des autres forces internationales, chassé ce gouvernement de la capitale, tirant ainsi une éclatante vengeance des outrages faits à leurs pavillons.

Mais, si nous avons encore à demander au Gouvernement chinois une juste et légitime réparation, vous n'oublierez pas que les populations ne peuvent être rendues responsables des crimes de leurs chefs; vous saurez donc respecter les usages locaux et les propriétés; je suis d'ailleurs décidé à réprimer sévèrement tout désordre.

Tien-Tsin, le 21 septembre 1900.

Le Général de division commandant en chef le corps expéditionnaire,

Signé : VOYRON.

Ordre général n° 13.

fixant le taux des rations de vivres et fourrages et le prix de remboursement des denrées perçues à titre onéreux.

1° Taux des rations de vivres.

§ 1. — *Troupes européennes.*

Pain ordinaire.	0ᵏ750

ou

Pain de guerre ou biscuit.........	0 600
Sel.	0 020
Sucre.	0 040
Café vert.	0 024

ou

Café torréfié.	0 019
Riz.	0 040
Haricots.	0 030
Julienne.	0 030 (1)

} Soit 100 grammes de légumes.

(1) Si l'approvisionnement de julienne le permet.

ou

Riz.	0 100

ou

Haricots.	0 100

ou

Pommes de terre.	0 750
Viande fraîche.	0 500

ou

Conserve de bœuf..............	0 250
Vin.	0ˡ 50
Tafia.	0 03
Thé.	0ᵏ010
Graisse de saindoux..............	0 030
Tabac { officiers.	0 020
{ hommes de troupe.......	0 015

§ 2. — *Coolies.*

Riz.	0ᵏ800
Sel.	0 010
Thé.	0 004

§ 3. — *Ration des militaires indigènes.*

Riz. . .	0^k800
Sel. . .	0 010
Thé. . .	0 004
Viande fraîche (le jeudi et le dimanche). . .	0^k200
Viande de conserve (les lundi, mercredi et vendredi). .	0 200
Poisson salé (les mardi et samedi). . .	0 200
Nuoc-man	$0^l 05$

Les coolies annamites et japonais, dont la ration a été fixée par des contrats spéciaux, continueront à recevoir la nourriture convenue.

NOTA. — La composition de la ration pourra être modifiée suivant les ressources du pays.

Les officiers et assimilés ont droit au nombre de rations fixé par la décision ministérielle du 4 août 1900, insérée au *Journal officiel* du 8 août 1900.

2° Taux des rations de fourrages.

Grands chevaux et mulets.

Orge, avoine, paddy	5 kilog. de l'un ou l'autre ou mélange (maximum d'orge à délivrer, moitié).
ou	
Son avec foin	3 ou 6 kilog. de paille de riz ou de maïs.

Petits chevaux.

Orge, avoine, paddy	3 kilog. de l'un ou l'autre ou mélange (maximum d'orge à délivrer, moitié).
ou	
Son avec foin	2 ou 4 kilog. de paille de riz ou de maïs.

Bœufs et vaches.

Foin. . .	7 ou 15 kilog. de paille de riz ou de maïs ou de fourrage vert.

ou exceptionnellement orge,
avoine ou paddy............ 5 kilog.
ou son................... 4 kilog.
Sel avec foin, orge, avoine
ou paddy............... 0^k,050.

Moutons.

Foin....................... 2 ou 4 kilog. de paille de riz ou de maïs ou de fourrage vert.

ou exceptionnellement orge,
avoine ou paddy............ 1 kilog.

3° **Tarif des substitutions.**

Le taux et la nature des substitutions autres que celles figurant dans les tableaux ci-dessus ne peuvent être fixés et dépendront des ressources trouvées sur place.

4° **Prix des denrées perçues à charge de remboursement par les officiers et hommes de troupe et par le service de santé.**

NOMENCLATURE.	ESPÈCE des unités.	PRIX de cession.	OBSERVATIONS.
		fr. c.	
Biscuit.................	Kilog.	0 53	
Pain de guerre	Id.	0 53	Prix du biscuit, sera révisé ultérieuremt.
Farine.................	Id.	0 44	Prix de la farine pour pain blanc.
Pain...................	Id.	0 36	Prix du pain blanc.
Vin rouge..............	Litre.	0 38	Prix du vin à 12°.
Tafia...................	Id.	0 45	
Vinaigre...............	Id.	0 25	
Viande fraîche.........	Kilog.	0 52	Prix du dernier marché à Nagasaki (7 mai 1960), sera révisé ultérieurement.
Conserve de bœuf (logée)	Id.	1 45	Prix des conserves exotiques.
Potage aux haricots....	Id.	3 13	Prix du potage condensé de la Marine, sera révisé ultérieurement.
Riz....................	Id.	0 35	Prix du marché actuel de Nagasaki.
Foin...................	Id.	0 10	
Avoine.................	Id.	0 25	
Orge...................	Id.	0 25	
Pommes de terre fraîches	Id.	0 13	Prix du dernier marché à Tché Fou.
Haricots...............	Id.	0 31	
Julienne...............	Id.	2 63	
Café...................	Id.	1 11	
Lait concentré.........	Id.	1 30	
Sucre..................	Id.	0 44	
Thé....................	Id.	2 00	Prix du marché de Nagasaki.
Graisse de saindoux....	Id.	1 23	Prix de la graisse de Normandie, sera révisé.

NOMENCLATURE.	ESPÈCE des unités.	PRIX de cession.	OBSERVATIONS.
		fr. c.	
Huile d'olive	Id.	1 48	
Sel	Id.	0 09	Prix moyen des marchés de Shangaï et Nagasaki.
Charbon de terre	Id.	0 04	Ce prix sera révisé.
Bois à brûler	Id.	0 03	Prix moyen de Shanghaï, Tché-Fou et Nagasaki, sera revisé.
Récipients :			
Sacs en toile à légumes et à pain	L'un.	2 50	
Pièces de 250 litres	Nombre.	30 00	
— 125 —	Id.	16 25	
— 65 —	Id.	10 00	
— 50 —	Id.	8 50	
— 25 —	Id.	5 00	
— 15 —	Id.	3 75	
Caisses à huile de 20 kg.	Id.	4 13	
— 10 kg.	Id.	3 75	
— 5 kg.	Id.	3 13	
Caisses à farine \ grandes et à biscuit / petites..	Id. Id.	3 75 2 82	

NOTA. — Les prix indiqués au présent tableau sont les prix de revient des denrées en Chine, savoir :

1º Les prix moyens des marchés d'Extrême-Orient pour les denrées achetées sur place;

2º Les prix de France augmentés de 25 p. 100 pour les denrées expédiées de France.

Ces prix seront appliqués sans majoration aux denrées délivrées à un titre quelconque aux services du corps expéditionnaire ainsi qu'aux officiers et aux ordinaires qui ont droit aux vivres en nature.

Pour les cessions aux particuliers, ils seront majorés de 25 p. 100 en vue de tenir compte de tous les frais de manutention ou autres.

Tien-Tsin, le 27 septembre 1900.

Le Général de division commandant en chef le corps expéditionnaire de Chine,

Signé : VOYRON.

NOTA. — Le présent ordre entrera en vigueur à Pékin et dans les gîtes d'étapes du lendemain du jour de sa réception et à Tien-Tsin à compter du 1er octobre 1900.

Ordre général n° 21.

Une méprise des plus regrettables s'est produite lors de l'occupation de Chan-Haï-Kouan par le bataillon du 1er zouaves. Pendant que ce bataillon se dirigeait sur la place, des troupes russes venaient occuper un des forts; elles y étaient depuis quelques instants quand les éclaireurs de la 1re compagnie de zouaves arrivaient à proximité.

Trompées par un uniforme qu'elles ne connaissaient pas, par la couleur rouge de la coiffure qu'on n'était pas habitué encore à voir à des soldats français, les troupes russes ouvrirent le feu sur nos hommes qui eurent 2 tués et 8 blessés; les Russes, de leur côté, perdirent 1 tué et 2 blessés.

Ce tragique événement, au cours duquel de braves militaires appartenant à deux nations amies ont ainsi perdu la vie, est une cruelle leçon pour l'avenir.

Afin de prévenir le retour d'accidents aussi funestes, les troupes en opération, en attendant l'adoption de mesures collectives, devront être pourvues d'un nombre suffisant de fanions tricolores qu'elles se tiendront prêtes à déployer quand elles arriveront dans des régions où elles sont amenées à rencontrer des troupes internationales.

Le Général commandant en chef adresse aux braves qui ont perdu la vie l'expression de ses douloureux regrets, et aux blessés des vœux de prompt rétablissement.

Au Quartier général à Tien-Tsin, le 6 octobre 1900.

Le Général commandant en chef
le corps expéditionnaire,
Signé : VOYRON.

Ordre général n° 33.

M. le général Frey, rentrant en France, le commandement de la 1re brigade sera exercé à partir de son départ de Tien-Tsin par M. le colonel Comte, commandant le 18e régiment.

Au moment où M. le général Frey quitte le Petchili, le général commandant en chef le corps expéditionnaire tient à lui exprimer le regret que lui cause le départ d'un officier général dont le nom restera attaché aux faits de guerre ayant marqué la marche de Tien-Tsin sur Pékin et en particulier la prise de la capitale chinoise, et sur le concours expérimenté duquel il comptait.

Fait au Quartier général à Tien-Tsin, le 23 octobre 1900.

Le Général de division commandant en chef le corps expéditionnaire,
Signé : VOYRON.

Ordre général n° 47.

Le Général commandant en chef le corps expéditionnaire de Chine est heureux d'adresser ses félicitations par la voie de l'ordre aux officiers dont les noms suivent, qui, par leur intelligence, leur initiative, leur zèle, ont rendu de réels services au corps expéditionnaire :

1° M. le lieutenant PANET, de l'infanterie de marine, hors cadre : « A constamment fait preuve de la plus intelligente initiative et d'une activité infatigable, dans l'organisation, à Pékin, du recrutement des convois de coolies et de chameaux, dans la réorganisation du convoi des voitures et dans l'organisation du service des transports par le canal. »

2° M. le lieutenant LAPORTE, officier d'approvisionnement du 18° régiment d'infanterie de marine : « A secondé avec le plus grand zèle, la plus grande intelligence et la plus grande initiative, les services administratifs et le commandement; a su déterminer le prompt apport d'approvisionnements à Pékin et créer rapidement l'abondance dans cette ville. »

3° M. le commandant de 1re classe de la marine POGNAN : « A dirigé sans personnel et adjoint, intelligemment et avec le plus grand zèle et la plus grande activité, les services administratifs à Pékin, dans des circonstances relativement difficiles. »

4° M. le sous-lieutenant CLÉMENÇON, du 17° régiment d'infanterie de marine : « A fait la première reconnaissance du canal de Pékin à Tong-Tchéou et a créé, à nouveau, la navigation sur ce canal, qu'il dirige depuis. »

5° M. le sous-lieutenant KAUFMAN, du 18° régiment d'infanterie de marine : « A découvert, à un kilomètre de Tong-Tchéou, deux kilomètres de rails et trente wagonnets, et a su, avec la plus grande initiative, utiliser ce matériel pour relier le port du canal au port du Peï-Ho. »

6° MM. les sous-lieutenants PETITJEAN, du 17° régiment

d'infanterie de marine, et BOISFLEURY, du 18ᵉ régiment : « Ont conduit avec le plus grand zèle et la plus grande activité, de jour et de nuit, les convois de coolies, de chameaux et de voitures sur les lignes d'étapes et secondé intelligemment le chef de service des transports. »

Au Quartier général, à Tien-Tsin, le 16 novembre 1900.

Le Général de division commandant en chef le corps expéditionnaire,

Signé : VOYRON.

Ordre général n° 48.

Le Général de division commandant en chef est heureux de porter à la connaissance des troupes les récompenses accordées au corps expéditionnaire pour les combats qui ont été livrés devant Tien-Tsin.

Par décision du Ministre de la marine, en date du 25 septembre, ont été inscrits d'office pour faits de guerre en Chine, les militaires des troupes de la marine dont les noms suivent :

1° A la suite du tableau d'avancement pour le grade de colonel.

M. YTASSE (Emile-Etienne-Louis), lieutenant-colonel commandant le 11ᵉ régiment : « Arrivé à Tien-Tsin avec le 1ᵉʳ bataillon, a organisé avec intelligence la défense de la concession française. S'est distingué par son courage dans les combats journaliers qu'il a eu à soutenir avec les Chinois et, en dernier lieu, a conduit avec habileté, pendant la bataille du 13 juillet, une diversion qui a permis à la colonne principale de prononcer son attaque contre la cité chinoise de Tien-Tsin. »

Pour le grade de lieutenant-colonel.

M. BRENOT (Louis-Charles), chef de bataillon au 9ᵉ régiment : « A dirigé le combat très meurtrier du 11 juillet, à la gare de Tien-Tsin, et a été très fortement contusionné. »

Pour le grade de chef de bataillon.

M. LAURAND (Alexandre-Victor), capitaine au 9ᵉ régiment : « A assisté au combat très meurtrier du 11 juillet, à la gare de Tien-Tsin, et s'est fait remarquer par son calme et son sang-froid. A reçu une très forte contusion. »

Pour le grade de capitaine.

M. Lefèvre (Emile-Rémy), lieutenant d'artillerie de marine : « A montré du courage et de l'endurance pendant toute la lutte d'artillerie. Exposé, pendant un parcours de plus de 500 mètres, à un feu d'infanterie partant de la ville murée, a amené, avec entrain, bon ordre et rapidité, la batterie sur un emplacement reconnu par le capitaine commandant, situé à 600 mètres du rempart. »

2° *A la suite du tableau de classement (faits de guerre) des candidats présentés pour le grade d'officier de la Légion d'honneur.*

M. Feldmann (Jean), chef de bataillon au 11° régiment : « Vieux serviteur ayant déployé pendant la bataille du 13 juillet une grande bravoure et une grande énergie. A su maintenir, pendant plusieurs heures, son bataillon sous un feu meurtrier et a exécuté à la lettre les ordres du commandant du corps expéditionnaire en évitant le gaspillage des munitions et en restant sur le terrain conquis. »

3° *A la suite du tableau de classement (faits de guerre) des candidats présentés pour le grade de chevalier de la Légion d'honneur.*

M. Pernot (Ferdinand-Claudius), capitaine au 11° régiment : « A fait preuve de calme, de sang-froid et d'à-propos pendant le combat des faubourgs de Tien-Tsin, le 13 juillet. A été blessé à la jambe d'une balle qui a traversé le mollet. »

M. Fabre (Joseph-Gratien), lieutenant au 11° régiment : « Blessé légèrement à la tête pendant le combat des faubourgs de Tien-Tsin, le 13 juillet; il a été se faire panser rapidement et est revenu aussitôt reprendre le commandement de sa section. »

M. Saillens (Marcel-Michel-Pierre), lieutenant au 11° régiment : « Etant à la tête de sa compagnie à l'attaque de la cité chinoise, le 13 juillet, a été grièvement blessé d'une balle à la mâchoire. S'est fait remarquer par son ardeur et son entrain. »

M. Joseph (Paul-Emmanuel), capitaine d'artillerie de marine : « Depuis son arrivée à Tien-Tsin, est sur la brèche et commande sa batterie avec une grande habileté; au combat du 13 juillet, a été légèrement blessé pendant ce combat. »

4° *A la suite du tableau de classement (faits de guerre) des candidats présentés pour la médaille militaire.*

Senès (Roselin-Ange), soldat de 2ᵉ classe au 9ᵉ régiment : « Conduite remarquable pendant le combat du 11 juillet; a été au-dessus de tout éloge. C'est grâce à l'exemple qu'il a donné que le ravitaillement en cartouches a pu être opéré; quoique blessé, a entraîné ses camarades. »

Saint-Martin (Jean), soldat de 2ᵉ classe au 9ᵉ régiment : « Amputé de la jambe gauche à la suite de la bataille du 13 juillet (gare). »

Guyot (Emile-Auguste), sergent-major au 9ᵉ régiment : « Blessé deux fois à la bataille du 13 juillet. »

Bibault (Gaston), sergent au 9ᵉ régiment : « Blessé grièvement à la bataille du 13 juillet; a continué, malgré sa blessure, à donner le meilleur exemple à ses hommes. »

Tambourg (Léonard), soldat de 1ʳᵉ classe au 9ᵉ régiment : « Très belle conduite à la bataille du 13 juillet; grave blessure. »

Boulet (Victor-Henri), soldat de 1ʳᵉ classe au 11ᵉ régiment : « Bel exemple d'énergie et de courage à la bataille du 13 juillet. Plusieurs blessures, dont une très grave. »

Paquet (Henri-François), soldat de 1ʳᵉ classe au 11ᵉ régiment : « Grièvement blessé à la bataille du 13 juillet; a réclamé son fusil pour continuer à tirer. »

Semidei (Jean-André), soldat de 1ʳᵉ classe au 11ᵉ régiment : « Blessé grièvement; n'a pas voulu quitter le rang et a continué à tirer sur l'ennemi (bataille du 13 juillet). »

Saugey (Jean-Marie), soldat de 1ʳᵉ classe au 11ᵉ régiment : « A donné, pendant la bataille du 13 juillet, le meilleur exemple. Blessure grave. »

Bontoux (Paul-Stanislas), adjudant au 11ᵉ régiment : « A eu la cuisse traversée à la bataille du 13 juillet. »

Dumesnil (Louis-Henri), soldat de 2ᵉ classe au 11ᵉ régiment : « A été blessé d'une balle à la poitrine, le 13 juillet, en portant un pli au colonel commandant le corps expéditionnaire et en passant sous une grêle de balles. Très affaibli, s'est traîné jusqu'au colonel pour accomplir sa mission. »

Baude (Georges), sergent au 11ᵉ régiment : « A montré beaucoup de courage et d'intelligence à la bataille du 13 juillet. Grave blessure. »

Ruffinango (Victor-Pierre-Luc), caporal au 11ᵉ régiment : « A donné l'exemple de courage et d'énergie à la bataille du 13 juillet. Blessé grièvement. »

Rouleau (Eugène-Florentin), soldat de 2ᵉ classe au 11ᵉ régiment : « Ayant reçu une balle dans le bas de la face, n'a pas quitté son rang, s'est bandé seul avec son mouchoir et a continué tranquillement à faire feu. »

Darvit (Louis), adjudant d'artillerie de marine : « Vieux serviteur qui, depuis l'ouverture des hostilités, s'est fait remarquer par son zèle et son intelligence. »

Gassendi (Henri), brigadier d'artillerie de marine : « Blessé à la bataille du 13 juillet, est resté à son poste et a donné un bel exemple de courage et d'énergie. »

5° *Un témoignage officiel de satisfaction* a été adressé à M. le colonel de Pélacot (Charles-Balthazar), commandant le 9ᵉ régiment d'infanterie de marine, « pour l'intelligence et le zèle qu'il a montrés au cours des affaires des 11, 13 et 14 juillet 1900 à Tien-Tsin ».

Par décision du Ministre de la marine du 3 octobre 1900, les militaires des troupes de la marine dont les noms suivent ont été inscrits d'office pour faits de guerre en Chine :

1° *A la suite du tableau de classement (faits de guerre) des candidats présentés pour le grade de chevalier de la Légion d'honneur.*

M. Rousseau (Edmond-Louis), lieutenant au 11ᵉ régiment d'infanterie de marine : « Blessé le 6 juillet à la barricade de la rue de Takou sous un feu de mousqueterie assez vif. Avait fait preuve d'entrain le 4 juillet en allant, la nuit, aider le lieutenant Saillens au poste de la gare après la mort du capitaine Hilaire. »

M. Giraud (Félix-Marie), capitaine d'artillerie de la marine : « A fait preuve du plus grand calme et du plus grand sang-froid en réglant parfaitement son tir aux moments les plus difficiles et sous un feu des plus violents. »

2° *A la suite du tableau de classement (faits de guerre) des candidats présentés pour la médaille militaire.*

Fichter (Jules-Etienne), adjudant au 11ᵉ régiment de marine : « A été blessé le 3 juillet, étant de service au poste du télégraphe, d'un éclat d'obus à la tempe, blessure qui provoqua une commotion cérébrale qui le priva de la parole pendant huit jours. »

Lamiable (Henri-Léon), clairon au 11ᵉ régiment d'infanterie de marine : « A été blessé le 8 juillet, étant en corvée, route de Takou, de plusieurs éclats d'obus. A été amputé du bras droit et a les deux jambes paralysées. »

Pacalet (Louis-Maurice), soldat de 2ᵉ classe au 11ᵉ régiment d'infanterie de marine : « A été blessé le 8 juillet, étant de service au poste de la gare, d'un éclat d'obus qui l'a grièvement blessé aux deux cuisses; a fait preuve d'une grande énergie en cherchant à cacher à ses camarades combien il souffrait de ses blessures. »

Soubié (Pierre-Félix), soldat de 2ᵉ classe au 11ᵉ régiment d'infanterie de marine : « Blessé grièvement, le 6 juillet, étant de service au poste du télégraphe, d'un éclat d'obus au talon. »

Niel (Louis), soldat de 2ᵉ classe au 11ᵉ régiment d'infanterie de marine : « Blessé grièvement le 4 juillet, étant de service à la gare, d'un éclat d'obus à la cuisse .»

Jacquemin (François-Antoine), soldat de 2ᵉ classe au 11ᵉ régiment d'infanterie de marine : « A été blessé grièvement, le 5 juillet, étant de service au poste du télégraphe, par trois éclats d'obus qui l'ont atteint à la cuisse, et a montré beaucoup de calme et d'énergie pendant qu'on le pansait. »

Bouvard (Célestin-Joseph), soldat de 2ᵉ classe au 11ᵉ régiment d'infanterie de marine : « Blessé, le 4 juillet, étant de service à la gare, par un éclat d'obus qui lui a traversé le bras gauche; blessure grave. »

Bruyère (Joseph-Gabriel-Baptiste), soldat de 2ᵉ classe au 11ᵉ régiment d'infanterie de marine : « Blessé, le 8 juillet, étant en corvée au poste de l'école de médecine, par un éclat d'obus au bras droit et au bas-ventre; blessure grave. »

Breinig (Gaston-Louis), sous-chef artificier d'artillerie de la marine : « A fait preuve à chaque instant, pendant le combat du 13 juillet, de la plus grande activité et du plus grand courage. A contribué, dans une large mesure, à la marche parfaite de la batterie au point de vue du matériel et des munitions. »

Dubail (Emile), maréchal des logis d'artillerie de la marine : « Blessé le 13 juillet d'une balle au pied. »

Crosse (Louis-François), canonnier d'artillerie de la marine : « Gravement blessé au coup de pied le 13 juillet par une balle. »

Caillet (Benoit-Pierre), canonnier d'artillerie de la marine : « Blessé le 6 juillet par un coup d'embrasure au moment où sa batterie subissait un feu violent de la part de deux batteries chinoises. Amputé d'un bras et d'une jambe; blessé en outre à la main droite; a fait preuve d'une énergie et d'un moral extraordinaires. »

Ont été cités à l'ordre du jour du corps expéditionnaire de Chine :

M. Lacordaire (Georges-Louis-Marie), lieutenant d'artillerie de la marine : « Pendant les divers engagements qui ont eu lieu du 1er au 11 juillet 1900, a fait preuve du plus grand courage et du plus grand calme et a été ainsi cause que le bon ordre n'a cessé de régner dans les moments où la batterie supportait le feu le plus vif. »

M. Hervé (Alfred-Gaston), lieutenant d'artillerie de la marine : « A fait preuve du plus grand courage et d'un grand sang-froid pendant les divers combats qui ont eu lieu du 1er au 11 juillet 1900. A contribué au bon ordre qui n'a cessé de régner dans la batterie dans les moments où celle-ci était soumise au feu le plus violent. »

Au Quartier général, à Tien-Tsin, le 22 novembre 1900.

Le Général de division commandant en chef le corps expéditionnaire,
Signé : Voyron.

Ordre général n° 49.

Le Général commandant en chef le corps expéditionnaire est heureux de porter à la connaissance des troupes et services du corps expéditionnaire la nomination au grade de général de brigade de M. le colonel d'artillerie de marine Lasserre, commandant l'artillerie du corps expéditionnaire.

Au moment de se séparer de cet officier général, le Général le remercie du concours dévoué qu'il n'a cessé de lui prêter dans l'organisation et le commandement de l'artillerie du corps expéditionnaire.

Fait au Quartier général, le 29 novembre 1900.

Le Général commandant en chef le corps expéditionnaire,
Signé : Voyron.

Ordre général n° 55.

A la suite des opérations effectuées dans la région de Pao-Ting-Fou, depuis le commencement d'octobre, par les troupes du corps expéditionnaire :

1° Le Général commandant en chef cite à l'ordre :

Le soldat de 1re classe OANIONI (Mathieu), n° m^{le} 274, du 40° régiment d'infanterie : « Tué à l'ennemi, d'une balle au cœur, le 26 octobre, à Sie-Tchouan. »

Le sergent rengagé RIBAN, du 3° zouaves : « Arrivé le premier sur le parapet, à l'assaut du village boxer de Sie-Tchouan, et blessé simultanément à la tête d'un coup de lance et d'un coup de pierre qui le firent tomber étourdi au fond du fossé, se releva aussitôt et monta encore un des premiers sur le parapet. »

Le soldat SANTUCCI (Antoine), n° m^{le} 294, du 40° de ligne : « Atteint d'une blessure grave à la poitrine, pendant l'attaque du village boxer de Sie-Tchouan, au cours de laquelle il a fait preuve de beaucoup de courage. »

Le soldat LEROUX (Gaston), n° m^{le} 343, du 40° de ligne : « Atteint d'une blessure grave à la poitrine et d'une autre formant séton au genou pendant l'attaque du village boxer de Sie-Tchouan, où il s'est particulièrement distingué. »

2° Le sergent RIBAN, les soldats SANTUCCI et LEROUX sont proposés pour la médaille militaire avec demande de nomination immédiate.

3° Le Général commandant en chef le corps expéditionnaire adresse ses félicitations aux officiers, militaires et civils dont les noms suivent :

M. le général BAILLOUD, commandant la 2° brigade : « Pour l'habileté avec laquelle il a dirigé les opérations entreprises en vue de l'occupation de Pao-Ting-Fou, le tact qu'il a montré dans les relations avec les troupes internationales placées sous son commandement ou opérant de concert avec elles ; enfin, la fermeté dont il a fait preuve dans la répression des crimes ou attentats commis par les autorités chinoises sur la personne et les biens des citoyens français ou étrangers. »

M. le colonel GUILLET, commandant le régiment de marche de zouaves : « A secondé avec vigueur et dévouement le général commandant la 2° brigade dans les opérations sur Pao-Ting-Fou ; a dirigé personnellement l'attaque et l'enlèvement du village boxer de Sie-Tchouan ; par l'habileté de ses dispositions, en particulier l'emploi judicieux de son artillerie, a réussi à enlever cette position avec le moins de pertes possible. »

M. le lieutenant-colonel Drude, du régiment de marche de zouaves : « A dirigé avec autant de prudence que de coup d'œil la marche de la colonne de reconnaissance sur Pao-Ting-Fou; a su, grâce à l'habileté de ses dispositions, arriver jusqu'à cette ville sans rencontrer de résistance, en refoulant devant lui les Boxers et les réguliers; dans la prise de possession de cette ville, et ensuite l'occupation de Tcheng-Te-Fou, a montré beaucoup de calme et de résolution; a réussi à délivrer des missionnaires et des ingénieurs en danger depuis plusieurs mois. »

M. le capitaine Aubé, de l'état-major du corps expéditionnaire (service des renseignements) : « A exécuté avec beaucoup de tact et de méthode la reconnaissance du pays à l'ouest de Tien-Tsin; après l'occupation de Pao-Ting-Fou, a rendu les plus grands services pour l'installation de nos troupes, les relations avec les habitants et la délivrance des Européens de Tcheng-Te-Fou. »

M. le capitaine Valton, du 16e régiment d'infanterie de marine : « A très bien commandé les deux compagnies de son régiment faisant partie de la colonne de Pao-Ting-Fou et a montré des qualités militaires en enlevant rapidement et sans pertes le village boxer de Tai-Young. »

M. le capitaine Degoutte, de l'infanterie de ligne, officier d'ordonnance de M. le général Bailloud : « Au cours de nombreuses reconnaissances qu'il a effectuées, tant autour de Tien-Tsin que pendant la marche sur Pao-Ting-Fou, a fait constamment preuve de vigueur, de tact et de coup d'œil, et a rapporté les renseignements les plus utiles. »

M. le capitaine Clouzet, des chasseurs d'Afrique : « A montré de l'initiative et de l'entrain dans la marche sur Pao-Ting-Fou et la reconnaissance des villages boxers. »

M. le lieutenant de vaisseau Dyé, officier d'ordonnance du Général en chef : « Étant chargé de la direction d'un convoi fluvial destiné au ravitaillement de la colonne de Pao-Ting-Fou, a reconnu avec rapidité et exactitude la navigabilité de la rivière Ta-Tsin-Ho et de ses affluents, facilitant ainsi l'arrivée des convois ultérieurs; est arrivé cependant par la rivière un des premiers à Pao-Ting-Fou avec une faible escorte. »

M. le sous-lieutenant Sohubenel, de l'artillerie de marine : « A très bien dirigé et commandé sa section à l'attaque du village boxer de Sie-Tchouan et, grâce à l'efficacité du tir de ses pièces, a permis à l'infanterie d'enlever ce village avec peu de pertes. »

M. le médecin-major de 2ᵉ classe Rouffignac, du régiment de marche de zouaves : « A soigné avec zèle et dévouement les blessés du combat de Si-Tchouan tombés sur la ligne de feu. »

Le sergent Friant, n° mˡᵉ 1025, du 3ᵉ zouaves; les caporaux Brehat et Dubois, n° mˡᵉ 2774, du même régiment; les zouaves Richard, n° mˡᵉ 4260; Julien, n° mˡᵉ 3042; Gasenchon, n° mˡᵉ 2338, Soudan, n° mˡᵉ 2594, du même régiment; les soldats Goulard, n° mˡᵉ 390; Varvarande, n° mˡᵉ 170; Malgras, n° mˡᵉ 135, du 40ᵉ de ligne : « Tous blessés au combat de Sie-Tchouan, où ils se sont fait remarquer par leur belle conduite. »

Les soldats Varvarande et Goulard sont, en outre, proposés pour l'inscription d'office au tableau d'avancement pour la médaille militaire.

M. Bouillard, directeur de l'exploitation du chemin de fer de Pékin à Hankéou, et M. Gandolphe, correspondant de journaux, qui ont accompagné les colonnes de Tai-Ying et de Sie-Tchouan.

Au Quartier général, à Pékin, le 4 décembre 1900.

Le Général de division commandant en chef le corps expéditionnaire,

Signé : Voyron.

Ordre général n° 62.

Le Général commandant en chef est heureux de constater l'entrain avec lequel les troupes de la 1ʳᵉ brigade ont pris part aux opérations effectuées dans la région de Pao-Ting-Fou et dans celle des tombeaux de l'Ouest. Il leur en témoigne toute sa satisfaction.

Sont cités à l'ordre du corps expéditionnaire :

Le capitaine Vautravers, de la 12ᵉ compagnie du 17ᵉ régiment d'infanterie de marine : « Etant chef d'une reconnaissance qui avait à déloger des Boxers enfermés dans une grotte, a montré beaucoup de calme et de sang-froid dans la conduite de l'opération; a fait preuve d'un grand courage personnel en se battant corps à corps avec un Boxer qu'un soldat de la reconnaissance a dû tuer à bout portant. »

Le soldat Gasquet, de la même compagnie : « Faisant partie d'une reconnaissance ayant à déloger des Chinois enfermés dans une grotte, est entré le premier dans la grotte. »

Le Général commandant en chef adresse en outre ses félicitations aux militaires dont les noms suivent :

M. le colonel LALUBIN, commandant le 17e régiment d'infanterie de marine : « A commandé avec tact le corps français qui a fait partie de la colonne internationale de Pao-Ting-Fou, et ensuite les troupes chargées de l'occupation des tombeaux impériaux de Si-Ling. »

MM. le lieutenant-colonel RONDONY et le chef de bataillon FONSAGRIVES, du même régiment : « Ont secondé avec activité et intelligence le colonel commandant les troupes qui ont pris part à l'occupation de Pao-Ting-Fou et des tombeaux impériaux de Si-Ling. »

Le sergent DEMARTINI; les soldats PEYRE et LABÉCÈDE, du même régiment : « Ont montré beaucoup d'entrain, du calme et du sang-froid dans l'enlèvement d'une grotte occupée par les Boxers, qu'on n'a pu déloger qu'après un corps à corps de quelques instants.

Le brigadier RIASOUELO, de la 12e batterie de montagne : « Se trouvant en corvée de fourrage avec deux canonniers à 6 kilomètres des murs de Pékin, et voyant un rassemblement d'environ 150 Chinois armés de lances et de coupes-coupes qui entouraient un groupe de cinq coolies, n'a pas hésité à marcher avec ses deux hommes contre ce rassemblement, a fait prendre la fuite à ces Chinois, les a poursuivis et a réussi à en arrêter quatre. »

Au Quartier général, à Tien-Tsin, le 14 décembre 1900.

Le Général de division commandant en chef le corps expéditionnaire,

Signé : VOYRON.

Ordre général n° 63.

Au moment où les débarquements viennent de se terminer, le Général de division commandant en chef le corps expéditionnaire de Chine est heureux d'adresser ses félicitations par la voie de l'ordre au personnel des divers corps et services de la place de Tong-Kou qui, par son intelligence, son zèle et son initiative, a su mener à bonne fin cette importante et délicate mission et rendu ainsi de réels services au corps expéditionnaire.

Il félicite particulièrement MM. le commandant POUR-

RAT, commandant d'étapes de Tong-Kou ; les capitaines Billecocq et Rivet, adjoints au commandant d'étapes, qui ont conduit avec le plus grand zèle et la plus grande activité les opérations de débarquement et de réexpédition en chemin de fer de tout le personnel, les animaux et le matériel du corps expéditionnaire;

Le commissaire de 1re classe Saint-Girons, qui, par la sage direction donnée par lui au service administratif à Tong-Kou, a contribué dans une large mesure à sauvegarder les intérêts de l'Etat dans les circonstances les plus difficiles et les plus décevantes.

Fait au Quartier général, à Tien-Tsin, le 19 décembre 1900.

Le Général commandant en chef
le corps expéditionnaire,

Signé : Voyron.

Ordre général n° 65.

A la suite des opérations exécutées par la colonne commandée par le lieutenant-colonel Laurent-Chirlonchon dans la région du nord-est, le Général commandant en chef est heureux de constater l'entrain dont les troupes de cette colonne ont fait preuve au cours des opérations, notamment dans l'affaire de Pang-Kien.

Il adresse ses félicitations aux officiers et soldats dont les noms suivent :

1° M. le lieutenant-colonel Laurent-Chirlonchon : « Pour l'énergie et l'activité qu'il a déployées dans le commandement de la colonne. »

2° M. le commandant Ernst, chargé du commandement de l'infanterie : « Pour le zèle et la bravoure qu'il a montrés, notamment dans l'affaire de Pang-Kien. »

3° M. le commandant de Saint-James, de l'infanterie de marine : « Pour les dispositions qu'il a prises en vue de faire effectuer à la colonne et à son convoi le passage du Pei-Ho. »

4° M. le capitaine Noetinger, du demi-régiment de chasseurs d'Afrique : « Pour l'entrain avec lequel il a conduit son escadron en toutes circonstances, notamment dans la charge effectuée lors de l'affaire de Pang-Kien. »

5° M. le capitaine d'artillerie Nivelle, à l'état-major du corps expéditionnaire, faisant fonctions de chef d'état-major de la colonne : « A fait preuve de savoir en toute circonstance et a rendu les plus grands services au commandant de la colonne. A l'affaire de Pang-Kien, s'est multiplié pour transmettre les ordres d'abord à l'infanterie, puis à la cavalerie, avec laquelle il a chargé avec le plus grand entrain. »

6° M. le capitaine BEUCHON, de l'artillerie de terre : « S'est, comme commandant d'artillerie de la colonne, parfaitement acquitté de sa mission. A dirigé avec habileté l'opération particulièrement difficile du bac du Peï-Ho. »

7° M. le lieutenant DAVOUT-D'AUERSTAEDT, officier d'ordonnance du général commandant en chef le corps expéditionnaire : « A, comme adjoint au commandant de l'infanterie, fait preuve en toute circonstance du plus grand zèle. »

8° M. le lieutenant BLANC, du demi-régiment de chasseurs d'Afrique : « A fait preuve de beaucoup d'audace et de décision dans l'affaire de Pang-Kien. »

9° M. le sous-lieutenant GUICHARD, du demi-régiment de chasseurs d'Afrique : « A fait preuve d'audace dans la charge exécutée contre les Chinois dans l'affaire de Pang-Kien. »

10° Les zouaves CHAUFFRAY et BOUTET, de la 13e compagnie : « Etant sentinelles doubles, ont fait preuve de sang-froid et de présence d'esprit devant les menaces d'une vingtaine de Chinois armés. »

11° Les deux chasseurs d'Afrique FOURNIER et BOUSQUET : « Pour avoir tué à coups de sabre un Chinois qui avait mis en joue le commandant Ernst, dont ils formaient l'escorte. »

12° Le chasseur d'Afrique LEPINE : « Qui, à deux reprises, aida à se relever des camarades dont les chevaux s'étaient abattus et se trouva malgré cela présent au moment de l'action. »

Au Quartier général, à Tien-Tsin, le 22 décembre 1900.

Le Général de division commandant en chef le corps expéditionnaire,

Signé : VOYRON.

Ordre général nº 73.

Après l'occupation de Pao-Ting-Fou, le mouvement boxer, qui avait paru se calmer, reprit avec une certaine intensité dans le pays au sud de cette localité, notamment à Ta-Ly-Ko-Tchouan, petite ville fortifiée assez importante, dont les habitants se signalèrent par leur esprit totalement hostile aux étrangers.

Pour faire cesser cet état de choses, M. le général Bailloud, commandant la 2ᵉ brigade, prescrivit la mise en route, sous les ordres de M. le colonel Guillet, commandant le régiment de marche de zouaves, de trois colonnes partant de Pao-Ting-Fou, qui devaient s'emparer de la ville de Ta-Ly-Ko-Tchouan; la colonne principale était commandée par le colonel Guillet; les autres par le lieutenant-colonel Espinasse, chef d'état-major de la 2ᵉ brigade, et le capitaine Clouzet, des chasseurs d'Afrique.

Ces trois colonnes, parties de Pao-Ting-Fou le 21 novembre, se présentèrent devant Ta-Ly-Ko-Tchouan le 22 au matin, à la suite d'une marche de nuit exécutée très correctement, malgré une température de 15 degrés au-dessous de zéro, et s'emparèrent de la ville, après une vigoureuse résistance; grâce à un judicieux emploi de l'artillerie et des feux d'infanterie, ainsi qu'à des charges opportunes de la cavalerie, l'ennemi fut dispersé après avoir subi de grosses pertes, alors que les nôtres furent minimes.

Le Général commandant en chef est heureux de constater l'entrain et la précision avec lesquels toutes les troupes, artillerie et infanterie de marine, zouaves, infanterie de ligne, cavalerie, ont effectué cette opération, que les circonstances climatériques rendaient particulièrement difficile; il leur en témoigne sa satisfaction.

Sont cités à l'ordre du corps expéditionnaire :

Le soldat PAOLI, n° mle C 7299, du 16ᵉ régiment d'infanterie de marine : « Blessé mortellement au moment de l'assaut. »

Le soldat EGLOFF, n° mle D 13165, du même régiment : « Blessé au moment de l'assaut (déjà blessé aux affaires de Tien-Tsin, le 11 juillet dernier). »

Les soldats TILLIER, n° mle 3843; PARIS, n° mle 3842; NODOT, n° mle 3293, du 3ᵉ zouaves : « Tous blessés en chargeant les fuyards à la baïonnette, le premier assez grièvement. »

Ont été proposés pour l'inscription au tableau de concours pour la médaille militaire, avec demande de nomination immédiate, les soldats PAOLI et TILLIER; un mémoire de proposition pour la même inscription sera établi en faveur du soldat EGLOFF.

Un exemplaire du présent ordre sera remis aux militaires qui y sont dénommés, ou envoyé à leurs familles.

Fait au Quartier général, à Tien-Tsin, le 31 décembre 1900.

Le Général de division commandant en chef,
Signé : VOYRON.

Ordre général n° 77.

Les troupes régulières chinoises qui, jusqu'à ces temps derniers, étaient restées sans être inquiétées, à l'est du chemin de fer Pékin-Pao-Ting-Fou, avaient dernièrement fait preuve d'hostilité contre de petits détachements, des isolés ou des Chinois employés à notre service.

Des reconnaissances prescrites par M. le lieutenant-colonel Rondony furent envoyés, pour être fixées sur leurs intentions et au besoin les rejeter plus loin; l'une d'elles, dirigée par M. le capitaine de Laverrie, du 17° d'infanterie de marine, rencontrant à l'improviste une bande assez nombreuse de Boxers, les mit en fuite et enleva vigoureusement un village où elle s'était réfugiée; l'autre, aux ordres de M. le capitaine Bourda, du même régiment, attaquée par des réguliers occupant le village de Koun-Toun, s'en empara après une lutte bien conduite et mit les Chinois en déroute avec de nombreuses pertes, et laissant sur le terrain 4 canons en bronze attelés, 21 caisses de munitions, 30 fusils à répétition, 30 chevaux, etc.

Le Général commandant en chef le corps expéditionnaire constate avec plaisir l'entrain et la décision avec lesquels les officiers et les troupes ont mené ces petites affaires; il leur en témoigne sa satisfaction, notamment à M. le sous-lieutenant Allégrini. Tenant compte de l'ancienneté de service de MM. les capitaines Bourda et de Laverrie et du sergent Monod, des mémoires de proposition spéciaux, pour la Légion d'honneur et la médaille militaire, seront établis en leur faveur.

Un exemplaire du présent ordre sera remis à tous les militaires qui y sont dénommés.

Fait au Quartier général, à Tien-Tsin, le 31 décembre 1900.

Le Général commandant en chef
le corps expéditionnaire,
Signé : VOYRON.

Ordre général n° 78.

A la suite de la colonne envoyée contre le village boxer de Houang-Tsaï, près duquel des dépôts d'armes étaient signalés, ce village a été brillamment enlevé le 22 décembre par des troupes venues de Tien-Tsin et les Boxers mis en fuite. L'attaque était rendue particulièrement difficile par la situation du village au milieu de mares séparées par des digues d'accès étroites, remplies de joncs et couvertes d'une couche de glace insuffisamment résistante sur bien des points.

Le Général commandant en chef cite à l'ordre du jour du corps expéditionnaire :

M. le sous-lieutenant CONTAL, du 16ᵉ régiment d'infanterie de marine : « Tué à l'ennemi en tête de sa section, qu'il venait d'enlever avec entrain et courage à travers des fondrières demi-gelées, au moment où il abordait la position des Chinois et s'emparait de leur canon. »

M. le lieutenant JORDAN, du régiment d'infanterie : « Blessé grièvement à l'assaut du village boxer d'Hoang-Tsaï; a néanmoins conservé le commandement de sa section et l'a conduite avec décision dans la poursuite des Chinois en déroute. »

Le soldat LAGELINE, du 16ᵉ régiment d'infanterie de marine : « Est resté constamment auprès de son chef de section à l'attaque du village boxer d'Hoang-Tsaï; a facilité le passage de cet officier à travers les obstacles du terrain, l'a reçu dans ses bras au moment où il tombait mortellement blessé, et lui a prodigué sous le feu de l'ennemi ses soins les plus dévoués. »

Le Général commandant en chef adresse en outre ses félicitations aux militaires dont les noms suivent :

M. le capitaine PLAILLY, du 16ᵉ régiment d'infanterie de marine, « pour la façon dont il a conduit l'opération ayant pour but d'enlever le village boxer d'Hoang-Tsaï ».

M. le lieutenant VERLETER, du 58ᵉ régiment d'infanterie, « pour avoir vigoureusement commandé sa section ».

M. le médecin aide-major CAUGOLE, du 61ᵉ régiment d'infanterie, « pour les soins éclairés qu'il a donnés aux blessés sous le feu de l'ennemi ».

Le sergent CASANOVA, du 58ᵉ régiment d'infanterie, « pour le sang-froid et la bravoure qu'il a montrés dans l'affaire d'Hoang-Tsaï ».

Le clairon DUBOIS, du 16ᵉ régiment d'infanterie de marine : « A fait preuve de beaucoup de hardiesse, et a, sous le feu, sonné la charge qui a déterminé la retraite de l'ennemi. »

Les soldats Schweitzer, Carlier, Leguerne, du 58e régiment d'infanterie : « Atteints de blessures légères à l'enlèvement du village boxer d'Hoang-Tsaï, ont continué à combattre jusqu'à la fin de l'affaire. »

M. le lieutenant Jordan sera proposé en outre pour l'inscription d'office au tableau d'avancement.

Un exemplaire du présent ordre sera remis aux militaires qui y sont dénommés ou envoyé à leur famille.

Fait au Quartier général, à Tien-Tsin, le 31 décembre 1900.

*Le Général commandant en chef
le corps expéditionnaire,*
Signé : Voyron.

Ordre général n° 79.

La région voisine de Tcheng-Ting-Fou, notre poste le plus avancé au sud, avait été particulièrement travaillée par le mouvement boxer; les chrétiens n'y étaient pas encore tranquilles, et certains même demeuraient prisonniers des rebelles. Afin de ramener le calme dans le pays et de délivrer les prisonniers, une colonne commandée par M. le général Bailloud, comprenant une compagnie et demie de zouaves, deux d'infanterie de marine, un peloton du 40e, un demi-escadron de chasseurs d'Afrique, trois canons de 80 de campagne, deux de 80 de montagne et des sapeurs, se rassemble le 23 décembre à Kao-Tchouan (30 kilomètres de Tcheng-Ting-Fou). Cette colonne devait parcourir le pays pour rassurer les habitants et agir avec vigueur seulement contre les localités qui refuseraient d'ouvrir leurs portes ou feraient acte d'hostilité.

Certaines villes, comme Tsing-Tchéou, Tcha-ou-Siou, nous accueillirent même avec un certain empressement; d'autres, influencées par les meneurs, refusèrent à plusieurs reprises d'entendre les parlementaires qu'on leur envoyait avant de recourir à la force, ou même les reçurent à coups de fusil. Il fallut donc enlever successivement Peng-Kia-Tchouang le 14 décembre, Oui-Pé le 15 décembre, Kiou-Tscheng le 16 décembre, toutes ces villes murées à la chinoise, et le même mode fut employé pour les trois villes : choisir le point d'attaque le plus commode, en éloigner les défenseurs au moyen de l'artillerie de montagne et des salves de mousqueterie, faire brèche avec l'artillerie de campagne, et, la brèche praticable, donner l'assaut.

Le succès couronna heureusement ces trois tentatives et, grâce à l'habileté des dispositions prises, pour ainsi dire sans pertes; nous eûmes seulement quatre hommes blessés au cours de ces diverses affaires; les Boxers, au contraire, surexcités par le fanatisme, et tenant jusqu'au dernier moment, perdirent beaucoup de monde, notamment à Kiou-Tscheng.

Le Général commandant en chef est heureux de reconnaître que, grâce aux dispositions prises par M. le général Bailloud, le sang de nos hommes a été ménagé, et il lui en témoigne toute sa satisfaction, en même temps que pour l'humanité avec laquelle ont été traités les blessés chinois. Il constate avec plaisir l'entrain que les troupes de toutes armes ont montré dans cette expédition, rendue difficile par la rigueur de la température.

Sont cités à l'ordre du corps expéditionnaire pour l'entrain et le courage dont ils ont fait preuve :

Le caporal GHISONI, du 16ᵉ régiment d'infanterie de marine : « Blessé par l'explosion d'une fougasse. »

Le soldat ALLIGNON, du même régiment : « Atteint d'un coup de lance. »

Le soldat DURANTEL, du 40ᵉ : « Blessé de deux coups de hache à la tête et à l'épaule, n'a été se faire soigner à l'ambulance que sur l'ordre formel de son chef de section. »

Le sapeur du génie DESHAYES : « Blessé d'un coup de lance. »

Le Général commandant en chef le corps expéditionnaire adresse en outre ses félicitations à :

M. le capitaine PONSIGNON, de l'artillerie de marine, « pour la façon habile dont il a su faire brèche aux remparts des villes enlevées, avec une faible dépense de munitions ».

M. le capitaine NOGUETTE, du génie, « qui a pétardé les portes de Peng-Kia-Tschouang et Oui-Pé avec autant de succès que de hardiesse ».

M. le capitaine DEGOUTTE, « qui a montré de l'entrain et du coup d'œil dans les reconnaissances qu'il a faites ».

Le sergent COSTA-PROTAZ et les soldats DENARVEAUX et MARTIN, du 16ᵉ régiment d'infanterie de marine, « qui a reconnu la brèche de Kiou-Tcheng sous un feu très vif ».

Le sergent du génie GARNIER, « qui a accompagné le capitaine Noguette pour pétarder les portes de Peng-Kia-Tschouang et Oui-Pé ».

Un exemplaire du présent ordre sera remis à tous les militaires qui y sont dénommés.

Les propositions de récompenses que M. le général Bailloud estime devoir présenter à propos de ces affaires seront examinées ultérieurement.

Au Quartier général, à Tien-Tsin, le 31 décembre 1900.

Le Général de division commandant en chef le corps expéditionnaire,

Signé : VOYRON.

Ordre général n° 83.

Le Général commandant en chef cite à l'ordre du corps expéditionnaire le caporal DESTOMBES, de la 9ᵉ compagnie du 17ᵉ régiment d'infanterie de marine, pour l'énergie et la décision dont il a fait preuve, le 27 décembre, comme commandant d'un convoi de malades : « Attaqué au village de Si-Kou-Tchou, entre Lei-Chou-Sien et Tcho-Tcheou, par une bande d'une centaine de pillards armés, s'est porté, dès les premiers coups de feu, résolument au-devant de l'ennemi, qu'il a dispersé en lui infligeant des pertes; a fait des prisonniers; a su, malgré la faiblesse de son effectif, assurer la garde et la défense de son convoi. »

Au Quartier général, à Tien-Tsin, le 6 janvier 1901.

Le Général de division commandant en chef le corps expéditionnaire,

Signé : VOYRON.

Ordre général n° 84.

Les Boxers, chassés de la région sud de Pao-Ting-Fou, s'étaient réfugiés à l'ouest de la ligne ferrée et, profitant des abris que leur offrait le pays, devenant montagneux et difficile, avaient organisé défensivement une position à 25 kilomètres ouest de Sin-Lo, où ils se rassemblaient en grand nombre et se croyaient à l'abri; de là ils partaient pour venir effectuer des razzias en plaine et faire des prisonniers dans les villages chrétiens qu'ils continuaient à terroriser.

Une reconnaissance aux ordres de M. le colonel Guillet,

commandant le régiment de marche de zouaves, voulant se renseigner sur la force de ce rassemblement, se heurte, dans les derniers jours de décembre, à la forte position de Che-Maen. Le colonel Guillet, ne voulant pas s'exposer à des pertes inutiles en enlevant cette position avec ses seules troupes, demande du renfort à M. le général Bailloud, commandant la 2° brigade, qui vient en personne avec des renforts suffisants, dont une section de 75.

Dans la soirée du 31 décembre, M. le général Bailloud fait une reconnaissance générale de la position, rejetant à l'intérieur les Boxers qui défendaient les approches ; le canon de 75 fut d'une grande utilité dans cette opération et contribua de la façon la plus heureuse à la retraite de l'ennemi.

Le 1er janvier, la position fut abordée de face et tournée par les deux ailes; mais les Boxers n'attendirent pas l'attaque et se replièrent précipitamment, laissant en arrière des femmes et des enfants, après avoir massacré leurs prisonniers, et se réfugièrent dans la montagne.

Le Général commandant en chef le corps expéditionnaire est heureux de constater que ce succès a été obtenu sans pertes de notre côté. Il félicite à ce sujet M. le général Bailloud, dont les dispositions habiles ont amené ce résultat.

Il constate avec satisfaction l'entrain et l'endurance des troupes qui ont pris part à cette opération et félicite sans réserve les chasseurs d'Afrique, l'infanterie de marine, les zouaves, les hommes du régiment de marche, les artilleurs et les sapeurs du génie, qui ont montré dans cette affaire une solidarité bien faite pour resserrer les liens de toutes les armes.

Le Général en chef adresse en outre ses félicitations à MM. :

1° Le colonel Guillet, commandant le régiment de zouaves, « qui a dirigé avec beaucoup de méthode et d'intelligence du terrain les reconnaissances effectuées autour de la position ennemie ».

2° Le lieutenant d'artillerie Malandrin : « Commandant une section de 75, a rapidement réglé son tir, qui a jeté la démoralisation dans les rangs de l'adversaire, et a puissamment contribué à lui faire évacuer la position. »

3° Le commandant Hubert, de l'infanterie de marine : « A montré beaucoup de décision en se portant rapidement sur la position ennemie, au moment où l'adversaire, incertain, dessinait un mouvement de retraite. »

4° Le capitaine RIVET : « A fait preuve de hardiesse en se portant vigoureusement sur la clef de la position. »

5° Le lieutenant-colonel DRUDE, du régiment de zouaves : « A conduit avec vigueur et intelligence la colonne qui attaquait la droite de la position ennemie. »

6° Le capitaine FAVIER, du régiment de zouaves : « A fait preuve d'énergie et a très bien secondé le commandant de la colonne de droite. »

7° Le capitaine DURAND, du 17ᵉ régiment de dragons ; 8° le lieutenant LACOMBE, des chasseurs d'Afrique : « Ont conduit avec beaucoup de sens militaire la cavalerie, aussi bien pendant les reconnaissances que dans la poursuite. »

9° Le capitaine CHAPUS, du régiment d'infanterie de marche; 10° le capitaine BOURGUIGNON, de l'artillerie de marine : « Ont, dès la pointe du jour, poussé une pointe hardie et heureuse sur les derrières de l'ennemi. »

11° Le lieutenant PORTE, de l'infanterie de marine : « Escorté de quelques hommes, est allé reconnaître avec le plus grand sang-froid les abords immédiats de la position. »

12° Le lieutenant LOUVET, de l'artillerie de marine : « A fait preuve du plus grand dévouement et du plus grand calme en hissant sa section de 80 de montagne sur une position presque inaccessible et située à 900 mètres de l'ennemi. »

Au Quartier général, à Tien-Tsin, le 12 janvier 1901.

Le Général de division commandant en chef le corps expéditionnaire,

Signé : VOYRON.

Ordre général n° 85.

A la suite des opérations de police effectuées récemment par les troupes de la 1ʳᵉ brigade aux environs de leurs garnisons, le général commandant en chef le corps expéditionnaire adresse ses félicitations aux officiers et soldats ci-après :

M. le capitaine PUJO, commandant la 7ᵉ compagnie du 17ᵉ, à Lou-Li-Hou : « A très bien dirigé l'opération de Toun-Tien, le 29 novembre, où il a surpris complètement une bande de Boxers qui terrorisait la région et en a purgé le pays. »

M. le lieutenant TIBOUT, commandant le poste de Lai-Shai-Sien : « A, par une marche de nuit et une température de 12° au-dessous de zéro, alors que le sol était couvert d'une couche de 30 centimètres de neige, conduit avec entrain et vigueur la reconnaissance du 4 janvier sur Ta-Ni-Ngan et Siu-Tchouang, où il a dispersé une bande de réguliers. »

M. le lieutenant BICHOT, du 18ᵉ régiment d'infanterie de marine, commandant le poste de la porte ouest de Pékin, « qui, par son habileté, a fait rentrer sans opérations militaires une grande quantité de fusils, dont une vingtaine à tir rapide, qui se trouvaient entre les mains des habitants de la banlieue. »

Le caporal DELAIR, de la 6ᵉ compagnie du 18ᵉ, « pour l'énergie et la décision dont il a fait preuve en dispersant, le 25 novembre, une bande de voleurs qui étaient venus piller dans le secteur français et en lui prenant deux fusils à répétition ».

Le caporal COUHAULT, du 17ᵉ : « Attaqué, le 3 janvier 1901, à deux kilomètres à l'est de Lai-Shiu-Shien, par environ 60 Chinois, a pris vigoureusement l'offensive avec ses 7 hommes d'escorte, mis l'ennemi en fuite, lui faisant 8 prisonniers et s'emparant de son convoi. »

Le caporal RABB, n° mˡᵉ A 7570 ; le caporal RAFFINI, n° mˡᵉ A 7235; le soldat de 1ʳᵉ classe ARNOULD, n° mˡᵉ A 7032; le soldat de 2ᵉ classe PIERROT, n° mˡᵉ A 7153; le soldat de 2ᵉ classe LAFLEUR, n° mˡᵉ A 8353, de la 2ᵉ compagnie du 18ᵉ régiment d'infanterie de marine : « Faisant partie de la colonne de Fang-Ho-Hien, ont fait preuve de courage et de sang-froid en pénétrant bravement, baïonnette au canon et sans tirer, dans une maison d'où venait de partir un coup de feu dirigé sur le groupe dont ils faisaient partie, et dans laquelle pouvaient être retranchés un certain nombre de Chinois armés. »

Au Quartier général, à Tien-Tsin, le 15 janvier 1901.

Le Général de division commandant en chef le corps expéditionnaire,

Signé : VOYRON.

Ordre général n° 90.

Le Général commandant en chef le corps expéditionnaire est heureux d'adresser ses félicitations, par la voie de l'ordre, aux officiers et soldats qui se sont distingués dans une reconnaissance aux environs de Tong-Tchéou :

1° M. le capitaine Noguès, adjudant-major au 3e bataillon du 18e régiment d'infanterie de marine, « pour avoir dirigé heureusement, grâce à son sang-froid et son tact, une opération de police difficile ».

2° Le soldat Roy, du même bataillon, « pour avoir, au cours d'une opération de police, fait preuve de beaucoup de bravoure et du plus grand sang-froid ».

3° Le caporal Dorat, les soldats Bersanne, Lartigue et Mercier, du même bataillon, « pour avoir fait preuve d'entrain et de dévouement au cours d'une opération de police ».

Fait au Quartier général, à Tien-Tsin, le 1er février 1901.

*Le Général commandant en chef
le corps expéditionnaire,*
Signé : Voyron.

Ordre général n° 106.

A la suite d'un incendie qui s'est déclaré au poste de Lou-Li-Ho, dans la nuit du 27 au 28 février, le capitaine Pujo, du 17e régiment d'infanterie de marine, et les deux soldats Florenceau et Verdier, du même régiment, ont été écrasés par un mur, qui s'est abattu sur eux pendant qu'ils faisaient tous leurs efforts pour chercher à circonscrire le terrible incendie qui menaçait de consumer le poste.

En citant à l'ordre du corps expéditionnaire le capitaine Pujo et les deux soldats, morts tous les trois victimes de leur devoir, le Général commandant en chef leur adresse l'expression de ses douloureux regrets.

Fait au Quartier général, à Tien-Tsin, le 9 mars 1901.

*Le Général commandant en chef
le corps expéditionnaire,*
Signé : Voyron.

Ordre général n° 109.

Les trains de Pao-Ting-Fou à Pékin pénètrent aujourd'hui dans la capitale du Céleste Empire.

Ce résultat n'a pu être obtenu que grâce au concours dévoué et éclairé de la demi-compagnie de sapeurs du chemin de fer, qui a construit avec autant de rapidité que de savoir-faire le tronçon de Lou-Kou-Kiao à Pékin.

Le Général commandant en chef le corps expéditionnaire est heureux d'adresser ses félicitations à tous les militaires de cette unité ainsi qu'au lieutenant-colonel Legrand, commandant le génie, au capitaine Guyot, au capitaine Belhague et à leurs adjoints.

Fait au Quartier général, à Pékin, le 16 mars 1901.

Le Général commandant en chef le corps expéditionnaire,
Signé : Voyron.

Ordre général n° 110.

Le Général de division commandant en chef est heureux de porter à la connaissance des troupes les récompenses ci-après accordées aux officiers et hommes de troupe du corps expéditionnaire :

1° Par décision ministérielle du 21 janvier 1901, M. le sous-lieutenant Garrig (Léon-Louis-Bertrand), du 16° régiment d'infanterie coloniale, a été inscrit d'office au tableau de classement (faits de guerre) pour le grade de chevalier de la Légion d'honneur : « S'est particulièrement distingué à l'attaque de la ville de Tien-Tsin, le 13 juillet 1900, où il a été blessé à l'épaule droite. »

2° Par décret du Président de la République en date du 23 janvier 1901, sont promus au grade d'officier de la Légion d'honneur :

Artillerie coloniale. — M. Duboys (Jean-Claude-Anthelme), capitaine ; 27 ans 5 mois de services ; chevalier le 12 juillet 1898. Faits de guerre en Chine : « A fait preuve, dans les combats de Peitsang, de Yang-Tsoun et du Pétang, où sa batterie a été engagée, de beaucoup d'habileté et d'autorité. »

Infanterie coloniale. — M. Feldmann (Jean), chef de bataillon ; 27 ans de services, 13 campagnes, dont 7 de guerre, une blessure en guerre; chevalier du 30 août 1894. Faits de guerre en Chine : « Vieux serviteur, ayant déployé, pendant la bataille du 13 juillet, une grande bravoure et une grande énergie; a su maintenir, pendant plusieurs heures, son bataillon sous un feu meurtrier et a exécuté à la lettre les ordres du commandant du corps expéditionnaire, en évitant le gaspillage des munitions et en restant sur le terrain conquis. »

Au grade de chevalier.

Artillerie coloniale. — M. Joseph (Paul-Emmanuel), capitaine; 20 ans 4 mois de services, 7 campagnes dont 2 de guerre, une blessure en guerre et une en service commandé. Faits de guerre en Chine : « S'est particulièrement distingué à la prise de Tien-Tsin; a commandé sa batterie avec une grande habileté au combat du 13 juillet, où il a été blessé; a été félicité sur le terrain pour son entrain et son courage. »

M. Giraud (Félix-César-Dominique-Marie), capitaine ; 16 ans 3 mois de services, 6 campagnes dont 5 de guerre, une blessure en service commandé. Faits de guerre en Chine : « A fait preuve du plus grand calme et du plus grand sang-froid en réglant parfaitement son tir aux moments les plus difficiles et sous un feu des plus violents. »

Infanterie coloniale. — M. Pernot (Ferdinand-Claudius), capitaine; 13 ans de services, 9 campagnes dont 6 de guerre, une blessure en guerre. Faits de guerre en Chine : « A fait preuve de calme, de sang-froid et d'à-propos pendant le combat des faubourgs de Tien-Tsin, le 13 juillet ; a été blessé à la jambe d'une balle qui a traversé le mollet. »

M. Saillens (Marcel-Michel-Pierre), lieutenant; 13 ans de services, 4 campagnes dont 3 de guerre, une blessure en guerre. Faits de guerre en Chine : « Etant à la tête de sa compagnie à l'attaque de la cité chinoise, le 13 juillet, a été grièvement blessé d'une balle à la mâchoire; s'est fait remarquer par son ardeur et son entrain.

3° Par décret du Président de la République en date du 23 janvier 1901, la médaille militaire a été conférée aux nommés :

Artillerie coloniale. — Gassendi (Henri), brigadier; 14 ans 9 mois de services, 12 campagnes dont 5 de guerre. Faits de guerre en Chine : « Blessé à la bataille du 13 juillet, est resté à son poste et a donné un bel exemple de courage et d'énergie. »

Caillet (Benoit-Pierre), canonnier; 3 ans 2 mois de services, 3 campagnes de guerre, 2 blessures en guerre. Faits de guerre en Chine : « Blessé le 6 juillet par un coup d'embrasure au moment où sa batterie subissait un feu violent de la part de deux batteries chinoises; amputé d'un bras et d'une jambe, blessé en outre à la main droite, a fait preuve d'une énergie et d'un moral extraordinaires. »

Crosse (Louis-François), canonnier; 4 ans 1 mois de services, 2 campagnes dont une de guerre, une blessure en guerre. Faits de guerre en Chine : « Grièvement blessé au cou-de-pied, le 3 juillet, par une balle. »

Dubail (Emile), maréchal des logis; 10 ans 4 mois de services, 6 campagnes dont 5 de guerre. Faits de guerre en Chine : « Blessé au combat du 3 juillet d'une balle au pied. »

Infanterie coloniale. — Senès (Roselin-Ange), soldat de 2e classe; 3 ans de services, 2 campagnes dont une de guerre, une blessure en guerre. Faits de guerre en Chine : « Conduite remarquable pendant le combat du 11 juillet; a été au-dessus de tout éloge; c'est grâce à l'exemple qu'il a donné que le ravitaillement en cartouches a pu être opéré; quoique blessé, a entraîné ses camarades. »

Saint-Martin (Jean), soldat de 2e classe; 3 ans de services, 2 campagnes dont une de guerre, une blessure en guerre. Faits de guerre en Chine : « Amputé de la jambe gauche à la suite de la bataille du 13 juillet (gare). »

Guyot (Emile-Auguste), sergent-major; 11 ans de services, 2 campagnes dont une de guerre, 2 blessures en guerre. Faits de guerre en Chine : « Blessé deux fois à la bataille du 13 juillet. »

Bibault (Gaston), sergent; 5 ans de services, 3 campagnes dont une de guerre, une blessure de guerre. Faits de guerre en Chine : « Blessé grièvement à la bataille du 13 juillet, a continué, malgré sa blessure, à donner le meilleur exemple à ses hommes. »

Saint-Martin (Jean), soldat de 2e classe; 3 ans de services, 3 campagnes dont une de guerre, une blessure de guerre, une blessure en service commandé. Faits de guerre en Chine : « Très belle conduite à la bataille du 13 juillet; grave blessure. »

Boulet (Victor-Henri), soldat de 2e classe; 10 ans de services, 6 campagnes dont une de guerre. Faits de guerre en Chine : « Bel exemple d'énergie et de courage à la bataille du 13 juillet; plusieurs blessures, dont une très grave. »

Dumesnil (Louis-Henri), caporal; 6 ans de services, 3 campagnes dont une de guerre, une blessure de guerre. Faits de guerre en Chine : « A été blessé d'une balle à la poitrine, le 13 juillet, en portant un pli au colonel commandant le corps expéditionnaire et en passant sous une grêle de balles; très affaibli, s'est traîné jusqu'au colonel pour accomplir sa mission. »

PACALET (Louis-Maurice), soldat de 2ᵉ classe; 3 ans de services, 3 campagnes dont une de guerre, une blessure en guerre. Faits de guerre en Chine : « A été blessé, le 8 juillet, étant de service au poste de la gare, d'un éclat d'obus qui l'a grièvement blessé aux deux cuisses, et a fait preuve d'une grande énergie en cherchant à cacher à ses camarades combien il souffrait de ses blessures. »

Fait au Quartier général, à Tien-Tsin, le 18 mars 1901.

*Le Général de division commandant en chef
le corps expéditionnaire,*
Signé : VOYRON.

Ordre général n° 119.

Le Général de division commandant en chef le corps expéditionnaire adresse ses félicitations au capitaine MOREL, commandant la 11ᵉ compagnie du 17ᵉ régiment d'infanterie coloniale, pour l'énergie et la décision dont il a fait preuve au cours des opérations auxquelles a donné lieu la colonne internationale partie de Pékin pour occuper Pao-Ting-Fou.

Le 15 octobre, le capitaine Morel, à la tête de sa compagnie, s'est présenté devant la place de Tcho-Tchéou qui était occupée par environ 2.500 réguliers chinois disposés à accepter le combat.

L'attitude énergique prise par le capitaine Morel vis-à-vis des autorités indigènes a décidé celles-ci à provoquer le retrait des réguliers chinois, ce qui a permis à la colonne de s'emparer de la place sans engager un combat qui eût pu être meurtrier pour nos troupes.

Fait au Quartier général, à Tien-Tsin, le 1ᵉʳ avril 1901.

Le Général de division commandant en chef,
Signé : VOYRON.

Ordre général n° 123.

Le Général commandant en chef le corps expéditionnaire a reçu du Ministre de la marine, à la date du 13 avril, le cablogramme dont extrait est ci-joint :

« Je vous adresse, ainsi qu'au corps expéditionnaire, le témoignage de ma satisfaction. Le Gouvernement, appréciant services rendus, déposera dès la rentrée des Chambres projet de loi permettant de les récompenser. »

En portant à la connaissance du corps expéditionnaire les éloges du Gouvernement, le Général commandant en chef remercie les officiers, sous-officiers et soldats qui, par leur esprit de discipline et leur dévouement, ont facilité sa tâche parfois difficile et ont su maintenir en Chine, bien haut au milieu des troupes de toutes nationalités, le bon renom de l'armée française.

Fait au Quartier général, à Tien-Tsin, le 21 avril 1901.

Le Général de division commandant en chef,

Signé : Voyron.

Ordre général n° 124.

A la suite des opérations qui viennent d'avoir lieu dans la région de Houai-Lou et qui se sont terminées par la retraite des réguliers au delà de la Grande Muraille, le Général commandant en chef le corps expéditionnaire est heureux d'adresser ses félicitations à M. le général Bailloud, aux officiers et aux soldats qui ont pris part à ces opérations.

Depuis l'occupation de la région au sud de Pao-Ting-Fou, une armée de réguliers chinois, renforcée progressivement par des troupes venues du Chansi et des provinces limitrophes, avait atteint un effectif de 15.000 hommes et établi des postes fortifiés à quelques kilomètres de Houai-Lou, constituant ainsi une menace constante pour nos troupes et un véritable défi à notre occupation.

L'habileté des dispositions prises par M. le général Bailloud, la rapidité des marches parfois pénibles dans une région montagneuse et difficile, ont permis d'obtenir en quelques jours l'évacuation par les troupes chinoises de positions formidablement retranchées.

Ce résultat obtenu si pacifiquement fait le plus grand honneur aux troupes françaises, qui, malgré les provocations d'un ennemi inconscient de notre force, ont, pour se conformer aux instructions du Gouvernement, dû éviter tout engagement, montrant ainsi un grand esprit de discipline et d'abnégation.

Le Général commandant en chef remercie en cette circonstance M. le général Bailloud, pour la fermeté de son commandement. Il remercie également les officiers et soldats placés sous ses ordres.

Il adresse tout particulièrement ses félicitations à la garnison d'Houai-Lou, qui, face à face depuis le mois de novembre avec les réguliers chinois, a donné l'exemple d'une modération et d'un calme dignes du plus grand éloge.

Fait au Quartier général, à Pékin, le 2 mai 1901.

Le Général de division commandant en chef,
Signé : VOYRON.

Ordre général n° 128.

Le capitaine du génie CALMEL vient de terminer, à la complète satisfaction de la compagnie de chemin de fer de Pékin-Hankéou, une reconnaissance technique de tracé de ligne ferrée.

A cette occasion, le Général commandant en chef le corps expéditionnaire est heureux d'adresser ses félicitations à cet officier, qui avait antérieurement déjà pris la plus grande part aux études du tracé de voie de Lou-Kou-Kiao à Pékin.

Fait au Quartier général, à Tien-Tsin, le 17 mai 1901.

Le Général de division commandant en chef,
Signé : VOYRON.

Ordre général n° 129.

Une bande de Boxers descendue de la Mongolie parcourait la région située à l'ouest de Chan-Haï-Kouan et avait eu un engagement avec les miliciens de cette ville, auxquels ils avaient infligé une perte de 5 tués et 15 blessés.

M. le lieutenant-colonel Parès, commandant le détachement de Chan-Haï-Kouan, se porte contre eux avec la 1re compagnie de zouaves. Cette compagnie compte 150 hommes sous les ordres du capitaine Récamier, des lieutenants Gendre et Girard.

Des troupes anglaises, fortes de 600 fantassins et 200 cavaliers sous le commandement du colonel Radford, et une compagnie japonaise concourent à la même opération.

Le 22 avril, la bande de pillards, évaluée à 1.000 ou 1.500

hommes, est atteinte à Tao-Yeng, ville murée dans laquelle elle s'est retranchée, et après un combat de plus de trois heures, est mise en complète déroute.

Le Général commandant en chef le corps expéditionnaire est heureux de constater la vigueur, l'entrain et la résistance dont ont fait preuve les officiers et la troupe au cours de cette opération.

Il cite à l'ordre du jour du corps expéditionnaire :

Le zouave BAUDROMONT, n° m^{le} 551 : « Quoique sérieusement blessé au combat de Tac-Yeng, le 22 avril 1901, a suivi sans une plainte tous les mouvements de sa compagnie jusqu'à la fin de l'action. »

Un mémoire de proposition pour la médaille militaire sera établi en faveur de ce soldat.

Il adresse des félicitations au zouave MORTREUX, n° m^{le} 763, qui, « contusionné à la hanche, a continué à combattre avec entrain. »

Fait au Quartier général, à Tien-Tsin, le 19 mai 1901.

Le Général de division commandant en chef,
Signé : VOYRON.

Ordre général n° 133.

Au cours d'une épidémie de fièvre typhoïde qui vient d'éprouver la garnison de Tcheng-Ting-Fou, le personnel de l'ambulance dirigée par M. le médecin-major Rouffignac s'est prodigué jour et nuit pour donner des soins aux malades, donnant ainsi un bel exemple de camaraderie et de dévouement.

Le Général commandant en chef le corps expéditionnaire adresse ses félicitations aux militaires ci-après :

N° m^{le} 534, MIGNOT (Pierre), soldat de 1re classe, infirmier régimentaire au régiment de zouaves; n° m^{le} 4032, ROY (Mathurin), soldat de 1re classe, infirmier auxiliaire ; n° m^{le} 1459, RIGAUD (Henri), soldat de 2e classe, infirmier auxiliaire ; n° m^{le} 3844, MAGNAC (Etienne), soldat de 2e classe, infirmier auxiliaire : « Ont montré beaucoup de zèle et de dévouement dans les soins donnés à des malades atteints de fièvre typhoïde pendant une épidémie à Tcheng-Ting-Fou (avril 1900). »

Au Quartier général, à Tien-Tsin, le 20 mai 1901.

Le Général de division commandant en chef,
Signé : VOYRON.

Ordre général n° 141.

La présence de bandes de pillards sillonnant la campagne aux environs de Ting-Tchéou, rançonnant et pillant les villages, a obligé le commandant d'armes de cette place à envoyer de nombreuses reconnaissances pour ramener le calme dans le pays.

Le 20 mai, le capitaine Bourda, du 17e; le lieutenant Le Roy d'Etiolles et le sous-lieutenant Allégrini, avec 50 hommes d'infanterie montée, une section d'artillerie et 70 hommes d'infanterie, enlèvent de vive force le village fortifié de Toung-Tchang, où les défenseurs laissent 27 morts.

Le 27 mai, le capitaine Bernard, du 17e, avec un détachement de 40 hommes d'infanterie montée sous les ordres du sous-lieutenant Allégrini et 30 hommes sous les ordres du sous-lieutenant Bergin, met en déroute une bande de 200 Boxers retranchés dans le village de Si-Fan-Tsoun. Le combat, commencé à midi, se termine à 2 h. 1/2 par la fuite des Boxers qui laissent 48 morts sur le terrain.

Le Général commandant en chef le corps expéditionnaire est heureux d'adresser ses félicitations aux troupes qui ont pris part à ces deux reconnaissances pour la décision, l'énergie et l'entrain qu'elles ont montrés.

Il cite à l'ordre du corps expéditionnaire :

Le sous-lieutenant ALLÉGRINI, de la 6e compagnie du 17e colonial : « A fait preuve d'un entrain et d'une bravoure remarquables aux deux combats des 20 mai à Toung-Tchang et 27 mai à Si-Fan-Tsoun; s'était déjà distingué au combat de Koun-Soun le 20 décembre. »

Le soldat CABARET, de la 6e compagnie du 17e : « A trouvé une mort glorieuse à l'attaque du village muré de Toung-Tchang; n'a pas voulu être porté en arrière pour ne pas immobiliser ses camarades marchant à l'attaque de ce village. »

Le soldat BÉNIELLI, de la 6e compagnie du 17e : « Blessé à l'attaque du village de Toung-Tchang; n'a pas consenti à se laisser évacuer sur Tong-Tchéou, est resté à son poste et a montré pendant tout le combat une énergie et un courage remarquables. »

Le soldat BAUDET, n° m^{le} 187, de la 1re compagnie du régiment de marche d'infanterie : « A fait preuve de sang-froid et de bravoure au combat de Si-Fan-Tsoun, le 27 mai 1901, au cours duquel il a eu la poitrine traversée de part en part. »

Les soldats Bénielli et Baudet seront proposés pour l'obtention de la médaille militaire.

Le Général commandant en chef le corps expéditionnaire adresse ses félicitations :

A M. le capitaine Bourda, commandant la reconnaissance du 20 mai : « A dirigé avec habileté l'attaque du village de Toung-Tchang, qu'il a enlevé sans éprouver de pertes; s'est déjà distingué le 20 décembre au combat de Koun-Soun. »

A M. le capitaine Bernard, commandant la reconnaissance du 27 mai : « A agi avec décision et vigueur contre les Boxers retranchés au village de Si-Fan-Tsoun, auxquels il a infligé une perte de 45 morts, en n'ayant lui-même qu'un homme blessé. »

A M. le lieutenant Le Roy d'Etiolles, de la 7e batterie de montagne, commandant le détachement monté le 20 mai : « Arrêté devant le village muré de Toung-Tchang, a pris d'habiles dispositions pour attendre l'arrivée des renforts amenés par le capitaine Bourda; s'est maintenu toute la journée à proximité du village dont il a fait surveiller les issues. »

A M. l'abbé Maviel, aumônier auxiliaire : « A rendu les plus grands services au cours des différentes reconnaissances effectuées autour de Ting-Tchéou. »

Au sergent Philippi, de la 6e compagnie du 17e; au caporal Hély, de la 7e compagnie du 17e; aux canonniers Lecoffe, Gruel, Pascal et Billochon, de la 7e batterie de campagne de l'artillerie coloniale, qui « ont fait preuve d'une grande bravoure au combat de Toung-Tchang ».

Au maréchal des logis Cazet, de la 7e batterie de campagne, qui « a conduit des patrouilles avec beaucoup d'intelligence et d'entrain ».

La proposition pour la Légion d'honneur établie à l'inspection générale en faveur du capitaine Bernard est transformée en proposition pour l'inscription d'office au tableau de concours; une proposition de même nature sera établie en faveur de M. l'abbé Maviel.

Le Général adresse une demande pour la nomination immédiate du capitaine Bourda au grade de chevalier de la Légion d'honneur.

Fait au Quartier général, à Tien-Tsin, le 8 juin 1901.

Le Général de division commandant en chef,

Signé : Voyron.

Ordre général n° 143.

Pendant que nos troupes étaient occupées vers la Grande Muraille, une certaine agitation s'était produite dans le pays entre la voie ferrée et le canal Impérial; des fauteurs de désordres, ennemis des Européens, avaient repris les prétentions des Boxers, et, en fanatisant les populations, avaient réussi à constituer des associations de villages qui, sous des noms divers, se déclarèrent indépendants de toute autorité, même de celle du Gouvernement chinois.

Les mandarins locaux, même quand ils étaient animés de bonnes intentions, ne disposaient pas des moyens d'action suffisants pour en imposer aux rebelles; afin de rétablir l'ordre avant notre départ, il fut décidé que deux colonnes, aux ordres du général Bailloud et du colonel Guillet, partiraient respectivement de Tcheng-Ting-Fou et de Pao-Ting-Fou; elles devaient appuyer de leur présence les troupes régulières chinoises, et, si ces dernières rencontraient de la résistance, leur permettre de la surmonter ou en venir à bout elles-mêmes; ce fut cette dernière éventualité qui se réalisa.

La région la plus troublée était celle de Ngan-Ping; la colonne principale, partie de Pao-Ting-Fou le 19 mai, aborda cette région le 21 mai, et le premier village qu'elle rencontra, Tsoui-Nan-Pou, prit une attitude nettement hostile; les réguliers, qui marchaient en avant, se débandèrent, et les gens du pays, affiliés à la ligue, se réunirent et passèrent contre eux de la défensive à l'offensive. Quand la colonne arriva, après une canonnade assez prolongée, et grâce à la portée supérieure de notre artillerie, nous enlevâmes la localité sans coup férir; il en fut de même de la localité suivante, Tzé-Ouen, qui fut enlevée aussi rapidement et aussi sûrement; nous eûmes là un homme légèrement blessé, le soldat Amat, du 17e colonial; le même jour, nous arrivâmes sans difficulté à Ngan-Ping, où la colonne Guillet parvenait à son tour.

Cette dernière rentra à Pao-Ting-Fou par un autre itinéraire, tandis que la colonne du général Bailloud, après un séjour à Ngan-Ping, poussait jusqu'au canal Impérial et de là rejoignait Pao-Ting-Fou où elle arrivait le 1er juin, par Hien-Hien et Ho-Kien.

Le Général commandant en chef le corps expéditionnaire a appris avec plaisir que les troupes ayant pris part à ces opérations, au début de la saison chaude, montrèrent autant d'aptitude à la marche que de vigueur dans les engagements auxquels elles ont pris part; il leur en témoigne, ainsi qu'à M. le général Bailloud, toute sa satisfaction.

Le Général commandant en chef cite à l'ordre du corps expéditionnaire :

Le sous-lieutenant SCHUBENEL, de la 7ᵉ batterie de campagne : « A pris une part brillante aux combats livrés le 21 mai par la colonne de Ngan-Ping, où le feu de l'artillerie a successivement dispersé les Boxers des villages de Tsoui-Nan-Pou et de Tzé-Ouen. A pris part à toutes les opérations autour de Houai-Lou. »

Le sous-lieutenant GARNIER, de la 7ᵉ batterie de campagne : « A pris part avec sa section à la colonne de Ngan-Ping, et le 21 mai a exécuté avec un sang-froid très remarquable et une grande précision des manœuvres délicates sous le feu de l'ennemi, mettant en batterie aux plus courtes distances. »

Le soldat AMAT, du 17ᵉ colonial, n° mˡᵉ DD 11894 : « Blessé au combat de Tzé-Ouen le 21 mai dans la matinée, n'a pas voulu quitter la ligne de feu pour se faire panser. »

Il adresse ses félicitations :

A M. le colonel GUILLET, « pour l'habileté qu'il a déployée en conduisant une colonne de Pao-Ting-Fou à Ngan-Ping, dispersant par une marche rapide les rassemblements d'insurgés. »

A M. le sous-intendant militaire RUPP : « A assuré d'une façon remarquable le service de l'intendance pendant les marches effectuées sur la Grande Muraille, puis au cours des colonnes conduites ed Tcheng-Ting-Fou et de Pao-Ting-Fou, dans le Ngan-Ping et jusqu'au Grand Canal. »

A M. le capitaine HELLERINGER, du service des renseignements : « A conduit de nombreuses reconnaissances sur la ligne d'étapes et dans la région de Pao-Ting-Fou avec autant de vigueur que d'intelligence. »

A M. le capitaine DE LAVERRIE, du 17ᵉ colonial : « A conduit avec une grande vigueur sa compagnie aux deux combats de Tsouin-Nan-Pou et de Tzé-Ouen le 21 mai. »

A M. le capitaine BOURGUIGNON, de l'artillerie coloniale : « A rendu les plus grands services dans les nombreuses reconnaissances qu'il a conduites aussi bien dans la marche sur la Grande Muraille que dans la colonne du Ngan-Ping. »

A M. le capitaine DE LA MAIRIE, du régiment de zouaves de marche : « Commandant la compagnie de zouaves de Houo-Lou, a pris part à toutes les reconnaissances effectuées dans cette région; s'est toujours fait remarquer par son entrain et sa vigueur au cours des diverses opérations vers Kou-Kouan et dans le Ngan-Ping. »

A M. le capitaine BEUCHON, commandant la 15ᵉ batterie de 75 : « A pris avec sa batterie une part prépondérante aux combats de Tsoui-Nan-Pou et de Tzé-Ouen le 21 mai où le tir d'efficacité du 75 a mis les Boxers en pleine déroute. »

A M. le capitaine PONSIGNON, commandant la 7ᵉ batterie d'artillerie de marine : « A pris part à toutes les opérations autour de Pao-Ting-Fou et a rempli en dernier lieu pendant la colonne du Ngan-Ping les fonctions de commandant de l'artillerie qu'il a dirigée avec une grande habileté. »

A M. le lieutenant SUTTERLIN, de la 15ᵉ batterie : « A dirigé le feu de sa section avec un calme et une habileté remarquables pendant les combats du 21 mai à Tsoui-Non-Pou et Tzé-Ouen. »

A M. le sous-lieutenant JAVOUHEY, du 17ᵉ colonial : S'est distingué au combat de Tsoui-Nan-Pou, où il a dirigé sa troupe avec calme et intelligence et a montré de belles qualités militaires : bravoure, énergie, entrain, sang-froid. »

A M. le sous-lieutenant LANGLOIS, du 17ᵉ colonial, « qui a maintenu ses hommes sous le feu de 100 mètres des retranchements ennemis et les a portés énergiquement en avant ».

Au sergent SANTA-MARIA, de la 5ᵉ compagnie du 17ᵉ : « A brillamment conduit sa section pendant le combat de Tsoui-Nan-Pou; a su, par son énergie et son bel exemple, maintenir l'ordre et la discipline parmi ses jeunes soldats. »

Au sergent JANOT, de la 5ᵉ compagnie du 17ᵉ, « pour sa belle attitude et son sang-froid au combat de Tze-Ouen, le 21 mai ».

Au soldat VICAIRE, nº mˡᵉ D 12494, « pour sa bravoure au combat de Tsoui-Nan-Pou le 21 mai, où, emporté par son ardeur, il va seul enlever un étendard sur la position et le rapporte au milieu des siens ».

Un mémoire de proposition pour l'inscription d'office au tableau de concours pour le grade d'officier de la Légion d'honneur sera établi en faveur de M. le sous-intendant RUPP, et un rappel de proposition analogue pour M. le capitaine PONSIGNON; des rapports spéciaux pour l'inscription d'office au tableau d'avancement seront établis à l'égard de MM. le capitaine BEUCHON et le lieutenant SUTTERLIN, et il sera écrit au Ministre pour rappeler les propositions antérieures de MM. les capitaines BOURGUIGNON et DE LA MAIRIE.

La nomination au grade de chevalier de la Légion d'honneur de M. le capitaine DE LAVERRIE, qui figure au tableau d'avancement, a été demandée par câble.

Au moment où nos troupes viennent d'évacuer la région de Tcheng-Ting-Fou, le Général commandant en chef tient à remercier Mgr Bruguière, les missionnaires et les sœurs de l'hôpital, notamment la sœur Anna, des soins dévoués qu'ont reçu nos malades, et du concours empressé que l'autorité militaire a trouvé auprès de la mission pour le maintien du calme et de l'ordre dans le pays.

Au Quartier général, à Tien-Tsin, le 15 juin 1901.

Le Général de division commandant en chef,
Signé : VOYRON.

Ordre général n° 145.

Au moment où le corps expéditionnaire va être réduit et tous les services considérablement diminués, le Général commandant en chef le corps expéditionnaire est heureux de constater les services rendus par les 15e et 16e compagnies du train des équipages.

Arrivées en Chine au début d'octobre, les compagnies furent d'abord employées au convoyage et à l'escorte des convois fluviaux; mais leur véritable tâche devait commencer avec l'hiver, au moment où les glaces interrompaient la navigation fluviale.

Il suffira de rappeler que, pendant tout l'hiver, par des froids qui atteignaient jusqu'à 15 et 20 degrés au-dessous de zéro, le service des transports sur route n'a cessé de fonctionner. Dix convois se succèdent sans trêve à trois jours d'intervalles, sur les lignes d'étapes, employant 200 hommes, soit la moitié du personnel du train venu en Chine; tel est l'effort produit.

En dehors de ce service normal dans lequel certains hommes ont parcouru de 2.500 à 3.000 kilomètres de route, le train des équipages a pris part aux opérations effectuées dans la région au sud de Pao-Ting-Fou et s'y est très bien comporté.

En résumé, les compagnies du train des équipages ont donné ici, comme à Madagascar, des preuves d'endurance, de discipline et de dévouement; leurs cadres, à tous les degrés, ont fait preuve d'une connaissance complète et pratique de leur service.

Le Général commandant en chef est heureux de le constater; il félicite les officiers, les sous-officiers et les hommes de troupe pour les résultats obtenus.

Le train des équipages conservera désormais comme une tradition à transmettre la réputation qu'il s'est acquise dans les expéditions coloniales.

Le Général commandant en chef félicite particulièrement le chef d'escadrons Iraçabal, les capitaines Lafourcade, Neyrand, Bejot et Fulchic, pour l'intelligente direction qu'ils ont su imprimer à tous leurs éléments, et leur infatigable activité.

Fait au Quartier général, à Tien-Tsin, le 19 juin 1901.

Le Général de division commandant en chef,
Signé : Voyron.

Ordre général n° 153.

Le Général commandant en chef le corps expéditionnaire adresse ses félicitations :

A M. le capitaine Delclos, du 17e colonial, commandant le poste d'I-Tcho, « pour la décision qu'il a montrée en se lançant le 20 juin 1901 avec 17 hommes d'infanterie montée et 35 auxiliaires chinois, à la poursuite d'une bande de malfaiteurs qu'il a atteints après une marche rapide de 55 kilomètres; pour la vigueur et la soudaineté de l'attaque qu'il a dirigée contre eux dans le village de Pei-Tha-Yu, leur infligeant des pertes sérieuses, leur prenant 10 fusils à tir rapide, des munitions et 23 chevaux sellés ».

A M. le sous-lieutenant Amberger, du 17e colonial, « qui, après avoir essuyé deux coups de feu à 20 mètres, s'est précipité vers la maison d'où étaient partis les coups, a enfoncé la porte, tué un des Chinois qui avaient tiré et fait un prisonnier de sa main ».

Au sergent Filippi, « qui a fait preuve d'une grande bravoure au combat de Pei-Tha-Yu, le 21 juin, et a dirigé pendant l'action son groupe avec une vigueur et une intrépidité remarquables ».

Aux soldats Grienbilher, Vanhove, Hubert, May et Dupas, « qui ont montré beaucoup de sang-froid et de courage au cours du combat de Pei-Tha-Yu le 21 juin ».

Fait au Quartier général, à Tien-Tsin, le 29 juin 1901.

Le Général de division commandant en chef,
Signé : Voyron.

Ordre général n° 166.

Le Général de division commandant en chef le corps expéditionnaire adresse ses félicitations au capitaine EXPERT-BESANÇON et au lieutenant SERVAGNAT, de l'infanterie coloniale, attachés à l'état-major du corps expéditionnaire, pour le zèle et l'intelligence qu'ils ont déployés dans l'accomplissement de travaux topographiques importants.

Fait au Quartier général, à Tien-Tsin, le 21 juillet 1901.

Le Général de division commandant en chef,
Signé : VOYRON.

Ordre général n° 167.

A la suite de plaintes réitérées provenant de commerçants européens ou chinois et signalant dans la région de Toung-Tien une bande de pirates qui arrêtaient tous les convois, le Général en chef décida qu'une opération de police y serait conduite et la confia à M. le commandant Collinet, du 16e colonial, auquel furent adjoints le lieutenant de vaisseau Dyé, les aspirants de la Baume et Rallande, avec deux canots à vapeur; le lieutenant Ballivet, du 58e; le R. P. Japiot, servant d'interprète; le capitaine Sigonney, avec 100 hommes du 16e colonial; les lieutenants Pégaz-Blanc, du 58e, avec 30 hommes venant de Wang-Sinh-To; le lieutenant Boissier, du 58e, avec 50 hommes venant de Chen-Feng, et le lieutenant Truilliet, du 40e, avec 80 hommes venant de Sou-Liao.

Tous ces éléments, arrivés le 4 juillet au matin dans le Toung-Tien, occupèrent les différents villages, sillonnèrent de leurs reconnaissances tous les canaux environnants et fouillèrent tous les recoins.

Les habitants paisibles reprirent confiance pendant que les pirates, pourchassés dans les roseaux et manquant de vivres, finissaient par être pris pour la plupart.

Le général chinois Méi, arrivé sur ces entrefaites, continua les recherches et fit juger les coupables. Le 10 juillet, nos troupes retournèrent dans leurs garnisons respectives après avoir pleinement atteint leur but.

Le Général commandant en chef le corps expéditionnaire est heureux d'adresser ses félicitations au commandant

COLLINET, aux officiers et hommes de troupe qui l'ont accompagné, pour l'habileté de leurs dispositions, l'activité, l'endurance et la ténacité qu'ils ont déployées au cours de ces reconnaissances dans une région malsaine et difficile et grâce auxquelles ils ont pu accomplir la mission qu'il leur avait confiée.

Fait au Quartier général, à Tien-Tsin, le 22 juillet 1901.

Le Général de division commandant en chef,
Signé : VOYRON.

Ordre général nº 168.

Au moment où la 15ᵉ batterie de 75 va être rapatriée, le Général commandant in chef le corps expéditionnaire adresse ses félicitations au capitaine BEUCHON, commandant cette batterie, aux officiers et aux hommes de troupe sous ses ordres, pour les sérieuses qualités militaires qu'ils ont montrées pendant le cours de cette campagne où cette batterie a été aux prises avec les difficultés les plus sérieuses.

Elle a exécuté d'une façon presque ininterrompue 90 jours de marche dans les terrains les plus variés et les plus difficiles, parcourant 2.200 kilomètres, dans les marais, de la route de Pao-Ting-Fou à Yang-Tsoun, comme dans les sables de Ping-Chan et les sentiers rocheux qui conduisent à Kou-Kouan.

Elle a marché par tous les temps, froids intenses, pluies torrentielles, chaleurs torrides. Toutes ces difficultés ont été surmontées sans que le matériel ait souffert, sans qu'il ait perdu une seule de ses qualités, et les tirs brillants qu'il a exécutés devant l'ennemi comme aux écoles à feu qui ont terminé ces marches, montrent que notre nouveau matériel de 75 peut affronter avec succès les circonstances de guerre les plus difficiles.

Fait au Quartier général, à Tien-Tsin, le 23 juillet 1901.

Le Général de division commandant en chef,
Signé : VOYRON.

Ordre général n° 169.

OFFICIERS, SOUS-OFFICIERS, CAPORAUX ET SOLDATS
DU CORPS EXPÉDITIONNAIRE DE CHINE,

Par de meurtriers combats, par une marche glorieuse, les troupes alliées et avec elles les troupes de marine françaises qui vous avaient précédés dans le Petchili avaient dégagé Tien-Tsin, sauvé d'une destruction certaine les concessions européennes, pris Pékin et délivré les légations.

Vous êtes venus appuyer de vos armes l'action de la diplomatie et exiger du Gouvernement chinois les réparations qui nous étaient dues.

Vous avez dignement accompli votre tâche.

Partout vous avez vu devant vous fuir en désordre les troupes régulières chinoises. Vous avez vigoureusement dispersé des troupes de fanatiques insurgés, dix fois plus nombreux que vous.

Vous avez fait preuve d'endurance dans la fatigue, marchant par des températures torrides ou glaciales, de courage et d'énergie au moment de l'action.

Vous avez été généreux et humains après le combat.

Vous avez donné le plus bel exemple de discipline en restant constamment dans la main de vos chefs dans des circonstances difficiles et parfois très critiques.

Vous avez vu, en récompense de vos vertus militaires, les populations, gagnées par la confiance que vous aviez su leur inspirer, venir mettre à l'abri de votre drapeau leurs vies et leurs biens.

Vous avez forcé l'estime de toutes les nations alliées, gagné la sympathie de ceux qui ne vous connaissaient pas encore et cimenté d'anciennes amitiés.

Vous pouvez rentrer la tête haute : la France, une fois de plus, sera encore fière de ses soldats.

Je considère comme le suprême honneur de ma carrière militaire d'avoir eu à vous commander et je vous remercie du dévouement sans bornes que vous m'avez toujours témoigné.

Vos camarades de l'armée coloniales, dont quelques-uns ont assisté à toutes les opérations de guerre et partagé vos fatigues et vos dangers, continueront en Chine nos traditions de bravoure et de dévouement; nos vœux les suivront dans leur œuvre.

Fait au Quartier général, à Tien-Tsin, le 1ᵉʳ août 1901.

Le Général de division commandant en chef,
Signé : Voyron.

Ordre général n° 1.

Le Général commandant en chef remet le commandement des troupes restant pour l'occupation du Petchili, à la date du 8 août, à M. le général Sucillon.

Il compte que, sous les ordres d'un officier aussi distingué, les troupes de toutes armes continueront à servir avec le dévouement et le zèle dont elles ont fait preuve pendant toutes les opérations du corps expéditionnaire.

Au Quartier général, à Tien-Tsin, le 7 août 1901.

Le Général de division commandant en chef,
Signé : Voyron.

ANNEXE IV

INSTRUCTIONS DIVERSES RELATIVES A L'HYGIÈNE DES HOMMES ET DES ANIMAUX.

A bord de l'*Indus*, le 6 septembre 1900.

Circulaire n° 12.

INSTRUCTIONS SUR L'HYGIÈNE DES TROUPES

VÊTEMENTS

1° *Saison d'été*. — Le casque ou le chapeau de paille est obligatoire du lever au coucher du soleil. Le vêtement de toile sera la tenue de jour et, la nuit, afin d'éviter les refroidissements, on prendra le pantalon et le veston de drap.

2° *Saison d'hiver*. — La tenue comporte le béret, le vêtement de drap avec tricot, caleçons et chaussettes de laine, chemises en flanelle et bandes molletières, gants fourrés et peau de mouton. Le papier étant un excellent isolateur, il est d'une bonne précaution, pour se préserver du froid aux pieds, de placer dans les chaussures plusieurs doubles de papier. Les chaussures mouillées ne doivent pas être séchées au feu, ce qui les racornirait. Enlevées, elles seront graissées, bourrées de paille et laissées à l'air.

ALIMENTS

Une surveillance rigoureuse sera établie sur les débits et les denrées mises en vente.

En Extrême-Orient, les viscères des animaux, le foie et les poumons du bœuf en particulier, sont souvent farcis de petits abcès dus à un parasite. Aussi, est-il recommandé de ne délivrer à la consommation les viscères des animaux abattus, qu'autant qu'ils auront été reconnus sains.

La viande de porc est appelée à faire partie dans une large mesure de l'alimentation des troupes. Vu la fréquence de la ladrerie de la race porcine en Chine, cette viande ne sera mangée qu'après une cuisson prolongée.

BOISSONS

1° *Alcool*. — L'alcool est un excitant factice, sa valeur nutritive est nulle. Il affaiblit, refroidit, déprime l'organisme, dont il amoindrit la résistance vis-à-vis des maladies. En conséquence, les boissons alcooliques, telles que l'absinthe, les amers, les alcools indigènes sont rigoureusement interdits.

2° *Eau*. — L'eau contaminée étant le principal véhicule qui fait entrer en nous la maladie et la mort, il est urgent de faire comprendre aux hommes la nécessité de ne boire que de l'eau rendue saine par la filtration et l'ébullition. Cette question de l'eau fera donc l'objet de la constante sollicitude, de la surveillance rigoureuse des officiers et des gradés.

En principe, on devra tenir pour suspects toutes les sources, puits, mares avoisinant les centres habités et rejeter comme absolument dangereuses les eaux vertes à odeur infecte et contenant des algues blanchâtres (eau des marais).

L'eau bouillie légèrement aromatisée avec du thé (10 centigrammes par litre) sera la boisson courante de la troupe.

Avant d'être soumises à l'ébullition, les eaux troubles, limoneuses seront clarifiées.

a) Par l'*alunage* :

Faire dissoudre 2 grammes d'alun par 10 litres d'eau, décantation après repos.

b) Soit en improvisant un filtre de fortune :

Une couverture de laine est attachée à quatre piquets par ses coins, une pierre déprimant son centre en entonnoir. Ce filtre grossier peut être amélioré en étendant sur la couverture :

1° Une couche de sable ou gravier;
2° Une couche de charbon;
3° Une couche de sable;
4° Le tout recouvert d'une autre couverture.

Pendant les marches, dans toutes les circonstances où il ne sera pas possible de faire bouillir l'eau, on utilisera le permanganate de potasse ou de chaux pour stériliser rapidement les eaux impures.

Pratiquement :

Jeter un ou deux petits cristaux de permanganate dans un litre d'eau. Agiter vivement. Le liquide devient rose; laisser reposer quelques minutes.

La coloration rosée disparaît par filtration de l'eau sur un double de toile, ou en projetant du charbon pulvérisé dans le récipient, ou, mieux encore, en se servant du filtre de poche (système Lapeyrère) qui donne une eau saine, limpide et agréable au goût.

Des marmites en nombre suffisant seront délivrées aux troupes pour faire bouillir l'eau de consommation. Ces ustensiles seront réservés à cet usage.

COUCHAGE

En stationnement, les paillasses seront aérées chaque jour et renouvelées, si possible, toutes les semaines.

Coucher à même la terre est dangereux.

Les hommes s'étendront sur leur couverture caoutchoutée, ou, à défaut, sur de la paille.

Par les piqûres, les moustiques propagent le paludisme, provoquent des ulcères et gênent le sommeil. Ces multiples inconvénients seront évités par l'usage constant de la moustiquaire.

En hiver, les feux en nombre suffisant seront entretenus pendant toute la nuit.

Une brique chauffée mise aux pieds est un bon moyen pour empêcher les refroidissements trop rapides.

PROPRETÉ INDIVIDUELLE

On veillera constamment à l'entretien et à la propreté des vêtements et du corps.

En toutes saisons, les lavages corporels se feront à l'eau froide.

MARCHE

1° *Été*. — Si les circonstances le permettent, on marchera le moins possible de 9 heures du matin à 2 heures du soir.

Avant le départ, les hommes mangeront la soupe, ou tout au moins prendront le café chaud. Les bidons seront remplis de thé.

En route, il est recommandé de fractionner la troupe, d'espacer les rangs, d'augmenter les intervalles, de déboutonner les vêtements.

Aux haltes, les hommes pourront s'asseoir; il leur sera défendu de s'étendre à terre.

2° *En hiver*. — On partira moins tôt; les heures de jour sont plus favorables pour la marche. Par suite, un repas copieux pourra être servi aux troupes.

Les pauses seront courtes, sonnées dans les endroits abrités du vent et des rafales de neige.

Afin d'éviter les refroidissements, la tendance au sommeil, très marquée par les basses températures, les hommes ne resteront pas immobiles.

Ne jamais laisser personne derrière soi, dût-on employer la rigueur.

A l'arrivée, les hommes changent de linge et de chaussures.

STATIONNEMENTS

Les pagodes, les magasins à riz sont les locaux de choix, quels qu'ils soient; dès l'arrivée, ils seront nettoyés avec le plus grand soin. Le sol, si possible, sera désinfecté avec une solution faible de bichlorure de mercure, les murailles blanchies à la chaux.

Les habitants par trop sales seront à rejeter.

Une propreté rigoureuse sera assurée au dedans et au dehors des locaux occupés.

Les ordures ménagères seront enfouies ou, mieux, brûlées.

Les sources, puits suspects, seront interdits par un écriteau ou encore surveillés par une sentinelle.

Les feuillées seront construites suivant les prescriptions réglementaires.

L'accès en sera facile et éclairé la nuit. Avant de quitter le cantonnement, les tranchées seront comblées, signalées par un talus ou des branchages aux occupants ultérieurs.

ACCIDENTS CLIMATÉRIQUES

Du fait du climat, les hommes auront à redouter : en été, l'insolation, le coup de chaleur; en hiver, la congélation. Ces accidents demandent un prompt secours.

1° *Le coup de chaleur, l'insolation* se traduisent par la pâleur du visage, les sueurs profuses, la respiration pénible et courte, une démarche titubante et enfin par la syncope. Il importe de coucher immédiatement le malade à l'ombre;

Desserrer la ceinture, enlever la vareuse;
Asperger d'eau froide la face et la poitrine;
Donner à boire;
Frictionner énergiquement les membres inférieurs.

Si la respiration s'arrête, saisir la pointe de la langue et faire des tractions rythmées : 15 par minute.

2° *Congélation*. — Dans les cas de congélation : éviter surtout d'approcher le malade du feu; il s'ensuivrait une réaction mortelle. Coucher le congelé, le frictionner avec de la neige ou de l'eau froide. S'il y a menace d'asphyxie, tractions rythmées de la langue.

Quand le malade revient à lui, lui faire prendre quelques gorgées de boisson tiède; frictions alcooliques. Alors seulement on pourra le mettre dans des couvertures ou un lit non chauffé.

Les congélations locales (orteils, oreilles) comportent les mêmes soins.

SANTÉ PUBLIQUE

Syphilis. — Les maladies vénériennes, la syphilis principalement, sont fréquentes et graves en Chine. Le soldat ne saurait être assez prévenu du danger auquel il s'expose.

Les affections infecto-épidémiques seront évitées par l'usage de l'eau bouillie, la bonne alimentation et la propreté individuelle.

Paludisme. — Choisir judicieusement les cantonnements, éviter les excès et toutes causes débilitantes, se garantir de la piqûre des moustiques sont autant de moyens de se préserver du paludisme, d'augmenter tout au moins la résistance de l'organisme aux effets des miasmes paludéens.

Observations générales.

La présente instruction sera lue aux troupes une fois par semaine.

Le Médecin en chef,
Directeur du service de santé,
Signé : JACQUEMIN.

Circulaire n° 32.

Au moment où les troupes vont prendre leur cantonnement d'hiver, il importe que les mesures d'hygiène les plus sérieuses soient adoptées et suivies effectivement, afin qu'il ne résulte pas d'inconvénients pour leur santé, d'une plus grande agglomération dans les cantonnements.

En conséquence, il y aura lieu d'apporter une attention toute particulière au service des vidanges; les services administratifs délivreront des barriques coupées en deux ou des caisses à farine qui seront munies, par les soins des corps, de poignées en cordes, afin d'être utilisées comme tinettes mobiles.

Les commandants d'armes désigneront dans les terrains voulus, à proximité des cantonnements, un ou plusieurs emplacements, où les déjections devront être apportées; on les videra dans des tranchées profondes, où chaque jour on les recouvrira de chaux ou, à défaut, de sable ou de terre; quand elles arriveront à environ 50 centimètres du sol, on les comblera entièrement de terre damée, et on marquera le terrain par un signe apparent pour qu'on n'y vienne pas ultérieurement camper; une autre tranchée analogue sera alors creusée aux environs.

Au Quartier général, à Tien-Tsin, le 10 novembre 1901.

Le Général de division commandant en chef,
Signé : VOYRON.

Circulaire n° 70.

INSTRUCTION SUR L'HYGIÈNE DES TROUPES

Au moment où nous entrons dans la saison justement réputée la plus dangereuse au point de vue sanitaire, il est bon de rappeler quelques précautions hygiéniques qui, dans l'intérêt de tous, doivent être suivies avec le plus grand soin.

VÊTEMENTS

Pendant la saison d'été, le casque ou le chapeau de paille est obligatoire du lever au coucher du soleil. Le vêtement de toile sera la tenue de jour, et la nuit, afin d'éviter les refroidissements, on prendra le pantalon et le veston de drap.

ALIMENTS

Une surveillance rigoureuse sera établie sur les débits et les denrées mises en vente.

En Chine, les viscères des animaux, le foie et les poumons du bœuf en particulier, sont souvent farcis de petits abcès dus à un parasite. Aussi est-il recommandé de ne délivrer à la consommation les viscères des animaux abattus qu'autant qu'ils auront été reconnus sains.

Le tœnia constitue actuellement une affection commune. Dans le but de s'en préserver, les viandes ne seront mangées qu'après une cuisson prolongée.

Il en sera de même de la viande de porc, fréquemment atteinte de ladrerie, dont l'usage devra être très restreint pendant la saison chaude.

BOISSONS

1° *Alcool*. — L'alcool est un excitant factice; sa valeur nutritive est nulle. Il affaiblit, déprime l'organisme, dont il amoindrit la résistance vis-à-vis des maladies. En conséquence, les boissons alcooliques, telles que l'absinthe, les amers, les alcools indigènes, sont rigoureusement interdits.

2° *Eau*. — La surveillance de l'eau de boisson doit être plus minutieuse encore que de coutume. La plupart des diarrhées saisonnières sont dues à l'ingestion d'eau souillée par les nombreux germes que les premières chaleurs font éclore.

L'emploi de l'eau distillée, stérilisée, bouillie, sera rigoureusement surveillé. L'entrée de la glace naturelle, toujours impure, sera interdite dans les cantonnements. Sa prohibition absolue est le seul moyen d'éviter les tentations dangereuses.

PRÉCAUTIONS A PRENDRE DANS LES CANTONNEMENTS

L'assainissement des cantonnements, comme celui de toute habitation collective, dépend en grande partie de l'évacuation des immondices. Les ordures ménagères (débris de légumes, balayures) seront soigneusement enlevées par les soins de coolies indigènes. Il en est de même des eaux grasses, qui doivent être recueillies dans des récipients étanches.

Les tinettes mobiles ont l'avantage de permettre l'enlèvement rapide et fréquent des matières fécales hors de l'habitation, mais la vidange doit en être surveillée avec soin en raison des difficultés et des inconvénients qu'elle présente.

AÉRATION

La plupart des locaux habités seront, pendant la saison chaude, humides, mal aérés, d'une capacité cubique insuffisante. Il faudra donc en assurer la ventilation :

1° Par de grands courants d'air pendant l'absence des hommes;

2° En installant, autant que possible, une ventilation incessante fonctionnant constamment le jour et surtout la nuit : ouvertures placées à la partie supérieure des murs, bouches d'aération percées dans le plafond d'abord, dans la toiture ensuite (sortes de cheminées recouvertes d'un chapiteau contre la pluie).

PROPRETÉ

La propreté d'une habitation dépend, indépendamment de l'éloignement des immondices et de l'enlèvement des ordures ménagères, d'un certain nombre de précautions :

1° Chercher à diminuer autant que possible la production des poussières à l'intérieur. Le battage et le nettoyage des effets d'habillement, des couvertures, l'astiquage des armes, devront toujours se faire en dehors des chambres;

2° Il serait bon de badigeonner à nouveau les murs à la chaux, surtout ceux des habitations indigènes aménagées pour loger les troupes. En plus de la destruction des germes, cette opération aurait pour but d'empêcher l'éclosion des œufs que les insectes de toute espèce ont dû déposer dans les joints et fissures des parois;

3° Le sol en terre battue s'infecte rapidement; aussi doit-on y entretenir une propreté rigoureuse et, surtout, empêcher qu'il ne soit souillé par aucune déjection (aliments, crachats, eaux de toilette, etc.);

4° La propreté du matériel de couchage, des vêtements, de l'homme lui-même, sera naturellement très surveillée. Les paillasses seront aérées chaque jour et renouvelées si possible toutes les semaines.

Les lavages de la figure, de la bouche doivent être faits à l'eau bouillie, chaque fois que les circonstances le permettront;

5° Les corps de garde ne restent jamais inhabités et les hommes s'y succèdent toutes les vingt-quatre heures. Aussi l'aération et la propreté sont-elles là deux facteurs encore plus importants que dans les chambrées.

PRÉCAUTIONS A PRENDRE PENDANT LES PÉRIODES DE MARCHE

Marche. — Si les circonstances le permettent, on marchera le moins possible de 9 heures du matin à 2 heures du soir.

Avant le départ, les hommes mangeront la soupe ou tout au moins prendront le café chaud. Les bidons seront remplis de thé.

En route, il est recommandé de fractionner la troupe, d'espacer les rangs, d'augmenter les intervalles, de déboutonner les vêtements.

Aux haltes, les hommes pourront s'asseoir; il leur sera défendu de s'étendre à terre.

Eau. — L'eau bouillie, légèrement aromatisée avec du thé (10 centigrammes par litre), sera la boisson normale des troupes en marche.

Avant d'être soumises à l'ébullition, les eaux troubles, limoneuses, seront clarifiées :

a) Soit par *l'alunage :*

Faire dissoudre 2 grammes d'alun par 10 litres d'eau, décantation après repos;

b) Soit en improvisant un filtre de fortune :

Une couverture de laine est attachée à quatre piquets par ses coins, une pierre déprimant son centre en entonnoir. Ce filtre grossier peut être amélioré en étendant sur la couverture :

1° Une couche de sable ou gravier;
2° Une couche de charbon;
3° Une couche de sable;
4° Le tout recouvert d'une autre couverture.

Pendant les marches, dans toutes les circonstances où il ne sera pas possible de faire bouillir l'eau, on utilisera le permanganate de potasse ou de chaux pour stériliser rapidement les eaux impures.

Pratiquement :

Jeter un ou deux petits cristaux dans un litre d'eau ; agiter vivement. Le liquide devient rose; laisser reposer quelques minutes.

La coloration rosée disparaît par filtration de l'eau sur un double de toile, ou en projetant du charbon pulvérisé dans le récipient, ou, mieux encore, en se servant du filtre de poche (système Lapeyrère) qui donne une eau saine, limpide et agréable au goût.

Des marmites, en nombre suffisant, seront délivrées aux troupes pour faire bouillir l'eau de consommation. Ces ustensiles seront réservés à cet usage.

Il appartient à ceux qui commandent de défendre qu'aucun homme ne s'éloigne du rang pour boire, d'assurer des distributions régulières de boissons à intervalles convenables; d'interdire, au besoin en y plaçant des sentinelles, de prendre de l'eau dans les puits ou cours d'eau avoisinant les cantonnements

Le remplissage des tonneaux, leur transport aux centres de distribution, la stérilisation de l'eau, doivent être surveillés d'une façon constante par des officiers spécialement désignés pour ce service.

CHOIX DES CANTONNEMENTS

Eviter autant que possible le contact entre les soldats et la population. Le choix des cantonnements est de la première importance dans un pays où il est impossible de s'informer des maladies contagieuses régnantes. La plupart des maisons indigènes sont infectées. La première marche sur Pékin a été signalée par de nombreux cas de gale, de maladies de peau, de dysenterie, certainement contractés dans les cantonnements.

ACCIDENTS CLIMATÉRIQUES

Eviter les refroidissements. Les variations de température sont très accentuées dans la saison qui va s'ouvrir. Les soldats de garde, la nuit, devront se bien vêtir, en raison du passage brusque de l'atmosphère trop chaude du corps de garde à l'atmosphère froide de l'extérieur, pendant cette période de transition.

Le coup de chaleur, l'insolation se traduisent par la pâleur du visage, les sueurs profuses, la respiration pénible et courte, une démarche titubante et enfin par la syncope. Il importe de coucher immédiatement le malade à l'ombre;

desserrer la ceinture, enlever la vareuse; asperger d'eau froide la face et la poitrine; donner à boire; frictionner énergiquement les membres inférieurs.

Si la respiration s'arrête, saisir la pointe de la langue et faire des tractions rythmées, 15 par minute.

Pour éviter ces accidents, en dehors du port du casque, il sera recommandé de porter des vêtements peu serrés, d'avoir le cou dégagé. Les sacs des hommes seront portés sur des voitures, aussi souvent que possible.

Les soins à donner à la chaussure et aux pieds seront l'objet d'une surveillance d'autant plus rigoureuse que les moyens de transport sont toujours insuffisants.

SANTÉ PUBLIQUE

Syphilis. — Les maladies vénériennes, la syphilis principalement, sont fréquentes et graves en Chine. Le soldat ne saurait être assez prévenu du danger auquel il s'expose.

Les affections infecto-épidémiques seront évitées par l'usage de l'eau bouillie, la bonne alimentation et la propreté individuelle.

Paludisme. — Choisir judicieusement les cantonnements, éviter les excès et toutes causes débilitantes, se garantir de la piqûre des moustiques, sont autant de moyens de se préserver du paludisme, d'augmenter tout au moins la résistance de l'organisme aux effets des miasmes paludéens.

Observations générales.

La présente instruction sera lue aux troupes une fois par semaine.

Au Quartier général, à Tien-Tsin, le 23 février 1901.

Le Général de division commandant en chef le corps expéditionnaire,

Signé : VOYRON.

Circulaire n° 95.

APPROVISIONNEMENTS DES POSTES EN EAU POTABLE

Au moment d'entrer dans la période estivale et bientôt dans celle des pluies, le Général commandant en chef le corps expéditionnaire rappelle aux militaires de tous grades les prescriptions de la circulaire n° 12 sur l'hygiène des troupes. Les officiers ne devront pas oublier que la question des eaux de boisson est primordiale, et que rien ne doit être négligé pour ne livrer à la consommation des hommes qu'une eau purifiée par une ébullition préalable. Les considérations ci-après, développées par M. le médecin en chef, directeur du service de santé, pourront leur servir de guide :

1° Il résulte de certains rapports, en particulier de celui du commandant de la région de Tcho-Tchéou, que l'eau est absorbée purifiée par des filtres artificiels ou par des couches de sable sans être bouillie. Si, pendant la saison sèche, les eaux de cette région ont été particulièrement indemnes de germes morbides, on peut affirmer comme certaine l'infection du sous-sol à la saison des pluies prochaines;

2° L'ébullition étant le mode unique de purification de l'eau de boisson, il y a un intérêt absolu à exiger que cette mesure soit rigoureusement observée.

La petite épidémie qui vient d'éclater à Tcheng-Ting-Fou est encore une preuve du rapport étroit qui existe entre les entrées par fièvre typhoïde dans les ambulances et l'abandon par les troupes des cantonnements fournis d'eau stérilisée. Le nombre des hommes à la visite augmente dans des proportions considérables. Beaucoup d'entre eux n'ont qu'une maladie légère, qui mérite à peine le nom d'indisposition, quelques-uns des embarras gastriques fébriles, d'autres une fièvre typhoïde caractérisée. Ces affections ne sauraient être mises sur le compte de la fatigue ou du surmenage.

Enfin, le Général commandant en chef attire l'attention sur ce fait d'observation courante qu'avant maturité complète, les fruits sont souvent une cause occasionnelle de diarrhée et de dysenterie. Il y a lieu de signaler en conséquence aux hommes le danger résultant de l'ingestion de fruits verts (abricots, pêches, poires) vendus sur les marchés indigènes à cette époque de l'année.

Fait à Tien-Tsin, le 9 mai 1901.

Le Général de division commandant en chef,
Signé : Voyron.

Circulaire n° 102.

Les installations des cantonnements où les divers corps de troupe doivent passer l'été vont nécessiter quelques aménagements spéciaux, en vue de protéger les hommes contre les effets de la chaleur. Il y aura lieu notamment d'assurer une aération efficace des chambres, de réduire le nombre des places qu'elles contiennent en profitant des locaux disponibles, et d'établir des nattes devant les ouvertures exposées au midi.

Dans les places où le service du génie a un représentant, ce dernier se concertera avec les commandants d'armes et chefs de détachements pour étudier les mesures à prendre et il établira un devis aussi exact que possible des dépenses qu'entraînerait leur exécution.

Dans les autres localités, le commandant d'armes fera connaître s'il est en état d'effectuer par ses propres moyens les travaux de cette nature. Dans le cas de l'affirmative, il indiquera s'il peut se procurer sur place au compte du service du génie, les matériaux nécessaires, ou s'il a besoin qu'ils lui soient expédiés.

Dans le cas contraire, il fera connaître le nombre d'hommes cantonnés, afin que le service du génie puisse prendre les mesures nécessaires en vue de l'exécution des travaux.

Le résultat des études faites dans chaque place, avec le relevé des évaluations de dépenses à prévoir pour la protection des cantonnements contre la chaleur, sera adressé directement au lieutenant-colonel commandant le génie dans le plus bref délai possible.

Fait au Quartier général, à Tien-Tsin, le 19 mai 1901.

Le Général commandant en chef
le corps expéditionnaire,
Signé : Voyron.

Circulaire n° 128.

Les dispositions de la circulaire n° 70, interdisant l'entrée de la glace dans les cantonnements, sont modifiées.

L'usage de la glace vendue en Chine avait été interdit en raison des impuretés que cette glace contient et du véritable danger qu'il y a à la consommer.

Mais son emploi est au contraire avantageux si on le borne à rafraîchir les récipients contenant l'eau pure ou les liquides destinés à l'alimentation.

Toutefois, afin d'éviter les accidents qui seraient occasionnés par la consommation de la glace naturelle, les précautions suivantes seront prises :

1° Les hommes seront prévenus des dangers auxquels ils s'exposeraient en absorbant de la glace en nature (dysenterie, fièvre typhoïde, choléra, etc.);

2° La glace sera conservée dans un local fermé à clef sous la surveillance d'un sous-officier;

3° On mettra dans la glacière tous les liquides à rafraîchir. Les distributions auront lieu à des heures fixes, par exemple aux heures des repas.

La glacière pourra être utilisée pour la conservation des vivres.

Les commandants de compagnies et chefs de poste seront responsables.

Fait au Quartier général, à Tien-Tsin, le 30 juin 1901.

Le Général de division commandant en chef,

Signé : VOYRON.

A bord de l'*Indus*, le 7 septembre 1900.

Circulaire n° 6.

INSTRUCTION SPÉCIALE SUR L'HYGIÈNE DES ANIMAUX

Le changement de zone climatérique peut déterminer sur les animaux des altérations profondes de la santé. Comme l'alimentation jouera le premier rôle dans l'hygiène, les chefs d'unités et de détachements ne sauraient apporter trop de vigilance dans l'exacte répartition des denrées fourragères.

En principe, les animaux feront deux repas par jour : le premier, le matin, avant ou après le travail (si le départ a lieu de très bonne heure, on distribuera trois ou quatre poignées de grains); le deuxième, le soir. Ce dernier doit comporter les deux tiers de la quantité de grains. L'abreuvoir précédera toujours les repas.

Pour le pansage, le bouchon seul suffira.

On veillera à la ferrure, particulièrement à la ferrure à glace. Si les crampons mobiles venaient à faire défaut, élever de forts crampons fixes en acier (un en pince et deux en éponges).

Les blessures du harnachement les plus graves sont celles qu'on observe sur les animaux de bât; elles sont occasionnées par un mauvais arrimage et une inégale répartition du faix ou par une surcharge excédant le poids réglementaire.

Tous les gradés devront donc veiller à l'exécution régulière du boute-charge. Si la nécessité impose l'augmentation notable de la charge d'un mulet, c'est l'officier de peloton ou de section qui désignera, à cet effet, les animaux les plus vigoureux.

Les mesures à prendre pour éviter ces blessures consistent, après avoir débâté ou dessellé, dans le massage et les frictions avec les mains humides des régions correspondant à l'emplacement du bât ou de la selle; puis à replacer la couverture sur le dos jusqu'à ce que ces régions soient sèches.

Les premiers soins à donner doivent se borner à l'application, à l'aide d'un surfaix, d'une éponge imbibée d'eau salée ou d'eau vinaigrée, sur les bosses et excoriations superficielles qui se montrent après l'enlèvement du bât.

Dans chaque groupe, chaque unité, les vétérinaires chargés d'assurer le service devront passer de fréquentes revues de santé. Ils se feront présenter les animaux nouvellement arrivés, ainsi que chaque cheval ou mulet faisant mutation. Ils rendront compte au commandement et au chef de service des mesures spéciales qu'ils croiront devoir prendre dans certains cas particuliers.

La surveillance sanitaire des parcs à bestiaux et l'examen des viandes abattues incomberont aux vétérinaires qui ne devront pas oublier que la péripneumonie contagieuse, la peste bovine, sont fréquentes en Extrême-Orient et que le tissu musculaire recèle souvent en Chine les cystiarques pathogéniques du ténia inerme de l'homme.

Le Vétérinaire principal de 2e classe,
Chef de service du corps expéditionnaire,

Signé : BARASCUD.

ANNEXE V

RELEVÉ DES PERTES DU CORPS EXPÉDITIONNAIRE FRANÇAIS

1° Décès du 19 juin au 31 décembre 1900.

(Y compris les pertes subies pendant les transports de France, d'Algérie ou d'Indo-Chine au Pé-Tcheli.)

Juin...	1
Juillet...	61
Août...	35
Septembre...	41
Octobre...	72
Novembre...	54
Décembre...	36
Total...	300 (1)

2° Décès du 1ᵉʳ janvier au 31 juillet 1901.

(Non compris les pertes subies pendant les traversées de retour.)

Janvier...	37
Février...	23
Mars...	11
Avril...	9
Mai...	21
Juin...	19
Juillet...	13
Total...	133 (2)

Total des Décès du 19 juin 1900 au 31 juillet 1901 : 423 (dont 9 officiers).

---

(1) Dont 9 officiers et 1 infirmier du cadre colonial.
(2) Dont 1 maître-commis de la marine.

NOTA. — Un certain nombre d'hommes sont décédés pendant les traversées de retour ou dans les hôpitaux des escales où ils avaient été débarqués au cours de ces traversées. Tous les renseignements relatifs à ces décès n'étant pas encore parvenus à l'Administration de la marine au moment de la remise du présent rapport, il n'est pas possible de donner un chiffre absolument précis pour le total de ces décès qui ont d'ailleurs été relativement peu nombreux.

Les pertes du personnel « Marine » débarqué de l'escadre ne sont pas comprises dans ces totaux.

RÉPARTITION DES DÉCÈS PAR CORPS

Répartition.	Année 1900.	Année 1901.	Total.
Bataillons de marche d'infanterie de marine.	100	1	101
16⁰ régiment d'infanterie de marine.	32	29	61
17⁰ régiment d'infanterie de marine.	41	14	55
18⁰ régiment d'infanterie de marine.	41	12	53
Régiment de marche d'infanterie.	19	22	41
Régiment de marche de zouaves..	16	27	43
Chasseurs d'Afrique.	4	4	8
Artillerie de marine	31	8	39
Artillerie métropolitaine.	6	1	7
Génie.	2	1	3
Train des équipages	2	10	12
Commis et ouvriers militaires d'administration.	2	2	4
Infirmiers militaires (de la 15⁰ section d'infirmiers).	2	1	3
Infirmiers coloniaux.	1	»	1
Commis aux vivres de la marine..	»	1	1
Gendarmerie.	1	»	1
Totaux	300	133	433

CAUSES DES DÉCÈS

Tués à l'ennemi (1)	53	Granulie	2
Suites des blessures (2)	8	Grippe	4
Assassinat	4	Pleurésie	2
Accidents divers	18	Angine	2
Submersion	24	Bronchite chronique	1
Suicide	10	Abcès du foie	2
Insolation	14	Appendicite	1
Tétanos	1	Urémie	1
Typhus (3)	21	Néphrite	1
Fièvre typhoïde	115	Ictère	2
Dysenterie	81	Endocardite	1
Péritonite	2	Myocardite	2
Gastro-entérite	1	Méningite	5
Gastrite chronique	1	Hémorragie cérébrale	2
Accès pernicieux	5	Rhumatisme	1
Fièvre	2	Tumeur	1
Pneumonie	19	Rage	1
Tuberculose	13	Variole	2
Diarrhée	5	Causes inconnues	3
Total	397	Total	36

Total général : 433.

---

(1) Dont 3 officiers, le capitaine Hilaire, le lieutenant Picquerez et le sous-lieutenant Contal.
(2) Dont 1 officier, le lieutenant de Battisti.
(3) Dont 19 à Pékin, en 1900.

RELEVÉ DES RAPATRIEMENTS POUR RAISONS DE SANTÉ

(Les rapatriements pour libération,
excédent d'effectif, etc.., ne sont pas compris dans le tableau ci-dessous).

DATES.	BATIMENTS.	OFFICIERS.	S.-OFFICIERS.	TROUPES.	OBSERVATIONS.
	Année 1900.				
8 octobre.	Courrier............	9	17	269	
17 —	Les Andes..........	»	5	50	
22 —	Courrier............	3	»	»	
29 —	Uruguay...........	7	8	267	
31 —	Notre-Dame-du-Salut.	»	2	60	évacués sur Nagasaki.
5 novembre.	Courrier............	2	»	27	
19 —	Vinh-Long..........	1	3	152	
27 —	Courrier............	1	1	1	
3 décembre.	Notre-Dame-du-Salut..	1	2	123	
3 —	Courrier............	»	»	6	dernier courrier parti de Tong-Kou.
	Total pour 1900.............	24	38	955	
	Année 1901.				
24 mars.	Croiseurs partis de Chiu-Van-Tao[1]....	2	»	»	
24 mars.	Courrier[2]..........	6	»	4	
6 avril.	Vive[3].............	10	19	270	
11 mai.	Mytho	3	11	55	
2 juin.	Courrier............	2	1	31	
16 —	Courrier............	1	2	15	
22 —	Vinh-Long	4	2	39	
30 —	Courrier............	1	3	27	
14 —	Courrier............	4	»	»	
	Total pour le 1er semestre 1901.	33	38	441	

(1) Les croiseurs partis de Chiu-Van-Tao pour rejoindre les courriers à Tché-Fou n'ont rapatrié que des libérables, les sous-officiers admis à Versailles ou à St-Maixent et des condamnés militaires.
(2) Premier courrier parti de Tong-Kou en 1901.
(3) Évacuation des convalescents restés dans les hôpitaux pendant l'hivernage.

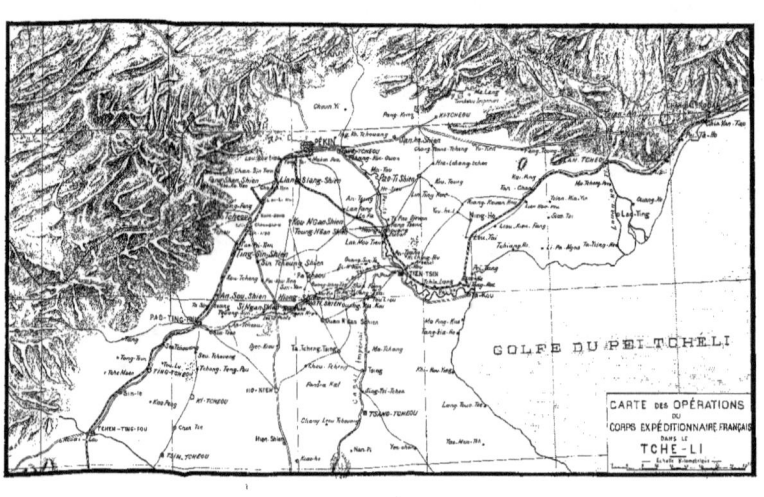

TABLE DES MATIÈRES

Pages.
Discours prononcé par M. le Président de la République à Marseille.   7

PREMIÈRE PARTIE

CHAPITRE Iᵉʳ

Incidents ayant motivé l'intervention des puissances en Extrême-Orient. — Colonne Seymour. — Attaque des légations de Pékin et des concessions de Tien-Tsin........................... 9

   I. Premiers troubles dans le nord de la Chine. — Attitude équivoque du gouvernement chinois. — Mesures de précaution prises par le corps diplomatique...................... 9
  II. Attitude équivoque du gouvernement chinois. — Formation de la colonne Seymour................................ 13
 III. Troubles à Tien-Tsin. — Occupation des forts du Peï-Ho par les flottes alliées. — Entrée en ligne de l'armée chinoise. — Attaque des légations de Pékin et des concessions de Tien-Tsin 15
 IV. Retraite de la colonne Seymour........................ 20

CHAPITRE II

Opérations exécutées autour de Tien-Tsin par les troupes françaises venues d'Indo-Chine. — Prise de la ville chinoise et des forts de Tien-Tsin.. 23

   I. Premier envoi des troupes de l'Indo-Chine au Pé-Tchéli.... 23
  II. Part prise par le détachement du lieutenant-colonel Ytasse à la défense des concessions de Tien-Tsin............... 25
 III. Arrivée du colonel de Pélacot avec le 2ᵉ échelon des troupes de l'Indo-Chine....................................... 28
 IV. Offensive des troupes alliées. — Prise de Tien-Tsin........ 31
  V. Arrivée du général Frey................................ 42

CHAPITRE III

	Pages.
I. Marche sur Pékin et délivrance des légations............	43
II. Combat de Peï-Tsang (5 août).........................	44
III. Occupation de Yang-Tsoun...........................	47
IV. Marche des contingents alliés de Yang-Tsoun sur Pékin...	49
V. Entrée des troupes alliées à Pékin.....................	54
VI. Prise de la ville de Pékin par les troupes alliées. — Délivrance de la mission catholique du Pé-Tang............	58
VII. Installation des troupes françaises à Pékin. — Organisation du ravitaillement.....................................	62
VIII. Arrivée successive des diverses unités de la 1ʳᵉ brigade du corps expéditionnaire..................................	65
IX. Affaire de Pé-Tang...................................	67
X. Occupation de Shanghaï..............................	69

DEUXIÈME PARTIE

ORGANISATION DU CORPS EXPÉDITIONNAIRE FRANÇAIS, SON TRANSPORT AU PÉ-TCHÉLI

CHAPITRE Iᵉʳ

Organisation du corps expéditionnaire.................... 77

I. Premiers envois de renforts en Extrême-Orient. — Formation d'une brigade de troupes de la marine............	77
II. Décisions de principe prises par le gouvernement en vue de l'organisation d'un corps expéditionnaire complet de toutes armes..	79
III. Composition définitive donnée au corps expéditionnaire. — Organisation de ses différents corps et services.........	82

CHAPITRE II

Transport du corps expéditionnaire au Pé-Tchéli.............. 101

I. Transports de l'Indo-Chine au Pé-Tchéli.................	101
II. Transport du complément de la 1ʳᵉ brigade du corps expéditionnaire..	103
III. Embarquement de la brigade, des éléments non embrigadés et des approvisionnements du corps expéditionnaire.....	105
IV. Voyage du général en chef............................	110
V. Conditions dans lesquelles se sont faites les traversées.....	111
VI. Organisation des débarquements au Pé-Tchéli............	115

TROISIÈME PARTIE

OPÉRATIONS DU CORPS EXPÉDITIONNAIRE FRANÇAIS, DU 21 SEPTEMBRE 1900 AU 8 AOUT 1901

CHAPITRE Iᵉʳ

	Pages.
Situation militaire et politique à l'arrivée du général commandant en chef au Pé-Tchéli...	121
Emplacements occupés par les troupes françaises au 21 septembre 1900..	121

CHAPITRE II

Premières dispositions prises par le général commandant en chef. — Ligne de conduite adoptée par le corps expéditionnaire français.. 125

    I. Instructions du gouvernement. — Desiderata exprimés par le Ministre de France à Pékin........................... 125
    II. Question de l'évacuation de Pékin. — Destination donnée aux troupes de la 2ᵉ brigade à leur débarquement....... 127
    III. Question de la protection des missions catholiques........ 130
    IV. Protection des intérêts français dans la ligne ferrée Han-Kéou à Pékin. — Premières mesures prises à ce sujet par le colonel commandant les troupes françaises à Pékin. — Ordres donnés par le général en chef..................... 133
    V. Question de l'occupation des tombes impériales........... 138
    VI. Installation de la base d'opérations du corps expéditionnaire à Tien-Tsin. — Réorganisation des troupes venues d'Indo-Chine... 139
    VII. Arrivée du feld-maréchal comte de Waldersee. — Première entente établie avec lui au sujet des opérations et des lignes de communications. — Projet d'occupation de Chan-Haï-Kouan comme base maritime pour l'hivernage. 143

CHAPITRE III

Préparation de l'occupation de la province du Tchéli. — Entente avec le feld-maréchal comte de Waldersee à ce sujet.......... 146

    I. Reconnaissance à l'ouest de Tien-Tsin. — Envoi du lieutenant-colonel Drude à Pa-Tchéou......................... 146
    II. Situation dans les premiers jours d'octobre................ 148
    III. Occupation de la mission catholique de Hien-Shien........ 150
    IV. Entente avec le feld-maréchal comte de Waldersee pour la préparation de la marche sur Pao-Ting-Fou.......... 154
    V. Voyage du général à Pékin................................... 162

CHAPITRE IV

Opérations du corps expéditionnaire français dans l'ouest du Tchéli pendant les derniers mois de 1900.................... 167

    I. Occupation de Pao-Ting-Fou par le lieutenant-colonel Drude.. 167
    II. Délivrance des missionnaires et ingénieurs français et étrangers de la région de Pao-Ting-Fou par les troupes françaises. — Occupation de Tcheng-Ting-Fou.......... 174
    III. Marche de la colonne du général Bailloud de Tien-Tsin sur Pao-Ting-Fou.. 177
    IV. Marche de la colonne du général Gaselee de Pékin sur Pao-Ting-Fou... 182
    V. Entrée des troupes alliées à Pao-Ting-Fou................ 188
    VI. Prise de possession des tombes impériales de l'Ouest. — Occupation par les troupes françaises de la région de Tcho-Tchéou... 194
    VII. Premières opérations de police dans la région de Pao-Ting-Fou. — Combat de Sze-Tchouang....................... 205
    VIII. Politique adoptée dans le sud et l'ouest du Tchéli après entente entre le Ministre de France et le général commandant en chef. — Occupation d'Houai-Lou................. 212
    IX. Augmentation des forces françaises dans le sud-ouest du Tchéli. — Répartition générale du corps expéditionnaire français pour l'hiver 1900-1901............................ 221
    X. Suite des opérations contre les Boxers dans la région de Pao-Ting-Fou (novembre et décembre 1901).............. 226
    XI. Opérations de police exécutées pendant l'hivernage dans la région de Tcho-Tchéou.................................. 248
    XII. Opérations de police à l'ouest de Tien-Tsin. — Combat de Haong-Tsai... 259

CHAPITRE V

Opérations dans l'est du Tchéli. — Occupation de Chan-Haï-Kouan. — Colonne des tombeaux impériaux de l'Est......... 264

    I. Occupation de Chan-Haï-Kouan et de Chin-Van-Tao. — Organisation d'une base maritime à Chin-Van-Tao........... 264
    II. Opérations de police auxquelles prit part la garnison française de Chan-Haï-Kouan dans l'est du Tchéli. — Combat de Tao Ying....................................... 275
    III. Colonne de Toung-Ling (tombeaux impériaux de l'Est).... 282

CHAPITRE VI

Pages.

Incidents survenus dans le sud-ouest du Tchéli après l'acceptation des préliminaires de paix par le gouvernement chinois. — Démonstration militaire sur les frontières du Chan-Si.... 291

    I. Situation au commencement de 1901 dans le sud du Tchéli. 291
    II. Incidents survenus dans la région d'Houai-Lou pendant l'hivernage : sommations répétées, adressées aux plénipotentiaires Chinois, pour obtenir le retrait des troupes chinoises.. 294
    III. Projet d'offensive du feld-maréchal comte de Waldersee en février 1901. — Attitude imposée au corps expéditionnaire français. — Premiers projets d'évacuation du Pé-Tchéli.. 303
    IV. Intervention du feld-maréchal comte de Waldersee dans la question d'Houai-Lou. — Offensive des troupes allemandes et françaises jusqu'aux frontières du Chan-Si en avril 1901. 310

CHAPITRE VII

Évacuation progressive du Tchéli par les troupes françaises. — Dernières opérations de police exécutées dans le sud de la province... 330

    I. Premières mesures prises en vue de la réduction des effectifs du corps expéditionnaire français. — Départ de la *Nive* et du *Mytho*.. 330
    II. Dispositions prises pour la remise progressive de l'administration du sud du Tcheli aux autorités chinoises. — Incidents qui ont retardé cette remise.................... 338
    III. Opérations combinées des troupes françaises et des réguliers chinois dans le sud du Pé-Tchéli en mai 1901. — Combats autour de Ting-Tchéou et dans le Nan-Ping..... 342
    IV. Évacuation de Houai-Lou et de Tcheng-Ting-Fou. — Remise définitive de la police de toute la région sud aux troupes chinoises.. 359

CHAPITRE VIII

Rentrée du général commandant en chef à Tien-Tsin. — Décision du gouvernement au sujet du rapatriement de la brigade des troupes métropolitaines. — Constitution de la brigade d'occupation laissée dans le nord de la Chine. — Remise définitive de la police du Tchéli aux autorités chinoises............ 363

    I. Situation politique dans le courant de mai. — Rentrée du général commandant en chef à Tien-Tsin................ 363

TABLE DES MATIÈRES

Pages

II. Ordre donné par le gouvernement au sujet du rapatriement de la 2ᵉ brigade du corps expéditionnaire 366
III. Mesures diverses prises en vue du rapatriement des troupes métropolitaines et de la constitution de la brigade d'occupation à laisser au Pé-Tchéli 368
IV. Remise définitive de la police du Tchéli aux autorités chinoises 373
V. Situation au mois de juillet 1901. — Dernières décisions prises par les généraux alliés au sujet de l'évacuation de Pékin et de l'organisation de l'occupation du Pé-Tchéli. — Arrivée des vapeurs affrétés pour le rapatriement des troupes; le général commandant en chef est autorisé à rentrer en France 380
VI. Dernières dispositions prises par le général commandant en chef avant de remettre au général de brigade Sucillon le commandement des troupes maintenues au Pé-Tchéli.. 390

CHAPITRE IX

Rapatriement des troupes métropolitaines. — Voyage de retour du général commandant en chef 396

I. Embarquement et transport du Tchéli en France ou en Algérie des troupes métropolitaines 396
II. Voyage de retour du général en chef 400

ANNEXES

1. Ordre de bataille du corps expéditionnaire 407
2. Situation du corps expéditionnaire français à la date du 1ᵉʳ janvier 1901 428
3. Principaux ordres généraux 437
4. Instructions diverses relatives à l'hygiène des hommes et des animaux 486
5. Relevé des pertes du corps expéditionnaire français 502

Cartes, croquis et photogravures

Portrait du général Voyron 5
Personnel des légations 11
Canonnière Le Lion 17
Croquis du siège de Tien-Tsin 24
Etablissement d'une batterie anglaise près de la gare de Tien-Tsin.. 29
La muraille de Tien-Tsin 32
L'infanterie japonaise sur les murs de Tien-Tsin 38
Prise de la ville murée de Tien-Tsin 39
Croquis du combat de Peï-Tsang (5 août 1900) 45
Pagode de Tong-Tchéou 52

TABLE DES MATIÈRES

	Pages.
Croquis de la prise de Pékin	53
Un convoi de chameaux devant Pékin	56
Palais impérial	63
Chang-Haï et ses environs	72
Batterie d'artillerie russe	75
Général Voyron et son escorte	80
Arrivée du général Voyron	111
Général Voyron et amiral Pottier	120
Mission de Hien-Shien	131
Artillerie de marine de montagne	135
Tombes impériales	138
Arrivée du maréchal de Waldersee	144
Porte de Sou-Kiao	146
Mandarins de Hien-Shien	152
Général Bailloud en colonne	158
Le général Voyron et une partie de l'état-major général du corps expéditionnaire français à Pékin	165
Préfet de Pao-Ting-Fou	171
Vue de Pao-Ting-Fou	173
Convoi de la colonne Lalubin	183
Lanciers du Bengale	185
Muraille de Si-Lung	197
Tombeaux de Si-Lung	200
Porte d'Houai Lou	220
Général en chef visitant les casernements à Pékin	225
En position devant Ta-Ly-Ko-Tchouang	229
Avant l'assaut de Pao-Kia-Tchouang	234
Après l'assaut de Ouipé	236
Drapeaux pris à Kiou-Tcheng	239
Tenue d'hiver à Pao-Ting-Fou	247
Infanterie coloniale montée	251
Fort Amiral-Pottier à Chan-Haï-Kouan	269
Cantonnement du village Renaudot à Chan-Haï-Kouan	270
Établissement de la marine à Chin-Van-Tao	272
Fort russe remis à la France	274
Brûle-parfums des tombes impériales	288
Retour de Hien-Shien	292
A Houai-Lou en reconnaissance	298
12ᵉ compagnie de zouaves	301
Fortification chinoise en face de Houai-Lou	302
Chasseurs d'Afrique traversant un gué	315
Montée de Toung-Kia-Men	320
Avant-garde à Kou-Kouan	327
Commission internationale de gare à Tien-Tsin	334
Canons pris à Si-Fang-Noun et à Tong-Tchouang	348
Pont de circonstance sur le Ou-Tao-Ho	357
Troupes de police chinoise	361
Retour du général Voyron à Tien-Tsin	364

TABLE DES MATIÈRES

	Pages
Officiers de la garnison de Sin-Lé	378
Troupes alliées en Chine en tenue de campagne	381
Autorités françaises et chinoises à Tcho-Tchéou	383
Entrée de la caserne Voyron, à Pékin	388
Vue d'ensemble de la caserne de l'escorte de la légation, à Pékin	392
Commandants des brigades internationales d'occupation	394
Le général Voyron quitte Tien-Tsin	399
Le général Voyron au Japon	401
Arrivée du général à Marseille	403
Carte des opérations du corps expéditionnaire français dans le Tchéli	506

Paris et Limoges. — Imp. milit. Henri CHARLES-LAVAUZELLE.

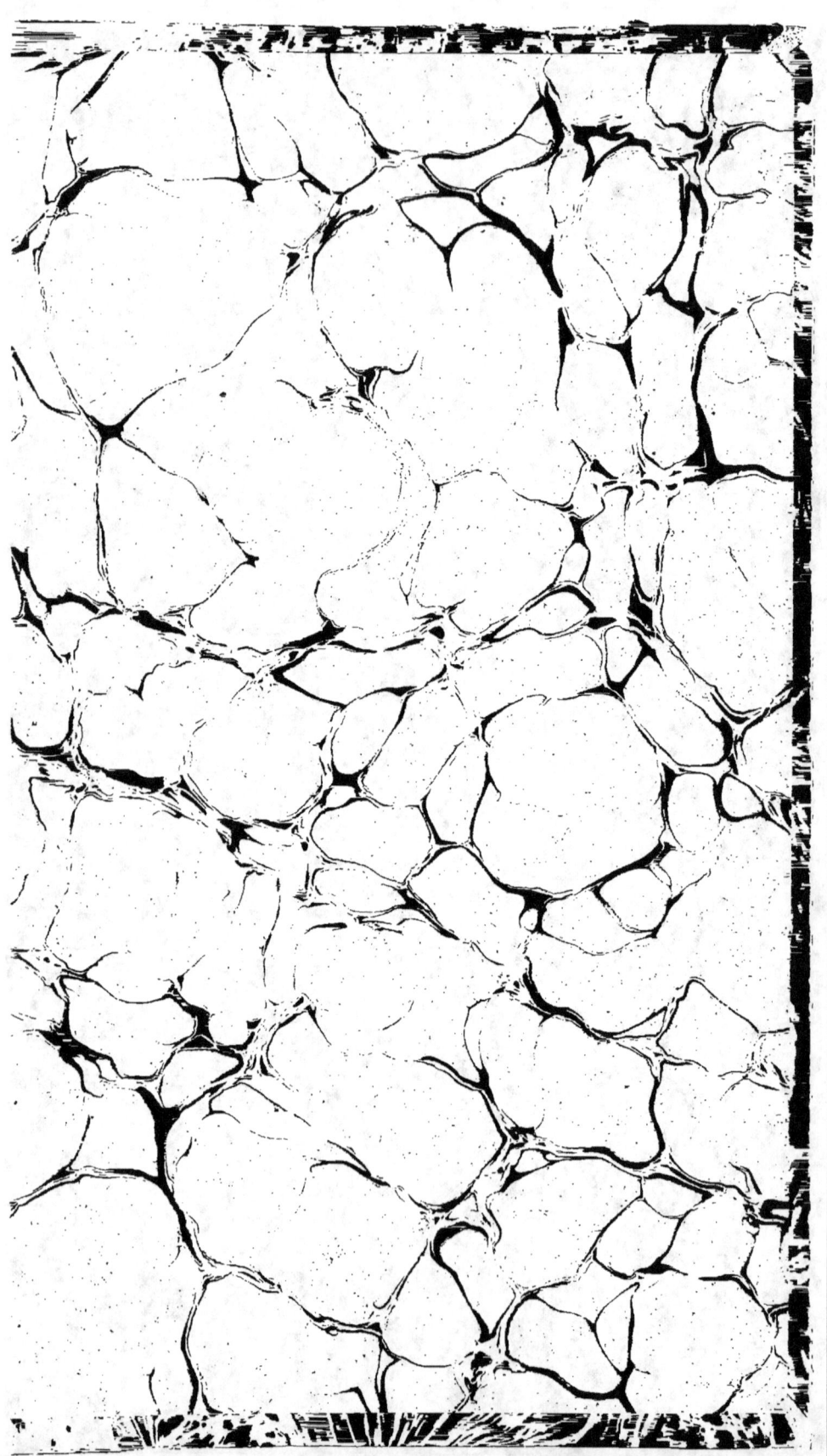